d’Alembert philosophe

DANS LA MÊME COLLECTION

BAILHACHE (P.) : *Essai de logique déontique,* 224 p.
BARTHÉLEMY (G.) : *Newton mécanicien du cosmos,* 216 p.
BOOLE (G.) : *Les Lois de la pensée.* Traduction et introduction de S.B. Diagne, 416 p.
BRENNER (A.) : *Duhem, science, réalité et apparence,* 254 p.
DUCHESNEAU (F.) : *La dynamique de Leibniz,* 368 p.
DUHEM (P.) : *Sozein ta phainomena. Essai sur la notion de théorie physique de Platon à Galilée,* 144 p.
DUHEM (P.) : *L'Evolution de la mécanique* suivi de « Les théories de la chaleur », « Analyse de l'ouvrage de Ernst Mach : *La Mécanique* ». Introduction et établissement du texte par A. Brenner, Avant-propos de P. Germain, 474 p.
ELIE (M.) : *Lumière, couleurs et nature. L'Optique et la physique de Gœthe et de la Naturphilosophie,* 208 p.
GAUTHIER (Y.) : *La Logique interne,* 144 p.
GRANGER (G. G.) : *Formes, opérations, objets,* 400 p.
JOLY (B.) : *La Rationalité de l'alchimie au XVII*[e] *siècle*, avec le texte latin, la traduction et le commentaire du *Manuscriptum ad Fridericum* de P.-J. Fabre. Préface de J.-P. Dumont, 408 p.
HORIUCHI (A) : *Les mathématiques japonaises à l'époque d'Edo (1600-1868). Une étude des travaux de Seki Takakazu (?-1708) et de Takebe Katahiro (1664-1739)*, 400 p.
KOBAYASHI (M.) : *La Philosophie naturelle de Descartes.* Préface de J. Vuillemin, 144 p.
LARGEAULT (J.) : *Intuitionisme et théorie de la démonstration,* 568 p.
LARGEAULT (J.) : *Intuition et intuitionisme*, 240 p.
LEIBNIZ (G. W.) : La naissance du calcul différentiel : *26 articles des Acta Eruditorum.* Traduction, introduction et commentaire de M. Parmentier, 504 p.
LEIBNIZ (G. W.) : *La Réforme de la dynamique*. Texte latin établi, introduit et commenté par M. Fichant, 452 p.
MICHEL (A.) : *Constitution de la théorie moderne de l'intégration,* 338 p.
PARROCHIA (D.) : *La raison systématique. Essai d'une morphologie des systèmes philosophiques*, 320 p.
SINACEUR (H.) : *Corps et modèles. Essai sur l'histoire de l'algèbre réelle,* 496 p.
VERNANT (D.) : *La Philosophie mathématique de B. Russell,* 512 p.

MATHESIS
Directeurs : Michel BLAY — Hourya SINACEUR

Véronique LE RU

d'Alembert philosophe

Préface
de
Maurice CLAVELIN

Ouvrage publié avec le concours de l'I.U.F.M. d'Amiens

PARIS
LIBRAIRIE PHILOSOPHIQUE J. VRIN
6, Place de la Sorbonne, V^e^
—
1994

Printed in France

ISSN 1147-4920

ISBN 2-7116-1212-0

PRÉFACE

Nul n'ignore les deux carrières – scientifique et philosophique – de d'Alembert. Il n'est pas sûr toutefois que sur la dernière les connaissances courantes aillent très au-delà de quelques généralités extraites du *Discours préliminaire de l'Encyclopédie* ; le fait que bien des idées dues à d'Alembert soient devenues des lieux communs de la philosophie des sciences gêne aussi, plus qu'il n'aide, à correctement apprécier son apport ; enfin, la clarification des liens entre son œuvre scientifique et son œuvre philosophique n'est certainement pas – et de loin – un sujet épuisé.

Le projet de Véronique Le Ru d'une réévaluation générale des idées philosophiques de d'Alembert est donc parfaitement justifié.

Elle s'appuie pour cela sur un postulat d'emblée précisé, et qui est de voir dans les travaux philosophiques de d'Alembert une suite de son œuvre scientifique, et mieux encore de sa pratique scientifique. Même si d'autres voies d'approche sont possibles, le choix ne manque pas d'arguments. Il rend notamment tout à fait naturel l'indispensable rappel des idées maîtresses de d'Alembert dans le domaine de la physique et des mathématiques. Le lecteur non féru d'histoire des sciences en tirera pleinement profit. Il constatera que la mécanique d'alembertienne (puisqu'il s'agit avant tout d'elle) a dans sa façon même de procéder une portée proprement philosophique – qu'il s'agisse de la tendance à reculer au maximum les limites du démontrable en écartant le recours aux axiomes généraux trop métaphysiques (du genre, 'les effets sont proportionnels aux causes'), de l'effort pour ramener au rang de notions dérivées des concepts dangereusement imprécis comme ceux de force ou d'action, de la réduction de débats célèbres comme la querelle des forces vives à de simples 'disputes de mots'. La dissolution de cette querelle est entre toutes exemplaire. Tout le problème, explique d'Alembert, revient à savoir si l'on doit « mesurer la force [engendrée par un corps en mouvement] par la quantité absolue des obstacles, ou par la somme de leurs résistances ». La première possibilité (celle que considèrent les cartésiens) correspond au cas de l'équilibre, et la force en question peut alors effectivement se représenter par la quantité de mouvement ; la seconde, en revanche (celle que considèrent les leibniziens), correspond au mouvement retardé, et la force en ce cas s'exprimera normalement au moyen du produit de la masse par le carré de la vitesse. Il n'y a donc bien en cause que deux points de vue également légitimes sur un même phénomène, en l'occurrence « cette propriété qu'ont les corps qui se meuvent de vaincre les obstacles qu'ils rencontrent ou de leur résister ». Maîtresse de ses principes et de son vocabulaire, la science mécanique se déploie à l'aide de procédures purement mathématiques, portant en elles-mêmes leur intelligibilité, sans mettre en jeu à aucun moment des entités mystérieuses dont elle fournirait l'expression plus ou moins fidèle.

Ayant ainsi évoqué dans ses grandes lignes, en reprenant l'expression de G.G. Granger, le 'style scientifique' de d'Alembert, l'auteur peut insister à juste titre sur deux thèmes remarquables de son épistémologie.

Le premier – le plus fécond – est le rôle déterminant reconnu à la définition : soit quand il s'agit de poser les principes (combinant certaines notions claires et évidentes par elles-mêmes, ceux-ci ne sont rien d'autre que des définitions), soit quand il s'agit de démontrer sur leur base les propositions formant le tissu même de la science (une démonstration n'est en effet qu'un enchaînement ordonné de définitions). Une bonne illustration en est donnée par la façon dont est introduite – à travers l'équation 'ϕ . dt = dv' – la notion de force accélératrice. » Dans sa démarche de savant mais aussi de philosophe des sciences, note ici à juste titre Véronique Le Ru, d'Alembert respecte scrupuleusement les deux règles proposées par Pascal : « Définir tous les noms qu'on impose ; prouver tout, en sustituant mentalement les définitions à la place des définis ». Ainsi il faut savoir substituer au défini «*force accélératrice*» la définition « *quantité à laquelle l'accroissement de la vitesse est proportionnel* », définition donnée dans et par l'équation ϕ. dt = dv ».

Le deuxième thème – bien qu'inséparable du premier – est d'une tout autre nature. Sa théorie de la définition conduit d'Alembert à voir dans certaines notions claires et acceptées par tous – espace, temps, impénétrabilité, entre autres – le vrai et seul point de départ possible pour la science. Quel statut faut-il toutefois leur accorder ? La réponse de d'Alembert est aussi nette que brève : de telles idées relèvent tout simplement du 'bon sens', de ce patrimoine empirico-rationnel commun à tous les hommes, et en deça duquel il n'y a pas lieu de s'aventurer. Certes, il arrive à d'Alembert de pousser un peu plus loin l'analyse, par exemple quand il caractérise les mots par lesquels nous exprimons ces notions comme « les racines philosophiques des langues » : l'appel au sens commun traité comme une donnée ultime reste bien un postulat tout à fait typique de son épistémologie.

Le point étant fait sur celle-ci, l'attention peut se porter sur les travaux proprement philosophiques. Une constatation préliminaire s'impose : bien qu'ayant écrit sur des sujets fort divers, mettant donc en jeu nombre d'options et de convictions, jamais d'Alembert n'a vraiment tenté d'organiser ces options et ces convictions en un système raisonné. Convient-il alors de voir, dans cette partie de son œuvre, uniquement un ensemble disparate d'essais ? Véronique Le Ru ne le pense pas non plus : renonçant à une impossible reconstruction, elle se propose (et de façon judicieuse, me semble-t-il) d'en chercher l'unité au niveau du 'style' (toujours au sens de G.G. Granger). Ainsi le lecteur découvre-t-il au fil des pages, et le plus souvent avec un réel intérêt, les réponses de d'Alembert à quelques grandes questions philosophiques : existence de Dieu ou des corps extérieurs, liberté ou déterminisme, ou encore comment il réagissait au matérialisme athée de d'Holbach. Certains arguments attirent plus particulièrement l'attention. Celui-ci, par exemple, à propos de l'existence de la liberté : « En un mot, résume d'Alembert, la seule preuve dont cette vérité est susceptible, est analogue à celle de l'existence des corps : des êtres réellement libres n'auraient pas un sentiment plus vif de leur liberté que celui que nous avons de la nôtre : nous devons donc croire que nous sommes libres » (*Eléments de philosophie,* p. 60). Déclaration qui n'est pas sans faire penser à cette autre, extraite du *Discours préliminaire* : « Rien n'est plus incontestable que l'existence de nos sensations ; ainsi, pour prouver qu'elles sont le principe de toutes nos connaissances, il suffit de démontrer qu'elles peuvent l'être ».

Reste une dernière question : qu'a pu représenter pour d'Alembert philosophe sa participation à l'*Encyclopédie* ? Des minutieuses considérations de Véronique Le Ru se dégagent deux idées. D'une part, il n'est pas douteux que sa conception de la science et de la connaissance – tout comme son refus de la métaphysique au sens traditionnel – poussait d'Alembert à voir dans une tentative générale de mise en ordre des sciences la seule entreprise philosophiquement significative. D'autre part, il n'est pas moins sûr que son expérience de savant, son vif sentiment de la complexité des problèmes (« Abuser de l'esprit philosophique, c'est en manquer »), sa tolérance aussi, lui firent percevoir assez vite les limites philosophiques d'un tel projet.

Débouché naturel pour ses convictions, l'*Encyclopédie* lui en fit sans doute éprouver aussi les difficultés et les insuffisances, sans l'aider pour autant à écrire l'ouvrage fondamental auquel il aspirait. Telle fut probablement l'une des sources majeures de son scepticisme avoué et grandissant.

Maurice CLAVELIN

AVANT-PROPOS

Le premier grand traité scientifique de d'Alembert, le *Traité de dynamique*, témoigne d'une réflexion originale qui prend acte des deux découvertes scientifiques récentes, à savoir la théorie de l'attraction et le calcul infinitésimal. D'Alembert se propose de construire le cadre conceptuel de la mécanique en tenant compte du nouvel ordre et de la nouvelle mesure introduits par ces deux découvertes. Nouvel ordre, nouvelle mesure : en moins de cinquante ans (des *Principes de la philosophie* de Descartes (1644) aux *Principes mathématiques de la philosophie naturelle* de Newton (1687)), la cosmologie pourtant récente qui surgissait de la révolution copernicienne et des réflexions de Kepler, de Galilée et de Descartes, voit ses concepts renouvelés.

En 1687 paraissent les *Philosophiae naturalis Principia mathematica* dont le livre III présente de manière radicalement innovante le système du monde. Dans la section 9 du livre II, Newton, en étudiant la propagation des mouvements dans un milieu fluide, donne les bases théoriques d'une réfutation de la théorie cartésienne des tourbillons, réfutation effectuée dans le livre III. La théorie de Descartes est fausse en ce que sa cosmologie part d'une hypothèse incompatible avec les phénomènes, à savoir que la matière subtile qui entoure et constitue les tourbillons (ceux-ci entraînant les planètes comme dans un flux car les cieux sont liquides, nous dit Descartes dans l'article 24 de la partie III des *Principes de la philosophie*) ne résiste pas, n'offre aucune forme de résistance. Or toute matière, aussi subtile soit-elle, nous dit Newton, résiste, et si l'on tient compte de cette résistance, alors la théorie des tourbillons est incompatible avec les lois de Kepler, notamment avec la troisième, la loi harmonique, que Newton appelle la loi de la raison sesquiple, car les révolutions des planètes autour de leurs axes qui devraient s'accorder avec les mouvements des tourbillons diffèrent des proportions entre les temps périodiques et les distances au soleil établies par Kepler. C'est donc au nom d'une disproportion entre les orbites képlériennes et les tourbillons cartésiens, que Newton substitue à l'explication cartésienne sa théorie de l'attraction.

Certes la loi de l'attraction est conforme aux phénomènes, aux orbites képlériennes, mais la force d'attraction pensée comme cause motrice reste énigmatique. Et, plus généralement, la surdétermination du concept de force au début des *Principia* (Newton parle de la force d'inertie « *vis insita* », de la force appliquée ou imprimée « *vis impressa* », mais aussi de la force centripète sur laquelle il a eu le bonheur d'insister à la différence de Huygens, puis également au cours du texte de la force centrifuge) offre matière à discussion tout au long du XVIIIe siècle. Prudemment, Newton ne cesse de répéter qu'il ne faut pas considérer la force d'attraction comme une action à distance réelle, comme une force physique, mais qu'il faut lui conférer un statut purement mathématique et qu'en outre, il ne peut assigner de cause à cette force. Le bouleversement opéré par Newton est donc de présenter une forme tout à fait nouvelle de cause de mouvement qui vient compléter et unifier la mécanique, science qui ne reconnaissait jusque-là qu'une seule cause au changement d'état du corps : le choc, c'est-à-dire le mouvement causé par contact, poussée ou traction.

Or, à côté de cette idée de force d'attraction qui était à l'époque contestable, Newton propose une autre idée déconcertante qui donne naissance au calcul infinitésimal. On sait que Leibniz découvre le calcul différentiel et intégral en même temps que Newton mais leur découverte n'est pas régie, comme dirait d'Alembert, par la même métaphysique : alors que Leibniz considère les accroissements infiniment petits en leur conférant le statut problématique de « *quantités évanouissantes* », ce qui tend à leur donner une certaine épaisseur ontologique aussi infinitésimale soit-elle, Newton ne considère que le rapport entre la différence finie de deux quantités et la différence finie de deux autres quantités qui ont avec les deux premières une analogie dont la loi est connue. Le calcul consiste dès lors à trouver la limite de ce rapport.

D'Alembert considère que le calcul infinitésimal n'est pas établi sur des fondements suffisamment rigoureux. Il lui importe donc de préciser certaines notions comme celle de limite car, faute de bonnes définitions, on fait appel à une intuition défaillante, ce qui conduit à des objets qui semblent paradoxaux : les « *quantités évanouissantes* » ou encore les infiniment petits qui sont des « *presque rien* ». Pour d'Alembert, la métaphysique du calcul infinitésimal fait partie de l'histoire scientifique de ce calcul. Cette métaphysique exprime la difficulté considérable dans les techniques mathématiques de tenir compte si l'on peut dire des deux infinis dont parle Pascal, l'infini de grandeur et l'infini de petitesse.

Le *Traité de dynamique* n'a pas pour objet d'exposer les implications scientifiques de la théorie de l'attraction et du calcul infinitésimal mais bien plutôt d'utiliser l'apport de ces deux découvertes pour unifier ce qu'on considérait jusque-là comme la mécanique classique, produit des réflexions de Galilée, de Huygens et de Descartes et, d'autre part, la mécanique newtonienne et leibnizienne, novatrices en ce qu'elles insèrent dans leur développement le calcul infinitésimal et qu'elles font de la notion de force une notion première et non plus dérivée même si ce primat de la notion de force n'a pas du tout le même sens chez les deux penseurs (puisque Leibniz n'a jamais accepté l'idée de force d'attraction en ce qu'elle introduit en mécanique l'idée d'une action à distance qu'il considère comme un miracle perpétuel).

La réflexion sur le cadre théorique de la mécanique qui se fait jour dans le traité est le fondement de toute l'épistémologie de d'Alembert qui, dès 1750, s'intéresse au problème de la systématisation des sciences en prenant une part active à la rédaction de l'*Encyclopédie*. De ce point de vue, la pensée de d'Alembert nous paraît tout à fait expressive du questionnement et des réflexions des Lumières sur l'histoire et l'origine des connaissances, dans une épistémologie qui se veut systématique et non systématisante.

Si sa qualité de savant ne laisse aucun doute, nous nous sommes interrogée sur la teneur de ses réflexions philosophiques. D'Alembert fait-il œuvre de philosophe ? Il nous a semblé qu'il fallait partir de l'étude du *Traité de Dynamique* pour comprendre la nature et la cohérence des exigences intellectuelles de d'Alembert. Ce faisant, nous prenons le contre-pied d'une thèse sur d'Alembert qui a fait date, celle de M. Paty intitulée *Théorie et pratique de la connaissance chez d'Alembert*, soutenue à Strasbourg en 1977. Si notre interrogation est commune : saisir l'originalité et la fécondité de la pensée épistémologique de d'Alembert, notre démarche est inverse. M. Paty part du *Discours Préliminaire de l'Encyclopédie* original à ses yeux en tant qu'histoire philosophique des sciences, pour mettre en lumière la façon dont ce texte éclaire l'œuvre scientifique de d'Alembert. Notre démarche est au contraire d'analyser les réflexions critiques de d'Alembert exprimées dans le traité et de comprendre la suite de ses ouvrages comme l'extension de ses réflexions à l'ensemble des sciences et des arts.

Nous avons tenté de démontrer dans la première partie de ce livre que la réflexion à l'œuvre dans l'activité scientifique de d'Alembert était déjà de nature et de portée philosophiques et que les grandes lignes de force qui émanent de ses traités scientifiques commandent ensuite tout son travail d'encyclopédiste et ses ouvrages proprement philosophiques. Ainsi nous verrons que les trois exigences méthodologiques du *Traité de Dynamique* (réduire les principes au plus petit nombre, les démontrer et montrer leur fécondité en en étendant la portée) se retrouvent dans la méthodologie qu'il cherche à imposer dans l'*Encyclopédie* et qui est parfaitement exprimée dans son article *éléments des sciences* (t. V, 1755, pp. 491-497). Il s'agit toujours d'élaborer de manière nette et précise le cadre conceptuel qu'une science ou un art se donne, par l'unification (opérée selon un modèle déductif) de ses principes ou éléments préalablement mis au jour. L'ordre de la pensée de d'Alembert part de la mécanique et s'étend ensuite aux sciences et aux arts. Il n'est pas seulement chronologique (huit ans séparent la publication du *Traité de Dynamique* de celle du *Discours Préliminaire de l'Encyclopédie*) mais aussi généalogique. D'Alembert s'est engagé dans l'entreprise encyclopédique parce qu'il lui est apparu dans ses recherches scientifiques qu'il fallait opérer une refonte du sens de la métaphysique. En effet, dès la première édition du traité, dès 1743, il cherche à faire reculer les limites de l'indémontrable en refusant de faire usage d'axiomes généraux qui ne font, selon lui, qu'obscurcir les principes d'une science sans les articuler. La critique des propositions ou idées générales édifiées en de prétendus axiomes et le rejet des notions vagues et confuses le conduisent à éviter l'emploi du terme force en mécanique (qu'il ne parvient pourtant pas à éliminer totalement mais dont il réduit considérablement l'importance), et à formuler un nouveau sens de la métaphysique comme réflexion spéculative sur les principes et les faits. Or, pour d'Alembert, toute science et tout art a sa métaphysique. A partir de là, le travail de l'encyclopédiste (et Diderot rejoint parfaitement son collègue sur ce point) consiste à expliciter la métaphysique de telle ou telle science ou de tel ou tel art, c'est-à-dire à mettre au jour leurs principes. Mais cette redéfinition du sens de la métaphysique ne s'opère pas sans résistance. Elle exige une réflexion critique sur les questions classiques de la métaphysique qu'il faut caractériser comme stériles et indécidables. Toute une partie des textes philosophiques de d'Alembert est consacrée à ce travail.

Nous avons étudié ces textes dans le premier moment de notre deuxième partie, textes un peu décevants dans la mesure où ils proposent davantage un contournement des questions classiques de la métaphysique qu'une véritable critique de ses objets. Ces écrits de facture plutôt polémique ne traduisent pas, semble-t-il, toute la portée philosophique de la pensée de d'Alembert (les problèmes sont ici éludés sans être neutralisés et son parti n'est qu'un parti pris « sans effet de style »). En revanche, tous les textes où il défend les règles qu'il faut suivre pour dresser un bilan du savoir et pour aplanir l'abord des sciences et les arts, sont d'un très grand intérêt philosophique. D'Alembert se révèle passionnant dans son travail d'épistémologue à l'œuvre dans ses traités scientifiques et dans les articles de l'*Encyclopédie*. En effet, l'épistémologie de l'*Encyclopédie* tend à se confondre avec celle du *Traité de Dynamique*. L'influence et la portée de ses réflexions épistémologiques sont prépondérantes dans l'*Encyclopédie* même si Diderot cherche à imposer d'autres méthodes et d'autres points de vue. Pour ce qui est de la systématisation des sciences, Diderot travaille dans les marges, dans l'explicitation des sciences nouvelles délaissées par d'Alembert, comme par exemple les sciences de la vie ou la chimie. Certes ces sciences ne sont pas marginales mais leur cadre conceptuel est encore en voie d'élaboration sans pouvoir être parfaitement circonscrit. Or c'est ce travail qui intéresse le plus d'Alembert. Son intérêt pour la systématisation des sciences nous fait apercevoir peut-être une des raisons pour lesquelles sa pensée a été partiellement occultée par la suite (on ne peut en effet que constater le contraste entre la notoriété et la reconnaissance intellectuelles de d'Alembert en son temps et le peu de résonances de sa pensée philosophique actuellement). Sa réflexion a été tellement effective et opératoire dans l'œuvre encyclopédique qu'elle s'est intégrée anonymement dans notre propre représentation du savoir.

Toutes les lignes de force de l'épistémologie de d'Alembert (le travail critique sur le cadre conceptuel des sciences qui passe par l'économie, la démonstration et la fécondité de leurs principes) se résument dans ce qu'il appelle, dans les *Eléments de philosophie*, « *la saine métaphysique spéculative* » qui n'est rien d'autre, à notre avis, qu'une théorie de la définition. D'Alembert est en effet convaincu que ce qui est premier dans une science, ce ne sont pas les axiomes mais les définitions qui doivent articuler rigoureusement les mots primitifs ou indéfinissables sur le sens desquels tous les hommes s'accordent naturellement (postulat qui ne va pas sans poser de problèmes dans les implications philosophiques qu'il entraîne, nous le verrons). Ainsi dans la mécanique, l'effort de réflexion d'ordre métaphysique (dans le sens que d'Alembert donne à ce mot) doit porter non pas sur la nature de l'étendue, du temps ou de l'impénétrabilité, mais sur l'articulation de ces notions primitives qu'il faut composer dans les définitions nettes et précises de ce que sont le corps et le lieu du corps, et de ce que sont le mouvement uniforme et le mouvement retardé ou accéléré (car on accorde intuitivement que le mouvement existe). Par là se trouve éclairé l'apparent paradoxe de l'épistémologie de d'Alembert qui consiste à vouloir démontrer ce que Newton appelle les axiomes ou lois du mouvement. Son exigence de démontrer par exemple le principe d'inertie et d'en faire une déduction pure tirée de la seule considération du mouvement peut paraître surprenante quand on sait qu'il ne dispose pas de théorie de la démonstration, mais s'explique cependant par le fondement de son épistémologie et de sa méthodologie, constitué par l'ensemble des indéfinissables et non par un ensemble de propositions que l'on poserait comme indémontrables. Cependant sa théorie de la définition rencontre des difficultés que nous pensons avoir évoquées dans ce travail. Il n'en est pas moins vrai qu'elle est, selon nous, le cœur de toute l'épistémologie de d'Alembert et de sa conception de la métaphysique comme réflexion sur les principes ou les faits. Cette alternative ouvre d'un côté sur le kantisme – ce serait l'interprétation de la métaphysique comme science des principes – de l'autre sur le comtisme où la philosophie positive est pensée comme la science des faits généraux. Cette possibilité d'aller de d'Alembert à Kant ou de d'Alembert à Comte signale que sa pensée ne s'engage véritablement ni dans une voie ni dans l'autre (ni dans la logique du synthétique a priori ni dans le triomphalisme du fait général).

PREMIÈRE PARTIE

LE STYLE DE LA PENSÉE SCIENTIFIQUE DE D'ALEMBERT EXPRIMÉ DANS LE *TRAITÉ DE DYNAMIQUE*

INTRODUCTION

STRUCTURE ET OBJET DU *TRAITÉ DE DYNAMIQUE* [1]

Le titre de l'ouvrage est surprenant. Ne s'agit-il pas plutôt d'un traité de mécanique « *dans lequel les lois de l'équilibre et du mouvement des corps sont réduites au plus petit nombre possible, et démontrées d'une manière nouvelle, et où l'on donne un principe général pour trouver le mouvement de plusieurs corps qui agissent les uns sur les autres d'une manière quelconque* » comme semble l'indiquer le sous-titre ? De fait, d'Alembert éprouve le besoin de justifier le titre de son traité dans le *Discours Préliminaire du traité de dynamique* (*D.P.T.D.*) [2]. Il nous dit qu'il a détourné le sens du terme, ce qui paraît curieux vu l'extrême attention, nous le verrons, qu'il porte aux définitions et corollairement aux abus de langage, et vu l'endroit de ce détournement de sens : il se produit dans l'intitulé du traité. D'Alembert avance deux raisons pour justifier son titre. La première est un argument *ad hominem* : les savants utilisent couramment le mot de dynamique pour signifier la science du mouvement des corps qui agissent les uns sur les autres d'une manière quelconque. Or quels

1. La première édition du texte a été publiée chez David à Paris en 1743 (édition reproduite par Culture et Civilisation à Bruxelles en 1967). Nous travaillerons sur le texte de la seconde édition parue chez David à Paris en 1758 et reproduite aux éditions Jacques Gabay à Paris en 1990.

2. *D.P.T.D.*, pp. XXXI, XXXII : « *Ce nom qui signifie proprement la science des puissances ou causes motrices, pourrait paraître d'abord ne pas convenir à ce livre, dans lequel j'envisage plutôt la mécanique comme la science des effets, que comme celle des causes : néanmoins comme le mot de* dynamique *est fort usité aujourd'hui parmi les savants, pour signifier la science du mouvement des corps, qui agissent les uns sur les autres d'une manière quelconque, j'ai cru devoir le conserver, pour annoncer aux géomètres par le titre même de ce traité, que je m'y propose principalement pour but de perfectionner et d'augmenter cette partie de la mécanique* ».

pouvaient être les savants qui, en 1743 [3], avaient déjà opéré selon d'Alembert la refonte du sens du terme dynamique ? L'article *dynamique* de l'*Encyclopédie* [4] (tome V, 1755, pp. 174-176) nous fournit des éclaircissements sur ce sujet. D'Alembert (l'auteur désigné par la lettre (O) dans l'*Encyclopédie*) rappelle le premier sens du terme : « *dynamique signifie proprement la science des puissances ou causes motrices, c'est-à-dire des forces qui mettent les corps en mouvement* », et il ajoute aussitôt que « *M. Leibniz est le premier qui se soit servi de ce terme pour désigner la partie la plus transcendante de la mécanique, qui traite du mouvement des corps, en tant qu'il est causé par des forces motrices actuellement et continuellement agissantes* » (p. 174). Cette précision nous renseigne sur la date d'entrée du terme dans les sciences. Effectivement dans le corpus leibnizien, deux titres d'ouvrage au moins témoignent de ce premier usage du terme : le *Specimen dynamicum* de 1692 et l'*Essai de dynamique* publié dans les *Acta Eruditorum* de 1695. Leibniz est aussi l'auteur d'autres néologismes comme «*forces vives*», «*forces mortes*» qui ont, semble-t-il, leur rôle à jouer dans cette question du sens du terme dynamique. Ces nouveaux termes convergent vers la désignation d'une nouvelle branche de la mécanique, celle qui naît de l'application du calcul infinitésimal aux problèmes de mécanique, autrement dit « *la partie la plus transcendante de la mécanique* ». L'expression de l'article *dynamique* est ici parfaitement claire : avec Leibniz surgit une nouvelle terminologie qui conduit par exemple à renommer les « *courbes mécaniques* » de Descartes « *courbes transcendantes* ». Ce changement de terminologie est lié à la découverte du calcul infinitésimal qui permet de conceptualiser les courbes telles que les exponentielles ou cycloïdes.

Dans la suite de l'article *dynamique*, d'Alembert repère un autre sens du terme dynamique («*fort en usage depuis quelques années parmi les géomètres*») où le mot désigne «*la science du mouvement des corps qui agissent les uns sur les autres, de quelque manière que ce puisse être, soit en les poussant, soit en les tirant par le moyen de quelque corps interposé entre eux, et auxquels ils sont attachés, comme un fil, un levier inflexible, un plan, etc.* » (p. 174). Cette définition du mot semble inverser le rapport de partie à tout et faire de la mécanique une partie de la dynamique. Elle indique également que les problèmes

---

3. Le texte de la préface citée dans la note 2 appartient déjà à la préface de 1743.

4. Le texte et les planches (35 vol.) ont été publiés sous la direction de d'Alembert et de Diderot chez plusieurs éditeurs parisiens : Briasson, David, Le Breton et Durand, entre 1751 et 1780.

de percussion comme par exemple le problème des centres d'oscillation relèvent de la dynamique [5]. A propos de ce problème, d'Alembert précise que c'est le premier à avoir été résolu par la nouvelle dynamique à laquelle il rattache les noms de Huygens, Jean et Daniel Bernoulli (père et fils), Euler, Clairaut, Montigny et d'Arcy. Nous tenons là, semble-t-il, la réponse à notre question : ce sont ces savants qui, selon d'Alembert, entendent par le mot dynamique non la science des puissances et des causes motrices, mais la science du mouvement des corps qui agissent les uns sur les autres d'une manière quelconque. Par le choix du titre de son traité, d'Alembert se joint à eux et entend bien contribuer aux progrès de la dynamique par de nouvelles applications du calcul infinitésimal aux problèmes de « mécanique ».

Cependant, cet accord des esprits sur le sens du mot dynamique est douteux quand on considère les œuvres respectives des savants de la première moitié du XVIIIe siècle. Ils n'ont pas tous la même conception de la dynamique et cela est manifeste dans leur prise de position vis-à-vis de la querelle des forces vives. Certains (Jean Bernoulli dans son *Discours sur le mouvement*, 1727 ; Euler dans ses *Recherches sur l'origine des forces*, 1750) ont opté pour le sens leibnizien du terme dynamique : la dynamique est la science des puissances et des forces ; d'autres (au XVIIIe siècle principalement d'Alembert qui reprend la critique cartésienne de la notion de puissance ou de force) ont refusé de reconnaître dans la notion de force un concept opératoire en dynamique pour ne s'intéresser qu'aux effets et non aux causes des mouvements des corps. La scission des savants se produit à propos du sens et de la fonction attribués à la notion de force, et se répercute dans la définition du mot dynamique. Ainsi la première raison invoquée par d'Alembert selon laquelle il ne ferait que se plier à un usage nouveau mais courant du terme nous semble plus que litigieuse. En appelant dynamique la science du mouvement des corps qui agissent les uns sur les autres d'une manière quelconque, il cherche avant tout à universaliser son propre usage du terme. Et cela nous fait apercevoir la position antileibnizienne et antimétaphysique de d'Alembert qu'il exprime dans son rejet du premier sens du mot dynamique et du concept de force.

---

5. Ceci est confirmé dans la suite de l'article page 174 : « *Suivant cette définition, les problèmes où l'on détermine les lois de percussion des corps, sont des problèmes de dynamique* ».

La deuxième raison invoquée par d'Alembert[6] est d'annoncer clairement aux géomètres que l'objet principal de son traité est d'étendre et de perfectionner les applications du calcul infinitésimal à la science du mouvement des corps qui agissent les uns sur les autres d'une manière quelconque. Mais ce qui est surprenant, c'est qu'en présentant la deuxième raison, il revient à une conception de la dynamique comme partie de la mécanique. On comprend par là que le choix du titre a pour but d'imposer une certaine conception de la mécanique comme science des effets et non des forces ou des causes, et de faire reconnaître en même temps l'apport du calcul infinitésimal dans cette science. Ainsi, en intitulant son traité *Traité de dynamique*, il fait jouer deux sens du mot, un premier sens où dynamique est un terme synonyme de mécanique en tant que science du mouvement des corps qui agissent les uns sur les autres d'une manière quelconque, un deuxième sens où dynamique désigne la partie transcendante de la mécanique, celle qui naît des applications du calcul infinitésimal aux problèmes des mouvements des corps.

La première partie du traité est consacrée à l'explicitation des trois principes de la mécanique, à savoir celui du principe d'inertie (chapitre I), celui du mouvement composé (chapitre II) et celui de l'équilibre (chapitre III et dernier). Nous verrons que d'Alembert reprend les trois axiomes ou lois du mouvement de Newton mais dans une nouvelle formulation qui tend à réduire voire à éliminer[7] le concept de force. On comprend ici le sens de sa proscription : «*j'ai(e), pour ainsi dire, détourné la vue de dessus les* causes motrices, *pour n'envisager uniquement que le mouvement qu'elles produisent ; (...) j'ai(e) entièrement proscrit les forces inhérentes au corps en mouvement, êtres obscurs et métaphysiques, qui ne sont capables que de répandre les ténèbres sur une science claire par elle-même* » (*D.P.T.D.*, pp. XVI-XVII). Le même propos est repris dans un autre passage de la préface où d'Alembert précise sa conception de la mécanique : «*j'envisage plutôt la mécanique comme la science des effets, que comme celle des causes* »

6. *D.P.T.D.*, p. XXXII : «*j'ai cru devoir le conserver, pour annoncer aux géomètres par le titre même de ce traité, que je m'y propose principalement pour but de perfectionner et d'augmenter cette partie de la mécanique* ».

7. Ainsi la loi II de Newton, celle qui établit la proportionnalité entre le changement de mouvement et la force motrice imprimée, n'est pas reprise par d'Alembert. Il la remplace par la loi de composition des mouvements, dont il fait dériver le principe de composition des forces suivant le parallélogramme, que Newton présentait dans le corollaire 1 des lois. En donnant au principe de composition des mouvements le statut de loi, il évite d'avoir à utiliser le concept de force imprimée dans l'énoncé des lois de la mécanique.

(*D.P.T.D.*, p. XXXI). Le terme «*plutôt*» indique qu'il ne supprime pas radicalement la considération des causes ou forces motrices mais qu'il la subordonne à celle des effets [8]. Son insistance nous montre qu'il veut se démarquer de l'interprétation nouvelle de la mécanique en terme de forces pour revenir à une conception de la mécanique comme science des effets et des mouvements. Il cherche ainsi à débarrasser la mécanique de la métaphysique aussi bien leibnizienne que newtonienne des forces (pour lui, la notion de force chez les deux penseurs est loin d'être un concept clarifié, c'est une notion surdéterminée). Le parti pris qui précisément donne un style [9] à la réflexion épistémologique de d'Alembert consiste à neutraliser d'entrée de jeu l'ambiguïté de la notion en réduisant la force aux effets qu'elle produit. Ce parti pris se manifeste constamment dans le traité. Si les trois principes qui ouvrent le *Traité de Dynamique* ne sont pas l'exacte reproduction des trois principes newtoniens de la mécanique, des lois ou axiomes du mouvement, c'est parce que d'Alembert entend réformer le cadre conceptuel de la mécanique et faire de la notion de force (fondamentale dans la mécanique newtonienne) une notion dérivée. Ainsi le choix du titre s'éclaire : il ne s'agit pas tant, pour d'Alembert, de se conformer aux usages du temps ni de clarifier l'objet de son traité, que de systématiser dans un seul et même ouvrage les principes de la mécanique et de la dynamique selon la considération des effets et non des causes. Il signifie ainsi qu'il veut unifier la mécanique tout en mettant l'accent sur cette branche nouvelle qu'est la dynamique, dans le but de réconcilier les savants qui s'étaient opposés sur la question des forces vives (il montre que le concept de force en général peut être appréhendé dans la mécanique comme un concept second ou dérivé). Du reste le sous-titre confirme cette analyse du titre. Il annonce en effet les deux parties du traité : la première a pour objet les lois de l'équilibre et du mouvement, et la deuxième est la partie proprement dynamique. Y sont aussi énoncées les trois règles qu'il faut suivre pour unifier la mécanique, à savoir la règle d'économie des principes (réduire les

8. D'Alembert se sert en effet parfois du terme de force en spécifiant que c'est pour lui une manière abrégée de s'exprimer : «*je dois avertir que pour éviter les circonlocutions, je me suis souvent servi du terme obscur de force*» (*D.P.T.D.*, p. XXXIV). Nous analysons l'usage et la définition du terme proposés par d'Alembert dans le chapitre 5 consacré à la querelle des forces vives.

9. Nous utilisons ce terme dans le sens défini par M. Granger dans son *Essai d'une philosophie du style* (Paris, Armand Colin, 1968, p. 20) : «*Le style nous apparaît ici, d'une part comme une certaine manière d'introduire les concepts d'une théorie, de les enchaîner, de les unifier ; d'autre part, comme une certaine manière de délimiter l'apport intuitif dans la détermination de ces concepts*».

principes de la mécanique au plus petit nombre possible), la règle de démonstration des principes (les démontrer d'une manière nouvelle), et la règle de fécondité des principes qui rejoint la première puisqu'en réduisant les principes on en étend la portée. Ainsi un seul principe revêt la fonction de principe général dans la deuxième partie du traité, c'est-à-dire dans la dynamique. Ce principe, qui servira d'appui à tout le développement de la mécanique analytique, permet à d'Alembert d'opérer l'unification de la cinématique et de la dynamique. Par ce principe, on considère le cas général d'un système mécanique qui évolue en restant soumis à des liaisons. D'Alembert montre que, les forces de liaison s'équilibrant à chaque instant, il doit y avoir équivalence ou équilibre si l'on veut, entre les forces réelles qui impriment au système le mouvement dont il est animé et les forces qui lui seraient nécessaires pour avoir ce mouvement si les liaisons n'existaient pas. En stipulant que cet équilibre a lieu à chaque instant, on se trouve avoir éliminé les forces de liaison dont la forme est généralement inconnue et avoir ramené si l'on peut dire le problème de dynamique envisagé à un problème d'équilibre [10].

---

10. L'équilibre ici conçu concerne un système de mouvements réels et virtuels. D'Alembert peut ainsi donner une structure mathématique à la situation mécanique en question, en ne considérant pas tel ensemble de forces corrélé à tel ensemble d'effets pris isolément, mais en considérant le système des forces en entier selon l'ensemble de leurs réalisations effectives ou virtuelles ; l'idée sous-jacente au principe de d'Alembert étant que l'équilibre doit jouer le rôle d'une norme pour toute situation mécanique aussi complexe soit-elle (voir l'annexe I de la fin de notre ouvrage).

CHAPITRE PREMIER

LE STATUT DE LA MÉCANIQUE

La première question soulevée par d'Alembert dans le *Discours préliminaire du traité de dynamique* est celle du statut de la mécanique : quelle place lui accorder dans la hiérarchie des sciences ? Quel degré de certitude lui conférer ?

S'interroger sur le statut de la mécanique revient à s'interroger sur le statut de ses lois, problème scientifique important au moment où d'Alembert publie la deuxième édition de son traité comme le témoigne la question [1] mise au concours de l'Académie des sciences de Berlin par Euler : les lois de la statique et de la mécanique sont-elles de vérité nécessaire ou contingente ? Cette question révèle le problème essentiel des savants qui contribuent à l'élaboration de la mécanique aux dix-septième et dix-huitième siècles : la mécanique constitue-t-elle un système rationnel ? Une façon de répondre à cette question est d'intituler un traité de philosophie naturelle *Principes mathématiques de la philosophie naturelle*. Pour Newton, les axiomes ou lois du mouvement sont des principes abstraits à partir desquels les propositions mathématiques de la philosophie naturelle sont démontrées. Mais ces principes ne sont pas a priori, ils sont déduits des phénomènes et

1. La question « *si les lois de la statique et de la mécanique sont de vérité nécessaire ou contingente* » fut proposée par l'Académie de Berlin le 3 juin 1756 (le prix devant être attribué en 1758, voir *Histoire de l'Académie Royale des Sciences et des Belles-Lettres de Berlin* (1756)). D'Alembert participa au concours mais son manuscrit n'a pas été conservé. Le prix du concours ne fut pas décerné en 1758, Euler qui dirigeait la section de mathématiques et de physique de l'Académie ayant estimé que les pièces envoyées n'apportaient pas de réponse satisfaisante à la question. Le prix fut renvoyé à un deuxième concours, mais le 5 juin 1760, l'Académie déclara que le sujet était abandonné. Ce contexte exprime la réelle difficulté à penser le statut de la mécanique au dix-huitième siècle et rend d'autant plus intéressante la préface du *Traité de dynamique* où d'Alembert répond à cette question.

généralisés par induction. La présentation newtonienne de la mécanique semble exemplaire de ce que Condillac appelle, dans son *Traité des systèmes*, « *les vrais systèmes* » [2]. Pourtant, pour d'Alembert, des problèmes subsistent dans l'ouvrage de Newton notamment en ce qui concerne le statut des lois du mouvement et le concept de force. Nous allons voir qu'il cherche à éviter, par son projet de démontrer les principes de la mécanique, d'avoir à formuler les lois du mouvement en axiomes (rompant ainsi avec l'équivalence des termes loi et axiome instaurée par Newton dans le titre du texte du début des *Principia* : *Axiomes ou lois du mouvement*). Quant au concept de force, d'Alembert souligne son caractère surdéterminé et refuse, autant que faire se peut, d'y avoir recours dans la formulation des lois de la mécanique. Ces deux points sont précisés dès la préface du *Traité de dynamique*.

Le texte de la préface s'ouvre sur une analyse de la certitude. D'Alembert commence par expliciter le critère de certitude des mathématiques : « *La certitude des mathématiques est un avantage que ces sciences doivent principalement à la simplicité de leur objet* » (*D.P.T.D.*, p. I). La simplicité de l'objet est le premier critère retenu mais la présence de l'adverbe « *principalement* », comme le souligne très justement M. Desanti dans son article *D'Alembert et la définition géométrique* [3] indique que ce n'est pas le seul, il faut lui adjoindre un deuxième critère, celui de la rigueur des enchaînements démonstratifs. D'Alembert ajoute que la certitude maximale d'une science est fondée sur des « *principes nécessairement vrais et évidents par eux-mêmes* » (*D.P.T.D.*, p. I). La certitude fondée sur des « *principes physiques, c'est-à-dire sur des vérités d'expérience* » est une certitude d'expérience, celle qui est fondée sur de simples hypothèses est « *de pure supposition* ». D'Alembert présente la mécanique comme une science aussi certaine que les mathématiques. Il cherche ainsi à lui conférer le plus haut degré de certitude. Il nous explique que seules trois sciences ont ce plus haut degré et peuvent être regardées « *comme marquées du sceau de l'évidence* », à savoir l'algèbre, la géométrie et la mécanique. Ces trois sciences en effet se caractérisent par la simplicité de leur

2. Les vrais systèmes sont ceux qui sont fondés sur des faits bien constatés reconnus comme principes, voir tome 2 des *Œuvres complètes* de Condillac, revues et corrigées par l'auteur, Paris, An VI-1798, 23 vol., in-8°, chap. 1, p. 6 : « *Par exemple, la gravité des corps a été de tout temps un fait bien constaté, et ce n'est que de nos jours qu'elle a été reconnue pour un principe. C'est sur les principes de cette dernière espèce que sont fondés les vrais systèmes* ».

3. L'article de M. Desanti est paru dans les *Actes du Colloque Jean d'Alembert – 15-18 juin 1983*, Paris, éd. des Archives, 1989.

objet : calcul des grandeurs pour l'algèbre, propriétés générales de l'étendue pour les deux autres. D'Alembert poursuit son analyse en dégageant, à l'intérieur de ce premier ensemble des sciences les plus certaines, les degrés d'évidence de leurs « *principes nécessairement vrais et évidents par eux-mêmes* ». Il substitue ainsi au premier critère de certitude (la simplicité de l'objet) un critère plus précis, à savoir le domaine d'extension de l'objet : « *Plus l'objet qu'elles embrassent est étendu, et considéré d'une manière générale et abstraite, plus aussi leurs principes sont exempts de nuages et faciles à saisir* » (*D.P.T.D.*, p. II). Ainsi le critère de certitude d'une science dépend du pouvoir d'abstraction et de généralisation du sujet connaissant. Plus le sujet connaissant sera à même d'élargir le domaine d'extension de l'objet de la science qu'il étudie, plus cette science sera parfaite et ses principes évidents. Ce nouveau critère permet à d'Alembert d'instaurer, au sein du domaine de la certitude maximale, une hiérarchie entre les trois sciences : l'algèbre est plus simple que la géométrie (et cette dernière plus simple que la mécanique) parce que les principes de l'algèbre sont plus simples que ceux de la géométrie et de la mécanique. Et d'Alembert précise que « *les notions les plus abstraites, celles que le commun des hommes regarde comme les plus inaccessibles, sont souvent celles qui portent avec elles une plus grande lumière* » (p. II). Cette métaphore de la lumière nous instruit de la formation en partie cartésienne de d'Alembert et de l'équivalence, pour lui, des termes de simplicité, d'abstraction et de perfection. En établissant la proportionnalité entre la simplicité de l'objet d'une science et la clarté de ses principes, il reprend l'idée cartésienne de simplicité selon laquelle le pouvoir de former des idées claires et distinctes, dont les mathématiques fournissent l'exemple le plus parfait, est aussi le pouvoir de saisir les éléments premiers des choses [4]. Il en déduit que la meilleure méthode pour aplanir l'abord d'une science est celle qui envisage de la manière la plus abstraite et la plus simple son objet.

En ce qui concerne la mécanique, il propose une présentation hiérarchique des degrés de simplicité de ses éléments : l'étendue est

4. La phrase suivante tirée de la règle II des *Règles pour la direction de l'esprit* – « *De là se conclut avec évidence la raison pour laquelle l'arithmétique et la géométrie sont bien plus certaines que toutes les autres disciplines : c'est qu'elles seules traitent d'un objet si pur et si simple qu'elles n'admettent absolument rien que l'expérience ait rendu incertain, et qu'elles consistent tout entières à tirer des conséquences par voie de déduction rationnelle* » (*Œuvres philosophiques*, Paris, Garnier, 1963, t. 1, p. 84) – pourrait être la référence de ce passage de la préface : « *l'obscurité semble s'emparer de nos idées à mesure que nous examinons dans un objet plus de propriétés sensibles* » (*D.P.T.D.*, p. II).

considérée comme l'objet le plus simple, puis viennent l'impénétrabilité, la nature du mouvement, le principe métaphysique des lois de la percussion, l'idée et les propriétés de la matière, ce qui l'amène à conclure : «*en un mot, plus ils* (les philosophes [5]) *approfondissent l'idée qu'ils se forment de la matière, et des propriétés qui la représentent, plus cette idée s'obscurcit et paraît vouloir leur échapper ; plus ils se persuadent que l'existence des objets extérieurs, appuyée sur le témoignage équivoque de nos sens, est ce que nous connaissons le moins imparfaitement en eux*» (*D.P.T.D.*, pp. II-III).

Dans sa conception de la matière, d'Alembert, contrairement à Descartes, distingue l'impénétrabilité de l'étendue même si « *l'impénétrabilité, ajoutée à l'idée de l'étendue, semble ne nous offrir qu'un mystère de plus*» (p. II). Un peu plus loin, à propos de l'idée de mouvement, il précise sa propre conception de l'étendue qui ne livre pas la nature même de l'étendue mais permet d'obtenir une idée claire du mouvement : «*pour avoir une idée claire du mouvement, on ne peut se dispenser de distinguer, au moins par l'esprit, deux sortes d'étendue : l'une qui soit regardée comme impénétrable, et qui constitue ce qu'on appelle proprement le corps ; l'autre, qui étant considérée simplement comme étendue, sans examiner si elle est pénétrable ou non, soit la mesure de la distance d'un corps à un autre, et dont les parties envisagées comme fixes et immobiles, puissent servir à juger du repos ou du mouvement des corps*» (p. VI). La conception de l'étendue que propose d'Alembert n'est pas d'ordre métaphysique mais épistémologique voire pragmatique. C'est là un des traits majeurs du style de sa pensée scientifique : d'Alembert détermine les notions scientifiques en fonction du rôle opératoire qu'elles ont à jouer dans les sciences. Peu importe de savoir si l'étendue est pénétrable ou non quand elle est seulement considérée dans sa fonction de repère du mouvement d'un corps. Par contre, il importe de lui adjoindre l'impénétrabilité quand elle a pour fonction d'être le support du mouvement, elle constitue alors non pas l'essence du corps mais ce qu'on a coutume d'appeler corps. En ce sens, d'Alembert s'oppose radicalement à Descartes pour qui l'identification de la matière et de l'étendue répond aussi bien à la question métaphysique de l'essence de la matière qu'à une exigence épistémologique (la conception de la matière comme essentiellement étendue étant au fondement de la physique cartésienne). D'Alembert,

5. Notons la petite variante par rapport à la première édition, d'Alembert change de pronom personnel : au «*nous*» de la première édition (*D.P.T.D.*, Paris, 1743, p. II), il substitue le «*ils*» des philosophes, sans doute pour marquer ses distances par rapport à l'aspect métaphysique de la question.

en critiquant la conception cartésienne de l'étendue [6], combat non pas la métaphysique cartésienne (d'Alembert refuse d'entrer dans la discussion métaphysique de ce qu'est l'étendue) mais la méthode qui consiste à réunir en une seule et même conception (en l'occurrence celle de l'étendue) les deux perspectives métaphysique et épistémologique. A partir d'une même recherche de la simplicité de l'objet à étudier, d'Alembert s'écarte pourtant radicalement de Descartes en se tournant non pas vers la métaphysique de la saisie intuitive des essences mais vers une métaphysique plus dissimulée, celle de la saisie primitive et sensualiste du sens des notions les plus claires (du sens et non de l'essence car il suffit d'une dénomination commune, il suffit que les hommes s'accordent sur le rapport du nom à la chose). L'évidence que Descartes attache à l'intuition intellectuelle, d'Alembert la transfère à la sensation ou plutôt à l'accord des esprits sur une dénomination commune de leurs idées simples directement liées aux sensations ou aux facultés d'abstraction et de généralisation de l'esprit. En cela, il rejoint tout à fait l'esprit du dix-huitième siècle et notamment Diderot qui écrit dans l'article *évidence* de l'*Encyclopédie* (t. VI, 1756, p. 146) que l'évidence « *résulte nécessairement de l'observation même de nos sensations* » et qu'il faut entendre par ce mot « *une certitude à laquelle il nous est tout aussi impossible de nous refuser, qu'il nous est impossible d'ignorer nos sensations actuelles* ». D'Alembert rompt avec l'idéalisme cartésien tout en conservant l'idéal cartésien de la simplicité de l'objet. C'est à partir de la simplicité de l'objet de la mécanique – la considération seule du mouvement – qu'il entend démontrer tous les principes de la mécanique. Dans ce projet se noue le paradoxe attenant au statut de la mécanique et, conjointement, au statut de ses lois ou principes. D'une part d'Alembert nous dit que le plus haut degré de certitude des sciences se fonde sur des principes nécessaires, vrais et évidents par eux-mêmes, c'est-à-dire sur ce qui ressemble fort à des axiomes, mais en même temps il nous dit vouloir démontrer ces principes. Il paraît curieux voire contradictoire de vouloir démontrer des

---

6. Cette critique précède le texte où il explicite sa conception de l'étendue : « *personne n'ignore que les cartésiens (secte qui à la vérité n'existe presque plus aujourd'hui) ne reconnaissent point d'espace distingué des corps, et qu'ils regardent l'étendue et la matière comme une même chose. Il faut convenir qu'en partant d'un pareil principe, le mouvement serait la chose la plus difficile à concevoir, et qu'un cartésien aurait peut-être beaucoup plutôt fait d'en nier l'existence, que de chercher à en définir la nature. Au reste, quelque absurde que nous paraisse l'opinion de ces philosophes, et quelque peu de clarté et de précision qu'il y ait dans les principes métaphysiques sur lesquels ils s'efforcent de l'appuyer, nous n'entreprendrons pas de la réfuter ici* » (*D.P.T.D.*, pp. V-VI).

principes posés comme nécessaires, vrais et évidents par eux-mêmes. Toutefois la contradiction se dénoue si l'on comprend le texte de l'analyse de la certitude comme un texte programmatique. N'oublions pas qu'il s'agit d'une préface et que d'Alembert y expose son intention de faire de la mécanique une science aussi certaine que l'algèbre et la géométrie. C'est une fois que le traité sera lu et entendu que l'on pourra juger de la préface.

Retenons cependant de ce texte que d'Alembert veut parfaire la présentation conceptuelle de la mécanique en reculant les limites de l'indémontrable. Ceci est du reste explicité page IV de la préface où l'auteur nous précise qu'il veut reformuler en propositions rigoureusement démontrées ce que Newton appelait les axiomes ou lois du mouvement : « *on n'a pas été si attentif, ni à réduire les principes de ces sciences* (l'algèbre, la géométrie et la mécanique) *au plus petit nombre, ni à leur donner toute la clarté qu'on pouvait désirer. La mécanique surtout, est celle qu'il paraît qu'on a négligée le plus à cet égard : aussi la plupart de ses principes, ou obscurs par eux-mêmes, ou énoncés d'une manière obscure, ont-ils donné lieu à plusieurs questions épineuses. (...) Je me suis proposé dans cet ouvrage de satisfaire à ce double objet, de reculer les limites de la mécanique, et d'en aplanir l'abord* ». Cette démarche est analogue à celle qui le conduit à démontrer l'hypothèse newtonienne – il s'agit de l'hypothèse 2 qui suit le lemme III de la proposition 38 des *Principia* [7] – selon laquelle le mouvement des nœuds de l'anneau environnant la terre et composé de petites lunes, est le même que les lunes soient isolées ou adhérentes les unes aux autres. Voici comment d'Alembert, dans l'introduction au traité des *Recherches sur la précession des équinoxes* [8], justifie sa démonstration : « *Cette proposition n'est pas, ce me semble, assez évidente pour être donnée comme une espèce d'axiome, et j'avoue que j'ai eu besoin d'un calcul assez difficile pour en reconnaître la vérité (...) quoique son hypothèse soit vraie, n'était-on pas en droit d'en exiger une démonstration ?* »

---

7. Voici l'énoncé de l'hypothèse 2 : « *Si l'anneau, dont on vient de parler, faisait seul sa révolution autour du Soleil dans l'orbe de la terre par le mouvement annuel, tout le reste de la Terre étant ôté, et que cependant il tournât par le mouvement diurne autour de son axe incliné au plan de l'écliptique de 23° et demi : le mouvement des points équinoxiaux serait le même, soit que cet anneau fût fluide, soit qu'il fût formé d'une matière solide* » (pp. 107-108 du tome 2 des *Principes mathématiques de la philosophie naturelle*, trad. Marquise du Châtelet de 1756-1759, rééd. en 2 vol. à Paris, Blanchard, 1966 ; Gabay, 1989).

8. Voir tome 1, p. 441, des *Œuvres* de d'Alembert publiées en cinq volumes à Paris, chez Belin, en 1821-1822.

Dans cet exemple aussi bien que dans la préface du *Traité de dynamique*, d'Alembert poursuit le même but : reculer les limites de l'indémontrable. Ce qui surprend toutefois dans sa volonté de démontrer les principes de la mécanique, c'est qu'il leur reconnaît une autosuffisance (ils sont vrais et évidents par eux-mêmes). Mais on a vu qu'il distingue plusieurs degrés dans l'évidence des principes. On comprend mieux alors son projet : il veut démontrer les principes de la mécanique en les déduisant de principes encore plus simples (ceux de l'algèbre et de la géométrie) et des « *notions les plus claires* » (voir bas p. IV du *D.P.T.D.*) telles que l'espace et le temps, notions sur lesquelles s'accordent intuitivement et primitivement tous les esprits. Ce postulat d'un sens commun établi sur un accord des esprits est donc fondamental pour l'exécution du projet de d'Alembert – faire de la mécanique une science purement déductive et rationnelle – mais ne va pas sans poser de problèmes quant à son fondement. En effet, sur quoi repose cette croyance en un sens commun ? Sans entrer, pour l'instant, dans l'examen de cette question qui réclame l'analyse détaillée de la théorie de la définition de d'Alembert, notons que sa conception des notions les plus claires est proche de la conception pascalienne des termes primitifs : ces notions sont indéfinissables et sont reçues par tous les hommes. Dans l'*Esprit géométrique* [9], Pascal citait comme exemples de termes primitifs les notions premières de la géométrie : espace, temps, mouvement, nombre, égalité, etc. De même d'Alembert nous dit dans l'article *éléments des sciences* de l'*Encyclopédie* [10] : « *tout mot vulgaire qui ne renfermera qu'une idée simple, ne peut et ne doit pas être défini dans quelque science que ce puisse être, puisqu'une définition ne pourrait en mieux faire connaître le sens (...). Ainsi dans la mécanique ou science du mouvement des corps, on ne doit définir ni l'espace ni le temps, parce que ces mots ne renferment qu'une idée simple* ». Mais en revanche, le mouvement doit être défini « *parce que l'idée de mouvement est une idée complexe qui renferme deux simples, celle de l'espace parcouru et celle du temps employé à le parcourir* » (ib.). Pour Pascal comme pour d'Alembert, ces notions ne sont pas innées, elles nécessitent l'apprentissage de la langue. Mais elles sont pourtant naturelles bien qu'elles expriment un état déjà structuré du savoir (par exemple la conception naturelle du temps est celle d'un temps qui, par sa nature, coule uniformément). Le sens communément admis de ces notions n'exprime pas l'essence de la chose mais seulement le rapport du nom à la chose. Nous verrons que, dans la théorie de la définition

9. Voir *Œuvres complètes*, Paris, éd. Seuil, 1963, p. 350.
10. Voir tome V, 1755, p. 494.

que construit d'Alembert, les notions primitives exprimant des idées simples s'enchaînent en définitions qui explicitent la composition d'une idée et permettent d'arriver à la formulation des lois ou principes qui ne sont rien d'autre que des enchaînements rigoureux et démonstratifs de définitions. La mécanique, si l'on parvient à énoncer l'ensemble des notions primitives et des définitions (sans en omettre une seule) qui constitue son cadre conceptuel, deviendrait un système rationnel puisque toutes ses propositions seraient déduites et mathématiquement démontrées à partir de cet ensemble. Les principes ou lois de la mécanique ne seraient plus posés comme des axiomes mais seraient d'une part fondés sur l'accord des esprits reconnaissant aux notions primitives un même sens et seraient d'autre part démontrés à partir de définitions nettes et précises. Reste à savoir si le traité de d'Alembert remplit son objet : la mécanique s'y constitue-t-elle en système rationnel ? Pour répondre à cette question, il conviendra d'examiner les démonstrations que donne d'Alembert de ses lois. Mais auparavant, attardons-nous encore sur le texte de la préface où d'Alembert discute la question du statut des lois de la mécanique : sont-elles de vérité nécessaire ou contingente ?

La question du statut des lois de la mécanique est développée de la page XXIV (14e ligne) à la page XXIX (23 premières lignes) de la préface. Ce texte est un ajout de la deuxième édition du traité [11]. L'étude de cette question a été préparée dans deux endroits de la préface (qui appartiennent aux deux éditions de 1743 et de 1758). En effet, dans l'analyse de la certitude, d'Alembert considère que la mécanique a le même degré de certitude que l'algèbre et la géométrie et il précise que seules ces trois sciences possèdent la certitude proprement dite, à savoir « *celle qui est fondée sur des principes nécessairement vrais et évidents par eux-mêmes* » (p. I). La réponse à la question de l'Académie se trouve donc présupposée dans cette présentation de la mécanique. La deuxième anticipation de la question se situe page XII (pp. XI-XII de la première édition) dans le passage qui traite du principe selon lequel la force accélératrice ou retardatrice serait

11. Dans la première édition de 1743, d'Alembert avait anticipé la question de l'Académie de Berlin en écrivant à la suite de la présentation des principes de la mécanique : « *De ces principes combinés, on peut donc aisément déduire les lois du mouvement des corps qui se choquent d'une manière quelconque, ou qui se tirent par le moyen de quelque corps interposé entre eux et auquel ils sont attachés :* lois aussi certaines et de vérité aussi nécessaire que celles du mouvement des corps altéré par des obstacles insurmontables, puisque les unes et les autres se déterminent par les mêmes méthodes » (*D.P.T.D.*, p. XV de la première édition). Le passage que nous avons souligné disparaît dans la seconde édition.

proportionnelle à l'élément de vitesse : «*Nous n'examinerons point si ce principe est de vérité nécessaire ; nous avouerons seulement que les preuves qu'on en a apportées jusqu'ici ne nous paraissent pas hors d'atteinte : nous ne l'adopterons pas non plus avec quelques géomètres comme de vérité purement contingente, ce qui ruinerait la certitude de la mécanique et la réduirait à n'être plus qu'une science expérimentale*» [12]. De nouveau le style de la pensée scientifique de d'Alembert est manifeste : il ne veut pas entrer dans la discussion métaphysique de la nature de la vérité du principe. Mais en même temps il est ici dans l'embarras car comment peut-on vouloir ne pas ruiner la certitude de la mécanique sans trancher la question du statut de ses principes ou lois ? A la fin du chapitre I du traité, d'Alembert précise que le débat sur la nature de la vérité du principe de la force accélératrice oppose Daniel Bernoulli à Euler [13], Daniel Bernoulli soutenant que le principe est de vérité contingente, Euler qu'il est de vérité nécessaire [14]. Dans le texte de la préface que nous venons de citer, même s'il ne prend pas parti ouvertement pour Euler [15], il critique cependant la position de Daniel Bernoulli en ce qu'elle réduit la mécanique à n'être plus qu'une science expérimentale. Ici aussi, la réponse à la question de l'Académie est implicite.

Dans l'ajout de la seconde édition, d'Alembert commence par écarter la perspective métaphysique qui se placerait du point de vue des desseins de Dieu [16]. Cette première exclusion annonce la critique des démonstrations des lois de la mécanique qui s'appuient sur le principe des causes finales [17]. D'Alembert restreint la question « *à savoir si les lois de l'équilibre et du mouvement qu'on observe dans la nature sont différentes de celles que la matière abandonnée à elle-même aurait*

12. D'Alembert aborde réellement le problème de la définition de la force accélératrice à la fin du chapitre I du traité dans les *Remarques sur les forces accélératrices et sur la comparaison de ces forces entre elles*. Nous analyserons ce texte dans le chapitre 6.

13. Voir *T.D.*, p. 25.

14. Nous proposons une analyse de ce débat dans le chapitre 6.

15. Cela tient sans doute à la rivalité des deux savants mais aussi à une raison plus profonde : pour d'Alembert, le principe de proportionnalité de la force accélératrice à l'élément de vitesse est un principe inutile à la mécanique. Ce n'est donc pas un bon support pour discuter de la vérité nécessaire ou contingente des lois de la mécanique. Nous verrons que la définition que donne d'Alembert de la force accélératrice a pour objet d'éliminer ce principe de proportionnalité entre la force et la vitesse.

16. Voir *D.P.T.D.*, p. XXIV : «*Il ne s'agit pas de décider si l'Auteur de la nature aurait pu lui donner d'autres lois que celles que nous y observons*».

17. Voir pp. XXIX-XXX du *D.P.T.D.*

suivies » (p. XXV). En s'en tenant à la considération des effets (et non des causes motrices), il propose de séparer deux démarches, celle qui tâche « *de découvrir par le raisonnement quelles seraient les lois de la statique et de la mécanique dans la matière abandonnée à elle-même* » et celle qui « *doit examiner ensuite par l'expérience quelles sont ces lois dans l'univers* » (p. XXVI), et de comparer leurs résultats. S'ils diffèrent, cela signifie que les lois données par l'expérience sont de vérité contingente. Si les lois données par l'expérience sont les mêmes que celles que le raisonnement seul a fait trouver, on peut en conclure que les lois observées sont de vérité nécessaire. Mais cette méthode d'analyse ne trahit-elle pas un paralogisme ? En effet que signifie la première démarche, celle du « *raisonnement seul* » qui ne considère que l'existence de la matière ? Rappelons que l'idée que nous pouvons avoir de la matière s'appuie uniquement sur le témoignage équivoque de nos sens car toutes nos idées viennent des sens et notre raisonnement ne peut se fonder que sur nos sens et sur l'expérience [18]. Comment, à partir d'un tel fondement expérimental et sensible du raisonnement et de l'idée de matière, les résultats des deux démarches pourraient-ils alors différer ? C'est ce que d'Alembert ne nous dit pas, et cela, parce qu'il n'a pas tiré toutes les conséquences épistémologiques de sa conception de l'origine des idées. Malgré sa théorie sensualiste des idées, il défend l'idée d'une autonomie de la raison et de la toute-puissance du raisonnement qui porte en lui sa propre nécessité. C'est pourquoi la mécanique, en tant que science rationnelle, doit se situer au-dessus des sciences expérimentales. Et c'est aussi pourquoi il en vient à la conclusion que « *les lois de la statique et de la mécanique, exposées dans ce livre, sont celles qui résultent de l'existence de la matière et du mouvement. Or l'expérience nous prouve que ces lois s'observent en effet dans les corps qui nous environnent. Donc les lois de l'équilibre et du mouvement, telles que l'observation nous les fait connaître, sont de vérité nécessaire* » (*D.P.T.D.*, pp. XXVIII-XXIX). Son argumentation pour montrer la nécessité des lois de la mécanique semble donc relever plus d'une pétition de principe que d'une démons-

18. D'Alembert explicite cette idée à plusieurs reprises notamment dans le *Discours préliminaire de l'Encyclopédie* (Paris, Vrin, 1984, p. 14) : « *Toutes nos connaissances directes se réduisent à celles que nous recevons par les sens ; d'où il s'ensuit que c'est à nos sensations que nous devons toutes nos idées* », et dans les *Eléments de philosophie* (Paris, Fayard, 1986, p. 27) : « *Quels sont donc dans chaque science les vrais principes d'où l'on doit partir ? Des faits simples et reconnus (...) ; en physique, les phénomènes journaliers que l'observation découvre à tous les yeux ; en géométrie, les propriétés sensibles de l'étendue ; en mécanique, l'impénétrabilité des corps, source de leur action mutuelle* ».

tration. Reste à examiner, pour s'en convaincre, les démonstrations qu'il propose des principes de la mécanique dans les trois premiers chapitres du traité : quelle est leur valeur ? Ne reposent-elles, comme l'affirme d'Alembert, que sur la considération de l'existence de la matière et du mouvement ? Mais avant d'analyser ces démonstrations, un détour s'impose : examinons d'abord la présentation des « *notions les plus claires* » desquelles d'Alembert entend déduire les principes de la mécanique. Ces notions, ce sont l'espace, le temps et le mouvement mis en relation dans les quatre définitions qui ouvrent le *Traité de dynamique*.

CHAPITRE DEUX

DÉFINITIONS ET NOTIONS PRÉLIMINAIRES

Le *Traité de dynamique* s'ouvre sur quatre définitions ou notions préliminaires : celle du corps et du lieu du corps, celle du corps en repos et en mouvement, celle de la durée du mouvement et enfin celle du mouvement uniforme et, conjointement, celle du mouvement retardé et accéléré. Ces quatre définitions ont pour fonction de mettre en relation les notions d'espace et de temps considérées par d'Alembert comme des notions primitives indéfinissables, et celle de mouvement, idée composée de ces deux notions qui doit par conséquent être définie. Ce texte répond au projet présenté dans la préface de construire toute la mécanique à partir des notions primitives et de la seule considération du mouvement.

La première définition reprend la distinction établie dans la préface entre l'étendue pénétrable et l'étendue impénétrable. D'Alembert définit le corps à partir de la considération de deux portions d'étendue semblables et du principe de superposition. Dans un premier temps, il utilise négativement le principe de superposition : si deux portions d'étendue semblables et égales entre elles ne peuvent pas être exactement superposées de manière à ne faire qu'une même portion d'étendue, chacune d'entre elles est ce qu'on appelle un corps. Et d'Alembert conclut : « *L'impénétrabilité est la propriété principale par laquelle nous distinguons les corps des parties de l'espace indéfini, où nous imaginons qu'ils sont placés* » (*T.D.*, p. 1). Il faut noter l'extrême prudence de cette conclusion : d'Alembert ne cède pas à la tentation de construire une ontologie de l'espace et du corps. La position des corps dans l'espace indéfini n'est pas pensée comme réelle mais imaginaire [1].

1. Nous prenons d'autant plus au sérieux l'expression « *où nous imaginons qu'ils sont placés* » qu'elle annonce l'intérêt de d'Alembert pour la question de

La définition du corps nous livre la propriété principale qui nous permet d'identifier l'objet dans le langage (« *chacune de ces portions d'étendue sera ce qu'on appelle un* corps ») sans prétendre à plus, c'est-à-dire sans prétendre nous donner l'essence même du corps. L'adjectif « *principale* » indique que l'impénétrabilité n'est pas la propriété unique des corps même si elle est privilégiée dans la définition : les corps sont définis comme étendus et impénétrables mais on peut leur adjoindre d'autres qualités (par exemple la dureté ou le fait d'être pesant). Dans un deuxième temps, il utilise cette fois positivement le principe de superposition : la partie de l'espace qui se superpose ou coïncide exactement avec l'étendue du corps est appelée lieu du corps [2].

Ainsi, pour définir corps et lieu du corps, d'Alembert présuppose deux choses : le principe de superposition qui revêt ici une fonction définitionnelle, et un espace homogène. Or c'est aussi le principe de superposition qui confère à l'espace son homogénéité car il est la condition de possibilité de la mesure de l'espace. En effet, pour d'Alembert, la mesure semble bien conférer à la chose mesurée une sorte de réalité : l'espace, en tant qu'il est mesurable, est réel. Mais cette mesure ne peut se faire qu'à l'aide d'une partie de son « contenu », les unités de mesure ; d'où la nécessité dans cette première définition d'avoir recours au principe de superposition sans qu'il soit présenté explicitement comme le fondement de la définition, car cela impliquerait que d'Alembert construise le concept de mesure et élucide la nature du rapport entre la mesure et la chose mesurée, ce qu'il fait à propos des notions secondaires comme par exemple la vitesse [3] mais ce qu'il se refuse de faire pour l'espace et le temps [4].

---

l'existence et de la réalité des objets extérieurs (voir le chapitre 2 de notre deuxième partie).

2. *T.D.*, p. 2 : « *Le* lieu *d'un corps est la partie de l'espace qu'il occupe, c'est-à-dire la partie de l'espace avec laquelle l'étendue du corps est coïncidente* ».

3. Voir *T.D.*, note 1, p.16 : « *L'espace et le temps étant des quantités de nature différente (...) on sent bien qu'on ne peut diviser l'espace par le temps ; ainsi quand on dit que* les vitesses sont comme les espaces divisés par les temps, *c'est une expression abrégée qui signifie que les vitesses sont comme les rapports des espaces à une même commune mesure, divisés par les rapports des temps à une même commune mesure ; c'est-à-dire que si on prend, par exemple, le pied pour la mesure des espaces, et la minute pour la mesure des temps, les vitesses de deux corps qui se meuvent uniformément sont entre elles comme les nombres des pieds parcourus divisés par les nombres de minutes employées à les parcourir, et non pas comme les pieds divisés par les minutes* ». Cette note nous met en garde contre un abus de langage qui consisterait à définir la vitesse comme la division de l'espace par le temps mais nous invite aussi à réfléchir sur la notion de mesure : la mesure ne

La deuxième définition a pour objet le corps en repos et le corps en mouvement. Le corps en repos est caractérisé par l'unité de lieu : « *Un corps est en repos quand il reste dans un même lieu* ». La définition du corps en mouvement met en évidence la temporalité et la continuité du mouvement qui coïncide avec la continuité de l'espace : « *il est en mouvement quand il passe d'un lieu dans un autre, c'est-à-dire quand il occupe successivement et sans interruption des parties de l'espace immédiatement contiguës les unes aux autres* » (*T.D.*, p. 2). Cette définition présuppose l'homogénéité de l'espace et du temps. Par l'adverbe successivement elle annonce et même contient la définition III qui a pour objet l'inhérence du temps au mouvement.

L'idée de l'inhérence du temps au mouvement a été développée dans la préface à partir de la distinction entre le concept géométrique de mouvement et le concept mécanique de mouvement : « *la géométrie ne considère dans le mouvement que l'espace parcouru, au lieu que dans la mécanique on a égard de plus au temps employé à le parcourir* » (p. VII). Dans la définition III, d'Alembert s'appuie sur une évidence : « *Comme un corps ne peut occuper plusieurs lieux à la fois, il ne peut arriver d'un lieu à un autre dans le même instant : le mouvement ne peut donc se faire que durant un certain* temps ». L'évidence repose sur la définition du corps comme étendue impénétrable et sur l'axiome selon lequel il est impossible qu'une même chose soit et ne soit pas en même temps.

La définition IV établit la divisibilité à l'infini de l'espace parcouru par un corps, divisibilité qui se conclut directement de la définition II où il était dit qu'un corps en mouvement occupe successivement et sans interruption des parties de l'espace immédiatement contiguës les unes aux autres. La divisibilité à l'infini du temps est présentée comme une conséquence de celle de l'espace : « *le temps est donc aussi divisible à l'infini* ». Seule l'homogénéité (présupposée) de l'espace et du temps permet de présenter ainsi la divisibilité à l'infini du temps. Suit une définition du mouvement uniforme qui repose non sur une véritable rigueur définitionnelle mais sur une vision intuitive du mouvement. Le « *On conçoit de plus* » devrait bien laisser la place à « *On pose de plus* » car il ne s'agit pas là d'une conception mais d'une représentation postulée du mouvement que d'Alembert cherche à universaliser : « *On*

---

confère pas à la chose mesurée un être. La vitesse n'est pas un être mais un rapport de nombres.

4. [de la page précédente] Le texte de la *Remarque sur la mesure du temps* (§ 12 du chapitre I du traité) que nous étudierons à la fin de ce chapitre confirmera notre analyse.

conçoit de plus, que si un corps se meut en ligne droite, sans subir à chaque instant d'autre changement que le changement de place, il ne peut manquer de parcourir des espaces égaux en des temps égaux». Qu'appelle-t-il ici changement ? Un corps qui tombe ne se meut-il pas en ligne droite ?

Nous retrouvons ici la difficulté qui est déjà présente dans le texte de la préface (pp. V-XVII) où d'Alembert expose son projet de déduire les principes de la mécanique des «*notions les plus claires*». Le premier et principal objet de la mécanique est le mouvement et ses propriétés générales, il convient donc de déduire à partir de l'hypothèse de l'existence du mouvement tous les principes de mécanique. Mais comme le mouvement est une idée composée de deux idées simples – les notions primitives d'espace et de temps – il faut le définir. Pour ce qui est de sa nature, d'Alembert répète [5] qu'elle est problématique mais il propose toutefois au nom d'une raison «naturelle» («*Rien n'est plus naturel, je l'avoue*») de concevoir le mouvement comme «*l'application successive du mobile aux différentes parties de l'espace indéfini, que nous imaginons comme le lieu des corps*» (*D.P.T.D.*, p. V). Cette conception donnée par la raison naturelle suppose «*un espace dont les parties soient pénétrables et immobiles*» ce qui amène d'Alembert à rejeter la conception cartésienne de l'étendue et à distinguer «*au moins par l'esprit*» une étendue impénétrable et une étendue pénétrable. Si l'on considère l'ensemble de l'argumentation, on s'aperçoit que la mécanique présuppose l'existence du mouvement mais aussi une certaine conception «*naturelle*» du mouvement qui s'appuie sur la distinction de deux sortes d'étendue. Or cette conception «*naturelle*» du mouvement est critiquable de deux points de vue. D'une part, elle fait appel à une naturalité de la raison qui n'est jamais interrogée par d'Alembert et qui relève d'un présupposé métaphysique, à savoir la croyance en la simplicité naturelle de certains concepts. D'autre part, cette conception du mouvement n'est pas vraiment satisfaisante puisque le mouvement y est déterminé à l'aide de deux autres notions relatives au mouvement : le mobile et l'espace immobile. Pour d'Alembert, le mouvement est l'application successive du mobile aux différentes parties d'un espace pénétrable et immobile, conception tautologique que la critique rapide des conceptions cartésiennes de l'étendue et du mouvement ne suffit pas à étayer. Bien loin d'analyser la conception

5. Il avait déjà dit page II que «*la nature du mouvement est une énigme pour les philosophes*», il redit page V qu'à l'égard de sa nature, «*les philosophes sont (...) fort partagés là-dessus*».

cartésienne du mouvement[6], d'Alembert se contente d'affirmer l'impossibilité de concevoir le mouvement à partir de l'identification cartésienne de la matière et de l'étendue : «*Il faut convenir qu'en partant d'un pareil principe, le mouvement serait la chose la plus difficile à concevoir, et qu'un cartésien aurait peut-être beaucoup plutôt fait d'en nier l'existence, que de chercher à en définir la nature*» (p. VI). Cette rapidité du jugement de d'Alembert peut s'expliquer, comme on l'a déjà remarqué, par la nature de son propos qui est, non pas de discuter la question métaphysique de la nature du mouvement, de l'étendue et de la matière, mais d'introduire les notions préliminaires de la mécanique. La démarche est d'ordre épistémologique et résolument antimétaphysique : elle vise seulement à construire le cadre conceptuel de la mécanique. Mais peut-on à la fois vouloir expliciter les fondements d'une science et tenir jusqu'au bout cette position antimétaphysique ?

D'Alembert ne semble pas échapper à certaines illusions telles que, par exemple, l'adhésion immédiate à certaines conceptions «*naturelles*» des éléments de la mécanique. On touche là à une grande question concernant la pensée de d'Alembert : n'a-t-elle qu'une apparence critique vis-à-vis des questions métaphysiques ou peut-elle s'ériger véritablement en une réflexion philosophique sur les fondements des sciences ? Le postulat d'une raison naturelle pourvoyeuse des concepts fondamentaux de la mécanique semble introduire une conception métaphysique de la naturalité du langage qui offre à tous les hommes un sens commun minime (l'accord des esprits ne se fait que sur quelques notions) mais suffisant pour fonder la démarche scientifique. Nous reviendrons plus amplement sur ce point dans notre analyse de la théorie de la définition que propose d'Alembert.

Dans la présentation du concept du mouvement, d'Alembert prend soin de distinguer la conception géométrique du mouvement de la conception mécanique. Quand on dit que la ligne est le mouvement

6. Conception qui a au moins le mérite de n'être pas tautologique : il serait impensable pour Descartes de définir le mouvement par l'opposition du mobile et de l'espace immobile puisque l'identification de la matière et de l'étendue implique au contraire l'unité irréductible du mobile et de l'espace. La théorie cartésienne du mouvement, c'est la théorie des anneaux du corps, ou encore une cinématique des chocs. Pour qu'il y ait mouvement, c'est-à-dire transport d'un corps de l'ensemble de ceux qui l'entourent au voisinage d'un autre ensemble, il faut concevoir le mouvement comme tourbillonnaire : un corps occupe la place d'un autre corps qui occupe la place d'un autre corps, etc. La théorie cartésienne du mouvement est une théorie de l'échange des places (voir *Principes de la philosophie*, deuxième partie, articles 16 à 19, 25 et suivants).

d'un point, la conception du mouvement qui sous-tend cette proposition est purement géométrique car on n'a égard qu'à l'espace parcouru, alors qu'en mécanique on doit aussi considérer le temps employé à parcourir l'espace. Cette prise en considération du paramètre temps était déjà explicite dans la conception du mouvement comme application successive du mobile aux différentes parties de l'espace. D'Alembert précise à ce propos sa conception du temps : «*Le temps par sa nature coule uniformément*» (*D.P.T.D.*, p. VII). On peut de nouveau remarquer que cette adhésion immédiate à une conception de la «*nature*» du temps traduit un présupposé d'ordre métaphysique. D'Alembert reprend ici l'idée newtonienne de l'uniformité naturelle du temps [7]. Mais contrairement à Newton, il ne considère pas le temps comme absolu et il faut noter la contradiction apparente du texte qui oscille entre le dogmatisme de l'assertion de l'uniformité naturelle du temps et le scepticisme de la réflexion qui suit : «*Du reste, sans connaître le temps en lui-même et sans en avoir de mesure précise, nous ne pouvons représenter plus clairement le rapport de ses parties que par celui des portions d'une ligne droite indéfinie*» (*D.P.T.D.*, pp. VII-VIII). C'est donc finalement au nom de la simplicité de la conception linéaire («*nous ne pouvons représenter plus clairement le rapport de ses parties*») qu'on doit prôner l'uniformité du temps et non au nom de sa nature puisqu'on ne connaît pas le temps en lui-même. Somme toute c'est ce dont on a besoin dans la pratique scientifique, à savoir une mesure commode et simple du temps, qui décide de sa nature. Léon Brunschvicg n'a pas manqué de souligner la difficulté présente dans le texte, qui consiste à maintenir l'affirmation de l'uniformité naturelle du temps et la négation de toute connaissance de la réalité du temps [8].

D'Alembert montre que la découverte des propriétés générales du mouvement varié suivant une loi quelconque se fonde sur l'analogie qu'il y a entre le rapport des parties d'une ligne (la ligne étant considérée comme un *analogon* du temps) et le rapport des parties de l'espace parcouru par un corps qui se meut d'une manière quelconque. L'analo-

---

7. Voir *Principes mathématiques de la philosophie naturelle*, scholie qui suit la définition VIII, t. 1, p. 8 : «*I Le temps absolu, vrai et mathématique, sans relation à rien d'extérieur, coule uniformément, et s'appelle* durée ».

8. L. Brunschvicg commente la difficulté en disant que d'Alembert affirme l'uniformité naturelle du temps et qu'il « *relègue en même temps dans le royaume des essences inaccessibles à l'homme la réalité du temps (...). Mais une fois séparé de la réalité à mesurer, le temps de la mécanique est destiné à s'évanouir dans ce qu'on pourrait appeler l'absolu de sa relativité* » (in *L'expérience humaine et la causalité physique*, Paris, PUF, 1949, p. 481).

gie peut être exprimée par l'équation de la courbe, dont les abscisses représentent les portions du temps écoulé depuis le commencement du mouvement, et dont les ordonnées correspondantes désignent les espaces parcourus durant ces portions de temps. D'Alembert conclut : « *Il est donc évident que par l'application seule de la géométrie et du calcul, on peut, sans le secours d'aucun autre principe, trouver les propriétés générales du mouvement, varié suivant une loi quelconque* » (*D.P.T.D.*, pp. VIII-IX). L'évidence n'est telle que si on accepte que le temps est une notion géométrique. Cela semble vouloir dire que, contrairement à ce que dit d'Alembert, on a oublié en chemin un principe, on a oublié que la géométrisation du temps – la réduction du temps à son *analogon* qu'est la ligne – n'est possible que par le postulat de son uniformité naturelle. Or ce postulat n'est pas un postulat de la géométrie mais de la mécanique puisque c'est dans la mécanique qu'on considère dans le mouvement l'espace parcouru et le temps que le mobile emploie à parcourir cet espace.

Dans la suite de la préface d'Alembert en vient à l'énoncé du « *premier problème qui appartienne immédiatement à la mécanique* » : « *comment arrive-t-il que le mouvement d'un corps suive telle ou telle loi particulière* ? » (p. IX). De nouveau, il part d'un présupposé implicite : le corps ne peut se donner le mouvement à lui-même, ce qui signifie que le mouvement d'un corps est toujours l'effet de l'action d'une cause étrangère. Nous analyserons plus longuement la nature de ce présupposé qui intervient dans la démonstration du principe d'inertie et nous verrons qu'il engage une certaine conception de la matière et de la force d'inertie que d'Alembert n'évoque pas dans la préface. Il se contente de présenter la caractéristique du mouvement : « *Le mouvement est donc uniforme par sa nature* » (*D.P.T.D.*, p. IX). Il faut noter l'analogie de cette présentation de la « *nature* » du mouvement avec celle du temps. Elle témoigne semblablement de l'adhésion immédiate à une conception « *naturelle* » qu'il justifie au nom de la simplicité des lois de la nature : « *il sera toujours incontestable, que l'existence du mouvement étant une fois supposée sans aucune autre hypothèse particulière, la loi la plus simple qu'un mobile puisse observer dans son mouvement, est la loi d'uniformité, et c'est par conséquent celle qu'il doit suivre* » (*D.P.T.D.*, p. IX). D'Alembert présente la nécessité de la loi d'uniformité du mouvement comme une conséquence de sa simplicité, ce qui veut dire qu'il utilise implicitement le principe métaphysique selon lequel la nature agit toujours selon les lois les plus simples, principe également évoqué par Descartes [9], et qui, sous le nom de principe de simplicité des voies, a joué un rôle considérable dans les philosophies de Leibniz et de Malebranche. Ce principe est généralement accompagné d'un autre principe du même ordre – la nature ne fait rien en vain – qui est lui aussi une conséquence d'une conception métaphysique de la nature (d'origine aristotélicienne) qui permet de justifier et d'introduire les postulats de la démarche scientifique. Ainsi on peut lire les deux premières règles proposées par Newton dans les *Regulae philosophandi* comme l'expression méthodologique de ces deux principes (la règle 1 reprend le principe d'économie des causes, la règle 2 le principe de simplicité). D'Alembert non seulement n'explicite pas le principe de simplicité mais oublie également de mentionner que la loi de l'uniformité du mouvement est la plus simple en raison de la conception « *naturelle* » de l'uniformité du temps qu'il a proposée. En effet comment parler d'un mouvement uniforme sans représenter spatialement ce mouvement par la diagonale (qui exprime que le mobile parcourt des espaces égaux en des temps égaux) référée aux deux unités-étalons des parties de l'espace et des parties de la ligne-temps ? Du reste, il ne semble pas totalement satisfait de sa formulation de la loi d'uniformité du mouvement : «*j'avoue que les preuves qu'on a données jusqu'à présent de ce principe, ne sont peut-être pas fort convaincantes : on verra dans mon ouvrage les difficultés qu'on peut y opposer, et le chemin que j'ai pris pour éviter de m'engager à les résoudre* » (*D.P.T.D.*, pp. IX-X). La fin de la phrase ne signifie rien d'autre que le contournement de la question. Les difficultés auxquelles fait ici allusion d'Alembert sont celles concernant les conceptions de la matière et de la force d'inertie dont on a fait mention plus haut et qu'on explicitera lors de notre analyse de la démonstration du principe d'inertie. De même qu'à propos du temps, d'Alembert prend acte de la difficulté d'ordre métaphysique, déclare qu'elle est inextricable et passe outre. Et tout le caractère tautologique du traitement par d'Alembert de cette double question de l'uniformité du temps et du mouvement rebondit dans la phrase suivante de la préface quand il dit : « *Il me semble que cette loi d'uniformité essentielle au mouvement considéré en lui-même, fournit une des meilleures raisons sur lesquelles la mesure du temps par le mouvement uniforme puisse être*

9. Descartes se sert notamment de ce principe pour justifier les lois physiologiques du corps humain qu'il propose dans le traité de *L'homme*, in *Oeuvres philosophiques* (*O.P.*) éd. Garnier, t. 1, p. 479 : « *Et sachant que la nature agit toujours par les moyens les plus faciles de tous et les plus simples* ».

appuyée » (p. X). Le paralogisme est redoublé dans le texte où il aborde la question de la mesure du temps dans le chapitre I du traité.

Cette question est traitée dans le cadre d'une remarque (*Remarque sur la mesure du temps*, *T.D.*, pp. 11-15) qui suit la démonstration de la loi d'inertie. Comme le souligne E. Jouguet, le premier corollaire [10] de la démonstration implique qu'on admette la constance de la vitesse du mobile, et « *admettre la constance de la vitesse revient à admettre implicitement l'homogénéité du temps absolu* » [11]. Nous avons vu plus haut que d'Alembert fait sienne la conception newtonienne du temps tout en affirmant qu'on ignore l'essence même du temps et, en outre, qu'on n'en a pas de mesure précise (voir *D.P.T.D.*, haut de la page VIII). Or la question du principe d'inertie et celle de la mesure du temps sont enchevêtrées : c'est en effet le mouvement uniforme qui sert d'horloge à la mesure du temps. D'Alembert justifie le choix de cette horloge par ce qui est la caractéristique du mouvement uniforme, à savoir l'égalité du rapport des parties du temps et de celui des parties de l'espace [12]. Mais nous retrouvons ici la même aporie que dans la préface puisque, pour établir cette caractéristique, il faut déjà avoir la conception d'un temps uniforme séparable par une unité de mesure en parties homogènes enytre elles. Ce qui est curieux dans le texte de la *Remarque sur la mesure du temps*, c'est que d'Alembert explicite l'aporie de la mesure du temps dans le cas où le mouvement n'est pas uniforme : « *on ne pourrait mesurer le temps par un mouvement non uniforme, sans avoir découvert auparavant par quelque moyen particulier l'analogie entre le rapport des temps et celui des espaces parcourus, qui conviendrait au mouvement proposé. D'ailleurs, comment connaître cette analogie autrement que par l'expérience, et l'expérience ne supposerait-elle pas qu'on eût déjà une mesure du temps fixe et certaine* ? » (*T.D.*, p. 13). On pourrait élargir cette critique au cas du mouvement uniforme. Mais, pour d'Alembert, l'uniformité du mouvement est une propriété du mouvement considéré en

10. *T.D.*, § 4, p. 4 : «*De là il s'ensuit que si un corps reçoit du mouvement par quelque cause que ce puisse être, il ne pourra, de lui-même, accélérer ni retarder ce mouvement*». Nous présentons dans le chapitre suivant une analyse de ce corollaire.

11. Voir p. 178 et note 172 du tome 2 des *Lectures de mécanique* d'E. Jouguet (Paris, éd. Gauthier-Villars en 2 vol., 1908-1909).

12. *T.D.*, p. 11 : «*dans le mouvement uniforme, le rapport des parties du temps est égal à celui des parties correspondantes de la ligne parcourue. Le mouvement uniforme nous donne donc tout à la fois le moyen, et de comparer le rapport des parties du temps au rapport qui nous est le plus sensible, et de faire cette comparaison de la manière la plus simple ; nous trouvons donc dans le mouvement uniforme, la mesure la plus simple du temps*».

lui-même, c'est-à-dire indépendamment de l'expérience[13]. La loi d'uniformité, qu'elle s'applique au mouvement ou au temps, est à penser comme a priori[14]. Cependant, d'Alembert prend acte de la difficulté à s'assurer expérimentalement qu'un mouvement est parfaitement uniforme. Il commence d'abord par retourner la question au cas des mouvements non uniformes : « *Je réponds d'abord, qu'il n'y a non plus aucun mouvement non uniforme dont nous sachions exactement la loi* » (*T.D.*, p. 13). Puis il donne trois moyens expérimentaux de vérifier expérimentalement qu'un mouvement est à peu près uniforme. Le premier est le principe de la clepsydre : par une expérience réitérée, on juge que des effets semblables se produisent en des temps égaux, ainsi on juge que les temps qu'une même clepsydre met à se vider sont égaux. L'horloge à eau peut servir d'étalon à la mesure du mouvement. La loi d'uniformité et de constance des effets dans le temps est explicitement posée comme la condition du jugement d'égalité des temps : « *nous avons lieu de juger les temps égaux, quand nous avons observé par une expérience réitérée, qu'il se passe durant ces temps des effets semblables, que nous avons lieu de juger devoir durer également longtemps* » (*T.D.*, p. 14). La difficulté de la question de l'uniformité et de la mesure du temps apparaît ici explicitement : comment penser une nature du temps a priori uniforme et une nature du mouvement a priori uniforme et poser en même temps que c'est la répétition de l'expérience qui nous assure de la loi d'uniformité et de constance des effets dans le temps ? D'Alembert semble ici partagé entre une problématique somme toute assez humienne et la volonté de penser la loi d'uniformité comme a priori.

Le deuxième moyen que d'Alembert propose n'en est pas vraiment un, c'est plutôt une condition expérimentale qu'on admet (on tient l'effet de la cause accélératrice ou retardatrice pour négligeable[15]) et, une fois cette condition admise, le premier moyen devient plus sûr et plus crédible car les effets qu'on a observés dans une première expé-

13. Voir *T.D.*, p. 12 : « *La loi d'uniformité, c'est-à-dire l'égalité entre le rapport des temps et celui des espaces parcourus, est donc une propriété du mouvement considéré en lui-même* ».

14. Voir la phrase qui suit l'énoncé de la loi d'uniformité du mouvement : « *Le mouvement uniforme n'en est par là que plus analogue à la durée, et par conséquent plus propre à en être la mesure, puisque les parties de la durée se succèdent aussi constamment et uniformément* » (*T.D.*, p. 12). L'analogie est ici établie sur le caractère a priori uniforme du mouvement considéré en lui-même et de la durée considérée en elle-même, et non directement sur le rapport du mouvement et du temps.

15. Voir *T.D.*, p. 14 : « 2°. *Quand nous avons lieu de croire que l'effet de la cause accélératrice ou retardatrice, s'il y en a une, ne peut être qu'insensible* ».

rience sont homogènes (puisqu'on a éliminé les effets d'autres types de causes) et non seulement semblables à ceux observés dans une deuxième expérience et qu'on compare aux premiers. Autrement dit, le deuxième moyen donne plus de validité à la comparaison des deux expériences. Enfin le troisième moyen est la comparaison d'un mouvement qu'on a jugé uniforme par les deux premiers moyens avec les mouvements d'autres corps. Si l'on observe la même loi dans les différents mouvements des corps (c'est-à-dire si « *les espaces qu'ils parcourent durant un même temps* (sont) *toujours entre eux, ou exactement, ou à peu près dans le même rapport* » (*T.D.*, p. 14)) on juge que leur mouvement est « *ou exactement, ou au moins à très peu près uniforme* » (ib.). Et il conclut qu'on ne peut pas, par l'expérience, parvenir à une certitude d'ordre géométrique du jugement sur l'uniformité d'un mouvement mais que ces trois moyens, réunis et répétés, suffisent à s'assurer de « *l'uniformité très approchée* » d'un mouvement (*T.D.*, p. 15). On retrouve indirectement, dans cette conclusion, la question du statut de la mécanique : il importe, si l'on veut faire de la mécanique une science aussi certaine que la géométrie, de poser la loi d'uniformité (du temps et du mouvement) comme a priori.

Il s'avère, à la suite de cette analyse, que l'homogénéité de l'espace et du temps et l'uniformité du temps et du mouvement sont des exigences de la raison. Le mouvement est rectiligne parce que l'espace est a priori homogène. Il est uniforme parce que le temps est a priori uniforme et homogène à l'espace. Et la raison « *naturelle* » ne comprendrait pas qu'il en soit autrement. On peut donc déjà présumer un certain échec du projet de d'Alembert visant à faire de la mécanique une science purement rationnelle où l'expérience ne jouerait qu'un rôle secondaire. En effet les définitions et les notions préliminaires du traité recèlent des présupposés sur la simplicité naturelle ou rationnelle de la loi d'uniformité et de certains concepts comme l'espace, le temps et le mouvement. D'Alembert semble être victime d'une illusion métaphysique dans sa conception d'une raison « fondée en nature », illusion redoublée, nous l'avons vu, dans sa tentative infructueuse de démontrer la nécessité des lois de la mécanique.

Le problème, à partir de là, est de se demander si les présupposés et les notions que d'Alembert juge « *naturelles* » d'espace, de temps et de mouvement, pourraient être fondés véritablement en « nature». Les notions préliminaires de la mécanique sont-elles en accord avec l'empirisme sensualiste professé dans des textes comme le *Discours préliminaire de l'Encyclopédie* ou les *Eléments de philosophie* ? Par exemple la notion d'un « *temps qui coule uniformément* » a-t-elle vraiment un sens d'un point de vue empiriste ? Le texte de l'éclaircissement sur l'espace et le temps [16] nous fournit des éléments de réponse. D'Alembert y oppose la notion primitive du temps que nous acquérons par la succession de nos idées [17], à la notion « *naturelle* » du temps telle qu'elle est dans tous les hommes, et selon laquelle le temps, par sa nature, coule uniformément [18]. Dès lors, n'y a-t-il pas un certain paradoxe à qualifier de naturelle la notion la plus éloignée de l'expérience commune, celle qui est issue d'un travail de rationalisation et établie conventionnellement par un accord des esprits alors que, « naturellement », l'idée que nous nous faisons du temps à partir de la succession de nos idées est celle d'un temps discontinu, entrecoupé d'états de veille et de sommeil ? La même remarque peut évidemment s'appliquer à la notion de mouvement : les premières perceptions que nous avons du mouvement sont celles de mouvements variés qui commencent et s'arrêtent. Appeler naturelle la notion du mouvement selon laquelle le mouvement est uniforme par sa nature, relève par conséquent de la

---

16. Voir Eclaircissement XVI in *Eléments de philosophie* (*E.P.*), Paris, éd. Fayard,1986, pp. 355-357. L'*Essai sur les Eléments de philosophie* fut publié dans le quatrième volume des *Mélanges de littérature, d'histoire et de philosophie* en 1759, cette édition fut faite à Lyon par Bruyset. En 1767 parut le cinquième volume des *Mélanges de littérature* qui contient les *Eclaircissements sur différents endroits des Eléments de philosophie*, texte écrit à la suite des remarques adressées à d'Alembert par Frédéric II à propos des *Eléments de philosophie*. L'édition du Corpus Fayard, sur laquelle nous travaillons, présente l'un à la suite de l'autre les deux textes de 1759 et de 1767.

17. Voir *E.P.*, p. 356 : « *A l'égard du temps, il est d'abord certain que nous n'en avons la notion que par la succession de nos idées ; il ne l'est pas moins que ce n'est pas la succession de nos idées qui fait le temps, puisque le temps a une mesure indépendante de nos idées, mesure que nous fournit le mouvement des corps* ». Faut-il conclure de cette phrase que c'est la mesure du temps (et donc le mouvement des corps) qui fait le temps ? Et, par ailleurs, le mouvement des corps que nous observons – nous sommes ici dans l'expérience première revendiquée par l'empirisme sensualiste – peut-il véritablement nous fournir une mesure du temps ? La réponse à la première question est oui : pour d'Alembert, la mesure du temps en fait sa réalité scientifique. Par contre, la réponse à la deuxième question est négative car l'uniformité du temps et du mouvement est le produit d'une construction rationnelle que d'Alembert penserait volontiers a priori, ce qui fait problème, nous l'avons vu.

18. Voir *E.P.*, pp. 356-357 : « *Quoi qu'il en soit de cette discussion sur l'espace et le temps, nous ne saurions trop insister sur ce que nous avons déjà dit ailleurs, qu'elle est absolument étrangère et inutile à la mécanique. Cette science ne suppose autre chose que les notions naturelles de l'espace et du temps, telles qu'elles sont dans tous les hommes ; notions très simples et très nettes par elles-mêmes, et que la philosophie seule a le privilège d'obscurcir et d'embrouiller* ».

même étrangeté. Ce paradoxe met en évidence l'impuissance du sensualisme à fonder les notions que d'Alembert appelle naturelles.

Etendons plus loin notre analyse et interrogeons-nous maintenant sur la valeur des démonstrations des lois de la mécanique et sur leur portée quant au projet de d'Alembert de faire de la mécanique une science purement rationnelle. Nous bornerons notre propos à l'étude de la démonstration du principe de la force d'inertie. La considération de cette démonstration suffira à montrer le caractère nécessairement insatisfaisant de telles démonstrations.

CHAPITRE TROIS

LA DÉMONSTRATION DU PRINCIPE DE LA FORCE D'INERTIE

D'Alembert, dans la préface du traité, a clairement exposé son projet : il veut déduire les principes communément admis de la mécanique (principe d'inertie, principe du mouvement composé, principe de l'équilibre) des définitions et notions préliminaires de la mécanique (espace, temps, mouvement, corps et lieu du corps). Autrement dit, d'Alembert croit que la mécanique comporte une partie *pure*, c'est-à-dire purement rationnelle, et qui par conséquent est entièrement *a priori*. L'algèbre et la géométrie appartiennent à cette partie *pure* de la science ; elles ont le degré de certitude maximal. D'Alembert y joindrait volontiers la mécanique toute entière. Son projet est de faire de la mécanique une science purement rationnelle, sans aucun recours à l'expérience. Et en nommant son traité *Traité de dynamique*, il rappelle que la mécanique, c'est aussi bien la cinématique que la dynamique. La première partie a pour objet de déduire a priori les principes de cinématique, la seconde partie a pour objet de réduire tous les principes de dynamique à un seul et de le présenter comme une déduction pure des principes de la cinématique.

D'emblée, on peut faire deux remarques. La première est celle que nous avons développée dans les deux chapitres précédents : tout le projet de d'Alembert est sous-tendu par la croyance qu'il y a des notions *naturelles* dont le sens et la vérité s'imposent à tous les esprits, mais ce sens commun ou cet accord des esprits est postulé et non justifié [1]. La deuxième remarque concerne le projet lui-même : on ne

1. On retrouvera, à propos de la question métaphysique de l'existence des corps extérieurs, ce même support de croyance érigé en *fondement* de la démonstration.

peut pas faire de la mécanique une déduction pure. Il n'existe pas de mécanique, ni même de cinématique pure. Toute la mécanique suppose admis le principe d'inertie et le principe de composition du mouvement. Toute la mécanique est sous-tendue par une certaine conception du mouvement qui découle du principe d'inertie, à savoir la conception du mouvement rectiligne uniforme. Si on prenait une autre théorie du mouvement *naturel*, celle du mouvement circulaire uniforme qui était encore celle de Copernic, on ne retrouverait pas la même cinématique *a priorique*.

Mais d'Alembert veut « *reculer les limites de la mécanique* » et « *en aplanir l'abord* » (*D.P.T.D.*, p. IV), ce qui signifie pour lui en premier lieu démontrer les lois de la mécanique que Newton présentait comme des axiomes. Autrement dit, il refuse de reconnaître aux principes d'inertie, de composition du mouvement et d'équilibre, une vérité axiomatique. Mais comme il ne possède pas de théorie de la démonstration et qu'il ne veut pas avoir recours aux axiomes pour fonder la mécanique, on ne peut que conclure à l'échec des démonstrations *a priori* proposées par d'Alembert : il est en effet impossible de démontrer a priori le principe d'inertie sans tomber dans le paralogisme qui consiste à se donner en sous-main tout ce qui est requis pour la démonstration (notamment une conception *naturelle* du mouvement rectiligne uniforme). Et, nous allons le voir, c'est effectivement ce qui se produit dans le premier chapitre du traité.

Le chapitre I a pour objet de démontrer le principe d'inertie. D'Alembert définit la force d'inertie en se référant à Newton [2] et scinde la démonstration du principe en deux parties, la première partie s'appliquant au corps en repos et la seconde au corps en mouvement. Reprenant la formule en quelque sorte bipartite que proposait Descartes [3], il énonce le principe d'inertie en deux lois. Première loi : « *Un corps en repos y persistera, à moins qu'une cause étrangère ne l'en tire* ». Deuxième loi : « *Un corps mis une fois en mouvement par une cause quelconque, doit y persister toujours uniformément et en ligne droite, tant qu'une nouvelle cause, différente de celle qui l'a mis en mouvement, n'agira pas sur lui ; c'est-à-dire, qu'à moins qu'une cause étrangère et différente de la cause motrice, n'agisse sur ce corps,*

---

2. *T.D.*, p. 3 : « *J'appelle avec M. Newton* force d'inertie, *la propriété qu'ont les corps de rester dans l'état où ils sont : c'est cette propriété qu'il faut démontrer ici* ».

3. Voir *Principes de la philosophie*, seconde partie, art. 37 et 39, in *O.P.*, éd. Garnier, t. 3, pp. 185-186 et pp. 187-190.

il se mouvra perpétuellement en ligne droite, et parcourra en temps égaux des espaces égaux » (*T.D.*, pp. 3-4).

D'Alembert justifie la première loi au nom de ce qu'on pourrait appeler le principe de raison : « *Car un corps ne peut se déterminer de lui-même au mouvement, puisqu'il n'y a pas de raison pour qu'il se meuve d'un côté plutôt que d'un autre* » (p. 4). Ce qui était posé dans la préface comme une évidence (« *On voit d'abord fort clairement qu'un corps ne peut se donner le mouvement à lui-même* » (*D.P.T.D.*, p. IX)), est ici reformulé comme une conséquence du principe de raison. Outre l'impénétrabilité qui définit le corps, on voit apparaître ici une autre caractéristique du corps, à savoir son incapacité à changer de lui-même son état de repos. Il n'y a donc pas de cause de mouvement inhérente au corps et corollairement, s'il y a changement d'état, c'est-à-dire passage du repos au mouvement, cela signifie qu'une cause étrangère intervient. Ce recours au principe de raison pour « démontrer » la première loi nous indique le caractère aporétique de la démarche de d'Alembert. Il veut démontrer les trois principes de la mécanique à partir de « *la considération seule du mouvement* » (*D.P.T.D.*, p. XVI) et cependant il fait appel à des principes « plus fondamentaux » pourrait-on dire (au principe de raison, et aussi dans la suite du texte, aux principes de superposition et de symétrie) pour les démontrer.

Suit un corollaire de la loi 1 qui est pour le moins surprenant : « *De là il s'ensuit, que si un corps reçoit du mouvement par quelque cause que ce puisse être, il ne pourra de lui-même accélérer ni retarder ce mouvement* » (p. 4). Ce corollaire est curieux car il n'a aucun rapport direct avec la loi 1. Dans celle-ci, il n'était question que du corps en repos et éventuellement du passage de l'état de repos à l'état de mouvement, mais aucunement du mouvement accéléré ou retardé. Pourtant d'Alembert présente ce corollaire comme une conséquence de la loi 1 (« *De là il s'ensuit* »). Essayons de reconstituer son raisonnement.

Ce corollaire anticipe, de toute évidence, la démonstration de la loi 2. Il importe pour la rigueur de cette démonstration d'avoir posé préalablement l'incapacité du corps à accélérer ou à retarder de lui-même le mouvement qu'il a reçu. Or d'Alembert vient d'expliciter une propriété (toute négative) du corps – l'incapacité du corps à changer de lui-même son état de repos – qui se rapproche fort de ce dont il a besoin pour la démonstration de la seconde loi. Il suffit donc de généraliser, d'étendre cette propriété du corps pour obtenir le corollaire : le corps est incapable de changer de lui-même non seulement son état de repos mais aussi son état de mouvement. D'Alembert homogénéise le passage de l'état de repos à l'état de mouvement au changement (accélération ou décélération) qui affecterait un corps en mouvement. Finalement, ce corollaire ne se comprend qu'en référence à la proposition qui sous-tend l'énoncé de la loi 1, à savoir qu'il n'y a pas de cause motrice inhérente au corps. Derrière cette proposition, se dresse l'opposition de d'Alembert à une conception « réaliste » de la force et de la cause, qui en ferait des êtres inhérents aux corps. La passivité du corps est marquée dans le corollaire par le terme « *recevoir* » qui souligne bien l'extériorité de la cause motrice vis-à-vis du corps : « *si un corps reçoit du mouvement par quelque cause que ce puisse être* » [4]. Le paragraphe 5 qui clôt ce corollaire confirme notre analyse. D'Alembert y définit la cause motrice [5] et cette définition intervient au moment où il a marqué l'irréductible extériorité de la cause du mouvement au corps, et rappelle la chasse aux sorcières qu'il entend bien mener contre les causes et les forces [6] qui ne sont rien en elles-mêmes, qui ne sont rien que leurs effets observables et mesurables.

A présent, si on regarde la démonstration de la seconde loi, on comprend l'utilité de ce corollaire. C'est à l'aide de celui-ci que d'Alembert démontre la permanence du mouvement uniforme. Comme d'Alembert distingue deux types d'action de la cause (instantanée ou continuée), sa démonstration est double. Il démontre dans le premier cas que, passé le premier instant, l'action de la cause motrice n'existe plus, mais que le mouvement rectiligne et uniforme que le corps a reçu néanmoins subsiste encore. Or, (corollaire) le corps ne peut de lui-même accélérer ni retarder le mouvement qu'il a reçu, donc si le mouvement dure au delà de l'impulsion elle-même, le corps continuera à se mouvoir uniformément si rien ne l'en empêche, et en ligne droite car « *il n'y a pas de raison pour qu'il s'écarte à droite*

---

4. Ce corollaire énonce ainsi quelque chose d'original : il esquisse la notion de repère de mouvement en soulignant l'indépendance du corps en mouvement (qu'on peut assimiler à un corps en repos en le considérant comme un repère) et de l'entraînement, c'est-à-dire de l'accélération ou de la décélération du mouvement initial, qui a toujours nécessairement pour cause autre chose que le corps lui-même. En d'autres termes, si le repère est lui-même en mouvement, il y a une possibilté d'établir une distinction entre l'entraînement et le repère.

5. *T.D.*, p. 4 : « *On appelle en général* puissance *ou* cause motrice, *tout ce qui oblige un corps à se mouvoir* ».

6. Voir *D.P.T.D.*, pp. XVI-XVII : « *j'ai(e), pour ainsi dire, détourné la vue de dessus les* causes motrices, *pour n'envisager uniquement que le mouvement qu'elles produisent ; (...) j'ai(e) entièrement proscrit les forces inhérentes au corps en mouvement, êtres obscurs et métaphysiques, qui ne sont capables que de répandre les ténèbres sur une science claire par elle-même* ».

plutôt qu'à gauche » (*T.D.*, p. 5). Cette première démonstration repose donc sur le corollaire et sur le principe de raison. Comme le remarque E. Meyerson [7], elle est curieusement proche de celle qu'utilise Aristote dans le quatrième livre de la *Physique*. Aristote souligne que, dans le vide, si le mouvement devait durer au delà de l'impulsion, il n'y aurait plus aucune raison pour qu'il cessât jamais [8]. Donc dans le vide, le mouvement serait perpétuel, ce qui lui paraît absurde. Il réduit à l'absurde cette proposition par l'argument de ce qu'il appelle « *la différence des milieux* » : la différence des milieux est ce qui permet d'établir la proportion d'un mouvement à un autre et, corollairement, la proportion de la vitesse d'un mobile à un autre. Or, dans le vide, l'établissement d'une telle proportion est impossible, donc tous les corps auraient la même vitesse, ce qui est contraire à l'expérience [9]. A partir d'une même hypothèse, les deux auteurs déduisent des conclusions contraires, ce qui jette le doute sur la valeur de leur démonstration et sur la possibilité que défend d'Alembert dans son traité de parvenir à formuler le principe d'inertie par voie purement déductive. Comme nous l'avons noté plus haut, la démonstration de d'Alembert, qui est apparemment une déduction pure en ce qu'elle n'emprunte à l'expérience que l'existence du mouvement, n'est en fait qu'une application par le principe de raison des postulats de causalité et de l'identité des phénomènes dans le temps. Ce sont ces deux postulats qui constituent le fondement de la démonstration.

De même, la deuxième démonstration concernant le cas où la cause motrice exerce une action continuée sur le corps est sous-tendue par le principe que Kant appellera la première analogie de l'expérience, à savoir le principe de permanence de la substance. C'est ce principe qui

---

7. Voir *Identité et réalité*, Paris, Vrin, 5e éd., 1951 (la première édition est de 1908), chap. III, pp. 129-133.

8. *Physique*, Paris, éd. Belles Lettres, 1926, trad. Carteron, IV, 8, 215 a19-21 : « *En outre, on ne saurait dire pourquoi un corps mû s'arrêtera quelque part ; pourquoi serait-ce ici plutôt que là ? de sorte que nécessairement ou il sera en repos ou nécessairement il sera transporté à l'infini, si rien de plus fort ne l'arrête* ».

9. *Physique*, IV, 8, 216 a11-20 : « *voici ce qui résulte de la différence des mobiles transportés : l'expérience montre que les corps dont la force est plus grande, soit en pesanteur, soit en légèreté, toutes choses égales d'ailleurs quant aux figures, traversent plus vite un espace égal et dans la proportion que les grandeurs ont entre elles. Par suite, ce serait la même chose dans le vide. Mais c'est impossible : en effet, pour quelle cause le transport serait-il plus rapide ? Dans les choses pleines, c'est là une nécessité : en effet, le corps de puissance supérieure divise plus vite ; car la division dépend ou de la figure ou de la force du mobile ou du projectile. Tous les corps auraient donc la même vitesse. Mais c'est impossible* ».

permet de légitimer le concept de changement et de déduire d'une identité de situations mécaniques, l'identité des effets produits, ce qui est une autre formulation de l'axiome de causalité selon lequel de l'identité des causes on peut conclure à l'identité des effets. C'est cet axiome qui est implicitement utilisé par d'Alembert dans la démonstration du second cas : « *Or la même raison qui a fait agir la cause motrice constamment et uniformément pendant un certain temps, subsistant toujours tant que rien ne s'oppose à son action, il est clair que cette action doit demeurer continuellement la même, et produire constamment le même effet* » (*T.D.*, p. 6).

A l'encontre du jugement de d'Alembert sur sa double démonstration [10], nous pensons qu'elle ne suppose pas uniquement l'existence du mouvement et, de ce point de vue, elle n'est pas entièrement satisfaisante. Outre cela, P. Costabel, dans son article *De quelques embarras dans le Traité de dynamique* paru dans la *Revue XVIII*^e*siècle* (n°16 sur d'Alembert, 1984), soulève très justement la difficulté qui apparaît dans la *Remarque première* du traité et qui concerne la double démonstration (donc les deux cas, aussi bien celui de l'action instantanée de la cause motrice que celui de la cause continuée) de la seconde loi. La difficulté porte sur l'expression « *rien de commun* » de la phrase de la page 7 : « *Le corps est donc en quelque manière à chaque instant dans un nouvel état, dans un état qui n'a* rien de commun *avec le précédent, il ne fait, pour ainsi dire, continuellement que commencer à se mouvoir, et on pourrait croire qu'il tendrait sans cesse à tomber dans le repos, si la même cause qui l'en a tiré d'abord, ne continuait en quelque sorte à l'en tirer toujours* » (nous soulignons l'expression). Cette phrase est en contradiction explicite avec la démonstration du premier cas (où l'action de la cause motrice est instantanée) qui stipulait au contraire que le corps restait toujours dans le même état quel que soit l'instant où l'on considère son mouvement [11].

La phrase de la page 7 vise à invalider les justifications classiques de la loi d'inertie. L'argument consiste à dire qu'un corps en mouve-

---

10. *T.D.*, pp. 8-9 : « *Mais comme on doit employer à la solution d'une question le moins de principes qu'il est possible, j'ai cru devoir me borner à démontrer que la continuation du mouvement a lieu également dans les deux hypothèses, il est vrai que notre démonstration suppose l'existence du mouvement, et à plus forte raison sa possibilité ; mais nier que le mouvement existe, c'est se refuser à un fait que personne ne révoque en doute* ».

11. *T.D.*, p. 5 : « *supposons le corps partant de A, et capable de parcourir de lui-même uniformément la ligne AB ; soient pris sur la ligne AB deux points quelconques C, D, entre A et B. Le corps étant en D est précisément dans le même état que lorsqu'il est en C, si ce n'est qu'il se trouve dans un autre lieu* ».

ment « *ne fait, pour ainsi dire, continuellement que commencer à se mouvoir* » (*T.D.*, p. 7). Il se fonde donc sur l'analyse infinitésimale de la durée du mouvement. Si l'on considère une durée infiniment petite, alors le mouvement est un déplacement lui aussi infiniment petit, tel qu'à chaque instant, le jugement sur le mouvement du corps s'établit par rapport au repos et sous la forme d'une tendance instantanée. Quand un corps est en mouvement, il se produit sans cesse un passage à la limite, c'est-à-dire la substitution au repos d'un commencement de déplacement. Mais d'Alembert ne craint pas ici de pousser à l'extrême une conception somme toute très leibnizienne du mouvement en précisant que le nouvel état du corps « *n'a rien de commun* » avec le précédent. Il montre ainsi que la cause motrice qui tire le corps de l'état de repos doit s'exercer continûment lorsque le corps est en mouvement [12]. Et contrairement aux défenseurs de la thèse selon laquelle l'inertie est inhérente au corps (ce qui les amène à supposer dans leur présentation du principe d'inertie une action continue de la force d'inertie quand le corps est en mouvement), d'Alembert par cette expression « *rien de commun* » échappe à ce qui est, à ses yeux, un supplément de principe ou d'hypothèse, à savoir que l'inertie est inhérente au corps (n'oublions pas l'un des enjeux du traité : l'économie des principes). Il évite ainsi de prendre position dans une discussion métaphysique sur la nature de la matière, discussion par nature contestable selon lui puisque l'essence de la matière est inconnaissable [13]. Cette discussion est celle des deux hypothèses suivantes : soit on suppose « *une force qu'on imagine dans la matière, par laquelle elle résiste à tout changement d'état* », soit on suppose « *l'indifférence de la matière au mouvement comme au repos* » (*T.D.*, p. 7). La thèse de l'indifférence de la matière au mouvement et au repos a été soutenue par Galilée (puis par Descartes) qui définit l'inertie par cette indifférence. A cette définition s'oppose la conception newtonienne de la « *vis insita* » (force d'inertie) qui est considérée comme un principe interne du corps, corrélat de son impénétrabilité. La force d'inertie, pour Newton, est inhérente au corps, elle est d'autant plus grande que la quantité de matière du corps est grande. Elle réside dans la matière et Newton la définit [14] comme la

12. D'Alembert use de la même argumentation dans l'article *force* (*Encyclopédie*, t. VII, 1757, pp. 110-120).

13. Voir *D.P.T.D.*, p. II : « *en un mot plus ils approfondissent l'idée qu'ils se forment de la matière, et des propriétés qui la représentent, plus cette idée s'obscurcit et paraît vouloir leur échapper* ».

14. Voir définition III des *Principes mathématiques de la philosophie naturelle*, t. 1, p. 2 : « *La force qui réside dans la matière (vis insita) est le pouvoir qu'elle a*

force de résistance par laquelle tout corps persévère, autant qu'il le peut, dans son état de repos ou de mouvement. Pour d'Alembert, les deux thèses sont à renvoyer dos à dos car toutes les preuves de la conservation du mouvement qui en résultent « *n'ont point le degré d'évidence nécessaire pour convaincre l'esprit* » (*T.D.*, p. 7). Les newtoniens sont obligés de supposer, on l'a vu, que l'action de la force d'inertie est continue quand le corps se meut, ce qui est un supplément d'hypothèse et les partisans de l'autre thèse n'apportent pas de preuves plus valables du principe d'inertie et, qui plus est, leur conception va à l'encontre du sens commun selon lequel « *il y a quelque chose dans un corps en mouvement qui n'est pas dans un corps en repos* » (*T.D.*, p. 8). D'Alembert se sert de cet argument *ad hominem* après avoir montré que la thèse de l'indifférence ne suffit pas à rendre raison de la permanence de l'uniformité du mouvement [15]. Ainsi les démonstrations qui ont précédé celle de d'Alembert ne sont pas satisfaisantes sous deux points de vue : elles sont moins simples que la sienne car elles mettent en œuvre des hypothèses dont il fait l'économie, et elles sont chacune l'expression d'une conception métaphysique de la matière qui, en tant que telle, est discutable.

Cette critique valorise par contre-coup la démonstration de d'Alembert qui ne suppose, selon lui, que l'existence du mouvement. Ce en quoi il se trompe, nous l'avons vu, car que vaudrait sa démonstration sans le principe de raison, sans le présupposé métaphysique selon lequel il n'y a pas de cause de mouvement inhérente au corps (présupposé qui fonde la validité du corollaire) et sans l'adhésion immédiate à un contexte de causalité ?

Du reste, la démonstration du principe d'inertie a été une préoccupation constante de d'Alembert tout au long de sa vie. Deux textes ultérieurs viennent confirmer ceci. Le premier est le jugement de d'Alembert sur les «*quelques autres raisons*» qu'il donne pour justifier le principe d'inertie : «*Nous ne prétendons pas donner les preuves précédentes pour aussi concluantes que des démonstrations géométriques, mais nous croyons qu'à les considérer seulement comme des preuves métaphysiques, elles peuvent servir à établir le principe de la force d'inertie qui ne paraît pas devoir être considéré comme un*

---

de résister. C'est par cette force que tout corps persévère de lui-même dans son état actuel de repos ou de mouvement uniforme en ligne droite ».

15. *T.D.*, p. 7 : «*tout ce que ce principe présente, ce me semble, de bien distinct à l'esprit, c'est qu'il n'est pas essentiel à la matière de se mouvoir toujours, ni d'être toujours en repos ; mais s'ensuit-il clairement de là qu'un corps en mouvement ne puisse tendre continuellement au repos ?* ».

simple principe d'expérience »[16]. C'est là en effet, nous l'avons noté, son grand souci : il veut établir a priori les principes de la mécanique pour en faire une science purement rationnelle et non expérimentale. Mais ses démonstrations, qu'elles s'appuient sur les notions primitives de la mécanique ou sur des éléments proprement mathématiques (équations différentielles du premier ordre, courbure, fonctions) échouent ; elles ne parviennent pas à déduire a priori le principe d'inertie. Et cela tient à la nature même du principe qui n'est ni a priori ni a posteriori mais l'un et l'autre à la fois. Comme le montre si bien l'analyse d'Emile Meyerson[17], le principe d'inertie ne peut pas être l'objet d'une déduction pure mais peut seulement être considéré comme une vérité axiomatique ou comme une vérité d'expérience, deux conceptions que d'Alembert refuse.

Le second texte que nous voudrions citer est extrait d'une lettre de d'Alembert à Lagrange où il expose et commente l'une de ses dernières tentatives de démonstration du principe d'inertie : « *J'ai eu l'occasion de revenir ces jours-ci sur la démonstration du principe de la force d'inertie, que j'ai donnée dans le tome IV de mes* Opuscules *et je crains qu'elle ne soit insuffisante, à moins d'y ajouter une considération métaphysique dont je ne suis pas pleinement satisfait (...). En général l'équation* $ddy / dx^2 = \phi (dy / dx)$ *que j'ai trouvée est celle de la résistance comme une fonction de la vitesse, reste à savoir si l'on peut supposer légitimement une cause ou force retardatrice qui dépende de la vitesse, et qui, étant inhérente au corps, reçoive de la vitesse sa direction. C'est ici où la métaphysique commence et j'en suis fâché pour la démonstration* » (Lettre de d'Alembert à Lagrange du 6 septembre 1770[18]).

Ce texte nous fait comprendre l'objet de cette démonstration : d'Alembert veut détacher le principe de la force d'inertie de toute conception métaphysique de la force qui en ferait un être inhérent au corps. Comme nous le verrons à propos du problème de la force accélératrice, pour d'Alembert, la force n'est pas un être mais

16. Le jugement de d'Alembert et les « *quelques autres raisons* » sont explicités dans un mémoire de 1769 où d'Alembert avait cherché de nouvelles preuves du principe (voir *Mémoire sur les principes de la mécanique* in *Mémoires de l'Académie Royale des Sciences de Paris* (1769)). Ce texte a été commenté avec beaucoup de précision par P. Costabel dans son article *La mécanique dans l'Encyclopédie* (in *L'Encyclopédie et le progrès des sciences et des techniques*, Centre International de Synthèse, 1952).

17. Voir *Identité et réalité*, le chapitre 3 en entier, pp. 114-165.

18. In *Œuvres* de Lagrange, t. 13, Paris, Gauthier-Villars, en 14 vol., 1867-1892.

l'expression d'un rapport mathématique. Si l'on cherche à déduire le principe d'inertie du postulat de causalité, il faut admettre ou bien que la force retardatrice (ou accélératrice) est une substance ou bien que la vitesse est une substance. Or, ces deux conceptions sont aussi paradoxales l'une que l'autre car la vitesse aussi bien que la force ne sont que des rapports [19]. Pourtant la mécanique devrait pouvoir s'affranchir, selon d'Alembert, de toute emprise de la métaphysique sur ses concepts (mais les exceptions sont nombreuses et certaines récurrentes comme celle qui concerne le concept de cause).

Dans la *Remarque II* du chapitre I, d'Alembert poursuit toujours le même idéal, à savoir démontrer le principe d'inertie mais, cette fois, il fait appel à l'expérience : « *L'expérience est d'accord avec le raisonnement pour prouver le principe de la force d'inertie. Nous voyons que les corps qui nous environnent restent en repos tant que rien ne les en tire ; et s'il arrive quelquefois qu'ils paraissent se mouvoir sans que nous en voyions la cause, nous avons lieu de juger par l'analogie, par l'uniformité des lois de la nature, et par l'incapacité de la matière à se mouvoir d'elle-même, que cette cause n'en est pas moins réelle pour nous être cachée* » (*T.D.*, § 8, p. 9). D'Alembert réserve ici une place pour une cause autre que l'impulsion, à savoir l'attraction. Du reste, le renvoi final de la note du § 8 à « *d'autres réflexions* » de l'article *force* de l'*Encyclopédie* confirme cette allusion à l'attraction. D'Alembert y parle plus au long de l'attraction et en profite pour critiquer Euler. Il lui reproche d'avoir condamné dogmatiquement l'attraction et d'avoir jugé qu'elle est incompatible avec le principe d'inertie. Son argumentation, dans l'article *force*, est très subtile car, sans se faire le défenseur de la thèse des newtoniens selon laquelle il faut distinguer nettement les concepts d'attraction et d'impulsion, il rejette toutefois la position d'Euler en disant qu'il faut s'en tenir aux faits et que la tendance des corps les uns vers les autres est une loi de la nature constatée par les phénomènes et « *que si cette tendance n'est point produite par l'impulsion, ce que nous ne décidons pas, en ce cas la présence d'un autre corps suffit pour altérer le mouvement de celui qui se meut, et que comme l'action de l'âme sur le corps n'empêche pas le principe de la force d'inertie d'être vrai, de même l'action d'un corps sur un autre, exercée à distance, ne nuit point à la vérité de ce principe parce que dans l'énoncé de ce principe on fait abstraction de toutes les causes (quelles qu'elles puissent être) qui peuvent altérer le mouvement du corps, soit*

19. Voir, à propos de la vitesse, le § 14 et la note (1) pp. 15-16 du *T.D.* et, à propos de la force retardatrice ou accélératrice, la *Remarque I* sur les forces accélératrices, pp. 22-27 du *T.D.* (nous analysons ce texte dans le chapitre 6).

que nous puissions comprendre ou non la manière d'agir de ces forces » (article *force* de l'*Encyclopédie*, t. VII, 1757, p. 112). Ici se lit clairement la position antimétaphysique de d'Alembert : dans l'énoncé du principe de la force d'inertie,« *on fait abstraction de toutes les causes* », et c'est pourquoi il faut condamner la fausse métaphysique qui tirerait de l'énoncé d'un principe de mécanique, des considérations métaphysiques sur l'incompatibilité des différentes causes du mouvement telles l'attraction et l'impulsion. Le problème c'est que l'accusation de d'Alembert se retourne contre lui : c'est lui et non Euler qui met en parallèle, même si c'est pour les différencier, le principe d'action de l'âme sur le corps et celui d'un corps sur un autre. L'argumentation est subtile voire sophistique car, contrairement à la comparaison que d'Alembert met en place pour parer le raisonnement d'Euler, comparaison où les deux principes d'action sur le corps (le principe d'action de l'âme et le principe d'action d'un corps) n'ont pas le même statut, Euler, lui, compare des principes qui ont le même statut et, dans cette mesure, il a effectivement raison de dire que l'attraction est contraire au principe de la force d'inertie.

Nous n'étudierons pas les démonstrations du principe du mouvement composé et du principe d'équilibre des chapitres II et III du traité car elles pèchent par la même insuffisance (qui se traduit par le recours aux mêmes principes implicites : principe de raison, postulat de causalité).

Au terme de cette analyse de la tentative de démonstration du principe de la force d'inertie, on peut conclure à un échec au moins partiel du projet de d'Alembert visant à faire de la mécanique une science a priori. Il n'a pas atteint le but implicite qui sous-tend ce projet, à savoir débarrasser la mécanique de tout élément métaphysique dans l'élaboration de son cadre conceptuel. En effet, la mécanique telle qu'elle est présentée à travers les définitions, notions préliminaires et démonstrations des premiers chapitres du traité, n'est pas épurée de tout présupposé. Elle n'est pas non plus détachée de toute expérience ni de toute contingence – malgré la tentative de d'Alembert de démontrer le caractère nécessaire de ses lois – ce qui aurait permis de donner à la mécanique le statut d'une science rigoureusement certaine (au même titre que l'algèbre et la géométrie) et de la couper radicalement des sciences expérimentales. Mais cette conclusion serait tout à fait partiale si elle n'était complétée par la considération des éléments positifs de la réflexion critique de d'Alembert sur le statut de la mécanique et de ses lois. Même s'il ne parvient pas à démontrer les principes de la mécanique, il met en place, en tentant de déduire le principe de la force d'inertie des définitions et notions préliminaires, tous les éléments d'une théorie de la définition qui va se révéler extrêmement féconde aussi bien dans le *Traité de dynamique* que dans l'ensemble de son œuvre. Sa théorie de la définition est le principe unificateur des textes proprement scientifiques et des textes de portée philosophique. Nous allons expliciter cette théorie et montrer sa fécondité en analysant les répercussions et les progrès scientifiques qu'elle a engendrés. Cette présentation se doublera d'un questionnement sur la fonction fondamentale que d'Alembert entend lui attribuer : peut-elle véritablement justifier l'accord des esprits auquel il a sans cesse recours pour élaborer le cadre conceptuel de la mécanique ? Par ailleurs, la construction de définitions rigoureuses suffit-elle, comme le pense d'Alembert, à endiguer les querelles scientifiques qu'il qualifie volontiers de verbales ? Pour répondre à ces questions, nous développerons, à la suite de l'analyse de la théorie de la définition, des exemples tirés du traité où la construction d'une définition permet à d'Alembert d'éluder voire de résoudre certaines querelles scientifiques de son temps.

CHAPITRE QUATRE

LA THÉORIE DE LA DÉFINITION

D'Alembert expose sa théorie de la définition dans l'éclaircissement II des *Eclaircissements sur différents endroits des Eléments de philosophie* [1] parus en 1767. Nous nous autorisons ce saut dans le temps car la théorie de la définition présentée dans ce texte se nourrit et se construit à partir de problèmes scientifiques qui sont déjà ceux du *Traité de dynamique*. Nous allons voir que les exemples que choisit d'Alembert pour expliciter sa théorie sont des exemples empruntés à sa réflexion et à sa pratique scientifiques et que cette théorie de la définition, si elle n'est systématisée qu'en 1767, fonctionne déjà implicitement dans le traité.

Dans l'éclaircissement II, d'Alembert commence par distinguer deux types d'idées : les idées simples et les idées composées. D'Alembert a lu Locke et reprend ici la distinction mise en place dans le livre II de l'*Essai philosophique concernant l'entendement humain*. Mais il radicalise la critique lockienne des idées innées en soutenant, et cela dès le *Discours préliminaire de l'Encyclopédie* [2], que toutes nos idées sans exception viennent des sens alors que Locke pensait que certaines de nos idées venaient par la réflexion seule [3]. Nous verrons que deux autres auteurs, Pascal et Leibniz [4], ont également marqué la réflexion de d'Alembert sur les définitions.

---

1. La distinction des idées simples et des idées composées est opérée dans le chapitre IV des *Eléments de philosophie* qui ne fait qu'esquisser la théorie de la définition. Celle-ci est explicitée dans l'éclaircissement II des *Eclaircissements*.

2. Voir *D.P.E.*, p. 14.

3. Voir l'*Essai philosophique concernant l'entendement humain*, Paris, Vrin, trad. Coste reprise en fac-similé en 1983, livre II, chap. 3, p. 77.

4. Il n'est pas sûr que d'Alembert connaisse très bien l'œuvre de Leibniz mais il connaît les *Nouveaux essais sur l'entendement humain* et notamment le texte du

A l'intérieur de l'ensemble des idées simples, d'Alembert distingue les idées primitives acquises par les sens, comme celles de la couleur, du froid, du chaud, et celles obtenues par abstraction à partir d'idées composées comme, par exemple, celle de l'espace à partir de l'idée de corps. Cette première analyse rejette a contrario deux critères de simplicité. L'appréhension immédiate d'une idée n'est pas un critère suffisant pour juger de la simplicité d'une idée car ce qui est immédiatement perçu, par exemple la surface d'un objet, exige dans la plupart des cas – mis à part le cas des idées primitives acquises par les sens – d'être analysé pour être conçu [5]. Le deuxième critère de simplicité implicitement exclu est celui qui chercherait à déterminer le nombre des parties d'une idée pour juger de sa simplicité ou de sa complexité. D'Alembert prend pour exemple l'idée d'espace : bien que l'espace soit constitué de parties innombrables, l'idée que nous en avons est une idée abstraite simple [6]. Le critère de simplicité retenu par d'Alembert s'appuie sur une différenciation rigoureuse entre deux opérations de l'esprit : la décomposition et la généralisation. Une idée décomposable peut et doit être définie, une idée généralisable est une idée simple et, par conséquent, indéfinissable [7]. Il y a donc deux manières d'obtenir

---

livre II où s'ouvre le débat sur le nominalisme et le réalisme des idées qui oppose Philalèthe (Locke) à Théophile (Leibniz). Il connaît bien, en revanche, l'œuvre de Pascal et a été directement influencé par le texte des deux opuscules, à savoir l'*Esprit géométrique* et l'*Art de persuader*.

5. Voir *E.P.*, Ecl. II, p. 208 : « *Je suppose que j'aie entre les mains un corps solide quelconque, j'y distingue d'abord trois choses,* étendue, bornes en tous sens *et* impénétrabilité *; je fais abstraction de cette dernière, il me reste l'idée d'*étendue *et celle de* bornes, *et cette idée constitue le corps géométrique, qui diffère du corps physique par l'idée de l'impénétrabilité, essentielle à celui-ci. Je fais ensuite abstraction de l'étendue ou de l'espace que ce corps* renferme, *pour ne considérer que des bornes en tous sens ; et ces bornes me donnent l'idée de* surface, *qui, se réduit, comme il est visible, à une étendue de deux dimensions* ». Notons, à travers cet exemple, la prégnance de la réflexion scientifique dans la construction de la théorie de la définition : les définitions « exemplaires » sont des exemples de définitions scientifiques (on retrouve ici, chemin faisant, la définition 1 du traité, à savoir celle du corps comme étendue impénétrable).

6. Voir *E.P.*, chap. IV, p. 29 : « *Ainsi quoique l'espace soit composé de parties, et par conséquent ne soit pas un être simple, cependant l'idée que nous en avons est une idée simple, parce que toutes les parties de l'espace étant de même genre, les idées partielles que renferme l'idée de l'espace sont aussi entièrement semblables* ».

7. De nouveau, d'Alembert pour illustrer son propos choisit un exemple emprunté à sa réflexion sur la détermination de l'objet de la mécanique : « *Par exemple, les trois idées d'*étendue, *de* bornes *et d'*impénétrabilité, *différentes et distinguées l'une de l'autre, forment étant réunies l'idée de* corps, *laquelle par conséquent peut être décomposée dans chacune de ces trois idées, que l'esprit*

des idées abstraites simples : ou bien par abstraction des éléments simples d'une idée composée (on obtient l'idée d'étendue en décomposant l'idée de corps), ou bien par généralisation d'idées directes et primitives que l'esprit acquiert tout d'un coup par les sens (on obtient l'idée de sensation par généralisation de l'idée simple attachée au mot *voir*). D'Alembert nous indique bien que l'abstraction et la généralisation sont les deux modes de production des idées abstraites simples, mais ne nous éclaire guère sur le critère qui permet de juger de la simplicité d'une idée : à quoi juge-t-on, par exemple, que l'idée d'existence est une idée simple ? Cette question est abordée au chapitre IV des *Eléments de philosophie*. D'Alembert commence par écarter la solution cartésienne selon laquelle ce serait l'esprit qui nous fournirait les intuitions intellectuelles propres à déterminer la simplicité d'une idée. Curieusement, c'est au nom d'une conception de l'esprit somme toute proche de celle de Descartes que d'Alembert rejette cette solution. Il défend en effet une conception substantielle de l'esprit : l'esprit est substance, ses actes ou opérations sont par conséquent uniques, simples et uns [8]. Toute idée, quel que soit son degré de composition, est donc saisie par une opération simple et une de l'esprit. Comme toutes les opérations de l'esprit sont simples, l'esprit ne permet pas de distinguer les degrés de simplicité d'une idée [9]. Or, pour juger de la simplicité d'une idée, il faut bien instaurer un rapport entre l'idée et son objet. Mais ce rapport ne peut être connu par une analyse des opérations de l'esprit car d'Alembert, en défendant une conception homogène des opérations (simples et unes) de l'esprit, lui a enlevé la possibilité d'analyser les idées qu'il produit, et donc la compétence pour établir ce rapport. Au chapitre IV des *Eléments de philosophie*, il nous dit : « *Ce n'est donc point par la nature des opérations de l'esprit qu'on doit juger*

---

envisagera séparément ; au contraire l'idée simple attachée au mot voir, *quoiqu'elle renferme les deux idées de* sensation *et d'*existence, *n'est point formée de ces idées réunies ; car d'un côté ces deux idées, même étant réunies, sont plus générales que l'idée attachée au mot* voir, *et par conséquent ne composent point cette dernière idée ; et de l'autre la réunion de l'idée d'*existence *à celle de* sensation *serait illusoire, puisque l'idée d'*existence *n'ajoute proprement rien à celle de* sensation *; on ne peut* sentir *sans* exister » (*E.P.*, Ecl. II, p. 206).

8. Voir *E.P.*, pp. 28-29 : « *A proprement parler, il n'y a aucune de nos idées qui ne soit simple ; car quelque composé que soit un objet, l'opération par laquelle nous le concevons est unique* ».

9. Nous verrons, en étudiant la classification des sciences proposée par d'Alembert, que c'est le même obstacle, la conception substantielle de l'esprit, qui empêche d'Alembert de construire une théorie des éléments des sciences où l'esprit déciderait de la simplicité de l'objet d'une science (objet ou éléments ou principes, les trois termes sont équivalents pour d'Alembert).

du degré de simplicité des idées ; c'est la simplicité de l'objet qui en décide ; et cette simplicité n'est pas déterminée par le petit nombre de parties de l'objet, mais par celui des propriétés qu'on y considère » (*E.P.*, p. 29). D'Alembert, pour établir le rapport entre l'idée et son objet, personnifie, faute de mieux, l'un des deux termes du rapport : la simplicité de l'objet « *décide* » de la simplicité de l'idée, c'est-à-dire fonde son degré de simplicité. Derrière cette personnification, d'Alembert propose, semble-t-il, une conception intuitive du rapport du sujet à l'objet. En dernière instance, ce qui décide véritablement de la simplicité de l'objet d'une idée, c'est le sujet qui saisit intuitivement que tel objet n'a pas de propriétés distinctes et séparables. Or cette saisie intuitive résulte du pouvoir d'abstraction ou de généralisation du sujet connaissant. Est simple l'idée d'un objet qui n'a pas de propriétés distinctes et séparables. Si l'objet simple a plusieurs parties, il suffit d'en connaître une pour les connaître toutes parce qu'elles sont toutes substituables à celle qui est connue [10]. Corollairement, est composée l'idée d'un objet qui comporte des propriétés distinctes et séparables. D'Alembert précise que les idées simples sont entièrement déterminées par le nom qui les désigne (l'idée de temps par le nom temps) ; elles sont donc indéfinissables par hypothèse. Les mots qui expriment une seule idée simple sont les notions communes reçues par tous les hommes.

Cette conception de l'idée simple est très proche de la conception pascalienne du terme primitif : ces mots sont indéfinissables [11]. Dans l'*Esprit géométrique* [12], Pascal caractérise les termes primitifs comme ceux qui « *désignent si naturellement les choses qu'ils signifient, à ceux qui entendent la langue, que l'éclaircissement qu'on en voudrait faire apporterait plus d'obscurité que d'instruction* » et il cite comme exemples de termes primitifs les notions premières de la géométrie : espace, temps, mouvement, nombre, égalité, etc. De même d'Alembert nous dit dans l'article *éléments des sciences* de l'*Encyclopédie* [13] : « *tout mot vulgaire qui ne renfermera qu'une idée simple, ne peut et ne doit pas être défini dans quelque science que ce puisse être, puisqu'une définition ne pourrait en mieux faire connaître le sens* ».

---

10. Voir *E.P.*, p. 29.

11. Dans l'article *dictionnaire* (*Encyclopédie*, tome IV, 1754, pp. 959-969), d'Alembert caractérise les mots qui désignent les propriétés générales des êtres (comme existence, étendue, pensée, sensation, temps, et un grand nombre d'autres) comme indéfinissables. Il les appelle les « *mots originaux et primitifs* » (p. 959).

12. Voir *Œuvres complètes*, éd. Seuil l'Intégrale, Paris, 1963, p. 350.

13. Voir tome V, 1755, p. 494.

Alors que Pascal fondait la croyance au sens commun des termes primitifs sur une conception mystique des dons de la nature marquée du sceau de Dieu [14], d'Alembert la fonde d'une part sur sa conception substantielle de l'esprit produisant des idées abstraites simples par généralisation ou décomposition d'objets et, d'autre part, sur les sensations qui fournissent les idées primitives (idées abstraites et idées primitives constituant l'ensemble des idées simples). Pour Pascal et pour d'Alembert, ces notions ne sont pas innées, elles nécessitent l'apprentissage de la langue. Mais elles sont pourtant naturelles (ce qui suppose un sens commun) bien qu'elles expriment un état déjà très structuré du savoir. Ainsi la conception naturelle du temps stipule, nous l'avons vu, que le temps par sa nature coule uniformément.

Les termes primitifs sont reçus universellement par ceux qui entendent la langue, ce qui ne signifie pas, pour Pascal et pour d'Alembert, que les hommes connaissent l'essence même de la chose désignée par le terme. Le terme primitif ou l'idée simple ne nous fait connaître que le rapport du nom à la chose et non pas la chose même [15]. Ces notions les plus claires, ces notions premières sont assimilées par Pascal et par d'Alembert aux premiers principes qui se sentent par le cœur pour Pascal [16] et qui s'acquièrent par les sensations ou par la faculté d'abstraction pour d'Alembert. Pour Pascal, de ces notions primitives dépendent les principes ou axiomes qui naissent du parfait recouvrement de l'ordre du cœur et de l'ordre de l'esprit et qui sont

---

14. Voir *Œuvres complètes* : *Pensées*, fr. 110, pp. 512-513 ; et *Esprit géométrique*, p. 350 : « *On voit assez de là qu'il y a des mots incapables d'être définis ; et si la nature n'avait suppléé à ce défaut par une idée pareille qu'elle a donnée à tous les hommes, toutes nos expressions seraient confuses ; au lieu qu'on en use avec la même assurance et la même certitude que s'ils étaient expliqués d'une manière parfaitement exempte d'équivoques ; parce que la nature nous en a elle-même donné, sans paroles, une intelligence plus nette que celle que l'art nous acquiert par nos explications* ».

15. Voir pour Pascal l'*Esprit géométrique*, p. 350 : « *par exemple, le temps est de cette sorte. Qui le pourra définir ? Et pourquoi l'entreprendre, puisque tous les hommes conçoivent ce qu'on veut dire en parlant de temps, sans qu'on le désigne davantage ? Cependant il y a bien de différentes opinions touchant l'essence du temps. (...) Aussi ce n'est pas la nature de ces choses que je dis qui est connue de tous : ce n'est simplement que le rapport entre le nom et la chose ; en sorte qu'à cette expression,* temps, *tous portent la pensée vers le même objet* » ; et pour d'Alembert voir les *Eléments de philosophie*, p. 30 : « *En effet, non seulement nous ignorons la nature de chaque être en particulier, nous ne savons pas même bien distinctement ce que c'est que la* nature *d'un être en lui-même. Mais la nature des êtres, envisagée par rapport à nous, n'est autre chose que le développement des idées simples renfermées dans la notion que nous nous formons de ces êtres* ».

16. Voir *Pensées*, fr. 110, pp. 512-513.

produits quand l'adéquation de la définition de nom (c'est-à-dire l'imposition d'un nom à une chose clairement désignée en des termes parfaitement connus) et du terme primitif est immédiate et évidente.

Contrairement à Pascal, d'Alembert ne maintient plus la distinction entre définition de nom et définition de chose [17]. Il se libère de cette distinction et du débat entre le nominalisme et le réalisme qui la sous-tend. Sa théorie de la définition annonce beaucoup plus expressément la conception kantienne du concept : les définitions expliquent la nature de l'objet tel que nous le concevons, mais non tel qu'il est. Tout le travail de définition s'effectue entre deux limites constituées d'idées indéfinissables : les données primitives des sens et les idées obtenues au terme d'un enchaînement d'actes d'abstraction ou de généralisation. Pour mener à bien ce travail de définition, la règle à respecter est de ne jamais introduire une idée composée sans la définir, ceci afin d'éviter l'équivocité dont un mot est susceptible de par les différents sens qu'il peut renfermer. Une bonne définition pour d'Alembert est celle qui repose sur une analyse exacte de l'objet à définir. Et une analyse est exacte si elle détermine les propriétés distinctes et séparables qui composent un objet. Une bonne définition, c'est aussi une définition complète, c'est-à-dire celle qui énonce le minimum de propriétés distinctes suffisant à assurer l'identité de l'idée définie. Ce minimum de traits caractéristiques doit permettre d'articuler l'idée dans l'esprit sans qu'il soit possible de la confondre avec une autre [18]. Il résulte de cette théorie qu'une bonne définition fait connaître le mode de composition de l'idée définie. Outre le rejet par d'Alembert de la distinction entre définition de nom et définition de chose, bien d'autres différences peuvent être marquées entre la théorie pascalienne de la définition et celle de d'Alembert. La théorie de Pascal se fonde sur la

17. Voir *E.P.*, p. 30 : « *On voit par là combien est futile la question tant agitée : s'il y a des définitions de* chose, *c'est-à-dire des définitions qui expliquent l'essence des êtres, ou s'il n'y a que des définitions de* nom, *c'est-à-dire de simples explications de ce qu'on entend par un mot. Les définitions dont il s'agit ne sont proprement ni dans l'un ni dans l'autre cas ; elles sont plus que des définitions de nom et moins que des définitions de chose ; elles expliquent la nature de l'objet tel que nous le concevons, mais non tel qu'il est* ».

18. Voir *E.P.*, pp. 29-30 : « *Les idées simples qui entrent dans une définition doivent être tellement distinctes l'une de l'autre, qu'on ne puisse en retrancher aucune sans rendre la définition incomplète. C'est à quoi on ne saurait apporter trop d'attention, pour ne pas faire regarder comme deux idées distinctes ce qui n'est individuellement que la même. Suivant ce principe, une définition sera d'autant plus claire, tout le reste d'ailleurs égal, qu'elle sera plus courte ; on peut même, pour l'abréger encore, y faire entrer des idées composées, pourvu qu'elles aient été définies* ».

distinction de deux ordres : l'ordre du cœur (du sentiment) et l'ordre de l'esprit (du discours), celle de d'Alembert ne se fonde que sur l'ordre du discours et sur le postulat d'un accord des esprits qui se produit dans le discours, plus précisément dans la reconnaissance intuitive du sens des notions primitives acquises dans l'apprentissage de la langue. Nous proposons ici deux tableaux résumant respectivement la théorie de Pascal et celle de d'Alembert.

1) Théorie pascalienne de la définition :

Ordre du cœur (sentiment)		Ordre de l'esprit (discours)	
termes primitifs	principes ou axiomes	définition de nom	définition de chose ou proposition
• ils désignent naturellement les choses qu'ils signifient à ceux qui entendent la langue ; • ils sont indéfinissables et reçus par tous les hommes qui connaissent la langue.	• ils naissent du parfait recouvrement de l'ordre du cœur et de l'ordre de l'esprit ; • ils sont produits quand l'adéquation de la définition de nom et du terme primitif est immédiate et évidente.	• c'est l'imposition d'un nom à une chose clairement désignée en termes parfaitement connus ; • l'imposition est entièrement libre.	• c'est une définition de nom démontrée ; • elle est soumise à la démonstration de la définition de nom.

(voir *Esprit géométrique*, pp. 350-351).

2) Théorie d'alembertienne de la définition

idées simples (ou éléments)	idées composées ou complexes
– elles sont indéfinissables et se divisent en deux groupes : A) les idées primitives acquises par les sens ; B) les idées abstraites obtenues par généralisation ou décomposition d'objets.	– elles nécessitent d'être définies ; – les définitions sont des propositions qui expliquent la composition d'une idée, c'est-à-dire qui développent les idées simples qu'elle contient ; – les définitions doivent être claires et courtes et, pour les abréger encore, on peut y faire entrer des idées composées, pourvu qu'elles aient été définies auparavant ; – elles sont plus que des définitions de nom et moins que des définitions de chose, elles expliquent la nature de l'objet tel que nous le concevons mais non tel qu'il est.

Les différences entre les deux théories montrent l'orientation de d'Alembert vers un conceptualisme plus dégagé du nominalisme que la théorie de Pascal. A peine esquissé chez Pascal dans sa conception des termes primitifs, il est plus affirmé chez d'Alembert bien qu'il subsiste encore quelques résistances d'une conception plus idéaliste du langage liées au maintien du postulat d'un sens commun et d'une conception substantielle de l'esprit.

Dans la théorie de la définition présentée par d'Alembert, les idées simples ou premiers principes ou éléments [19] s'enchaînent en définitions qui explicitent la composition d'une idée et permettent d'arriver à la formulation des lois ou principes seconds qui ne sont rien d'autre que des enchaînements rigoureux et démonstratifs de définitions. Cette théorie de la définition permet de systématiser les éléments d'une science. Comme nous l'avons déjà fait remarquer lors de l'analyse de statut de la mécanique dans notre premier chapitre, l'exemple privilégié par d'Alembert pour illustrer sa théorie de la définition est la mécanique : si l'on parvient à énoncer l'ensemble des notions primitives et des définitions de la mécanique, cette science deviendrait un système rationnel puisque toutes ses propositions seraient mathématiquement démontrées. Les principes de la mécanique ne seraient pas posés comme des axiomes mais seraient d'une part fondés sur l'accord des esprits reconnaissant aux notions primitives un même sens (donné

19. Ces trois notions d'idée simple, de principe et d'élément sont assimilées et tenues pour synonymes dans l'article *éléments des sciences* de l'*Encyclopédie.*

intuitivement par les sensations ou par un processus simple de l'esprit) et seraient d'autre part démontrés à partir de définitions nettes et précises.

Pour d'Alembert, les raisonnements mathématiques se ramènent à une comparaison d'idées [20]. Cette comparaison doit être conforme aux degrés de composition des idées (idées simples, idées composées définies, idées obtenues de proche en proche à partir d'idées composées définies). C'est pourquoi d'Alembert, tout comme Leibniz, accorde beaucoup plus d'importance aux définitions qu'aux axiomes et laisse ouverte la possibilité de démontrer les axiomes. Il est proche de l'idée leibnizienne développée au chapitre 12 du livre IV des *Nouveaux essais* selon laquelle les axiomes doivent pouvoir être démontrés parce qu'ils se subordonnent au principe suprême des définitions, à savoir le principe d'identité. Démontrés, les axiomes se résolvent en définitions. Et toute certitude logique ne devrait alors avoir d'autres fondements que le principe d'identité et de bonnes définitions. Le problème du raisonnement est donc le même pour Leibniz et pour d'Alembert : il se résout par l'élaboration de définitions correctes, c'est-à-dire par la construction d'une théorie rigoureuse de la définition, toute démonstration n'étant qu'un enchaînement de définitions [21]. Mais d'Alembert, dans sa conception de la définition, s'écarte de Leibniz qui, même s'il repousse le réalisme des idées, confère aux concepts un fondement dans la réalité en tant qu'ils correspondent à l'essence objective des choses : « *la généralité consiste dans la ressemblance des choses singulières entre elles, et cette ressemblance est une réalité* » (*Nouveaux essais*, livre III, chap. 3, § 12, p. 251 de l'édition Garnier Flammarion, Paris, 1966, établie d'après l'édition Gerhardt). C'est dans cette ressemblance que Leibniz cherche « *l'essence des genres et des espèces* » et c'est pourquoi il ne peut accorder à Locke (Philalèthe) que « *ce qu'on appelle* général *et universel n'appartient point à l'existence des choses, mais que c'est un ouvrage de l'entendement* » (ib., § 11, p. 251).

Ainsi pour Leibniz, tout se passe comme si les universaux étaient des réalités, bien qu'ils n'en soient pas. La ressemblance des choses singulières est inscrite dans la structure même des choses, ce qui signifie que les essences individuelles sont reliées entre elles par l'unité

---

20. Voir *E.P.*, éclaircissement V en entier, d'Alembert y montre, notamment page 226, que « *l'art de raisonner consiste à comparer ensemble deux idées par le moyen d'une troisième* ».

21. Voir, pour Leibniz, in *Die philosophischen Schriften von G. W. Leibniz*, publiés par Gerhardt en 7 vol., Berlin, 1875-1890, (*Phil.*, I, 174) ; lettres à Conring du 3 janvier 1678 (*Phil.*, I, 185), et du 19 mars 1678 (in *Phil.*, I, 194). Pour d'Alembert, voir *E.P.*, chap. XV, p. 113.

d'une loi, sinon par l'unité d'une substance. Et l'unité de cette loi, son universalité, peuvent être saisies et désignées par le concept. Cette position intermédiaire de Leibniz entre le nominalisme et le réalisme est ce qui a incité L. Couturat à parler très justement du nominalisme réel de Leibniz [22].

Nous avons vu comment d'Alembert se dégageait de ce débat. La question de la distinction des définitions de nom et de chose lui paraît non pertinente et futile : non pertinente parce que ce sont les intérêts pratiques d'une définition qui importent, c'est à eux que répond la théorie de la définition et non aux débats d'ordre métaphysique sur la nature du langage ; futile parce que cette question est somme toute « verbale » pour d'Alembert et qu'elle engage une réflexion sur les définitions qui s'écarte de leur fonctionnement. D'Alembert analyse ce que requiert une définition, y pourvoit et élimine ce qu'il appellerait les scories métaphysiques de la question, scories métaphysiques dans la mesure où le débat nominalisme-réalisme témoigne d'une méconnaissance du fonctionnement même d'une définition [23]. Toutefois d'Alembert parle parfois de définitions de nom. Il désigne ainsi les expressions qui servent à abréger une proposition dont l'énonciation rigoureuse aurait demandé trop d'étendue et de circonlocution, ou qui renvoient à des objets peu connus du vulgaire [24]. C'est donc par commodité pratique que les définitions tendent à se transformer en définitions de nom. Dans l'éclaircissement XI portant sur les éléments de géométrie, d'Alembert développe plusieurs exemples de définitions de nom. Retenons celui du parallélogramme. La définition selon laquelle un parallélogramme est le produit de sa base par sa hauteur, est une définition de nom. D'Alembert nous explique que prise à la lettre, elle n'a aucun sens car on ne peut pas multiplier des lignes par des lignes, toute multiplication suppose qu'au moins une des deux quantités soit un nombre abstrait [25]. Cette définition n'a de sens que par convention. Par

22. Voir Couturat, *La logique de Leibniz*, Hildesheim, éd. Georg Olms, 1969 : Appendice II intitulé *Leibniz et Hobbes leur logique, leur nominalisme*, § 13, pp. 471-472.

23. *Eléments de philosophie*, chap. IV, p. 30 .

24. *Eléments de philosophie*, chap. IV, pp. 30-31 : « *On ne doit proprement appeler définitions de nom, que celles de certains termes particuliers aux sciences, termes de pure convention qu'il suffit d'expliquer, et dont l'usage est inconnu au vulgaire. Les sciences sont forcées de se servir de ces sortes de termes, soit pour abréger les circonlocutions, et contribuer à la clarté par ce moyen, soit pour désigner des objets peu connus sur lesquels le philosophe s'exerce, et que souvent il se produit à lui-même par des combinaisons singulières et nouvelles. Ces mots ont simplement besoin d'être expliqués par d'autres plus simples et d'usage commun* ».

25. Voir *Eléments de philosophie*, écl. XI, p. 321.

convention (de géomètres), elle renvoie à la définition du parallélogramme rectangle selon laquelle si l'on divise sa base en un certain nombre de parties égales et sa hauteur en un certain nombre de mêmes parties égales, alors le rapport du parallélogramme au carré de chacune de ses parties, sera égal au rapport que le produit des deux nombres de division de la base et de la hauteur aura avec l'unité [26].

Dans ce même éclaircissement, d'Alembert déplore l'absence de bons éléments de géométrie due, selon lui, au fait que la présentation des ouvrages de géométrie ne respecte pas l'ordre naturel des idées. Le remède à ce défaut est une bonne théorie de la définition [27]. Est donc naturel l'ordre qui suit l'enchaînement des degrés de composition des idées : il faut partir des idées simples, puis de là passer aux idées composées définies, et ensuite aux idées obtenues à partir de celles-ci. Restituer ou plutôt construire cet ordre naturel, c'est la tâche de la théorie de la définition comme c'est aussi la tâche d'une bonne métaphysique de la géométrie, dont la mise en œuvre permettrait d'établir les vrais éléments de géométrie. Il est clair que d'Alembert pense avoir atteint cet objectif en ce qui concerne la mécanique. Le *Traité de dynamique* est exemplaire de ce qu'est une présentation bien ordonnée des éléments d'une science. Dans l'article *éléments des sciences* de l'*Encyclopédie* (t. V, 1755, p. 494), il reprend de manière systématique ses propres choix de présentation de la mécanique en leur conférant une valeur universelle : «*Ainsi dans la mécanique ou science du mouvement des corps, on ne doit définir ni l'espace ni le temps, parce que ces mots ne renferment qu'une idée simple ; mais on peut et on doit même définir le mouvement, quoique la notion en soit assez familière à tout le monde, parce que l'idée de mouvement est une idée complexe qui en renferme deux simples, celle de l'espace parcouru, et celle du temps employé à le parcourir*». Le *Traité de dynamique* est considéré rétrospectivement par d'Alembert comme le paradigme d'un ouvrage de bons éléments ce qui montre à quel point sa réflexion sur la théorie

---

26. D'Alembert illustre sa définition d'un exemple : «*Par exemple, supposons la base divisée en 100 lignes ou pouces, et la hauteur en 25 ; le produit de ces deux nombres qui est 2500, c'est-à-dire le rapport de ce nombre à l'unité, exprimera le rapport du parallélogramme rectangle au carré fait d'une ligne ou d'un pouce ; ce parallélogramme contenant en effet 2500 petits carrés d'un pouce ou d'une ligne*». (*E.P.*, p. 322).

27. *Eléments de philosophie*, p. 316 : «*Pour placer les idées dans l'ordre naturel, il faut surtout se rendre attentifs aux définitions ; non seulement en y mettant toute la précision possible (ce qui n'a pas besoin d'être recommandé), mais en ne renfermant pas, dans la définition, des idées qu'elle ne doit pas contenir, et qui doivent en être la conséquence*».

de la définition s'enracine dans son premier grand traité scientifique. La corrélation qu'il établit entre la théorie de la définition et la présentation des éléments d'une science dans leur ordre naturel, nous incite à penser cette théorie comme le centre de l'épistémologie de d'Alembert. En effet elle représente l'instance méthodologique qui permettra d'élaborer une approche rigoureuse des éléments d'une science et nous verrons que d'Alembert étend l'utilisation de cette théorie au problème de la classification non plus des éléments mais des sciences en général.

Cependant cette théorie, malgré son extrême fécondité, souffre de quelques points imprécis : nous avons vu qu'elle repose sur le postulat d'un accord des esprits dont la référence à une conception idéaliste du langage n'est jamais interrogée par d'Alembert. Par ailleurs, cette théorie ne peut pas s'ériger en une théorie systématique, d'Alembert a le mérite de le reconnaître volontiers. Il y a des notions qui, sans être des idées simples, sont difficiles à définir. Tel est le cas, par exemple, des infinitésimaux, des quantités négatives, mais aussi de la ligne droite [28]. D'Alembert prend la peine de signaler, au détour des éclaircissements des *Eléments de philosophie*, les limites et les insuffisances de sa théorie de la définition à propos de telles notions, ce qui souligne a contrario le degré de vigilance qu'il exige dans l'élaboration des définitions. Ce degré de vigilance a été jugé excessif par certains savants du dix-huitième siècle, notamment en ce qui concerne la définition de la fonction. Rappelons que d'Alembert dans les *Réflexions sur la cause générale des vents* (publiées à Paris, chez David, en 1747) et dans deux mémoires sur les cordes vibrantes de 1747 publiés dans l'*Histoire de l'Académie de Berlin* [29] a montré le grand intérêt scientifique du calcul différentiel aux dérivées partielles qu'il a élaboré pour trouver les équations des courbes à plusieurs variables comme celle, par exemple, d'une surface plongée dans l'espace à trois dimensions ou encore celle de l'amplitude d'une corde vibrante (l'amplitude y dépendant à la fois du point x sur l'axe et de l'instant t auquel on la mesure, problème conduisant à la formule générale $y = f(x,t)$). D'Alembert conclut ses deux articles sur les cordes vibrantes en disant que ce n'est pas tout état initial de la corde qui peut être décrit mathématiquement et que ce n'est pas n'importe quelle fonction décrivant l'état initial

28. D'Alembert consacre plusieurs pages de l'éclaircissement XI à discuter les définitions de la ligne droite qui ont été proposées par les géomètres en montrant qu'aucune d'entre elles n'est satisfaisante (voir *E.P.*, pp. 317-319). Sa critique n'est pas sans rappeler celle que développe Leibniz dans le chapitre 12 du livre IV des *Nouveaux Essais*.

29. Voir *Histoire de l'Académie Royale des Sciences et Belles-Lettres de Berlin*, 3, 1747, volume paru en 1749, pp. 214-219 et 220-249.

qu'on peut utiliser pour trouver la solution générale. Selon lui, les mathématiques ne peuvent expliquer le phénomène des cordes vibrantes que dans certains cas particuliers. Euler, non satisfait de cette restriction, généralise le concept de fonction en stipulant que n'importe quelle courbe représente une fonction. Même si la fonction *f* qui décrit l'état initial de la corde n'est ni impaire ni périodique (clauses restrictives de la définition donnée par d'Alembert de la fonction), il suffit de la prolonger en dehors de l'intervalle qui la définit pour qu'elle satisfasse à ces conditions d'imparité et de périodicité. Le propos d'Euler est donc d'élargir la définition du terme fonction. Sans entrer dans le détail du débat sur les cordes vibrantes qui opposa d'Alembert à Euler, mais aussi D. Bernoulli aux deux autres savants, retenons comme conclusion sur ce problème de la définition du terme fonction le jugement de Laplace qu'il livre à d'Alembert dans sa lettre du 10 mars 1782[30] : « *Il m'a toujours semblé que M. Euler a été trop loin, en n'assujettissant à aucune condition les fonctions arbitraires ; mais je pense que vous avez été trop circonspect en les restreignant aux seules fonctions analytiques. Cette circonspection était bien naturelle dans l'inventeur d'un calcul qui offre des résultats aussi vastes et aussi inattendus : mais vous ne devez pas trouver mauvais que l'on vous prouve que votre calcul a beaucoup plus d'étendue que vous ne lui en aviez soupçonné d'abord* ». C'est ce que Laplace a effectivement fait en montrant dans la même lettre que la construction des courbes que d'Alembert a donnée, relativement aux fonctions analytiques, est générale quelle que soit la figure initiale de la corde pourvu qu'aucun des angles ne soit fini.

Ce problème est représentatif du degré d'exigence de d'Alembert dans son élaboration de définitions et des contraintes parfois limitatives qu'entraîne sa rigueur. Nous allons approfondir ces deux points en les intégrant dans une réflexion sur les répercussions et les progrès scientifiques que la théorie de la définition engendre aussi bien dans l'œuvre de d'Alembert que dans celle de ses contemporains. Le progrès scientifique le plus directement lié à la construction de la théorie de la définition est la résolution de la querelle des forces vives. D'Alembert, nous allons le voir, la réduit à une question de nom.

---

30. Voir *Lettres inédites* de Laplace, éditées par Ch. Henry, Rome, Imprimerie des sciences mathématiques et physiques, 1886.

CHAPITRE CINQ

LA QUERELLE DES FORCES VIVES

Nous avons vu que l'élaboration d'une théorie de la définition était sous-tendue, dans la pensée de d'Alembert, par la volonté de débarrasser la mécanique et la science en général des propositions vagues et générales, inutiles au développement du raisonnement. A l'instar de Locke, il cherche à exclure ces propositions, parfois parées du titre d'axiomes, de la langue de la raison qu'on ne saurait, dit-il [1], rendre trop simple et trop populaire.

L'une de ses cibles préférées est l'axiome selon lequel l'effet est proportionnel à la cause. Cette proposition est présentée dans la préface du *Traité de dynamique* comme un axiome vague et obscur servant illégitimement de fondement à ce qui est considéré comme un faux principe de mécanique [2]. Il faut donc éliminer cet « axiome » parce qu'il est le fondement d'un principe inutile à la mécanique même si, paradoxalement, c'est un « *principe dont tout le monde fait usage aujourd'hui* » (*D.P.T.D.*, p. XII). Ce paradoxe engage une réflexion sur la notion de force. D'Alembert cherche à éliminer de la mécanique le concept de force qu'il juge surdéterminé et veut éviter ainsi les querelles qui lui sont corrélatives dont la plus importante de l'époque est celle des forces vives.

---

1. *E.P.*, chap. IV, p. 31 : « *On ne saurait rendre la langue de la raison trop simple et trop populaire : non seulement c'est un moyen de répandre la lumière sur un plus grand espace, c'est ôter encore aux ignorants un prétexte de décrier le savoir* ».

2. *D.P.T.D.*, p. XII : « *Pourquoi donc aurions-nous recours à ce principe dont tout le monde fait usage aujourd'hui, que la force accélératrice est proportionnelle à l'élément de vitesse ? Principe appuyé sur cet unique axiome vague et obscur, que l'effet est proportionnel à la cause (...), nous nous contenterons d'observer, que vrai ou douteux, clair ou obscur, il est inutile à la mécanique et que, par conséquent, il doit en être banni* ».

Or, de ce point de vue, l'axiome de la proportionnalité de l'effet à la cause est doublement dangereux : d'une part parce qu'il est l'expression d'un abus de langage, c'est-à-dire l'exemple même d'une pratique que d'Alembert condamne et qui consiste à ériger en axiome (qui, dans le pire des cas, sert de fondement à un principe) une proposition vague et obscure [3] ; d'autre part parce que le principe que cet « axiome » prétend fonder confère à la notion de force une certaine réalité que d'Alembert considère ambiguë. Sa critique de l'axiome a donc un double objet : elle vise à une régulation de l'usage du terme axiome, d'Alembert proscrit l'usage abusif du terme quand il ne renvoie qu'à une proposition générale, mais il reconnaît l'utilité et la nécessité des axiomes dans l'activité scientifique et il utilise lui-même ce terme pour désigner le principe d'équilibre : « *De là naît cet axiome, que les corps qui ont des quantités de mouvement égales et directement opposées, se font équilibre* » (*T.D.*, p. 55). Mais sa critique vise aussi à éliminer le principe « *inutile à la mécanique* » que l'axiome de la proportionnalité vient fonder, et surtout à ébranler l'interprétation de la mécanique comme science des forces, c'est-à-dire à supprimer du concept de force toute connotation ontologique.

La proposition « *l'effet est proportionnel à la cause* » est critiquée à plusieurs reprises dans la préface du *Traité de dynamique* mais aussi dans d'autres textes [4]. L'analyse proprement dite de cette proposition occupe trois pages de la préface de 1758 (pp. XXII-XXIV), elle se situe dans la digression sur les forces vives qui constitue un additif spécifique à la deuxième édition du traité.

Dans le premier temps de sa critique, d'Alembert rappelle la distinction de trois situations du corps (corps en repos, corps en mouvement uniforme, corps en mouvement uniformément décéléré) qui entraîne celle de trois sortes d'effets, et il ajoute que « *dans tous les cas, l'effet produit par le corps est différent, mais le corps considéré en lui-même n'a rien de plus dans un cas que dans un autre ; seulement l'action de la cause qui produit l'effet est différemment appliquée* » (*D.P.T.D.*, p. XXII). D'Alembert rectifie ici l'ambiguïté de l'expression « *l'effet produit par le corps* », en précisant que le corps « *n'a rien de plus dans un cas que dans un autre* » ; ce qui signifie que la cause du mouvement est extérieure au corps car « *un corps ne peut se donner le mouvement à lui-même* » (p. IX). Ainsi il faut entendre par l'expres-

3. Les deux adjectifs *vague* et *obscur* s'opposent aux deux adjectifs *net* et *précis* que d'Alembert utilise pour qualifier une définition rigoureuse.

4. Voir *E.P.*, p. 131 et les articles *cause* et *force* de l'*Encyclopédie*.

sion – effet produit par le corps – l'effet produit passivement par le corps ou plutôt l'effet subi par le corps, l'action de la cause productrice d'effets étant étrangère au corps et s'y appliquant différemment dans chaque cas. D'où la conclusion de d'Alembert : « *Or ces différents effets sont évidemment produits par une même cause ; donc ceux qui ont dit que la force était tantôt comme la vitesse, tantôt comme son carré, n'ont pu entendre parler que de l'effet, quand ils se sont exprimés de la sorte. Cette diversité d'effets provenant tous d'une même cause, peut servir, pour le dire en passant, à faire voir le peu de justesse et de précision de l'axiome prétendu, si souvent mis en usage, sur la proportionnalité des causes à leurs effets* » (p. XXIII).

Arrêtons-nous un instant sur l'argumentation de d'Alembert. Il nous dit que les trois sortes d'effets proviennent d'une même cause. On peut lui objecter que cette proposition tient plus de l'assertion que d'une démonstration car il n'a pas spécifié la nature de cette même cause, que le mouvement soit empêché par un quelconque obstacle (le corps étant alors au repos), qu'il soit uniforme ou qu'il soit retardé. Rappelons que « *la nature du mouvement est une énigme pour le philosophe* » (*D.P.T.D.*, p. II) et que d'Alembert a « *détourné la vue de dessus les causes motrices* » (p. XVII). Toutefois il distingue deux sortes de causes : « *Les unes se manifestent à nous en même temps que l'effet qu'elles produisent* » (p. X) et se réduisent à l'impulsion, « *toutes les autres causes ne se font connaître que par leurs effets* » (p. XI). Si l'on veut expliciter l'argumentation de d'Alembert, il convient d'ajouter que c'est l'impulsion qui est la cause commune des trois sortes d'effets. C'est ce qui est confirmé dans l'article *cause* de l'*Encyclopédie* (t. II, 1751, pp. 789-790) où d'Alembert cherche à montrer l'inutilité et l'inanité du même axiome. Dans le cas des causes autres que l'impulsion, il nous dit que cet axiome ne peut jamais servir de rien : « *Car si on ne connaît pas l'effet, on ne connaîtra rien du tout ; et si on connaît l'effet, on n'a plus besoin du principe ; puisque deux effets différents étant donnés, on n'a qu'à les comparer immédiatement, sans s'embarrasser s'ils sont proportionnés ou non à leurs causes* » (p. 790).

Dans son argumentation, nous avons vu qu'il rejetait l'axiome de la proportionnalité à partir du constat qu'une « même cause » (l'impulsion) pouvait produire une diversité d'effets. En utilisant cette expression « une même cause », il emprunte un raccourci commode pour sa réfutation. Car en fait ce sont trois applications différentes de l'action de l'impulsion au même corps qui produisent trois sortes d'effets. Du reste, d'Alembert, dans l'article *force* (t. VII, 1757, p. 114), reconsidère ce point : « *ce prétendu axiome, que* les effets sont proportionnels à leurs causes, *est au moins très mal énoncé, puisque voilà une même cause qui produit différents effets. Il faudrait mettre cette restriction à la proposition dont il s'agit, que* les effets sont proportionnels à leurs causes, agissantes de la même manière ». Or, dans la préface de 1758, l'argumentation de d'Alembert s'appuie sur la mauvaise énonciation de l'axiome pour le réfuter. D'Alembert ne prend pas en considération la restriction de sens qu'il avait lui-même proposée, ce qui montre bien que cette réfutation est sous-tendue par un autre enjeu, à savoir la critique de la conception de la force pensée comme cause réelle du mouvement.

On peut assigner deux références à ce «*prétendu*» axiome «*si souvent mis en usage*»: Newton et Leibniz. Il s'agit d'une part de la deuxième règle des *Regulae philosophandi*: «*Les effets du même genre doivent toujours être attribués, autant qu'il est possible, à la même cause*» (*Principes mathématiques de la philosophie naturelle*, trad. Madame du Châtelet, t. 2, p. 2) et, d'autre part, du principe métaphysique leibnizien selon lequel il doit toujours y avoir égalité entre la cause pleine et l'effet entier[5]. Les adjectifs «pleine» et «entier» garantissent la possibilité d'instaurer une proportionnalité entre la cause et l'effet dans les cas où la cause n'est pas pleine et l'effet n'est pas entier. Or il est intéressant de remarquer que l'axiome de la proportionnalité de l'effet à la cause prend de l'importance au moment où éclate la querelle des forces vives. Pour d'Alembert, il ne s'agit pas là d'une simple coïncidence: «*Il y a beaucoup d'apparence que si on ne s'était jamais avisé de dire que les effets sont proportionnels à leurs* causes, *on n'eût jamais disputé sur les forces vives. (...). Car tout le monde convient des effets. Que n'en restait-on là ? Mais on a voulu subtiliser, et on a tout brouillé au lieu d'éclairer tout*» (article *cause*, p. 790).

Dans cet article mais aussi dans les articles *force* et *accélération* de l'*Encyclopédie*, dans le chapitre XVI intitulé *Mécanique* des *Eléments de philosophie* et dans la préface du *Traité de Dynamique*, d'Alembert enlève à cet axiome toute valeur positive, souligne son ambiguïté qui est, selon lui, à la source de la discorde entre les savants. Son argumentation est toujours la même: des effets différents proviennent tous d'une même cause donc il n'y a pas proportionnalité entre les effets et leur cause. Mise à part la remarque qu'on a faite plus haut concernant l'expression «une même cause», reste à analyser la critique de d'Alembert et notamment le rapport de son argument aux références

5. Voir *Leibnizens mathemetische Schriften*, éd. Gerhardt en 7 vol., Berlin 1849-1863, vol. VI, p. 437.

newtonienne et leibnizienne de l'axiome. La seconde règle newtonienne permet de conclure de l'identité des effets à l'identité des causes mais ne nous autorise pas la réciproque de l'opération qui consisterait à déduire d'une identité de causes une identité d'effets (ou encore d'une diversité d'effets une diversité de causes). Or il est clair que pour d'Alembert, le prétendu axiome selon lequel l'effet est proportionnel à la cause signifie à la fois la déduction de l'identité des causes à partir de l'identité des effets, mais aussi sa réciproque, à savoir la déduction de l'identité des effets à partir de l'identité des causes. Autrement dit, d'Alembert, pour montrer l'inanité de cet axiome, s'appuie sur la seconde règle newtonienne et suppose sa réciproque incluse dans l'axiome. Et ce qui légitime cette supposition, c'est le principe leibnizien selon lequel la cause pleine est égale à l'effet entier : «*Ma maxime fondamentale des mécaniques tirée de la métaphysique est que la cause et l'effet entier sont toujours équivalents, en sorte que l'effet, s'il y était tourné tout entier, pourrait toujours reproduire sa cause précisément, et ni plus ni moins*» (*Lettre à des Billettes*, 11-21 octobre 1697 [6]). Leibniz tient pour synonymes les termes de principe et de cause et, corollairement, ceux de conséquence et d'effet. Il conçoit toujours la cause et l'effet sous leur aspect logique. Ainsi les sciences de la nature doivent se constituer selon le même type déductif que les sciences mathématiques. En physique comme en géométrie, il faut d'abord remonter de la conséquence connue au principe inconnu, de l'effet à la cause. Le principe (ou la cause) est pensé comme une loi hypothétique dont on peut déduire la conséquence connue et plusieurs autres car le principe est ordinairement plus général que la conséquence dont on est parti. Pour que la loi hypothétique soit la vraie, il faut qu'on puisse inversement la déduire de sa conséquence, de sorte qu'il y ait implication réciproque du principe et de la conséquence (ou de la cause et de l'effet). Mais comme le souligne Leibniz dans les *Nouveaux Essais* [7] : «*dans les hypothèses astronomiques ou physiques, le retour n'a point lieu ; mais aussi le succès ne démontre pas la vérité de l'hypothèse*». De telles hypothèses ne seront donc jamais vraies absolument mais seulement probables. Et, selon Leibniz, une hypothèse est d'autant plus probable qu'elle est plus simple, c'est-à-dire qu'elle explique un plus grand nombre de phénomènes par un plus petit nombre de postulats et qu'elle permet ainsi de prévoir de nouveaux phénomènes ou d'expliquer de nouvelles expériences. Si elle comporte

6. In *Die philosophischen Schriften von G. W. Leibniz*, éd. Gerhardt en 7 vol., Berlin 1875-1890, vol. VII, p. 455.
7. Voir livre IV, chap. XVII, § 6, p. 430.

toutes ces propriétés, l'hypothèse a une certitude «*physique*» ou «*morale*», c'est-à-dire une extrême probabilité. Ce statut de l'hypothèse physique conduit Leibniz à rapprocher l'art de découvrir les causes des phénomènes de l'art de déchiffrer [8]. Ce rapprochement n'est pas étonnant de la part du défenseur de l'idée de l'harmonie universelle, de la corrélation et de la «*conspiratio*» de toutes choses. Pour Leibniz, la vérité ne consiste pas, en effet, dans la conformité des idées aux choses, mais dans leur analogie ou encore dans leur *proportion*. L'idée de la proportionnalité des effets à leurs causes, qu'il faut traduire en terme d'homogénéité des causes et des effets (voire d'égalité quand la cause est pleine et l'effet entier), est donc profondément leibnizienne, et c'est contre cette idée que l'argumentation de d'Alembert acquiert toute sa force. Mais la proposition selon laquelle l'effet est proportionnel à la cause n'apparaît pas en tant qu'axiome dans la philosophie de Leibniz (on peut seulement la considérer comme une conséquence du principe de l'égalité de la cause pleine et de l'effet entier). Aussi la référence exacte de la critique de d'Alembert n'est-elle pas Leibniz mais Varignon : c'est lui qui donne à l'idée de proportionnalité de l'effet à la cause un statut d'axiome. Dans son ouvrage posthume intitulé *Nouvelle Mécanique ou Statique* [9], il énonce l'axiome 1 en ces termes : «*Les effets sont toujours proportionnels à leurs causes ou forces productrices, puisqu'elles n'en sont les causes qu'autant qu'ils en sont les effets, et seulement en raison de ce qu'elles y causent*».

D'Alembert, en s'appuyant sur la controverse des forces vives, montre effectivement que cet axiome manque de justesse en ce que la double supposition qui lui sert de fondement – à savoir que la mesure unique et nécessaire d'un effet conduit à une détermination unique et nécessaire de la cause et, qu'inversement, la détermination unique et nécessaire de la cause conduit à la mesure unique et nécessaire de l'effet – n'est pas vérifiée. Aussi l'aspect positif et utile de sa critique est-il d'introduire une attitude critique vis-à-vis de la causalité. Cet aspect est particulièrement présent dans la position que prend d'Alembert à l'égard des grandes querelles scientifiques de son temps, qu'il évacue comme de faux problèmes («*des querelles de nom*»). Ainsi, à propos de la querelle des forces vives, il montre que, même si les partis adverses s'accordent pour entendre par la force des corps en mouve-

8. Voir *Nouveaux Essais*, livre IV, chap. XII, § 13, p. 403.

9. *Nouvelle mécanique ou Statique dont le projet fut donné en 1687. Ouvrage posthume de M. Varignon*, publiée à Paris en 2 vol., chez Jombert en 1725, t. 1, p. 4.

ment « *la propriété qu'ont les corps qui se meuvent de vaincre les obstacles qu'ils rencontrent ou de leur résister* » (*D.P.T.D.*, p. XVIII), ils ne font pas l'application de cette définition commune dans le même ordre de phénomènes. Les cartésiens se placent dans le cas de l'équilibre et les leibniziens dans le cas du mouvement retardé ou accéléré.

L'argumentation de d'Alembert sur la querelle des forces vives se développe de la page XVII (8e ligne) à la page XXIV (13 premières lignes) de la préface de la seconde édition du traité. Notre ouvrage de référence sur ce problème est le cahier n° 8, paru en 1983, des *Cahiers d'histoire et de philosophie des sciences*. Le texte de P. Costabel analyse de manière très détaillée la querelle en offrant au lecteur, sous forme d'annexes, la reproduction des textes originaux s'y rapportant. Notre propos n'est pas de résumer en quelques lignes cette étude très documentée, mais plutôt de prendre appui sur elle pour tenter de comprendre la position de d'Alembert vis-à-vis de ce débat. Mais auparavant il importe de distinguer deux aspects du problème : la question et la querelle des forces vives. Ce que nous appelons question, c'est l'ensemble (considérable) des réflexions et des implications scientifiques qui ont surgi du principe de la conservation des forces vives découvert par Leibniz. On peut considérer que ce principe est le premier maillon d'une chaîne de travaux qui conduisent à la découverte du principe de moindre action (Maupertuis), à celle du principe des travaux virtuels (Jean Bernoulli, d'Alembert, Lagrange), à la conception de l'énergie potentielle dont l'expression est implicitement contenue dans la *Mécanique analytique* [10] de Lagrange et qui sera véritablement exposée par Rankine en 1853, et enfin à la mise au jour du principe de la conservation de l'énergie (Clausius, Kelvin) quand est définitivement établie l'équivalence de la chaleur et du travail (Joule, Mayer). L'analyse de la question des forces vives serait, on le voit, riche et complexe et peut, à elle seule, constituer l'objet d'un ouvrage. Ce n'est pas cette analyse que nous prétendons opérer ici. Notre propos est bien plus réduit : nous voulons étudier la manière dont d'Alembert entend mettre un terme à la querelle des forces vives qui oppose les cartésiens aux leibniziens, les cartésiens soutenant le principe de la conservation de la quantité de mouvement, c'est-à-dire du produit de la masse par la vitesse ; les leibniziens soutenant eux le principe de la conservation des forces vives, c'est-à-dire du produit de la masse par le carré de la vitesse. Le texte de la préface du *Traité de*

10. Voir le § V concernant les propriétés relatives aux forces vives de la 3e section de la 2e partie dans le tome 1 de la *Mécanique analytique*, rééditée à Paris, chez Mallet Bachelier, en 1893, en 2 tomes.

dynamique a traditionnellement valeur de référence pour les historiens des sciences. Ils estiment en effet que d'Alembert, par son explicitation de la querelle, a mis un point final à une discussion scientifique vaine et stérile, en la réduisant à une « *dispute de mots* » (l'expression est de d'Alembert, voir *D.P.T.D.*, p. XXII). La référence que nous donnons (p. XXII) se trouve dans la deuxième édition mais d'Alembert, contrairement à ce qu'affirme P. Costabel [11], avait déjà pris position vis-à-vis de cette querelle dans la préface de 1743. Les pages XVII (8e ligne) à XXII (10 premières lignes) de la deuxième édition sont la reprise intégrale des pages XVI (5 dernières lignes) à XXII (4 premières lignes) de la première édition, à deux variantes près. Dans la première édition, on trouve : « *Cette question qui depuis vingt ans partage les géomètres* » et non pas « *depuis trente ans* », ce qui situe l'origine de la querelle entre 1723 et 1728 ; d'autre part, en 1743, d'Alembert, après avoir cité Leibniz, Jean Bernoulli, Mac Laurin, n'écrit pas : « *les écrits d'un grand nombre de mathématiciens illustres ont contribué à intéresser le public* » (p. XVIII, 2e éd.) mais « *les écrits d'une Dame illustre par son esprit et son savoir ont contribué à intéresser le public* » (p. XVII, 1ère éd.). L'analyse de la querelle s'achève dans la première édition sur ces deux phrases : « *Aussi n'aurait-elle pas sans doute enfanté tant de volumes, si on se fût attaché à distinguer ce qu'elle renfermait de clair et d'obscur. En s'y prenant ainsi, on n'aurait eu besoin que de quelques lignes pour décider la question : serait-ce là ce que la plupart de ceux qui ont traité cette matière, auraient voulu éviter ?* » (pp. XXI-XXII, 1ère éd.). Ces deux phrases sont décalées dans la seconde édition car d'Alembert a ajouté au texte de 1743 le complément de trois pages (fin p. XXII et pp. XXIII-XXIV) que nous avons analysé où il développe la critique de l'axiome de proportionnalité. Il faut noter aussi l'ajout de la deuxième édition à la note sur Bernoulli (bas de la page XVIII, 2e éd.). En 1743, d'Alembert mentionnait juste dans cette note le titre de l'ouvrage de Jean Bernoulli : *Discours sur les lois de la communication des mouvements*. En 1758, il précise : « *La raison pour laquelle la pièce de M. Bernoulli ne fut point couronnée, se trouve dans l'éloge que j'ai publié de ce grand géomètre, quelques mois après sa mort, arrivée au commencement de 1748* ».

L'erreur de P. Costabel sur le texte de 1743 se répercute sur son analyse chronologique de « *l'évolution* » du jugement de d'Alembert, mais n'influe pas finalement sur sa conclusion, qui parle d'une « *infor-*

11. Voir *Cahier* n° 8, p. 2 : « *La première édition, en 1743, ne contenait rien sur le sujet qui nous occupe ici* ».

mation simplifiée » (*Cahier* n° 8, p. 3) à propos de l'analyse que présente d'Alembert de la querelle. Effectivement, l'analyse de la querelle que fait P. Costabel est bien plus développée et détaillée que celle de d'Alembert. Par exemple, d'Alembert passe très rapidement sur le problème de l'estimation de la force, en le restreignant à n'être que l'objet d'un débat historique et dépassé. Mais cette « *information simplifiée* » s'explique par deux raisons principales. D'une part, le propos de d'Alembert n'est pas de nous livrer une analyse historique de la querelle des forces vives, mais de présenter le triple objet de son traité (économie, démonstration et fécondité des principes de la mécanique) dans le cadre de sa préface. Le passage sur les forces vives est à penser comme une digression au sein de la préface, et ne peut donc satisfaire aux exigences d'une analyse exhaustive de la querelle. D'autre part, il cherche avant tout ici à réconcilier les savants autour d'une notion commune de la force. A travers le triple objet du traité, nous l'avons vu, apparaît une constante de la pensée de d'Alembert qui est d'unifier le plus possible les principes de la mécanique par un consensus entre savants. Ce souci déjà présent dans le choix du titre resurgit dans la tentative de réconciliation qu'exprime cette digression sur les forces vives. Que nous dit en effet d'Alembert ? « *Cette question qui depuis trente ans partage les géomètres* » est d'une « *inutilité parfaite* » pour la mécanique (p. XVII). Et plus loin il ajoute : « *Qu'on propose le même problème de mécanique à résoudre à deux géomètres, dont l'un soit adversaire et l'autre partisan des forces vives, leurs solutions, si elles sont bonnes, seront toujours parfaitement d'accord ; la question de la mesure des forces est donc entièrement inutile à la mécanique, et même sans aucun objet réel* » (pp. XXIII-XXIV). La fin de la citation nous instruit de ce qui sous-tend aussi la digression, à savoir le démantèlement d'une conception qui tendrait à réifier la force. D'Alembert veut anéantir l'idée que la force serait un être, en réduisant la querelle des forces vives à une simple question de dénomination et de convention. L'éloge de Jean Bernoulli de 1748 témoigne du même effort de réunir les géomètres dans une même conception des principes de la mécanique [12]. Dispute de mots, question

---

12. Voir p. 356 du tome 3 des *Œuvres* de d'Alembert en 5 tomes, Paris, Belin, 1821 : « *Nous n'entrerons point ici dans le détail des différents écrits que la question des forces vives a produits. Il me semble qu'aujourd'hui les géomètres conviennent assez unanimement que c'est une pure question de nom : et comment n'en serait-ce pas une, puisque les deux partis sont d'ailleurs entièrement d'accord sur les principes fondamentaux de l'équilibre et du mouvement* ». La fin de cette phrase et les deux suivantes sont le lieu d'une remarque sur la notion de force qui confirme totalement notre analyse de ce qui sous-tend la tentative de réconciliation

de nom, ces expressions traduisent bien le souci de d'Alembert d'arracher la querelle du terrain métaphysique où elle s'était développée pour en faire un simple problème de dénomination ou plutôt de définition. Selon lui, il n'est pas nécessaire de donner à la notion de force une connotation ontologique pour résoudre les problèmes de la mécanique. Il suffit pour cela de s'en tenir aux effets observables du mouvement d'un corps. Et il est vain d'extrapoler sur la nature des forces qui le produisent car on ne sait rien de l'essence des corps ni du mouvement [13].

A plusieurs reprises dans la préface [14], d'Alembert s'attaque à la conception de la force qui en fait un être inhérent au corps. Il propose, à l'encontre de cette conception qu'il juge métaphysique, une autre conception de la force où celle-ci n'est qu'une manière abrégée d'exprimer des effets. A la fin de la préface [15], la force est présentée comme une définition de nom, c'est-à-dire un simple raccourci de langage, une commodité pratique du discours. A la page XVIII de la préface, d'Alembert explicite à quoi renvoie cette notion de force comprise comme définition de nom : « *Quand on parle de la force des corps en mouvement, ou l'on n'attache point d'idée nette au mot qu'on prononce, ou l'on ne peut entendre par là en général, que la propriété qu'ont les corps qui se meuvent, de vaincre les obstacles qu'ils rencontrent, ou de leur résister* ». Cette explicitation lui permet d'invalider les deux thèses qui s'affrontent dans la querelle des forces vives, à savoir la thèse des cartésiens qui prônent l'identification de la force et de la quantité de mouvement [16] et la thèse de Leibniz exprimée notam-

---

opérée par d'Alembert : « *dans le mouvement d'un corps nous ne voyons clairement que deux choses, l'espace parcouru et le temps employé à le parcourir. Le mot de* force *ne nous représente qu'un être vague, dont nous n'avons point d'idée nette, dont l'existence même n'est pas trop bien constatée, et qu'on ne peut connaître tout au plus que par ses effets* ».

13. De nouveau l'éloge de Bernoulli fait écho à la préface du traité. A la suite du passage que nous avons cité (p. 356), d'Alembert dit en effet : « *Tous les géomètres conviennent entre eux sur la mesure de ces effets, et cela doit leur suffire. Nous en saurons davantage, quand il plaira à l'Etre suprême de nous dévoiler plus clairement l'essence des corps, et surtout la manière d'analyser par le calcul leurs propriétés métaphysiques, peut-être aussi incomparables entre elles que nos propres sensations* ».

14. Voir notamment les pages XVII et XIX. La critique de la notion de force apparaît aussi dans l'article *force* de l'*Encyclopédie* (t. VII, 1757, pp. 110-120).

15. *D.P.T.D.*, p. XXXIV : « *je dois avertir que pour éviter les circonlocutions, je me suis souvent servi du terme obscur de* force ».

16. Thèse des cartésiens et non véritablement de Descartes car ce dernier distinguait plusieurs sens du mot force, et notamment deux types de forces : la force à une dimension comme le poids, et la force à deux dimensions définie par le produit

ment dans la *Brève démonstration d'une erreur mémorable de Descartes (...)* [17] selon laquelle c'est la force vive et non la quantité de mouvement qui se conserve. Leibniz, dans son *Essai de dynamique sur les lois du mouvement* [18], distingue en fait deux cas : le cas de la «*force morte*» ou encore de l'équilibre, où la force peut effectivement se mesurer par la quantité de mouvement, et le cas des «*forces vives*» où les forces ne sont point comme les quantités de mouvement mais comme les produits des masses par les carrés des vitesses, et il précise au § 8 du même texte : «*il se trouve par la raison et par l'expérience, que c'est* la force vive absolue, *ou qui s'estime par l'effet violent qu'elle peut produire, qui se conserve et nullement la quantité de mouvement*».

D'Alembert refuse d'adhérer à l'une ou l'autre de ces conceptions de la force [19]. Mais avant d'entrer dans le détail de son argumentation, relevons le petit paradoxe qui l'inaugure. D'Alembert présente la thèse leibnizienne en ces termes : «*je ne crois pas devoir passer sous silence une opinion dont Leibniz a cru pouvoir se faire honneur comme d'une découverte ; que le grand Bernoulli a déjà si savamment et si heureusement approfondie ; que Mac Laurin a fait tous ses efforts pour renverser ; et à laquelle enfin les écrits d'un grand nombre de mathématiciens illustres ont contribué à intéresser le public*» (*D.P.T.D.*, pp. XVII-XVIII). N'y a-t-il pas dans cette énumération une contradiction avec l'idée que la querelle est une simple question de nom ? Notons aussi la présentation dévalorisante d'une «*opinion*» de Leibniz réduite au rang d'une pseudo découverte. Inversement, le «*grand Bernoulli*» (entendons Jean, frère de Jacques) a «*approfondi*» l'opinion de Leibniz. L'éloge de Bernoulli éclaire ce passage de la préface. D'Alembert y expose les deux raisons de l'insuccès de la pièce de Bernoulli sur les lois de la communication du mouvement des corps durs, au concours de l'Académie Royale des Sciences de Paris (en

---

d'un poids et de son élévation, ce qui amène P. Costabel à dire (*Cahier* n° 8, p. 9) que pour Descartes « *les équilibres relevaient non pas de l'égalité des moments mais d'une égalité équivalente s'exprimant au moyen de la force à deux dimensions. Egalité en quoi il est aisé de reconnaître l'ébauche d'un principe appelé à une grande fortune, mais qu'il fallut deux siècles pour dégager nettement, le principe des travaux virtuels* ».

17. Voir *Œuvres* de Leibniz, t. 1, p. 159, Paris, Aubier Montaigne, 1972.

18. Voir *Œuvres*, t. 1, p. 353, §§ 5 et 6.

19. *D.P.T.D.*, pp. XVIII-XIX : «*Ce n'est donc ni par l'espace qu'un corps parcourt uniformément, ni par le temps qu'il employe à le parcourir, ni enfin par la considération simple, unique et abstraite de sa masse et de sa vitesse qu'on doit estimer immédiatement la force ; c'est uniquement par les obstacles qu'un corps rencontre, et par la résistance que lui font ces obstacles*».

1724-1726). La raison à ses yeux la plus importante (l'autre étant que Bernoulli a critiqué le sujet en disant qu'il n'existait pas de corps parfaitement durs [20]) tient au fait que Bernoulli dans son *Discours sur les lois de communication du mouvement* s'est révélé trop leibnizien. Bernoulli y a renforcé, à l'aide de démonstrations nouvelles, « *l'opinion* » de Leibniz et a insisté sur « *une vérité très importante, découverte par Huygens, à savoir que dans le choc des corps élastiques, la somme des forces vives, c'est-à-dire des produits des masses par les carrés des vitesses, demeure toujours la même ; ce qu'on ne peut pas dire de la somme des produits des masses par les vitesses* ». Et il ajoute : « *Les partisans des forces vives ont souvent fait valoir ce théorème en faveur de leur opinion : surtout depuis qu'on l'a rendu plus général et d'un usage presque universel dans les problèmes de mécanique* » (*Eloge de Bernoulli* in *Œuvres*, t. 3, p. 356). Cette citation est instructive de la position paradoxale de d'Alembert qui est aussi celle qu'il prend dans la préface. D'une part, il enlève à la querelle des forces vives toute utilité dans la constitution des principes de la mécanique ; d'autre part, il reconnaît l'universalité et la fécondité du théorème de la conservation des forces vives. Si le grand Bernoulli est digne d'éloges, ce n'est pas parce qu'il est leibnizien mais parce qu'il a mis en avant le théorème découvert par Huygens. Effectivement, dans sa lettre du 18 mars 1669 publiée dans le *Journal des Savants*, Huygens propose cette sixième règle du mouvement dans la rencontre des corps : « *La somme des produits faits de la grandeur de chaque corps dur, multiplié par le carré de la vitesse, est toujours la même devant et après leur rencontre* ». Mais comme le fait remarquer P. Costabel (*Cahier* n° 8, p. 20) : « *d'une part, il n'est pas aisé de déterminer quelle était exactement l'information de Leibniz à propos des travaux de Huygens de 1669, d'autre part, il n'y a aucun doute sur le fait qu'entre les expressions employées par Huygens et celles de Leibniz en 1692* [21], *il y a un progrès : c'est chez Leibniz que l'enchaînement des idées, qui conduit de la conservation de la quantité du mouvement algébrique à la conservation de* $\Sigma \mathrm{mv}^2$ *lorsqu'il y a élasticité parfaite, est bien conçu et exprimé* ». Même si d'Alembert ne remet pas en question les progrès scientifiques dus à ce concept de force vive, toutefois il refuse de

---

20. Le sujet du concours portait en effet sur les lois de communication du mouvement des corps parfaitement durs.

21. P. Costabel fait ici référence à l'*Essai de dynamique*.

reconnaître à la querelle une quelconque fécondité et corollairement, il minimise injustement le rôle scientifique joué par Leibniz [22].

Le troisième nom célèbre que d'Alembert mentionne est celui de Mac Laurin, l'auteur de la pièce qui a remporté le prix du concours proposé par l'Académie des sciences de Paris en 1726 et où Mac Laurin, à l'encontre de Bernoulli, s'évertue à démontrer l'inanité du principe des forces vives [23]. Enfin les « *écrits d'un grand nombre de mathématiciens illustres* » sont par exemple ceux de Dortous de Mairan (*Dissertation sur l'estimation et la mesure des forces motrices des corps*, 1728), ceux de la Marquise du Châtelet (citée page XVII dans la préface de la première édition : « *une Dame illustre* ») et enfin ceux d'Euler (*Recherches sur l'origine des forces*, 1750) [24].

L'argumentation de d'Alembert pour enrayer la querelle des forces vives prend appui sur la définition de la force. La force c'est « *la propriété qu'ont les corps qui se meuvent, de vaincre les obstacles qu'ils rencontrent, ou de leur résister* » (*D.P.T.D.*, p. XVIII). En proposant cette alternative (vaincre les obstacles ou leur résister), il fait apercevoir le nœud de la question qu'il explicite page XXI : « *Toute la difficulté se réduit donc à savoir si on doit mesurer la force par la quantité absolue des obstacles, ou par la somme de leurs résistances* ». Mais auparavant il prend soin de distinguer trois types d'obstacles : les « *obstacles invincibles qui anéantissent tout à fait* » le mouvement des corps ; les « *obstacles qui* (n'ont) *précisément que la résistance nécessaire pour anéantir le mouvement des corps, et qui l'anéantissent dans un instant, c'est le cas de l'équilibre* » ; enfin les « *obstacles qui anéantissent le mouvement peu à peu, c'est le cas du mouvement retardé* » (*D.P.T.D.*, p. XIX). Or cette distinction a un double enjeu, elle a une fonction argumentative dans la résolution de la querelle des forces vives, mais elle a aussi une fonction d'introduction au principe de dynamique que d'Alembert expose dans la deuxième partie du traité. En effet, la nouveauté de ce principe est de traiter analytiquement le

22. Cette minimisation de l'apport leibnizien s'explique par le fait que d'Alembert, dans son *Traité de dynamique*, entend bien présenter le théorème de la conservation des forces vives non comme un principe premier de la mécanique mais comme un principe second qui découle du principe qui, selon lui, suffit à unifier toute la dynamique, à savoir son propre principe qu'on appelle aujourd'hui le principe de d'Alembert. Nous proposons dans l'annexe I une exposition de ce principe et de la manière dont d'Alembert établit sa priorité par rapport au principe de la conservation des forces vives.

23. P. Costabel analyse la critique de Mac Laurin aux pages 34-37 du *Cahier* n° 8.

24. Nous renvoyons à l'analyse détaillée de ces références proposée par P. Costabel dans le *Cahier* n° 8.

problème d'un système matériel de plusieurs corps en mouvement, en considérant qu'à chaque instant il y a équilibre [25]. Dès lors il importe, pour concevoir l'équilibre comme la résultante de forces appliquées et de forces d'inertie, de distinguer de manière rigoureuse ces trois sortes d'obstacles.

Quant à la fonction argumentative de cette distinction, précisons que celle-ci lui permet de regrouper sous une même définition (selon laquelle on considère la force comme la propriété de vaincre ou de résister aux obstacles) le cas du repos qu'il élimine parce qu'il ne pose pas de problème, le cas de l'équilibre et celui du mouvement retardé. A partir de là, l'argumentation se développe sans plus de difficultés en deux moments. Le premier moment consiste à rappeler le principe de l'équilibre : « *tout le monde convient qu'il y a équilibre entre deux corps, quand les produits de leurs masses par leurs vitesses virtuelles, c'est-à-dire les vitesses avec lesquelles ils tendent à se mouvoir, sont égaux de part et d'autre* » (p. XX). Le principe est ici présenté comme allant de soi (« *tout le monde convient* ») et est énoncé de manière bien moins rigoureuse qu'à la page 55 du traité. En effet, dans l'énoncé de la préface, d'Alembert mentionne bien une des deux conditions de l'équilibre – les quantités de mouvement des deux corps doivent être égales – mais l'expression finale « *de part et d'autre* » suffit-elle vraiment à établir la deuxième condition, à savoir que les vitesses de même direction doivent être de sens contraires ? Dans la formulation de la page 55, d'Alembert présente ce principe non pas comme une convention qui va de soi mais comme un axiome (glissement qui tend à rationaliser la mécanique toute entière et à en faire une science rationnelle et nécessaire).

Retenons du premier moment de l'argumentation que dans le cas de l'équilibre, la quantité de mouvement peut représenter la force. Le deuxième moment énonce le théorème de la conservation des forces vives. D'Alembert reprend l'argumentation développée par Bernoulli à propos des ressorts dans son *Discours sur les lois du mouvement*, en lui ôtant son caractère particulier, c'est-à-dire en l'élargissant à tous les cas de mouvement retardé. Dans ce cas, le produit de la masse par le carré de la vitesse peut représenter la force. Ainsi, par la juxtaposition de ces deux cas, d'Alembert réussit le coup de force de réduire la querelle à une pure question de convention (voir la double occurrence de l'expression « *tout le monde convient* » aux lignes 2 et 10 de la page XX), réduction qu'il exprime ainsi : « *Au fond, quel inconvénient pourrait-il y avoir à ce que la mesure des forces fût différente dans*

25. Voir annexe I.

l'équilibre et le mouvement retardé, puisque, si on ne veut raisonner que d'après des idées claires, on doit n'entendre par le mot de force, *que l'effet produit en surmontant l'obstacle ou en lui résistant* ? » (pp. XX-XXI).

Ainsi est accomplie l'entreprise de réconciliation. Cependant elle ne serait pas parfaitement achevée si d'Alembert en restait là car il y aurait deux notations de la mesure de la force. Aussi marque-t-il sa préférence pour la notation cartésienne. Elle est meilleure en ce qu'elle est généralisable aux deux cas à condition de ne retenir cette fois qu'une branche de l'alternative de la définition initiale de la force, c'est-à-dire à condition de mesurer la force par la somme des résistances et non par la quantité absolue des obstacles. Cette préférence répond à l'exigence d'unification de la mécanique et aussi à une « *raison naturelle* » : « *Il paraîtrait plus naturel de mesurer la force de cette dernière manière ; car un obstacle n'est tel qu'en tant qu'il résiste, et c'est, à proprement parler, la somme des résistances qui est l'obstacle vaincu : d'ailleurs, en estimant ainsi la force, on a l'avantage d'avoir pour l'équilibre et pour le mouvement retardé une mesure commune* » (*D.P.T.D.*, pp. XXI-XXII). On retrouve ici deux lignes directrices de la pensée de d'Alembert : le souci d'unité et le fondement des principes de son épistémologie dans une raison naturelle, c'est-à-dire dans un présupposé métaphysique. La convention suivant laquelle on décide de mesurer la force par la somme des résistances des obstacles est en dernière instance fondée en « *nature* ». La fin de l'addition sur la proposition – l'effet est proportionnel à la cause – a une fonction conclusive. D'Alembert réduit une nouvelle fois la querelle des forces vives à une simple « *dispute de mots* » en arguant du fait que « *les deux partis sont d'ailleurs entièrement d'accord sur les principes fondamentaux de l'équilibre et du mouvement* » (*D.P.T.D.*, p. XXIII).

Dans toute son argumentation, d'Alembert exprime sa position antimétaphysique, c'est-à-dire son refus d'entrer dans une discussion sur la nature et sur l'existence de la force. Mais de fait il met un terme à la querelle. Son argument – les solutions d'un même problème de mécanique traité par les deux partis seront identiques – est imparable. Il rappelle le point de vue de Jean Bernoulli qui, dans une lettre publiée dans l'*Essai d'une nouvelle théorie de la manœuvre des vaisseaux*[26], insistait sur la certitude propre aux propositions de la science mécanique, indépendamment des systèmes philosophiques voire métaphysiques auxquels on pouvait les relier. Or cet écrit est celui d'un

---

26. Voir *Opera omnia* de Bernoulli, en 4 tomes, Lausanne-Genève, t. 2, 1742, lettre du 7 novembre 1713 au Chevalier Renau d'Elisagaray.

homme qui a participé à la querelle des forces vives et médité longuement sur le problème du centre d'oscillations. Ce problème est sans doute aussi celui que d'Alembert a à l'esprit quand il dit : « *Qu'on propose le même problème de mécanique à résoudre à deux géomètres, dont l'un soit adversaire et l'autre partisan des forces vives, leurs solutions, si elles sont bonnes, seront toujours parfaitement d'accord* » (*D.P.T.D.*, pp. XXIII-XXIV). Huygens avait trouvé en 1673 la formule mathématique permettant de déterminer la longueur du pendule simple synchrone à un pendule composé. Jacques et Jean Bernoulli ont rendu compte de la même formule à partir de principes différents, et jusqu'en 1740 des solutions diverses de ce problème ont été proposées. Les développements de l'article *oscillation* de l'*Encyclopédie* (tome XI, 1765) écrit par d'Alembert viennent confirmer l'idée qu'il a beaucoup réfléchi sur ce problème et sur la portée des diverses solutions proposées.

Il paraît intéressant de compléter cette analyse par la considération de deux problèmes qui ont opposé les savants du XVIIIe siècle, à savoir le problème de la force accélératrice et celui de l'action, tous deux reliés sinon directement à la querelle des forces vives, du moins à la définition de la force. D'Alembert a cherché à les résoudre en se dégageant le plus possible de la considération des causes, ou encore de ce qu'il appellerait la métaphysique des causes. Ils sont à regrouper car d'Alembert les traite en usant de la même méthode.

CHAPITRE SIX

LA FORCE ACCÉLÉRATRICE ET L'ACTION

DEUX AUTRES EXEMPLES DE RÉDUCTION DES QUERELLES SCIENTIFIQUES À UN TRAVAIL DE DÉFINITION

Le premier exemple significatif de la méthode de d'Alembert qui consiste à éliminer la teneur métaphysique d'une question scientifique par l'élaboration de définitions nettes et précises, est le problème de la force accélératrice. Le texte où d'Alembert construit sa définition de la force accélératrice se situe à la fin du chapitre I du traité dans les *Remarques sur les forces accélératrices et sur la comparaison de ces forces entre elles.*

On peut d'abord s'interroger sur le statut de ces remarques : est-ce le coup de grâce que d'Alembert entend donner à la notion de force, est-ce au contraire une réhabilitation d'un certain usage du terme qui irait à l'encontre de sa proscription établie dans la préface [1] ? Nous allons voir que d'Alembert en proposant une définition contextuelle de la force accélératrice autorise un usage positif de cette expression, dégagé de toute l'ambiguïté liée à la surdétermination du concept de force.

Dans le chapitre précédent, nous avons observé que d'Alembert cherchait à éliminer de la mécanique toutes les propositions vagues et incertaines et que, dans cette perspective, il critiquait le soi-disant axiome – l'effet est proportionnel à sa cause – doublement dangereux à ses yeux parce que, d'une part, cette proposition est l'expression d'un abus de langage (elle n'a en fait rien d'un axiome) et que, d'autre part, elle servait à fonder un principe qui conférait à la notion de force une certaine réalité. Or précisément le principe (« *inutile à la mécanique* » *D.P.T.D.*, p. XII) que l'axiome de proportionnalité prétend fonder est

1. Voir *D.P.T.D.*, pp. XVI-XVII.

celui de la force accélératrice selon lequel « *la force accélératrice ou retardatrice est proportionnelle à l'élément de vitesse* » (p. XII). Le problème scientifique précis qui sous-tend donc la critique de l'axiome est celui du statut de la force accélératrice. Mais ce problème, d'Alembert ne l'aborde que dans le texte des *Remarques sur les forces accélératrices* qui clôt le chapitre I du traité.

Il commence par rappeler les grandes lignes de sa préface : quand la cause est inconnue (c'est-à-dire quand la cause n'est pas l'impulsion), il faut s'en tenir aux effets manifestes et aux rapports des effets entre eux. Cette position est proche de celle de Newton qui reconnaît une autonomie à la loi de l'attraction même s'il ne peut lui assigner de cause, sans qu'on puisse dire pour autant qu'elle ferait de Newton ou de d'Alembert des positivistes avant l'heure. Le refus de considérer les puissances ou les causes et la volonté de s'en tenir aux effets reflètent bien plus une réaction antileibnizienne qu'un « prépositivisme ». Pour Newton et d'Alembert, on peut mettre au jour des lois naturelles sans pour autant connaître les premiers principes conçus comme causes premières. L'explicitation des lois des phénomènes est indépendante de l'assignation parfaite du rapport de causalité : en dehors de l'impulsion, « *toutes les autres causes nous sont entièrement inconnues ; elles ne peuvent par conséquent se manifester à nous que par l'effet qu'elles produisent en accélérant ou retardant le mouvement des corps, et nous ne pouvons les distinguer les unes des autres que par la loi et la grandeur connue de leurs effets, c'est-à-dire par la loi et la quantité de la variation qu'elles produisent dans le mouvement* » (*T.D.*, pp. 22-23). La cause des effets étant inconnue, la loi du mouvement retardé ou accéléré est soit de pure hypothèse et arbitraire quand l'équation de la courbe est donnée en quantités différentielles (on a alors l'équation $\phi.\, dt = dv$), soit expérimentale quand l'équation de la courbe est donnée en termes finis. D'Alembert explicite le deuxième cas dans ces termes : « *Supposons (...) que dans un cas particulier on découvre par l'expérience que les espaces finis parcourus depuis le commencement du mouvement, sont comme les carrés des temps employés à les parcourir, l'équation de la courbe sera* $\mathrm{e} = \mathrm{a.t}^2 / \mathrm{T}^2$, *a étant l'espace parcouru pendant un temps constant quelconque* T » (*T.D.*, p. 23), équation d'où il commence par tirer les valeurs $dde = 2\, adt^2 / T^2$ (1) et $dv = 2\, adt / T^2$ (2). En multipliant (2) par dt, on obtient $dvdt = 2\, adt^2 / T^2$ (3), or par (1) on peut remplacer $2\, adt^2 / T^2$ par dde dans (3) et obtenir $dde = dvdt$. Or, quand on a $dde = dvdt$, cela veut dire que dt est constant et que l'on peut établir l'équivalence des deux équations différentielles suivantes : $\phi.\, dt^2 = dde$ ou $\phi.\, dt = dv$ (corollaire VI,

p. 22 [2]). D'Alembert montre ainsi que l'équation $\phi. dt = dv$ est toujours donnée que la loi du mouvement retardé ou accéléré soit considérée comme étant de pure hypothèse ou qu'elle soit découverte par expérience. Le § 22 du traité (pp. 22-27) met en évidence la généralité de l'équation $\phi. dt = dv$ que l'on parte d'une pure hypothèse ou de l'expérience [3]. Ce caractère général de l'équation permet de donner une définition contextuelle de ϕ, valable dans tous les cas. Ainsi on peut connaître ϕ sans se préoccuper de la nature de la cause qui accélère ou retarde le mouvement [4].

La distinction des deux sortes de loi du mouvement retardé ou accéléré (de pure hypothèse ou expérimentale) amène d'Alembert à affirmer sa position vis-à-vis du problème de la nécessité ou de la contingence des lois physiques : « *La plupart des géomètres présentent sous un autre point de vue l'équation* ϕ. dt = dv *entre les temps et les vitesses. Ce qui n'est, selon nous, qu'une hypothèse, est érigé par eux en principe. Comme l'accroissement de la vitesse est l'effet de la cause accélératrice, et qu'un effet, selon eux, doit être toujours proportionnel à sa cause, ces géomètres ne regardent pas seulement la quantité* ϕ *comme la simple expression du rapport de* dv *à* dt *; c'est de plus, selon eux, l'expression de la force accélératrice, à laquelle ils prétendent que* dv *doit être proportionnel,* dt *étant constant ; de là ils tirent cet axiome général, que le produit de la force accélératrice par l'élément du temps est égal à l'élément de vitesse* » (*T.D.*, pp. 24-25). D'Alembert nous dit clairement dans ce texte que ϕ n'exprime que le rapport de dv à dt, et non la cause ou la force accélératrice en elle-même. Il ne faut donc pas, au nom du prétendu axiome de la proportionnalité de l'effet à la cause, remonter de l'effet dv à la « cause » ϕ. D'Alembert condamne ainsi toute opération qui poserait ϕ indépendamment de l'équation $\phi. dt = dv$

2. D'Alembert montre dans le corollaire VI que les deux équations $\phi. dt^2 = dde$ (1) et $\phi. dt = dv$ (2) sont équivalentes si $v = de/dt$. Effectivement elles le sont car si on divise (1) par dt, on obtient : $\phi. dt = dde/dt$. Or de/dt étant égal à v, on obtient $\phi. dt = dv$, c'est-à-dire (2).

3. Voir *T.D.*, p. 24 : « *Il est donc évident que quand la cause est inconnue, l'équation* ϕ. dt = dv *est toujours donnée* ».

4. Voir note (5), p. 24 du traité : « *On vient de voir que de quelque manière que le mouvement soit accéléré ou retardé, l'équation différentio-différentielle de la courbe sera toujours de cette forme* dde = ϕ dt². *Or si on veut faire usage de cette équation, ainsi que des équations* ϕ. dt = dv *et* ϕ. de = vdv *pour déterminer dans un mouvement quelconque la relation entre* v, t, e, *il faut connaître* ϕ, *et l'on pourrait penser que pour cet effet la connaissance de la cause qui accélère ou retarde le mouvement serait nécessaire ; l'objet de la Remarque est de faire voir que non, mais que* ϕ *est toujours donné par la définition même de l'espèce de mouvement dont il est question* ».

car ϕ isolé est un être métaphysique. C'est en fait $\phi.\ dt$ et non pas ϕ qui intéresse d'Alembert : l'équation montre que l'accroissement de vitesse à chaque instant est constant, ce qu'il traduit, « *pour abréger et pour* (se) *conformer d'ailleurs au langage ordinaire* », par l'idée « *que la force accélératrice est constante* » (*T.D.*, p. 25). La reprise de la critique de l'axiome de la proportionnalité autorise d'Alembert à ne pas entrer au cœur de la discussion métaphysique portant sur le statut du soi-disant principe de proportionnalité, qui oppose Euler à D. Bernoulli [5]. En effet, il réduit *par définition* la force accélératrice à la quantité à laquelle l'accroissement de la vitesse est proportionnel : « *Pour nous, sans vouloir discuter ici si ce principe est de vérité nécessaire ou contingente, nous nous contenterons de le prendre pour une définition, et d'entendre seulement par le mot de force accélératrice, la quantité à laquelle l'accroissement de la vitesse est proportionnel* » (*T.D.*, p. 25).

En juxtaposant les deux cas : la loi est ou bien de pure hypothèse ou bien découverte par l'expérience, d'Alembert semble ne pas vouloir trancher le statut des lois de la mécanique. Corollairement le statut de la mécanique demeure ambigu car si la définition de la force accélératrice dépend d'une simple hypothèse, la mécanique devient une science aussi abstraite mais aussi certaine que l'algèbre et la géométrie (ce qui confirmerait la place que lui donne d'Alembert, au début de la préface, en la classant aux côtés de l'algèbre et de la géométrie parmi les sciences les plus certaines). En revanche, si l'équation différentielle qui donne la définition de la force accélératrice est tirée de la loi du rapport des espaces aux temps découverte par l'expérience, la mécanique devient une science expérimentale et sa certitude n'est plus que « d'expérience » (voir *D.P.T.D.*, p. I). Choisir de privilégier ce cas, ce serait opter pour la thèse de la contingence des lois de la mécanique défendue par D. Bernoulli, ce que d'Alembert se refuse à faire. Au contraire, en montrant qu'on peut tirer l'équation $\phi.\ dt = dv$ donnée en

5. A propos de cette discussion, d'Alembert précise page 25 du traité : « *M.* Daniel Bernoulli *(Mém. de Petersb. t.1) prétend que ce principe est seulement de vérité contingente, attendu qu'ignorant la nature de la cause et la manière dont elle agit, nous ne pouvons savoir si son effet lui est réellement proportionnel, ou s'il n'est pas comme quelque puissance ou quelque fonction de cette même cause. M.* Euler, *au contraire, s'est efforcé de prouver fort au long dans sa mécanique, que ce principe est de vérité nécessaire* ». L'argumentation de D. Bernoulli est développée dans son texte *Examen principiorum mechanicae et demonstrationes geometricae de compositione et resolutione virium* (in *Commentaires de l'Académie impériale de Saint-Petersbourg*, 1728, t. 1, p. 127), celle d'Euler dans sa *Mechanica sive motus scientia analytica exposita* (Saint-Petersbourg, 1736).

quantités différentielles de l'équation donnée en termes finis quand la loi du rapport des espaces aux temps est découverte par l'expérience, d'Alembert met en évidence la portée générale de cette équation qui lui donne une définition contextuelle de ϕ qu'il nomme pour abréger et par commodité pratique *force accélératrice* mais qu'il définit plus exactement par *quantité à laquelle l'accroissement de la vitesse est proportionnel*. Cette définition contextuelle de la force accélératrice lui permet de conclure au terme de cette remarque que « *tous les problèmes qu'on peut proposer sur le mouvement des corps mus en ligne droite et animés par des forces qui tendent vers un centre, ou exerçant les uns sur les autres une attraction mutuelle suivant une loi quelconque, sont des problèmes qui appartiennent pour le moins autant à la géométrie qu'à la mécanique et dans lesquels la difficulté n'est que de calcul, pourvu que le mobile soit regardé comme un point* » (*T.D.*, p. 26).

Si les problèmes de la mécanique sont aussi ceux de la géométrie, cela signifie que les outils utilisés pour résoudre les problèmes de mécanique ou de géométrie seront les mêmes. Mais cela ne veut pas dire pour autant que la mécanique a exactement le même statut que la géométrie car l'objet de la mécanique est moins simple que celui de la géométrie et, par conséquent, ses principes ont un degré de clarté moindre que ceux de la géométrie [6]. La mécanique est la moins certaine des sciences les plus certaines. Ce statut de la mécanique est confirmé dans la classification des sciences que propose d'Alembert dans le *Discours préliminaire de l'Encyclopédie*. Il confère à la « *Science des grandeurs en général* », science incluant l'algèbre et la géométrie, le statut le plus élevé puisqu'« *elle est le fondement de toutes les découvertes qu'on peut faire sur la quantité, c'est-à-dire sur tout ce qui est susceptible d'augmentation ou de diminution* » [7]. Or, d'Alembert présente cette science comme la limite extrême des investigations scientifiques : « *Cette science est le terme le plus éloigné où la contemplation des propriétés de la matière puisse nous conduire, et nous ne pourrions aller plus loin sans sortir tout à fait de l'univers*

6. Voir *D.P.T.D.*, p. II : « *Encore y a-t-il dans la lumière que ces sciences présentent à notre esprit, une espèce de gradation, et, pour ainsi dire, de nuance à observer. Plus l'objet qu'elles embrassent est étendu, et considéré d'une manière générale et abstraite, plus aussi leurs principes sont exempts de nuages et faciles à saisir. C'est par cette raison que la géométrie est plus simple que la mécanique, et l'une et l'autre moins simples que l'algèbre* ».

7. Voir *Discours Préliminaire de l'Encyclopédie* (*D.P.E.*), Paris, Vrin reprise, 1984, p. 28. Ce texte est publié d'après la troisième édition de 1763 (la première est parue dans le vol.1 de l'*Encyclopédie* en 1751).

matériel » (*D.P.E.*, p. 28). Nous atteignons là le plus grand degré d'abstraction par rapport à l'univers matériel. Après nous en sortons, ce qui signifie, après nous perdons toute référence réaliste à un univers matériel. Et quand on redescend l'échelle des degrés d'abstraction des sciences, on trouve, tout de suite après la géométrie, la mécanique : « *ayant en quelque sorte épuisé par les spéculations géométriques les propriétés de l'étendue figurée, nous commençons par lui rendre l'impénétrabilité, qui constitue le corps physique, et qui était la dernière qualité sensible dont nous l'avions dépouillée. Cette nouvelle considération entraîne celle de l'action des corps les uns sur les autres, car les corps n'agissent qu'en tant qu'ils sont impénétrables ; et c'est de là que se déduisent les lois de l'équilibre et du mouvement, objet de la mécanique* » (*D.P.E.*, pp. 28-29).

Dans la mesure où les principes de la mécanique sont moins abstraits que ceux de la géométrie, la mécanique requiert la mise en œuvre de définitions complexes et, par conséquent, l'appui d'une théorie rigoureuse de la définition. De ce point de vue, l'élaboration par d'Alembert de la définition de la force accélératrice est révélatrice de sa réflexion sur la science de la mécanique. Cette réflexion n'est pas séparable d'une pratique : d'Alembert ne parle que de ce qu'il connaît bien. A l'instar de Pascal, il pense qu'une théorie de la définition bien construite est un mode de résolution opératoire des problèmes scientifiques qu'il rencontre. Dans sa démarche de savant mais aussi de philosophe des sciences, il respecte scrupuleusement les deux règles proposées par Pascal dans l'*Art de persuader* : « *Définir tous les noms qu'on impose ; prouver tout, en substituant mentalement les définitions à la place des définis* » (*Œuvres complètes*, p. 357). Ainsi il faut savoir substituer au défini « *force accélératrice* » la définition « *quantité à laquelle l'accroissement de la vitesse est proportionnel* », définition donnée dans et par l'équation $\phi. dt = dv$.

L'autre exemple que nous voudrions développer pour illustrer l'importance des définitions dans l'épistémologie de d'Alembert est le problème de l'action. Notons que d'Alembert s'est tenu à l'écart de la polémique concernant le principe de moindre action. Cependant il aborde le problème de l'action de manière oblique en présentant sa définition du terme puissance ou cause dans l'article 51 du *Traité de dynamique* (pp. 58-59). Cet article s'insère dans la *Remarque sur l'usage du mot de* Puissances *dans la statique*. D'Alembert définit ainsi le mot puissance : « *Les puissances ou causes qui meuvent les corps, ne peuvent agir les unes sur les autres que par l'entremise des corps mêmes qu'elles tendent à mouvoir. D'où il s'ensuit que l'action mutuelle de ces puissances, n'est autre chose que l'action même des corps animés par les vitesses qu'elles leur donnent. On ne doit donc entendre par l'action des puissances, et par le terme de* puissances *dont on se sert communément dans la statique, que le produit d'un corps par sa vitesse ou par sa force accélératrice* ». L'action de la puissance ou la puissance désigne donc soit la quantité de mouvement (*mv*), soit la quantité d'accélération (c'est-à-dire le produit de la masse par la force accélératrice $m\phi$ ou $m.\ dv\ /\ dt$). D'Alembert nous livre ici dans une seule et même définition deux sens très différents du terme puissance. Ceci peut paraître curieux mais on comprend rétrospectivement l'intérêt de cette définition quand on la rapproche de l'article 59 qui clôt la première partie du traité où d'Alembert écrit : « *La loi générale de l'équilibre, est que les puissances soient entre elles réciproquement comme les vitesses, estimées suivant la direction de ces puissances. C'est de cette loi générale, dont M.* Newton *fait mention en peu de mots au commencement de ses* Principes, *que dépend la démonstration de la conservation des forces vives, comme on le verra dans la seconde partie de l'ouvrage* » (*T.D.*, p. 71). Si, conformément à la définition de l'article 51, on entend par l'action d'une puissance ou la quantité de mouvement ou le produit de la masse par la force accélératrice, on peut alors souligner la très grande fécondité de cette loi générale de l'équilibre qui a un rôle central en statique mais qui a aussi une fonction préparatoire à la résolution des problèmes de dynamique, en vertu du second sens du terme. D'autre part, on peut lire dans l'article 59 une mention à la loi 3 de Newton. Il est probable que si d'Alembert, dans la présentation qu'il fait des lois ou principes de la mécanique, a substitué à la loi de l'action et de la réaction ce qu'il appelle la loi générale de l'équilibre, c'est parce qu'il jugeait ambigu l'usage newtonien du terme *action* et qu'il préférait le remplacer par le double sens du terme puissance défini dans l'article 51. Il faudrait alors lire dans la phrase de l'article 59 – « *C'est de cette loi générale, dont M.* Newton *fait mention en peu de mots au commencement de ses* Principes, *que dépend la démonstration de la conservation des forces vives* » – une critique implicite. D'Alembert reproche à Newton[8] de ne

8. Si l'on considère l'énoncé newtonien de la loi 3, on constate en effet qu'il peut se référer aussi bien à l'exemple classique du cheval tirant une charrette à l'aide d'une corde (les forces appliquées aux deux extrémités de la corde sont égales et de signes contraires et se définissent par la quantité de mouvement), qu'à l'action à distance : deux corps isolés dans l'espace s'attirent, et la force attractive que l'un des deux corps exerce sur l'autre est égale et opposée à celle qu'il reçoit de l'autre. La loi 3 met donc en jeu les changements de quantité de mouvement et non pas seulement les quantités de mouvement. En effet Newton, dans l'exposé de la loi 3,

pas avoir suffisamment expliqué que la loi de l'équilibre permet de relier la statique et la dynamique et donc d'unifier la mécanique, et il se propose d'y remédier en montrant que le principe de conservation des forces vives découle directement de la loi générale de l'équilibre [9].

Mais à l'époque où réfléchit d'Alembert, un autre usage du terme *action* est prépondérant, c'est celui qui prend naissance dans la découverte des principes de minimum en optique et en mécanique à la fin du XVIIe siècle et qui se développe dans la polémique du principe de moindre action. Sans entrer dans le détail de la polémique [10], rappelons que, dès 1662, Fermat, partant d'un principe d'économie naturelle (la nature agit selon les voies les plus courtes), démontre que le trajet de temps minimum pour aller d'un milieu à un autre n'est pas le trajet rectiligne mais une ligne brisée obéissant à la loi des sinus de Descartes, ceci à condition d'admettre que la lumière passe plus aisément dans le milieu le plus rare que dans le milieu le plus dense, ce qui est anticartésien [11]. Leibniz, dans un mémoire inséré dans les *Actes de Leipzig* en 1682, rejette le principe de Fermat : ce n'est pas le trajet de temps minimum ni la voie la plus courte que choisit la lumière mais le chemin le plus facile, c'est-à-dire celui qui lui oppose la moindre résistance ou plus exactement celui pour lequel le produit du trajet par la résistance est un minimum.

Bien plus tard, Maupertuis fait rebondir le débat entre Fermat et les cartésiens [12] en énonçant le principe de moindre action dans un mémoire lu à l'Académie des Sciences le 15 avril 1744 et intitulé *Accord de différentes lois de la nature qui avaient jusqu'ici paru*

---

précise que ce sont les changements de quantité de mouvement (soit les produits des masses des corps interagissant par les variations de vitesse : $m\delta v$) qui restent égaux pendant cette interaction et non les changements de vitesse.

9. Voir à propos de ce principe de la conservation des forces vives l'annexe I.

10. L'analyse de la découverte du principe et de la polémique qu'elle a suscitée a été remarquablement présentée par René Dugas dans le chapitre V (pp. 244-264) du livre III de son *Histoire de la mécanique*, Neuchâtel, éd. du Griffon, 1950. La note XVI (pp. 577-581) de la *Logique de Leibniz* (Hildesheim, Georg Olms, 1969) de L. Couturat est aussi fort intéressante dans les détails qu'elle donne de la querelle entre Maupertuis et Samuel Koenig.

11. Descartes en effet soutient la thèse contraire, à savoir que le passage de la lumière est plus aisé par les corps denses que par les rares, voir *Dioptrique*, Discours second, pp. 676-677 (in *Œuvres philosophiques* de Descartes, t. 1, Paris, Garnier, 1963) : « *En sorte que, d'autant que les petites parties d'un corps transparent sont plus dures et plus fermes, d'autant laissent-elles passer la lumière plus aisément* ».

12. Voir à ce propos les extraits de la lettre de Clerselier datée du 6 mai 1662 et de la réponse de Fermat du 21 mai 1662 cités par R. Dugas dans son *Histoire de la mécanique*, pp. 247-249.

incompatibles. Au moment où il écrit ce mémoire, l'hypothèse sur laquelle repose le principe de Fermat, à savoir que le passage de la lumière est plus aisé dans les milieux rares que denses, est désavouée. Outre les objections de Leibniz au principe de Fermat, la loi newtonienne de proportionnalité des indices de réfraction aux vitesses de propagation contredit l'hypothèse de Fermat et confirme l'hypothèse contraire, c'est-à-dire celle de Descartes. Maupertuis rappelle dans son mémoire que Fermat avait introduit son principe du trajet de temps minimum sous le couvert du principe d'économie naturelle selon lequel la nature agit selon les voies les plus simples [13] et cherche donc, par opposition à celui choisi par Fermat, un principe d'économie qui soit compatible avec la loi newtonienne. Pour Maupertuis, ce que la nature économise, c'est la quantité d'action, c'est-à-dire la somme des espaces multipliés chacun par la vitesse avec laquelle le corps les parcourt. Cette somme doit être un minimum et il précise dans une note que quand il n'y a qu'un corps, on peut faire abstraction de la masse. Ainsi le bon principe d'économie à appliquer en optique, c'est celui du minimum d'action (on fait abstraction de la masse et on considère que le chemin de la lumière est celui où la quantité d'action est la moindre [14]) : « *C'est cela, c'est cette quantité d'action qui est ici la vraie dépense de la nature, et ce qu'elle ménage le plus possible dans le mouvement de la lumière* » (Mém. du 15 avril 1744 in *Mémoires de l'Académie Royale des Sciences de Berlin*). Appliquant son principe de moindre action à la théorie des chocs, il démontre des résultats valables non seulement pour les chocs élastiques auxquels s'applique la conservation des forces vives mais aussi pour les chocs durs.

En 1751, Maupertuis est attaqué par Samuel Koenig [15] qui lui reproche d'avoir copié Leibniz. Il est défendu et réhabilité par Euler qui généralise le concept d'action de Maupertuis sous la forme de

---

13. En fait, Maupertuis est ici inexact dans l'énoncé du principe d'économie car Fermat parlait des voies les plus courtes de la nature et non des plus simples. Il est clair en tout cas que la recherche du « bon » principe d'économie naturelle est au cœur de la querelle concernant les principes de minimum de l'optique et de la mécanique.

14. Voici l'énoncé que Maupertuis donne de son principe dans le mémoire du 15 avril 1744 : « *Soient deux milieux différents, séparés par une surface représentée par la ligne CD, tels que la vitesse, dans le milieu qui est au-dessus, soit comme* m *et la vitesse, dans le milieu qui est au-dessous, soit comme* n. *Soit un rayon de lumière, qui partant d'un point donné* A, *doit parvenir au point donné* B. *Pour trouver le point* R *où il doit se briser, je cherche le point où, le rayon se brisant,* la quantité d'action est la moindre *; et j'ai* m. AR + n. RB *qui doit être un minimum* ».

15. Voir la note XVI de la *Logique de Leibniz* de L. Couturat.

l'intégrale $\int ds\sqrt{v} = \int vdt$ qui est minimum ou maximum dans le mouvement parabolique d'un grave et dans le mouvement d'un point soumis à une force centrale [16].

C'est également en 1751 que d'Alembert dans l'article *force* de l'*Encyclopédie* (t. V) réduit toute la polémique à une question de définition. De même que la force ne signifie rien en elle-même mais ne prend sens que dans les effets qu'elle produit, de même l'action ne peut se comprendre que par son effet, c'est-à-dire qu'elle est le mouvement qu'un corps produit, ou qu'il tend à produire dans un autre corps. Il ramène ainsi le concept d'action au concept de force ou de puissance en s'appuyant sur un texte de Maupertuis [17]. Cette réduction du problème de l'action à celui de la force a un objet précis : il s'agit pour d'Alembert de déloger le principe d'économie (la nature agit selon les voies les plus simples, principe de simplicité que Maupertuis adapte à son principe de *moindre action* en disant : la nature agit selon la *moindre dépense*) du cœur de la polémique. Pour d'Alembert, un principe à résonance métaphysique comme celui-là ne peut se constituer en argument scientifique. Et c'est pourquoi il précise, dans l'article *force*, que le seul sens qu'on peut accorder au mot *dépense* ou *moindre action* est un sens mathématique, qui dans plusieurs cas est égal à un minimum. Il confirme ainsi la position antimétaphysique qu'il a déjà exprimée à propos des notions de force, de cause ou de

---

16. R. Dugas (*Histoire de la mécanique*, pp. 251-252) pense que Maupertuis a étendu « *hardiment – on serait même tenté de dire gratuitement –* » son principe de moindre action au domaine de la dynamique et qu'il a abouti ainsi à une loi qui vaut effectivement à l'aide d'un principe d'économie à résonance métaphysique plutôt que rationnelle, et qui a reçu fort heureusement une vérification mathématique précise dans des cas particuliers de la mécanique du point par Euler. A la suite d'Euler, Lagrange a déduit le principe de moindre action de l'*extremum* de la force vive et c'est la généralisation du principe de moindre action par Laplace qui permet ensuite à Hamilton de faire en optique une synthèse englobant émission et ondulations et d'énoncer en dynamique le principe d'action stationnaire.

17. Voir article *force* de l'*Encyclopédie*, p. 116 : «*M. de Maupertuis dit lui-même à la page 26 du premier volume de ses nouvelles œuvres imprimées à Lyon :* 'Ce que j'ai appelé action, il aurait peut-être mieux valu l'appeler force, mais ayant trouvé ce mot tout établi par Leibniz et par Wolff, pour exprimer la même idée, et trouvant qu'il y répond bien, je n'ai pas voulu changer les termes'. *Ces paroles semblent faire connaître que M. de Maupertuis, quoiqu'il croie que l'action peut être représentée par le produit du carré de la vitesse et du temps, croit en même temps qu'on pourrait attacher à ce mot une autre notion, à quoi nous ajouterons (...) que quand il regarde l'action envisagée sous ce point de vue comme la dépense de la nature, ce mot de dépense ne doit point sans doute être pris dans un sens métaphysique et rigoureux, mais dans un sens mathématique, qui dans plusieurs cas est égal à un minimum* ».

puissance. L'action n'est pas un être inhérent au corps, c'est l'objet d'une définition et même d'une définition de nom et non de chose : « *A l'égard de ceux qui, comme M. de Maupertuis, n'ont point pris de parti dans la dispute des forces vives, on ne peut leur contester la définition de l'action, surtout lorsqu'ils paraissent la donner comme une définition de nom* » (article *force*, t. VII de l'*Encyclopédie*, 1757, p. 116). Quand on regarde les textes de Maupertuis et particulièrement son *Essai de cosmologie* [18], on note qu'il est peu probable que Maupertuis ait accepté de ne considérer sa conception de l'action que comme une définition de nom. En tout cas, la définition de l'action que d'Alembert retient, c'est le produit du carré de la vitesse par le temps v^2t [19]. Cette définition lui permet d'éliminer le sens métaphysique du terme dépense et d'enlever à la polémique son caractère ambigu. Par ailleurs, cette clarification du sens du mot action lui donne l'occasion d'affirmer que les lois de la mécanique doivent être établies indépendamment de tout recours à des principes d'ordre métaphysique. De ce point de vue, le texte de la préface du *Traité de dynamique* où il condamne le recours dans les démonstrations aux causes finales est à rapprocher de l'article *force*. Ce texte qui s'étend de la page XXIX (trois dernières lignes) à la page XXX (vingt premières lignes) présente une critique du raisonnement finaliste. Même si Maupertuis n'y est pas directement nommé, on peut toutefois y lire une allusion critique évidente à sa manière de raisonner [20]. Dans l'article *causes finales* de

---

18. Voir *Essai de cosmologie* in *Œuvres* de Maupertuis publiées à Lyon en 4 vol., Bruyset, 1756 et notamment la conclusion à propos de son principe, t. 1, p. 44 : « *Notre principe, plus conforme aux idées que nous devons avoir des choses, laisse le monde dans le besoin naturel de la puissance du Créateur, et est une suite nécessaire de l'emploi le plus sage de cette puissance* ».

19. D'Alembert parle d'action et non de quantité d'action, ce qui lui permet de négliger la considération de la masse. Maupertuis la néglige aussi dans les cas où il n'y a qu'un seul corps. Dans ces cas-là, il définit l'action par le produit de la vitesse par l'espace (v.e) ou, ce qui revient au même e étant égal à vt, par le produit du carré de la vitesse et du temps (v^2t).

20. *D.P.T.D.*, p. XXIX : « *les lois de l'équilibre et du mouvement (...) sont de vérité nécessaire. Un métaphysicien se contenterait peut-être de le prouver, en disant qu'il était de la sagesse du créateur et de la simplicité de ses vues, de ne point établir d'autres lois de l'équilibre et du mouvement, que celles qui résultent de l'existence même des corps, et de leur impénétrabilité mutuelle ; mais nous avons cru devoir nous abstenir de cette manière de raisonner, parce qu'il nous a paru qu'elle porterait sur un principe trop vague ; la nature de l'être suprême nous est trop cachée pour que nous puissions connaître directement ce qui est ou n'est pas conforme aux vues de sa sagesse ; nous pouvons seulement entrevoir les effets de cette sagesse dans l'observation des lois de la nature, lorsque le raisonnement mathématique nous aura*

l'*Encyclopédie* (t. II, 1751, p. 789), d'Alembert montre en quoi la métaphysique des causes finales est stérile [21], vaine, aléatoire, et conduit à des erreurs. Et le choix de son exemple est tout à fait intéressant puisqu'il s'agit du problème du principe de minimum en optique. D'Alembert nous explique que « *le principe de Leibniz* » selon lequel la nature agit toujours par les voies les plus simples et les plus courtes [22] conduit à accepter en optique la loi du plus court chemin et du plus court temps dans le cas de la réflexion et à ne retenir que la loi du plus court temps dans le cas de la réfraction. Mais que faire alors du cas des miroirs concaves, cas de réflexion où le chemin pris par la lumière est au contraire le plus long ? Il conclut de cette question que l'explication par les principes métaphysiques d'économie toujours plus ou moins reliés à la métaphysique des causes finales n'est pas fiable. Mais pourtant on peut noter que lui-même s'en sert quelquefois pour appuyer un principe de mécanique. Ainsi dans la préface du traité, nous l'avons vu, le principe métaphysique qui sous-tend l'argument du passage – « *il sera toujours incontestable que (...) la loi la plus simple qu'un mobile puisse observer dans son mouvement, est la loi d'uniformité, et c'est par conséquent celle qu'il doit suivre* » (p. IX) – est bien le principe de simplicité qu'il a critiqué dans l'article *causes finales*. Du reste l'article *action* apporte une réserve à la critique des causes finales. D'Alembert y loue en effet Maupertuis pour avoir su allier la métaphysique des causes finales avec les vérités fondamentales de la mécanique. Même s'il maintient dans l'article *causes finales* (p. 789) qu'« *il est dangereux de se servir des* causes finales a priori *pour trouver les lois des phénomènes* », il ajoute qu'« *il peut être utile, et il est au moins curieux, de faire voir comment le principe des causes finales s'accorde avec les lois des phénomènes, pourvu qu'on ait commencé par déterminer ces lois d'après des principes de la mécanique clairs et incontestables* ». Ici la concession est du même ordre que celle développée dans la préface à propos des démonstrations qui peuvent

---

fait voir la simplicité de ces lois, et que l'expérience nous en aura montré les applications et l'étendue ».

21. D'Alembert reprend ici l'adjectif utilisé par Bacon dans le même propos au livre III du *De augmentis scientorum*.

22. Nous avons noté plus haut que la recherche du bon principe d'économie naturelle est au cœur de la polémique concernant la moindre dépense ou la moindre action. Cette recherche est commune à Fermat (principe d'économie des voies les plus courtes), à Leibniz et à Maupertuis. La présentation de l'exemple est donc particulièrement antileibnizienne car le principe selon lequel la nature agit toujours par les voies les plus simples et les plus courtes appartient ou est tout autant revendiqué par Fermat, Descartes, Newton, Maupertuis et, dans le domaine proprement philosophique par Malebranche, que par Leibniz.

trouver un appui sur le principe des causes finales : « *De pareilles démonstrations ne peuvent avoir de force qu'autant qu'elles sont précédées et appuyées par des démonstrations directes et tirées de principes qui soient plus à notre portée ; autrement il arriverait souvent qu'elles nous induiraient en erreur* » (*D.P.T.D.*, p. XXX). Autrement dit, ce qui est affirmé dans ces deux textes, c'est l'autonomie des lois scientifiques vis-à-vis du principe des causes finales. Il est clair que, pour d'Alembert, le principe de moindre action est indépendant du principe des causes finales même s'il s'accorde élégamment ou curieusement avec lui.

Bien qu'il s'inscrive dans le prolongement de la pensée cartésienne par son refus d'entrer dans les vues que l'Auteur de la nature a dû se proposer en établissant les lois de la physique, d'Alembert se fait l'héritier critique de Descartes : « *C'est (...) pour avoir cru qu'il était de la sagesse du Créateur de conserver toujours la même quantité de mouvement dans l'univers, que Descartes s'est trompé sur les lois de la percussion* » (*D.P.T.D.*, p. XXX). L'erreur de Descartes sur les lois de la percussion est, selon lui, la conséquence d'un raisonnement métaphysique. Il est vrai que Descartes, même s'il exclut de sa philosophie la considération des causes finales [23], appuie pourtant ses démonstrations du principe de conservation de la même quantité de mouvement et des lois de la nature (notamment des deux premières, celle de la conservation de l'état de repos ou de mouvement d'un corps, et celle du mouvement rectiligne uniforme, généralement regroupées sous le principe d'inertie) sur la constance de Dieu en son action, constance posée a priori comme attribut de sa perfection [24]. D'Alembert ne dit pas que Descartes s'est trompé sur le principe de conservation mais qu'il l'a introduit de manière contestable en arguant a priori des vues et de la sagesse de Dieu. En ne condamnant pas le principe lui-même mais le raisonnement qui l'a produit, il se réserve le droit de maintenir une position médiane vis-à-vis de la querelle des forces vives et de reconnaître la validité respective des arguments des deux partis. En revanche, sur la question des lois du choc, d'Alembert est plus ferme : Descartes s'est trompé. De fait, la démonstration de la fausseté des lois cartésiennes remonte à 1652, année où Christiaan Huygens démontre que seule la première loi cartésienne du choc est vraie.

---

23. Voir *Principes de la philosophie*, in *Œuvres philosophiques*, t. 3, 1e partie, article 28, pp. 108-109.

24. Voir *Principes de la philosophie*, in *Œuvres philosophiques*, t. 3, 2e partie, articles 36 à 42, pp 182-193.

La page XXX de de la préface s'achève sur la nécessité d'exclure ce principe d'explication par les causes finales du raisonnement scientifique, car il est source d'erreurs [25]. C'est donc en interprétant le principe de moindre action comme indépendant du principe des causes finales que d'Alembert lui attribue toute sa valeur. Notons que cette interprétation ne peut pas être celle de Maupertuis. En effet, quand celui-ci définit la quantité d'action comme proportionnelle à la somme des espaces multipliés chacun par la vitesse avec laquelle le corps les parcourt, il présente certes un concept scientifique mais qui a, de manière tout aussi incontestable à ses yeux, une valeur métaphysique – et quelle valeur ! – puisqu'il présente son principe comme une preuve de l'existence de Dieu [26].

Il est temps, à présent au terme de cette analyse des conséquences et des répercussions qu'engendre la théorie de la définition de d'Alembert dans son épistémologie et dans sa pratique scientifique, de dégager les grandes lignes de force qui constituent le style de sa pensée scientifique.

25. *D.P.T.D.*, p. XXX : « *Ceux qui l'imiteraient* (Descartes) *courraient risque ou de se tromper comme lui, ou de donner pour un principe général ce qui n'aurait lieu que dans certains cas, ou enfin de regarder comme une loi primitive de la nature, ce qui ne serait qu'une conséquence purement mathématique de quelques formules* ». Dans cette remarque finale, on retrouve le souci de d'Alembert de distinguer nettement et précisément le sens mathématique d'une question de son sens métaphysique qu'il abandonne volontiers aux métaphysiciens.

26. Voir la conclusion sur son principe de son *Essai de cosmologie* que nous citons dans la note 18 ci-dessus.

CHAPITRE SEPT

LE STYLE DE LA PENSÉE SCIENTIFIQUE DE D'ALEMBERT

Si l'on reprend la signification que confère G. G. Granger au terme style qu'il définit d'une part comme une certaine manière d'introduire les concepts d'une théorie, de les enchaîner, de les unifier et, d'autre part, comme une certaine manière de délimiter l'apport intuitif dans la détermination de ces concepts [1], il est clair que le *Traité de dynamique* est empreint d'un style propre à d'Alembert. En effet la manière dont il introduit les concepts de la mécanique peut se caractériser par une neutralisation de leur sens autre que scientifique : il s'efforce de leur ôter, autant que faire se peut, les connotations ontologiques qui leur sont attachées, de les enchaîner et de les unifier par un travail de définition. On l'a vu, l'un des soucis majeurs de d'Alembert dans la systématisation de la mécanique qu'il propose, c'est de se dégager de la métaphysique des causes. Son mot d'ordre est de toujours s'en tenir aux effets observables et mesurables et d'éviter ainsi toute spéculation qu'il juge vaine et stérile sur la nature de la force, de la puissance, de la cause, de l'action, de la matière, du mouvement ou du temps. Cela le conduit à ce qu'on pourrait appeler une présentation pragmatique des concepts scientifiques : d'Alembert détermine les notions scientifiques en fonction du rôle opératoire qu'elles ont à jouer dans la pratique scientifique qui leur est corrélée. Autrement dit, sa réflexion sur les définitions n'est pas séparable du contexte des problèmes scientifiques où les définitions doivent s'appliquer et fonctionner. De ce point de vue, on peut dire que toutes les définitions qu'il met en place sont contextuelles. L'originalité de sa réflexion est de dissocier nettement le contexte scientifique auquel se rapportent des

1. Voir son *Essai d'une philosophie du style*, Paris, Armand Colin, p. 20.

notions comme la force ou l'action, d'un contexte métaphysique de portée plus ambitieuse où il s'agirait de chercher à connaître l'essence même de la force ou de l'action. D'Alembert nous dit clairement que cette ambition ne relève pas et ne peut relever du travail du savant et qu'elle naît d'une méconnaissance de ce qui est à l'œuvre dans la réflexion et la pratique scientifiques. De plus cette ambition est lourde de conséquences néfastes pour la constitution d'une communauté scientifique. Elle est à l'origine des discordes entre savants et elle remue des passions et des intérêts qui entravent plutôt qu'ils n'encouragent les progrès des sciences.

Cela ne veut pas dire que d'Alembert cherche à s'ériger en moralisateur des sciences [2], son propos est tout autre : il entend substituer une véritable ambition scientifique à une ambition d'ordre métaphysique, dans la détermination des concepts dont les savants ont besoin pour résoudre tel ou tel problème scientifique. Son effort pour réduire les querelles scientifiques à des questions de nom est significatif : certes il s'agit de réconcilier les savants dans un sentiment d'appartenance à une même communauté intellectuelle [3] mais il s'agit aussi d'inscrire et d'affirmer la spécificité des concepts et du discours scientifiques vis-à-vis de tout autre type de concept ou de discours. Dissocier le sens mathématique d'un concept de son sens métaphysique est vital pour assurer au discours scientifique son autonomie et le débarrasser de toute infiltration insidieuse de la métaphysique au sein

2. D'Alembert juge que l'ambition d'ordre métaphysique est vaine parce que chercher à connaître la nature même de la force ou des causes motrices dépasse les limites de l'esprit mais il ne condamne pas l'ambition en tant que telle : même s'il ne connaît peut-être pas les réflexions de Hume à ce sujet, il est lui-même trop individualiste pour ne pas savoir qu'elle est le moteur de réflexions et de progrès scientifiques, en témoignent ses rapports de rivalité avec Clairaut (à propos du problème des trois corps) ou avec Euler (à propos de toute son œuvre scientifique : le silence de d'Alembert sur les apports d'Euler quand il rédige les articles scientifiques de l'*Encyclopédie* est, sur ce point, tout à fait notoire).

3. Dans la présentation et la condamnation des querelles scientifiques, d'Alembert insiste toujours sur la discorde entre les savants qu'elles ont suscitée. Le même souci de constituer une communauté cette fois de philosophes, et de la préserver des querelles individuelles, conduit d'Alembert, dans sa correspondance avec Voltaire, à modérer les torts de J. J. Rousseau et à convaincre Voltaire de ne pas s'acharner contre ce « *malade de beaucoup d'esprit* » : « *Je viens à Jean-Jacques (...). Je veux qu'il vous ait écrit une lettre impertinente, je veux que vous et vos amis vous ayez à vous en plaindre ; malgré tout cela, je n'approuve pas que vous vous déclariez publiquement contre lui comme vous faites ; et je n'aurai sur cela qu'à vous répéter vos propres paroles :* Que deviendra le petit troupeau, s'il est désuni et dispersé ? *(...) Jean-Jacques est un malade de beaucoup d'esprit, et qui n'a d'esprit que quand il a la fièvre. Il ne faut ni le guérir ni l'outrager* » (Lettre à Voltaire du 9 avril 1761 in *Œuvres* de d'Alembert, t. 5, pp. 77-78).

de ses concepts, et libérer ainsi la science du joug de la métaphysique. On l'a vu à propos du principe de moindre action, des causes autres que l'impulsion (entendez attraction), du concept de temps ou de la loi d'uniformité du mouvement, d'Alembert opère, dès qu'il le peut, un contournement des questions métaphysiques [4], il détourne la vue de dessus les causes motrices ou il proscrit les forces inhérentes au corps en mouvement [5]. La métaphore spatiale que d'Alembert utilise n'est pas du tout anodine, il entend bien quitter le point de vue du dessus, c'est-à-dire le point de vue métaphysique, pour n'envisager que les effets : le mouvement produit, observable et mesurable.

On en arrive là à la deuxième caractérisation du style de sa pensée : la manière dont d'Alembert délimite l'apport intuitif dans la détermination des concepts de la mécanique se fait toujours sous la forme d'un appel à l'expérience non pas première ni sensitive mais quantifiable, c'est-à-dire d'un appel aux effets observables et mesurables. D'Alembert, dans son traité, se livre à une chasse aux sorcières (les « sorcières » de la mécanique sont les notions réifiées de force, de cause, d'action, de puissance etc.) parce qu'il est convaincu que la seule conceptualisation scientifique possible est celle qui passe par une mathématisation et une quantification des effets observables. Le pouvoir de mathématisation ou encore le pouvoir d'abstraction [6] s'identifie au pouvoir de conceptualisation. On comprend, à partir de là, l'importance que revêt la théorie de la définition dans l'épistémologie de d'Alembert. En effet, tout le champ conceptuel d'une science est couvert par cette théorie depuis les idées simples dont la simplicité est décidée par le pouvoir d'abstraction du savant qui saisit intuitivement que tel objet – par exemple l'espace – n'a pas de propriétés distinctes et séparables, jusqu'aux concepts les plus élaborés qui ne sont en fait que des enchaînements de définitions ou des définitions contextuelles fournies par le pouvoir de mathématisation du savant (par exemple, la définition de la force accélératrice comme étant la quantité à laquelle l'accroissement de la vitesse est proportionnel, est directement donnée

---

4. Voir à propos des preuves de la loi d'uniformité du mouvement cette réflexion exemplaire du style de la pensée scientifique de d'Alembert : « *on verra dans mon ouvrage les difficultés qu'on peut y opposer, et le chemin que j'ai pris pour éviter de m'engager à les résoudre* » (*D.P.T.D.*, p. IX-X).

5. Voir *D.P.T.D.*, pp. XVI-XVII.

6. Le pouvoir de mathématisation du sujet connaissant s'applique à tous les concepts, il est en œuvre dans le travail de définition alors que le pouvoir d'abstraction concerne surtout les idées simples, les indéfinissables. Nous l'avons vu au chapitre 4, c'est le pouvoir d'abstraction du sujet qui détermine intuitivement la simplicité de l'objet d'une idée.

par l'équation $\phi. dt = dv$). La théorie de la définition est donc aussi ce qui permet d'unifier une science. Ainsi se trouve confirmée notre hypothèse de départ[7] selon laquelle ce que d'Alembert appelle « *la saine métaphysique spéculative* »[8] ou encore la considération des principes, n'est rien d'autre que la mise en œuvre de sa théorie de la définition. Les trois objets du *Traité de dynamique* (l'économie, la démonstration et la mise au jour de la fécondité des principes) qui convergent vers le même but, à savoir unifier la mécanique, sont remplis par l'application à la mécanique de la théorie de la définition construite par d'Alembert. Tous les trois ne sont pas remplis de manière également satisfaisante : nous avons vu que la démonstration des principes de la mécanique est insuffisante. En revanche, la réduction des principes est bel et bien opérée dans le traité : par la mise en place de définitions nettes et précises, d'Alembert a réussi à éliminer rien de moins que quatre principes de la mécanique, à savoir le principe de conservation des forces vives dont il fait un principe dérivé de son principe de dynamique[9], le principe de l'inertie inhérente à la matière et son rival, à savoir le principe de l'indifférence de la matière au mouvement et au repos, et enfin le principe de proportionnalité de la force accélératrice à l'élément de vitesse. Quant à la mise au jour de la fécondité des principes, elle est effectuée, toujours à l'aide de la théorie de la définition, dans l'articulation que d'Alembert met en place entre la première et la deuxième partie de son traité. Il montre en effet que toute la fécondité du troisième principe de la mécanique, la loi générale de l'équilibre, apparaît dans le nouveau principe de dynamique qu'il expose dans la deuxième partie du traité et qui permet de relier les problèmes de dynamique au problème de l'équilibre[10]. Par conséquent, si la saine métaphysique spéculative est bien la mise en pratique de la théorie de la définition au sein d'une science, cela signifie que c'est aussi elle qui autorise la refonte du sens de la métaphysique. La métaphysique n'est plus alors à considérer comme la « pensée du dessus » mais comme la méthode de systématisation des principes ou des faits, c'est-à-dire comme l'outil qui permet de construire le cadre conceptuel d'une science.

---

7. Voir notre avant-propos, p. 11.

8. Voir *Eléments de philosophie*, p. 349 : « *En toutes choses, dit la morale pratique, il faut considérer la fin ; en toutes choses, dit la saine métaphysique spéculative, il faut considérer le principe* ».

9. Voir l'annexe I de la fin de notre ouvrage.

10. Voir toujours notre annexe I.

Pour ce qui est de l'élaboration du cadre conceptuel de la mécanique, d'Alembert montre dans son traité que c'est par les processus mathématiques d'abstraction que la mécanique peut acquérir son plus haut degré de certitude et son unité. Ce souci d'allier les mathématiques à la physique est constant dans l'œuvre scientifique de d'Alembert et explique que les sciences physico-mathématiques constituent son terrain privilégié d'investigations [11]. La mathématisation de la mécanique s'accompagne d'une réflexion sur ses fondements : d'Alembert cherche à donner à la mécanique des principes démontrés. Même si ses démonstrations ne sont pas convaincantes, l'exigence qui les sous-tend, à savoir reculer les limites de l'indémontrable, est féconde et là aussi présente dans toute son œuvre de savant. On peut ici prendre pour exemple les *Recherches sur la précession des équinoxes* : dans l'introduction du traité, d'Alembert nous explique sa démarche qui est de vérifier les hypothèses newtoniennes parfois abusivement considérées comme des axiomes. Il entend travailler sur « l'évidence » et cherche à transformer l'évidence postulée d'une hypothèse en une évidence démontrée. Certes il reconnaît la valeur heuristique des hypothèses mais il ne s'en contente pas car le danger, si l'on accepte les hypothèses telles quelles, c'est qu'elles prennent valeur d'axiomes alors même qu'elles sont démontrables [12]. Cette exigence de certitude est l'exact contre-pied de la raison paresseuse. En effet, même si parfois la démonstration d'une hypothèse par le calcul ne fait que confirmer sa valeur de vérité (qui avait été jusque là postulée par Newton) et ne sert donc qu'à conserver l'hypothèse de départ après l'avoir transformée en une proposition démontrée, dans d'autres cas le calcul est un processus de falsification de l'hypothèse et permet ainsi d'éliminer les hypothèses newtoniennes [13] qui ne sont pas conformes aux données expérimentales.

---

11. L. de Broglie souligne ce point dans son article *Un mathématicien, homme de lettres : d'Alembert* paru dans la *Revue d'histoire des sciences*, 4, 1951, p. 204 : « *Les travaux de d'Alembert ont surtout porté sur l'application des mathématiques à la mécanique et à l'astronomie (...) dans la science du XVIIIe siècle, il a été l'indispensable chaînon qui a permis de passer de l'âge des grands initiateurs, des Huygens, des Newton, des Leibniz, à celui des grands 'codificateurs', des Laplace et des Lagrange* ».

12. Dans le chapitre 1, nous avons vu que d'Alembert refusait d'accepter comme une espèce d'axiome l'hypothèse 2 qui suit le lemme III de la proposition 38 des *Principia*. C'est seulement par le calcul et la démonstration qu'il en reconnaît la vérité (voir ci-dessus chap. 1, p. 30 et la note 7).

13. D'Alembert, en ne parlant dans l'introduction de son traité sur la précession des équinoxes que des hypothèses newtoniennes, n'a pas pour but de présenter une théorie de la falsifiabilité des hypothèses, il entend plutôt dire que les *Principia* ne constituent pas un monument absolument intouchable.

Rappelons ici que le fameux calcul du périgée de la lune qui plongea Clairaut, d'Alembert et Euler dans la controverse du problème des trois corps, était au départ en désaccord avec la théorie newtonienne de l'attraction jusqu'à ce que les trois savants découvrent chacun leur erreur et réhabilitent la théorie newtonienne [14].

Il est vrai que Newton a une position parfois ambiguë à l'égard des hypothèses. Généralement il les rejette et même les critique âprement surtout quand ce sont celles des autres, mais dans sa pratique scientifique il en réintroduit certaines qui tendent à revêtir une valeur d'axiomes. Koyré, dans son article *l'hypothèse et l'expérience chez Newton,* souligne ce point : «*le mot* hypothèse *semble être devenu pour Newton, vers la fin de sa vie, un de ces termes curieux, tels, par exemple, que celui d'hérésie, que nous n'appliquons jamais à nous-mêmes, mais seulement à d'autres.* Nous *ne feignons pas d'hypothèses,* nous *ne commettons pas d'hérésie ; ce sont* eux – *les Baconiens, les Cartésiens, Leibniz, Hooke, Cheyne, etc. – qui feignent des hypothèses ; ce sont* eux *qui sont des hérétiques*» (*Etudes newtoniennes*, Paris, Gallimard, 1968, p. 73). On pourrait ici établir une analogie entre le rapport de Newton aux hypothèses et le rapport de d'Alembert aux principes métaphysiques. Tout comme Newton se dresse contre le dogmatisme des hypothèses, d'Alembert se dresse contre le dogmatisme des principes métaphysiques et pourtant, nous l'avons vu à propos de la démonstration du principe d'inertie, il en réintroduit certains quand il en a besoin.

Si la critique que fait d'Alembert des concepts utilisés en science a eu des conséquences extrêmement fécondes dans toute son œuvre scientifique (elle lui a permis de distinguer le sens mathématique et opératoire d'un concept de son sens métaphysique, d'éliminer des

---

14. Ce qui se joue derrière la controverse du problème des trois corps, c'est le refus de considérer l'œuvre newtonienne comme un système clos et auto-suffisant. D'Alembert rejette les arguments d'autorité en science y compris ceux qui ont pour nom Newton. La lettre à M.*** qu'il écrit en réponse au discours du Prince Louis Gonzaga di Castiglione prononcé à la Société Royale de Londres est de ce point de vue tout à fait significative : «*L'objet du discours dont il s'agit ici est de sacrifier les géomètres français au grand Newton (qui n'a pas besoin pour être grand qu'on lui sacrifie personne) et de faire entendre que nos mathématiciens n'ont fait que mettre en calcul ce que Newton avait déjà trouvé avant eux, ou ce qu'il n'a pas cru digne d'être développé dans son livre des* Principes *; cet ouvrage selon l'auteur du discours, n'a laissé aux siècles suivants que l'honneur de le commenter*» (in *Correspondance inédite de d'Alembert avec Cramer, Lesage, Clairaut, Turgot, Castillon, Béguelin, etc.*, Paris, Gauthier-Villars, 1885, p. 95). Prenant alors la défense des géomètres français, d'Alembert énumère les progrès qui leur sont dus et cite notamment la résolution du problème des trois corps.

principes d'ordre métaphysique dont il a montré l'inutilité en science et enfin de reculer les limites de l'indémontrable aussi bien en astronomie qu'en dynamique ou en hydrodynamique), elle implique également une restriction du champ d'investigations. On peut dire que l'exigence de certitude de d'Alembert est à l'origine d'une mise à l'écart de certains problèmes scientifiques, d'une incompréhension de certains autres, ou d'une réduction de leur portée. Ainsi en ont jugé ses disciples [15].

Un passage de l'éloge de d'Alembert écrit par Condorcet concerne ce point et mérite, par l'intérêt qu'il présente, d'être cité en entier : « *Longtemps occupé des sciences mathématiques, d'Alembert avait contracté l'habitude de n'être frappé que des vérités susceptibles de preuves rigoureuses, il voyait la certitude s'éloigner à mesure que l'on ajoutait des idées accessoires aux idées simples, sur lesquelles s'exercent la géométrie pure et la mécanique rationnelle ; et son goût pour les sciences semblait suivre absolument la même proportion. Il voulait que les sciences physiques se bornassent à des faits et à des explications calculées ; que pour juger de la réalité d'un phénomène, on vérifiât le fait en lui-même, au lieu de le rejeter d'après une impossibilité apparente ; qu'on ne dît pas d'une chose qui blesse les idées communes, elle est absurde, mais elle n'est pas prouvée. On l'accusait de faire peu de cas des sciences physiques et cette accusation était injuste ; il ne méprisait que ces systèmes dont les preuves se réduisent à montrer que l'impossibilité absolue n'en est pas encore rigoureusement démontrée ; ces aperçus incertains, qu'on annonce pour de grandes vues ; ces explications appuyées sur des raisonnements vagues, qui pourraient tout au plus conduire à de légères probabilités, enfin cet abus du langage scientifique, qui change quelquefois en une science de mots ce qui ne devrait être qu'une science de faits et de calculs. On pourrait croire seulement qu'il a poussé trop loin sa rigueur ; car si ces hypothèses, ces vues, ces explications ne forment point une véritable science, elles servent à multiplier les expériences, les observations, à les montrer sous leurs différentes faces ; elles nous guident dans nos recherches, elles préparent les découvertes, et semblent à l'aurore du jour dont peuvent espérer de jouir les siècles qui suivront* » (in *Œuvres* de d'Alembert, t. 1, pp. XIII-XIV).

---

15. Voir par exemple la lettre de Laplace à d'Alembert du 10 mars 1782 que nous citons à la fin du chapitre 4 (p. 75) à propos de la définition du terme fonction, ou celle de Lagrange à d'Alembert du 15 juillet 1769 à propos du cinquième volume des *Opuscules mathématiques* de d'Alembert (in *Œuvres* de Lagrange, t. 13, pp. 137-143) : elles ont toutes deux pour objet d'étendre la portée des solutions proposées par d'Alembert.

C'est sans doute cette rigueur excessive qui lui a fait méconnaître la portée et la fécondité du calcul des probabilités [16]. Pour d'Alembert, l'analyse des probabilités est soumise à des règles connues et certaines sur le plan strictement mathématique mais qui deviennent incertaines dans leur application physique. Au nom d'un principe métaphysique implicite – le principe de la diversité des effets [17] selon lequel « *il n'est pas dans la nature qu'un effet soit toujours et constamment le même, comme il n'est pas dans la nature que tous les hommes et les arbres se ressemblent* » (*Œuvres*, t. 1, p. 454) [18] – il se refuse à conférer aux applications physiques la certitude mathématique du calcul. S'il

16. La critique qu'opère d'Alembert du calcul des probabilités apparaît à plusieurs reprises dans sa correspondance avec Lagrange (in *Œuvres* de Lagrange, t. 13) et surtout dans deux mémoires, l'un concernant le calcul des probabilités, l'autre l'inoculation (in *Œuvres* de d'Alembert, t. 1, pp. 451-462 et pp. 463-514). Suite à la publication de ces deux mémoires (lus à l'Académie des sciences de Paris en 1760 et parus dans le tome 2 des *Opuscules mathématiques* en 1761), une polémique s'engage entre Diderot et d'Alembert : Diderot reproche à d'Alembert d'empêcher, par ses réflexions subtiles sur les difficultés d'application du calcul des probabilités au domaine médical, une pratique – l'inoculation – reconnue pourtant utile au genre humain. Le jugement de Diderot sur l'autre mémoire de d'Alembert (portant directement sur le calcul et non sur ses applications) est encore plus sévère : ce n'est plus politiquement en raison du bien social qu'il juge la position de d'Alembert mais intellectuellement. Il lui reproche notamment de n'avoir pas compris qu'on pouvait considérer l'analyse des probabilités soit comme une science abstraite soit comme une science physico-mathématique (le texte de Diderot sur les deux mémoires de d'Alembert date de 1761, ce texte resté longtemps inédit a été publié dans les *Œuvres complètes* de Diderot, Paris, Garnier, 1875, au tome 9 intitulé *Mémoires sur différents sujets de mathématiques*, pp. 192-212).

17. Il est curieux de constater que c'est aussi par l'application de ce principe qu'il démantèle l'axiome selon lequel l'effet est proportionnel à la cause : « *Cette diversité d'effets provenant tous d'une même cause, peut servir, pour le dire en passant, à faire voir le peu de justesse et de précision de l'axiome prétendu, si souvent mis en usage, sur la proportionnalité des causes à leurs effets* » (*D.P.T.D.*, p. XXIII).

18. La position qu'exprime d'Alembert dans cette phrase est particulièrement ambiguë. La première partie de la phrase est en complète contradiction avec la loi d'uniformité de la nature si souvent rappelée par d'Alembert : il avait lui-même précisé dans l'article *force* que si une même cause produisait une diversité d'effets, c'est parce qu'elle agissait de manière différente. Autrement dit, si une cause agit d'une même manière, elle produit des effets toujours identiques (comment sinon espérer mettre au jour des lois naturelles ?). La deuxième partie de la phrase est une variante du principe leibnizien des indiscernables : tout être, tout individu est unique. Le mélange opéré ici entre le principe contraire à la loi d'uniformité de la nature et le principe des indiscernables, nous instruit d'une part, de l'usage non critique que fait d'Alembert du principe de causalité et de principes métaphysiques quand cela l'arrange et, d'autre part, de sa réelle difficulté à penser l'application du calcul des probabilités à des questions de physique.

reconnaît comme fondatrice du calcul la supposition selon laquelle « *toutes les combinaisons différentes d'un même effet sont également possibles* » (ib., p. 452), cette supposition, quand on quitte le plan strictement mathématique pour appliquer le calcul à des questions relatives à la vie commune comme l'inoculation (de la petite vérole), n'est plus admissible. La supposition, si elle est possible dans la rigueur mathématique, est fausse « *physiquement parlant* » (ib., p. 452 et suivantes). Diderot critique la distinction établie par d'Alembert entre un possible mathématique (que Diderot transforme en un possible métaphysique) et un possible physique en ces termes : « *d'après cette idée, il est d'une possibilité métaphysique d'amener rafle de six avec deux dés, cent fois de suite ; mais cela est d'une impossibilité physique. Mais si dans l'usage ordinaire de la vie, il faut regarder comme nulle une probabilité fort petite, on demande à M. d'Alembert où est le terme où elle cessera d'être nulle et où elle commencera à pouvoir être traitée comme quelque chose. D'ailleurs, si la probabilité d'un millième n'est pas à négliger, comment estimer celle qui est un peu plus grande ? Si la valeur des probabilités varie, quelle est la loi de cette variabilité ? Et si le géomètre n'a point de réponse à ces questions, que devient l'analyse des probabilités ? M. d'Alembert renvoie la solution de ces difficultés à la connaissance des cas rares et fréquents, c'est-à-dire à l'expérience. Il n'y aura donc quelque exactitude dans l'analyse des hasards qu'après des siècles d'observations ? Il est vrai, répond M. d'Alembert* » (*Œuvres complètes* de Diderot, t. 9, pp. 194-195).

On comprend par ce texte que la querelle entre Diderot et d'Alembert sur la légitimité des applications du calcul, n'engage pas seulement leur compréhension respective des règles du calcul mais leurs revendications philosophiques et leur divergence d'esprit [19]. D'Alembert veut maintenir une hiérarchie stricte des degrés de certitude (seules l'algèbre, la géométrie et la mécanique ont une certitude parfaite, les autres sciences dont les sciences physico-mathématiques ont une certitude morale ou de pure supposition). Diderot, au contraire, revendique au nom d'« *une grande révolution dans les sciences* » [20] le primat des sciences expérimentales et des sciences de la vie sur les sciences mathématiques.

19. Nous analyserons plus précisément cette divergence d'esprit à l'œuvre dans l'*Encyclopédie* dans notre deuxième partie.

20. Voir *Interprétation de la nature*, § 4, p. 180 in *Œuvres philosophiques* de Diderot, Paris, Garnier, 1964.

Les doutes [21] de d'Alembert sur la fécondité et les fondements du calcul des probabilités sont du même ressort que ceux qui l'empêchent de concevoir, dans toute leur positivité, certaines notions mathématiques (comme par exemple celle du nombre imaginaire qu'il utilise pourtant mais comme indicateur de solutions impossibles). Mais son exigence de certitude et sa rigueur ont aussi des conséquences positives : c'est en rejetant pour son caractère vague et métaphysique la notion leibnizienne de quantité évanouissante qu'il parvient à conceptualiser la notion de limite.

Il est intéressant de noter que la définition de la limite est explicitée par d'Alembert dans le cadre d'une discussion sur les principes métaphysiques du calcul infinitésimal. On sait que Leibniz découvre le calcul différentiel et intégral en même temps que Newton mais leur découverte n'est pas régie, comme dit d'Alembert, par la même métaphysique : alors que Leibniz considère les accroissements infiniment petits en eux-mêmes en leur conférant le statut problématique de *quantités évanouissantes*, ce qui tend à leur donner une certaine épaisseur ontologique aussi infinitésimale soit-elle, Newton fait intervenir dans sa méthode de calcul les notions de fluxion et de fluente. Il considère que les quantités mathématiques sont engendrées par une augmentation continuelle à la manière de l'espace que décrit un corps en mouvement. Les fluxions sont les vitesses des accroissements momentanés qui engendrent la quantité, et il appelle fluente la grandeur engendrée. Bien qu'en 1687, Newton possède déjà la méthode des fluxions, il n'en fait pas état dans les *Principes mathématiques de la philosophie naturelle*, où il préfère utiliser la méthode dite des premières et dernières raisons, procédé de calcul qui suggère la formation de la dérivée d'une fonction pour une valeur donnée de la variable.

Newton a probablement eu les premières idées de son calcul des fluxions vers 1665 lors du calcul du développement du binôme. Il écrit deux mémoires sur la méthode des fluxions en latin (le premier en 1669 *Analysis per Quantitatum series, Fluxiones ac Differentias : cum Enumeratione linearum Tertii Ordinis* n'est publié qu'en 1711, le second date de 1671, il est traduit en anglais par John Colson sous le titre *Method of fluxions and infinite series* et publié seulement en 1736 de manière posthume, la traduction française de Buffon paraît en 1740). Quant à Leibniz, il expose son calcul dans deux mémoires publiés en 1684 et 1686 dans les *Acta eruditorum* de Leipzig (dont les

21. Ses doutes sont en partie fondés car le calcul des probabilités est en voie d'élaboration au moment où d'Alembert y réfléchit.

titres sont pour le premier *Nova methodus pro maximis et minimis itemque tangentibus, quae nec fractas nec irrationales quantitates moratur, et singulare pro illis calculi genus*, et pour le deuxième *De geometria recondita et analysi indivisibilium atque infinitorum*). Il a pour disciples Jacques et Jean Bernoulli et le Marquis de L'Hôpital qui, en 1696, écrit l'*Analyse des infiniment petits pour l'intelligence des lignes courbes*, essai qui permet de répandre en France les principes et les méthodes du nouveau calcul.

Dès 1694 et 1695, le Hollandais Nieuwentijt juge obscures et dangereuses aussi bien les méthodes de Barrow, de Newton que de Leibniz. Il soulève notamment la question de la nature des infiniment petits. Vers 1700, la discussion reprend lorsque le traité du Marquis de L'Hôpital, défendu en France par Varignon et Saurin, est l'objet d'attaques violentes de la part des cartésiens de l'Académie Royale des Sciences de Paris. Le retrait du plus éminent des opposants, Michel Rolle, marque la reconnaissance définitive du nouveau calcul en France, reconnaissance consacrée par la parution du traité de Carré intitulé *Méthode pour la mesure des surfaces, la dimension des solides, leurs centres de pesanteur, de percussion et d'oscillation, par l'application du calcul infinitésimal* (Paris, 1700) et du traité de Reyneau : l'*Analyse démontrée* (Paris, 1708, 2 vol.).

La querelle entre Leibniz et Newton éclate par Wallis et Craig qui déclarent que Leibniz s'est inspiré, dans sa découverte du calcul, des travaux de Newton et de Barrow. En 1704, Newton, pour faire foi de sa découverte, publie en annexe de l'*Optique* son traité sur la quadrature des courbes rédigé en 1693. Keill fait rebondir la querelle en 1708. Leibniz demande alors l'arbitrage de Newton et de la *Royal Society* qui charge une commission d'établir un rapport détaillé sur l'affaire : le *Commercium epistolicum* publié en 1712. Ce rapport laissait entendre que Leibniz n'avait élaboré son calcul qu'après avoir pris connaissance, par des lettres de Newton à différents correspondants, du calcul des fluxions. Leibniz fut très affligé par les conclusions du rapport qui contribua à creuser un fossé entre les mathématiciens anglais et ceux du continent. Ce n'est qu'au XIXe siècle qu'on établit définitivement que les documents les plus probants d'un éventuel plagiat de Leibniz publiés dans le rapport, n'étaient pas en sa possession lors de sa découverte du calcul.

On peut noter que la diffusion de la méthode des fluxions a été beaucoup plus lente que celle de l'analyse leibnizienne, retard lié à la parution tardive des essais de Newton qu'il publie dans le contexte de la querelle. D'autre part, les disciples de Newton qui reprennent sa méthode des fluxions sont moins nombreux que ceux de Leibniz. On peut citer Roger Cotes (1682-1716), éditeur de la seconde édition des *Principia* (1713), dont le traité intitulé *Harmonia mensarum*, publié de manière posthume (1722), contient d'importants résultats sur les racines de l'unité, l'intégration des fractions rationnelles, la théorie des différentielles et les problèmes de géométrie infinitésimale. On peut citer aussi Brook Taylor qui, dans son traité publié à Londres en 1715, intitulé *Methodus incrementum directa et inversa*, donne la formule qui développe la fonction $f(x)$ pour une valeur $(x+h)$ de la variable indépendante, voisine de la valeur x :

$$f(x + h) = f(x) + hf'(x) + (h^2/2)f''(x) + (h^3/3)f'''(x) + ...$$

Mais l'importance de ce développement ne fut pleinement reconnue qu'en 1772 par Lagrange, et sa première démonstration correcte donnée seulement en 1823 par Cauchy. A l'instar de ce qui se passe sur le continent dans la diffusion du calcul leibnizien, la théorie des fluxions se développe en Angleterre sans qu'une attention suffisante soit portée sur les principes du calcul. En témoigne la parution en 1734 du pamphlet l'*Analyste* où Berkeley, tout en reconnaissant l'utilité de la nouvelle analyse, critique la faiblesse logique de ses modes de présentation habituels et en particulier l'emploi fréquent de l'induction. Les discussions reprennent avec B. Robins et H. Pemberton qui précisent certains fondements du calcul des fluxions, mais il faut attendre la publication de l'ouvrage de Mac Laurin *Treatise of fluxions* en 1742 pour que les principes du calcul des fluxions soient clarifiés. Cependant Mac Laurin, dans son ouvrage, abandonne les procédés analytiques au profit des méthodes géométriques (bien moins fécondes dans les possibilités d'application du calcul aux problèmes de physique). Enfin John Landen, dans son ouvrage de 1764 *The residual analysis*, tente de fonder le calcul sur des principes admis par tous en algèbre et en géométrie sans aucun recours à quelque principe étranger se rapportant à un mouvement imaginaire ou à d'incompréhensibles grandeurs infinitésimales. Malheureusement cette tentative, fondée sur une conception trop peu rigoureuse de la notion de limite, échoue à faire progresser les applications du calcul, et ce n'est qu'en 1820 que l'analyse anglaise retrouve sa vitalité grâce à des manuels inspirés des méthodes et surtout des notations mises au point sur le continent.

On doit en effet reconnaître à Leibniz le mérite d'avoir créé une notation excellente : dans son deuxième mémoire de 1686 où il traite du problème inverse des tangentes et du calcul des quadratures, il introduit pour la première fois le signe $\int$ et définit l'une par rapport à l'autre les deux opérations de sommation et de différenciation en posant $x= \int dx$ (le terme intégral n'est pas utilisé dans ce mémoire, il apparaît pour la première fois dans un texte de Jacques Bernoulli en mai 1690). Par sa nouvelle notation, Leibniz identifie le problème inverse des tangentes au problème de la sommation ou de l'intégration. L'opération inverse de la recherche des différences est celle de la recherche des sommes où l'on remonte des différences aux fonctions elles-mêmes. Autrement dit, si le calcul différentiel est la recherche des tangentes aux courbes, le calcul intégral (qui procède par sommation d'indivisibles [22]) est la recherche des courbes à partir des tangentes. Leibniz, dans sa préface à l'*Inventorium mathematicum* va jusqu'à dire que les progrès qu'il a fait faire aux mathématiques viennent uniquement de ce qu'il a réussi à trouver des symboles propres à représenter les quantités et leurs relations. L'originalité profonde du calcul infinitésimal consiste à symboliser par des signes appropriés des notions et des opérations qui n'ont plus rien d'arithmétique et à les soumettre à un algorithme formel. Les opérations de différenciation et d'intégration ne portent plus sur des nombres mais sur des fonctions. La valeur *dx* exprime la différence de deux valeurs voisines d'une fonction.

D'Alembert considère que le calcul infinitésimal n'est pas établi sur des fondements assez rigoureux. Il lui importe donc de préciser certaines notions comme celle de limite car, faute de bonnes définitions, on fait appel à une intuition défaillante, ce qui conduit à des objets paradoxaux : les infiniment petits qui sont des presque rien. Dans l'article *différentiel* de l'Encyclopédie (t. IV, 1754, pp. 985-989), d'Alembert commence par poser l'équivalence de la notation $\dot{y}$ qui désigne pour Newton la fluxion de la fluente *y*, et de la notation *dx* utilisée par Leibniz et qui désigne la différentielle que d'Alembert définit ainsi : « On appelle une quantité *infiniment petite* différentielle *parce qu'on la considère ordinairement comme la différence infiniment petite de deux quantités finies, dont l'une surpasse l'autre infiniment peu. Newton et les Anglais l'appellent* fluxion, *à cause qu'ils la considèrent comme l'accroissement momentané d'une quantité* ». Il remarque dans la suite de l'article que si la notation leibnizienne est plus commode que celle de Newton, la « métaphysique » du calcul des

22. Ce terme d'indivisible qui a pour origine l'œuvre de Cavalieri est pris par Leibniz dans le sens que lui confère Pascal, c'est-à-dire comme un élément composant d'une grandeur qui a une dimension de plus que l'élément et non dans le sens de Cavalieri qui en fait l'élément déterminant d'un ensemble.

fluxions est supérieure à celle de Leibniz [23]. D'Alembert en effet rejette pour son caractère vague et métaphysique la notion leibnizienne de quantité évanouissante. Il critique la notion de quantité « *qui s'évanouit, considérée non pas avant qu'elle s'évanouisse, non pas après qu'elle est évanouie, mais dans le moment même où elle s'évanouit. Je voudrais bien savoir quelle idée nette et précise on peut espérer de faire naître dans l'esprit par une semblable définition ? Une quantité est quelque chose ou rien ; si elle est quelque chose, elle n'est pas encore évanouie ; si elle n'est rien, elle est évanouie tout à fait. C'est une chimère que la supposition d'un état moyen entre ces deux-là* » [24]. Plutôt que d'accepter une telle notion, il propose de revenir à la conception newtonienne des fluxions considérées comme les accroissements momentanés d'une quantité. Son exigence de rigueur et de certitude l'amène ensuite à conceptualiser la notion de limite en lui conférant une valeur opératoire et un sens épuré de toute connotation métaphysique, sens strictement mathématique que n'a pas le concept d'infiniment petit considéré par Leibniz comme un presque rien (et que n'a pas non plus la notion newtonienne de fluxion).

L'avantage que présente la métaphysique du calcul des fluxions tient au fait que Newton n'a différencié que des équations et non des quantités simples. D'Alembert reprend la conception newtonienne des fluxions en développant la notion de limite : quoique la limite du rapport de Z à μ se trouve, dit d'Alembert, quand $Z = 0$ *et* $\mu = 0$, « *cette limite n'est pas à proprement parler le rapport de* Z = 0 à μ = 0, *car cela ne présente point d'idée nette ; on ne sait plus ce qu'est un rapport dont les deux termes sont nuls l'un et l'autre. Cette limite est la quantité dont le rapport* Z / μ *approche de plus en plus en supposant* Z *et* μ *tous deux réels et décroissants, et dont ce rapport approche d'aussi près qu'on voudra* » (article *différentiel*, p. 986). Et il ajoute : « *La supposition que l'on fait de quantités infiniment petites n'est que pour abréger et simplifier les raisonnements ; mais (...) dans le fond, le calcul différentiel ne suppose point l'existence de ces quantités ; (...) ce calcul ne consiste qu'à déterminer algébriquement la limite d'un rapport* » (ib.). Le fait de parler de quantités infiniment petites ou évanouissantes est donc un abus de langage, ou plus exactement, ce que d'Alembert appelle une manière abrégée de s'exprimer ou encore une

23. Sur cette discussion des principes métaphysiques du calcul infinitésimal, voir aussi l'éclaircissement XIV des *Eléments de philosophie* (Paris, Fayard, 1986, pp. 339-346) où d'Alembert opte pour la métaphysique newtonienne du calcul qui lui paraît présenter des idées plus nettes et plus précises que celle de Leibniz.

24. Voir *Eléments de philosophie*, pp. 344-345.

définition de nom. Quand on parle de quantité infiniment petite, il suffit de se rappeler qu'on entend désigner une chose très claire et très simple, à savoir la limite d'un rapport. Le calcul différentiel n'est donc pas le calcul de quantités infiniment petites, c'est le calcul des limites de quantités finies. Il consiste à considérer le rapport entre la différence finie de deux quantités et la différence finie de deux autres quantités qui ont avec les deux premières une analogie dont la loi est connue. Cette explicitation de la notion de limite constitue pour d'Alembert le meilleur remède à l'abus de la métaphysique en géométrie, abus dont font preuve certains ouvrages confus comme les *Eléments de la géométrie de l'infini* (Paris, 1727) de Fontenelle. D'Alembert lui reproche d'avoir « *voulu réaliser l'infini* » et, en conséquence, d'avoir « *distingué différents ordres d'infinis et d'infiniment petits, qui n'existent pas plus les uns que les autres* », ainsi que « *deux espèces d'infinis, l'infini métaphysique et l'infini géométrique, aussi chimériques l'un que l'autre, quand on voudra leur accorder une existence réelle* » (voir éclaircissement XV in *Eléments de philosophie*, pp. 353-354). Précisons que le propos de Fontenelle, dans son ouvrage, était d'appuyer la preuve de l'infini métaphysique actuel, c'est-à-dire de l'existence de Dieu, sur la considération de l'infini géométrique actuel. Or d'Alembert, on va le voir dans le chapitre 1 de la seconde partie, se sert de son concept de limite pour enlever au concept d'infini sa surcharge métaphysique et saper ainsi les preuves traditionnelles de l'existence de Dieu qui reposent toutes, selon lui, sur une idée fausse de l'infini.

Le travail de conceptualisation de la notion de limite confirme le style de la pensée scientifique de d'Alembert : toutes les refontes de concepts qu'il propose s'opèrent toujours par la mise en œuvre de définitions et s'accompagnent d'une conception stricte de la vérité mathématique. L'objet mathématique, de par sa simplicité, doit être totalement transparent à la raison. C'est ce que confirme l'article *démonstration* de l'*Encyclopédie* (t. IV, 1754, p. 823) : « *Dans les sciences naturelles*[25], *il n'y a que les mathématiques dont l'objet soit absolument susceptible de démonstration : cela vient de la simplicité de cet objet et des hypothèses sous lesquelles on le considère. Dans les autres sciences, les preuves sont purement conjecturales, ou en partie*

25. Il faut ici entendre sous l'expression *sciences naturelles* les sciences de la nature, c'est-à-dire la philosophie naturelle mais aussi l'algèbre et la géométrie qui constituent la limite extrême des sciences de la nature, celles qui sont les plus abstraites mais qui gardent pourtant une racine naturelle de par leurs éléments (comme la grandeur ou l'espace) qui sont considérés comme des notions primitives (ou des idées simples) saisies intuitivement par la raison « naturelle ».

démonstration *et en partie conjectures* ». C'est donc bien la théorie de la définition (les démonstrations n'étant que des enchaînements rigoureux de définitions) qui confère à l'œuvre et à la démarche scientifiques de d'Alembert son unité. D'Alembert n'est pas en effet un pur mathématicien : hormis sa découverte mathématique importante des équations aux dérivées partielles (découverte que les travaux de Fontaine avaient préparée), ses recherches concernent essentiellement la mécanique, l'hydrodynamique et l'astronomie. L'originalité de sa pensée réside dans sa volonté de donner un cadre conceptuel propre à la mécanique et, corollairement, un statut autre que celui des sciences expérimentales, de nature mathématique. La construction du cadre conceptuel de la mécanique est marquée par deux exigences : l'unité et l'abstraction, double exigence garantie par les deux outils opératoires privilégiés par d'Alembert, à savoir les mathématiques et les définitions.

L'unité de sa démarche scientifique est patente dans le *Traité de dynamique*. Elle s'étend à toute son œuvre. D'Alembert souligne lui-même l'unité de ses recherches en signalant, à la fin de l'*Avertissement*, les ajouts qu'il aurait voulu faire à son traité s'il n'avait eu peur de le grossir inconsidérément. Les additions mentionnées sont au nombre de cinq et regroupent tous les domaines où se sont portés ses travaux en physique. Le premier ajout concerne un problème « *du même genre que celui* de la précession des équinoxes » : c'est la recherche du mouvement d'un corps qui tourne autour d'un axe mobile. Le second est un complément de sa *Théorie de la résistance des fluides* (publiée à Paris, chez David, en 1752), le troisième porte sur la théorie des oscillations des corps flottants, le quatrième sur les vibrations des cordes sonores et enfin le cinquième porte sur la démonstration du principe de la composition des forces. A travers cette inflation d'additions, d'Alembert met en lumière l'unité de sa réflexion scientifique : par exemple, à propos du problème général du premier ajout, il précise que son traité sur la précession des équinoxes [26] contient tous les principes nécessaires pour résoudre ce problème et l'ajout ne serait que l'ensemble des applications de ces principes. De même, le second ajout a pour objet de montrer la généralité de la méthode développée dans les chapitres VIII et IX de la *Théorie de la*

26. Le texte des *Recherches sur la précession des équinoxes et sur la nutation de l'axe de la terre dans le système newtonien* fut publié à Paris, chez David, en 1749.

résistance des fluides. La cinquième addition présente une démonstration du principe de composition des forces [27].

On retrouve dans ces additions l'attention extrême que d'Alembert porte à l'économie, à la démonstration et à la fécondité des principes, on retrouve les trois objets du traité. En outre, en faisant référence à deux autres de ses grands traités, il met en évidence l'unité de ses travaux « *qui ont tous rapport à la dynamique* » (voir la troisième page de l'*Avertissement*). Cette unité n'est pas simplement nominale (elle n'est pas assurée par le seul titre du traité) mais réelle et organique. Tout un jeu d'analogies, tout un ensemble de problèmes « *de même genre* » commandent l'œuvre « *dynamique* » de d'Alembert. En dernière instance, ce qui régit cette unité, c'est son principe de dynamique. Par sa simplicité, sa généralité et sa fécondité, il permet en effet de relier les différents domaines de la physique. En témoignent les derniers mots du traité : « *comme notre dessein n'est point de traiter ici des fluides, nous nous sommes contentés de faire voir en deux mots, l'usage de notre principe (...) nous renverrons ceux qui désireraient un plus grand détail, à notre* Traité de l'équilibre et du mouvement des fluides, *dans lequel nous avons déduit de notre principe général, la solution des problèmes les plus difficiles qu'on ait jusqu'à présent proposés sur cette matière* » (*T.D.*, p. 272) [28].

Au terme de cette étude du style de la pensée scientifique de d'Alembert, on peut conclure que son épistémologie, malgré les insuffisances dont elle souffre notamment en ce qui concerne la démonstration des principes de la mécanique, est tout à fait remarquable dans l'unité qu'elle confère non seulement aux investigations de d'Alembert mais à la mécanique dans son ensemble. D'Alembert met en œuvre dans son traité une réflexion rigoureuse sur les définitions nécessaires à la constitution du cadre conceptuel de cette science. L'autre apport fondamental de la pensée scientifique de d'Alembert (lié à la construction de sa théorie de la définition) est la mise en évidence de la refonte

27. Ce principe fondamental de la mécanique correspond à la deuxième loi newtonienne que d'Alembert a remplacée dans le *Traité de dynamique* par le principe de composition du mouvement afin d'éviter de donner à la notion de force une place première dans le cadre conceptuel de la mécanique.

28. A propos du caractère unificateur du principe de d'Alembert au sein de son œuvre, voir aussi la note qui suit l'article 12 des *Réflexions sur la cause générale des vents* où d'Alembert précise que le principe qu'il utilise dans ce traité « *est le même dont je me suis servi dans mon* Traité de dynamique *et dans mon* Traité des fluides ; *(...) ceux qui auront vu les applications que j'en ai fait dans mes deux premiers ouvrages, et qui voudront se donner la peine d'examiner l'usage que j'en fais dans celui-ci, conviendront sans peine, que ce principe est tout à la fois* très simple, très facile et très fécond ».

nécessaire du sens du terme métaphysique. La métaphysique ne peut plus s'ériger en une ontologie, elle doit se comprendre comme une méthode de systématisation des principes ou des éléments des sciences : « *A proprement parler, il n'y a point de sciences qui n'ait sa* métaphysique, *si on entend par ce mot les principes généraux sur lesquels une science est appuyée, et qui sont comme le germe des vérités de détail qu'elle renferme et qu'elle expose ; principes d'où il faut partir pour découvrir de nouvelles vérités, ou auxquels il est nécessaire de remonter pour mettre au creuset les vérités qu'on croit découvrir* » (*Eléments de philosophie*, p. 348).

Reste à savoir si d'Alembert a pu mettre à exécution dans l'*Encyclopédie* ou dans ses *Eléments de philosophie*, son projet de présenter la métaphysique de chaque science.

DEUXIÈME PARTIE

LE STYLE DE LA PENSÉE SCIENTIFIQUE DE D'ALEMBERT APPLIQUÉ À LA MÉTAPHYSIQUE

INTRODUCTION

LE PROJET « MÉTAPHYSIQUE » DE D'ALEMBERT

La critique des principes métaphysiques utilisés dans les démonstrations scientifiques conduit d'Alembert à repousser les limites de l'indémontrable et même à postuler qu'il n'y a pas en soi d'indémontrable, que tout peut se résoudre par la mise en œuvre progressive de bonnes définitions et par la saisie des idées simples fondatrices d'une branche donnée du savoir. Cette saisie des idées simples et élémentaires d'une science, leur enchaînement et leur comparaison rigoureuse assurés par l'élaboration d'idées composées et donc de définitions, constituent la préoccupation philosophique constante de d'Alembert. Dans le *Discours Préliminaire de l'Encyclopédie*, dans les articles de teneur épistémologique de l'*Encyclopédie* (comme *découverte*, *définition*, *dictionnaire*, *dynamique*, *éléments des sciences*, *géométrie*, *mathématique*, *mécanique*, *physico-mathématique*, *système*), dans la préface du troisième volume de l'*Encyclopédie*, dans les *Eléments de philosophie*, il ne cesse de répéter et de reformuler son projet de présenter les éléments des sciences, c'est-à-dire de constituer une métaphysique utile, féconde, heuristique et certaine. A vrai dire, d'Alembert ne parle pas de la métaphysique en général sinon pour la critiquer, il parle de sa tâche : en effet, pour lui, la métaphysique a un objet principal qui la relie directement à la théorie de la définition, à savoir l'analyse de la génération de nos idées [1]. Ainsi, quand il propose

1. *E.P.*, ch. VI, p. 39 : «*La génération de nos idées appartient à la métaphysique ; c'est un de ses objets principaux, et peut-être devrait-elle s'y borner ; presque toutes les autres questions qu'elle se propose sont insolubles ou frivoles ; elles sont l'aliment des esprits téméraires ou des esprits faux ; et il ne faut pas être étonné si tant de questions subtiles, toujours agitées et jamais résolues, ont fait mépriser par les bons esprits cette science vide et contentieuse qu'on appelle communément métaphysique* ».

de constituer une métaphysique utile et heuristique, il s'agit pour lui de construire une métaphysique appliquée à telle science ou à tel art. D'Alembert entend mettre au jour la génération et l'ordre des éléments de telle science ou de tel art. C'est pourquoi il tient pour synonymes la philosophie et la science des faits, ou encore la métaphysique et la considération des principes [2] (puisque les principes des sciences sont des faits bien constatés). Mais ce projet, dans la mesure où il n'a pas été constitué une fois pour toutes mais continuellement remanié et réinterprété, est à lui seul un terrain riche d'investigations. La formulation du projet a évolué entre le *Discours Préliminaire de l'Encyclopédie* et les *Eléments de philosophie* : quelle est cette évolution, quel sens a-t-elle ? Par quelles étapes passe-t-elle et quelles influences exprime-t-elle ? Et qu'en est-il du projet lui-même ? A-t-il été seulement repéré ou a-t-il été accompli au moins partiellement ? Autant de questions qui appellent un travail sur la conceptualisation de la métaphysique au sein de la théorie « *élémentaire* » de la connaissance présentée par d'Alembert dans ses textes à visée philosophique ou épistémologique. La refonte du sens du terme métaphysique s'effectue par une limitation radicale du champ traditionnel des investigations métaphysiques.

Tout comme il se refusait dans le *Traité de dynamique* à s'interroger sur la nature de la matière, du temps ou de la force, il se refuse, dans ses investigations philosophiques, à s'interroger sur la nature de la pensée, sur le principe de l'union de l'âme et du corps, sur la nature de Dieu, sur la nature des corps extérieurs qui sont objets de nos sensations, c'est-à-dire sur les grands thèmes de la métaphysique. Nous étudierons plus particulièrement cette manière de philosopher ou de refuser de philosopher à propos des deux dernières questions évoquées. En effet le contournement qu'opère d'Alembert des problèmes de l'existence de Dieu et de celle des corps extérieurs est caractéristique de son refus, déjà marqué dans le *Traité de dynamique*, de s'engager dans les ténèbres de la métaphysique. Il exprime ainsi la nécessité d'opérer une restriction du champ de la métaphysique par l'exclusion d'un certain nombre d'objets qu'il juge inconnaissables et que la métaphysique traditionnelle prétendait pourtant s'approprier. Nous tenterons d'assigner les limites que d'Alembert instaure entre l'inconnaissable et le connaissable, en présentant sa conception de la

---

2. Voir *E.P.*, ch. IV, p. 27 : « *La philosophie n'est point destinée à se perdre dans les propriétés générales de l'être et de la substance, dans des questions inutiles sur des notions abstraites, dans des divisions arbitraires et des nomenclatures éternelles ; elle est la science des faits, ou celle des chimères* ». Au sujet de l'équivalence de la métaphysique et de la considération des principes, voir *E.P.*, Ecl. XV, p. 349.

métaphysique comme méthode de systématisation des principes et des connaissances. Ce travail sera précédé de l'analyse des « exclus » de la métaphysique. Selon quels critères sont-ils décrétés inconnaissables ? La limitation du domaine de la métaphysique est-elle une réduction péremptoire de la portée de la métaphysique ou au contraire se présente-t-elle comme l'opération légitime et indispensable d'une refonte du concept de métaphysique ? En d'autres termes, le projet de d'Alembert de présenter les éléments des sciences par la mise en œuvre d'une métaphysique nouvelle qui a partie liée avec la théorie de la définition, s'érige-t-il en une philosophie critique qui annoncerait Kant, ou tend-il seulement à intenter à la métaphysique un procès de bornage ?

CHAPITRE PREMIER

LE PROBLÈME DE L'EXISTENCE DE DIEU

D'Alembert s'inscrivant dans un courant qui se veut lockien [1] bornerait volontiers le domaine de la métaphysique à l'étude des opérations de l'esprit humain et de la génération des idées. A plusieurs reprises dans son œuvre [2], il rejette les questions traditionnelles de la métaphysique qu'il considère comme vouées à l'aporie : « *sur le peu de certitude des connaissances métaphysiques ; la devise de Montaigne,* Que sais-je ? *me paraît la réponse qu'on doit faire à toutes les questions de ce genre ; et je pense en particulier, par rapport à l'existence d'une intelligence suprême, que ceux qui la nient, avancent bien plus qu'ils ne peuvent prouver, et qu'il n'y a dans cette matière que le scepticisme de raisonnable* » (lettre à Frédéric du 2 août 1770 in *Œuvres*, t. 5, p. 296).

Attardons-nous sur la façon dont d'Alembert aborde et contourne cette question de l'existence de Dieu dans un texte publié de manière posthume par Charles Henry [3] dans les *Œuvres et Correspondances*

1. Ce courant est marqué par la prise de conscience des limites de la connaissance humaine, il comprend des auteurs aussi variés que Fontenelle (voir par exemple *De la connaissance de l'esprit humain* in *Œuvres*), Condillac (voir *Essai sur l'origine des connaissances humaines*, Paris, éd. Galilée, § 2 de l'introduction, p. 99) ou Hume (voir l'introduction au*Traité de la nature humaine*).

2. Voir *D.P.E.*, pp. 33-34 ; *E.P.*, Ecl. III, pp. 217-219 ; les lettres à Voltaire du 14 sept. 1768 et du 23 juillet 1770 in *Œuvres*, t. 5, p. 179 et p. 201 ; les lettres à Frédéric du 2 août 1770 et du 30 nov. 1770, id., pp. 296-298 et pp. 302-306 ; et aussi la note intitulée *A la fin de l'article* Homme, publiée par Charles Henry dans *Œuvres et Correspondances inédites de d'Alembert*, Paris, Perrin, 1887, pp. 110-111.

3. Voir *Œuvres et Correspondances inédites de d'Alembert*, Paris, Perrin, 1887, pp. 14-25. Ce texte devait s'insérer dans l'ensemble des *Eclaircissements* à la suite des *Eléments de philosophie* si l'on en juge par le renvoi à la page 66 des *Eléments de philosophie* porté sur le manuscrit de ce texte conservé à la Bibliothèque Nationale.

inédites de d'Alembert. Ce texte met en scène un paysan « *d'un esprit droit et borné aux simples lumières que la nature et la société donnent à tous les hommes* » (p. 14) et des représentants de diverses sectes philosophiques, ce qui permet à d'Alembert de présenter l'argument du dessein et son contraire, l'argument du mal. La construction du texte n'est pas sans évoquer la présentation kantienne des antinomies de la raison pure. En effet, d'Alembert, après avoir proposé un scepticisme de méthode en guise de conclusion sur cette question [4], propose une série duelle d'arguments et d'objections.

Examinons la dernière objection concernant la toute-puissance de Dieu. D'Alembert reprend Locke pour s'en démarquer, il lui reproche en effet de n'avoir pas étendu sa critique des limites des connaissances humaines à cette question de la toute-puissance de Dieu : «*Ajoutera-t-on, avec Locke, que cette intelligence doit être toute-puissante, parce qu'étant la source éternelle de tous les êtres, elle doit être la source de leurs puissances et facultés* ? *En premier lieu, on suppose ce qui est en question, en supposant que cette intelligence est la source de tous les êtres. En second lieu, toutes les puissances et les facultés des êtres réunies entre elles ne produiraient jamais qu'une puissance finie et non pas une puissance infiniment grande (...). De plus, si nous jugeons de la perfection divine par l'idée que nous avons de celle des hommes (c'est-à-dire par le seul moyen que nos lumières nous fournissent de concevoir ce que c'est que* perfection*), comment cet être si parfait souffre-t-il ou produit-il tout le mal physique et moral de cet univers* ? » (ib., pp. 22-23).

Le premier argument (« *En premier lieu (...)* ») constitue une attaque directe et décisive de la preuve lockienne de la toute-puissance de Dieu telle qu'elle est explicitée au chapitre X du livre IV de l'*Essai philosophique concernant l'entendement humain* (*Essai*, trad. Coste de 1755, rééditée chez Vrin en 1983), p. 515 : «*Il faut donc que la source éternelle de tous les êtres, soit aussi la source et le principe de toutes leurs puissances et facultés, de sorte que* cet Etre éternel doit être aussi tout-puissant». La suite de l'objection mêle un lieu commun (sur l'existence du mal) à une difficulté plus intéressante – celle de la nature

---

4. Voir p. 18 : « *Voici, ce me semble, ce que doit faire un philosophe de bonne foi pour démêler ici ce que la révélation emprunte de la raison et ce qu'elle lui rend à son tour. C'est de réunir, sous un seul point de vue, et comme dans un même tableau, d'un côté les preuves, de l'autre les objections, de les contrebalancer mutuellement, de distinguer ce qui est absurde d'avec ce qui n'est qu'incompréhension, de se souvenir enfin que si l'incompréhensibilité n'est pas une raison pour rejeter ce qui est évident d'ailleurs, c'est encore une raison d'admettre ce qui ne l'est pas et que le doute est alors le seul parti raisonnable* ».

de l'idée de l'infini- soulevée par Locke au chapitre XVII du livre II de l'*Essai*, et reprise ici par d'Alembert de manière originale dans le deuxième argument (« *En second lieu (...)* »). D'Alembert suit Locke en nous expliquant dans l'éclaircissement sur les principes métaphysiques du calcul infinitésimal (*E.P.*, Ecl. XV) que la seule notion claire qu'on puisse avoir de l'infini, c'est celle de la géométrie et de l'analyse qui font de l'infini la limite du fini. Il reprend ainsi l'analyse lockienne selon laquelle notre notion de l'infinité, inspirée par la considération des grandeurs extensives ordinaires, est l'expression d'une opération négative sur une notion positive « *finie* » (l'idée d'une durée infinie est par exemple le résultat du retranchement des bornes d'une période de temps donnée ou encore, nous dit Locke, « *la négation d'un commencement* » (*Essai*, p. 168). Elle se forme à partir de la répétition d'une même opération (addition ou multiplication) sur une quantité finie, dont on ne peut évidemment pas se représenter le terme. Cependant, instruit par la tentative de Fontenelle de donner une notion positive de l'infini à partir de la notion de grandeur (dans les *Eléments de la géométrie de l'infini* Fontenelle confère en effet une existence réelle à la grandeur susceptible d'augmentation sans fin), d'Alembert critique explicitement dans l'éclaircissement XV [5] cette conception positive de l'infinité, ce qui donne à la conception lockienne de l'infini un tour qui met un peu mieux en exergue les bornes de ce que Locke appelait le processus de « *réflexion* ».

En effet, d'Alembert, pour détruire l'argument que Locke avait cru pouvoir avancer au chapitre X du livre IV de l'*Essai* en faveur de la toute-puissance de Dieu, rappelle dans le deuxième point de l'objection ce que Locke paraît avoir oublié en chemin. En admettant même qu'il ait fallu une cause intelligente pour la production des êtres intelligents et qu'il soit vrai que cette cause n'a pas pu commencer de devenir intelligente, on pourra certes dire, comme le veut Locke, que l'intelligence de cette cause (et le même raisonnement vaudrait pour la perfection, la sagesse et tous les autres attributs de Dieu) surpasse le degré d'intelligence obtenu par la somme des intelligences (finies) de toutes les créatures ; mais cette conception de l'intelligence créatrice comme la limite que ne rejoignent pas nos intelligences finies (et c'est pour d'Alembert la seule manière de la concevoir en suivant l'argument de

5. Voir *E.P.*, Ecl. XV, pp. 353-354 : « *la différence entre la grandeur susceptible d'augmentation sans fin, et la grandeur qui ne le serait pas, ne consiste point en ce que la seconde resterait toujours finie, au lieu que la première peut être supposée infinie ; mais en ce que la seconde reste finie sans pouvoir passer certaines limites, au lieu que la première peut être supposée aussi grande qu'on voudra, en demeurant néanmoins toujours finie* ».

Locke) n'implique pas pour autant que cette intelligence soit à penser comme infinie car « *toutes les puissances et les facultés des êtres réunies entre elles ne produiraient jamais qu'une* puissance finie *et non pas une puissance infiniment grande* » (nous soulignons l'expression de la page 22 du texte publié par Charles Henry). Cette conclusion négative est beaucoup plus radicale que la réserve exprimée par Locke au début du chapitre XVII du livre II de l'*Essai* concernant notre idée de l'infinité qui est celle d'un infini en puissance d'où nous tirons, par analogie, une conception «*figurée*» de la toute-puissance de Dieu [6]. Locke se contentait d'indiquer que nous n'avons pas de contenu représentatif pleinement positif de l'idée d'un attribut infini et que nous ne pouvons guère concevoir comment une perfection peut être attribut de la substance de Dieu, mais il ne mettait en doute ni que nous ayons cette idée de la perfection infinie, ni que le raisonnement de l'effet à la cause ne nous conduise à l'attribuer à Dieu [7]. D'Alembert fait apparaître l'analogie entre le paralogisme qui conduit à penser les grandeurs que sont le nombre ou l'espace ou le temps comme réellement infinies (et non pas comme les limites du fini) et celui qui conduit à penser Dieu ou ses attributs comme réellement infinis. Le raisonnement qui nous fait remonter des effets (les puissances et les facultés des créatures) à la cause (le degré de puissance obtenu à partir de la sommation de toutes ces puissances et facultés) ne nous oblige nullement à poser cette puissance comme réellement infinie parce qu'appartenant à la cause, encore moins nous permet-il de la concevoir comme telle. Et il en est de même pour tous les autres attributs de Dieu et pour Dieu lui-même, car nous ne pouvons concevoir ce qu'est la perfection que par l'idée que nous avons de celle des hommes, c'est « *le seul moyen que nos lumières nous fournissent de concevoir ce que c'est que* perfection » (ib., p. 23).

---

6. Voir l'*Essai*, p. 159 : «*A la vérité nous ne pouvons qu'être persuadés que Dieu, cet Etre suprême de qui et par qui sont toutes choses, est* inconcevablement *infini : cependant lorsque nous appliquons, dans notre entendement, dont les vues sont si faibles et si bornées, notre* idée de l'infini *à ce premier Etre, nous le faisons principalement par rapport à sa durée et à son* ubiquité, *et plus figurément, à mon avis, par rapport à sa puissance, à sa sagesse, à sa bonté et à ses autres attributs, qui sont effectivement inépuisables et incompréhensibles. Car lorsque nous nommons ces attributs,* infinis, *nous n'avons aucune autre idée de cette infinité, que celle qui porte l'esprit à faire quelque sorte de réflexion sur le nombre ou l'étendue des actes ou des objets de la puissance, de la sagesse et de la bonté de Dieu : actes ou objets qui ne peuvent jamais être supposés en si grand nombre que ces attributs ne soient toujours bien au delà, quoique nous les multipliions en nous-mêmes avec une infinité de nombres multipliés sans fin* ».

7. Voir le chapitre X du livre IV de l'*Essai*.

Cette critique n'atteint pas le seul Locke, mais tous ceux également qui prétendent affirmer un infini actuel et ne proposent pas d'autre moyen de le concevoir que ces procédés qui, comme le dit Spinoza, sont ceux de l'imagination. Elle est directement liée à la réflexion que d'Alembert a développée sur les principes métaphysiques du calcul infinitésimal et à la conceptualisation qu'il propose de la notion de limite [8]. On voit bien, à propos de cettte question de l'infinité, que sa réflexion philosophique s'inscrit dans le prolongement direct de ses travaux scientifiques : le style de sa pensée scientifique donne ainsi une teinture à sa pensée philosophique.

Parce qu'il a conscience de l'incapacité de l'entendement humain à concevoir l'infinité des attributs de Dieu et qu'il perçoit le caractère chimérique des arguments qui prétendent obliger à la position d'un infini actuellement réalisé, d'Alembert en vient à envisager la cause organisatrice de l'univers sous des aspects assez modestes, comme en témoigne sa conclusion d'une discussion sur ce sujet avec Frédéric [9] : « *Nous sommes donc réduits, avec la meilleure volonté du monde, à ne reconnaître et à n'admettre tout au plus dans l'univers qu'un Dieu matériel, borné et dépendant* ».

Réservant ces spéculations pour quelques amis (mais Diderot n'en a-t-il pas divulgué quelques-unes ?), d'Alembert prend généralement en public une attitude qui rappelle celle de Hume à la fin des *Dialogues sur la religion naturelle*. C'est apparemment une critique de la théologie naturelle au profit de la révélation. A l'encontre de ceux qui, malgré les limites de notre capacité à comprendre Dieu, s'obstinent, par souci de prouver que la foi est la conséquence des exigences de la raison, à mettre à la page les anciens arguments concernant l'existence de la divinité [10] et à déterminer ses attributs (en réservant toutefois à la

8. Voir ci-dessus le chapitre 7 de notre première partie, pp. 120-121.

9. Voir la lettre au roi de Prusse du 30 novembre 1770 in *Œuvres* de d'Alembert, t. 5, p. 303. Voir aussi la lettre du 1er février 1771 (t. 5, pp. 307-308) où il précise : «*je ne diffère de votre majesté que par la manière de m'exprimer sur l'existence et sur la nature de l'Etre suprême, ou de l'Etre appelé Dieu. Votre majesté ne veut pas qu'il soit matériel, et j'en suis d'accord ; elle ne peut se former une idée d'un esprit pur, et j'en suis d'accord aussi ; elle regarde Dieu en conséquence comme* l'intelligence attachée à l'organisation éternelle des mondes qui existent. *Il résulte, ce me semble, de cette proposition, que Dieu n'est autre chose, suivant votre majesté, que* la matière, en tant qu'intelligente, *et je ne vois pas qu'on puisse y rien opposer, puisqu'il est certain d'une part qu'il y a du moins une portion de la matière qui est douée d'intelligence, et qu'on est très libre de donner le nom de Dieu à la matière, en tant que douée de cet attribut* ».

10. Ainsi John Craig, ami de Newton, publie en 1699 les *Theologiae christianae principia mathematica.* D'Alembert critique cet ouvrage en dénonçant au passage

religion révélée l'explication de la volonté de Dieu à notre endroit et celle de ses promesses, c'est-à-dire des espérances que l'on peut avoir), d'Alembert louerait plutôt l'attitude du *Cotta* de Cicéron. La faiblesse des preuves de l'existence de Dieu fait plus d'incrédules que de chrétiens, et pire est peut-être la prétention d'en déterminer la nature, qui produit les idolâtres : « *Croire Dieu ce qu'il n'est pas, est pour le Sage à peu près la même chose que de ne pas croire qu'il existe* » (*E.P.*, p. 50). Toutes ces tentatives ne font qu'embarrasser les esprits incapables de concilier bonté, justice et toute-puissance avec l'existence du mal physique et moral, et moins convaincus par les explications extravagantes de la théodicée scolastique que rebutés par le système décourageant qu'on leur offre en alternative, présenté comme un matérialisme déterministe [11]. Rien d'étonnant alors à ce que d'Alembert donne parfois le sentiment de vouloir céder tout simplement la place à la religion révélée : « *On doit en effet regarder comme une des plus grandes preuves de la nécessité d'une révélation ces nuages qu'elle seule pouvait dissiper, et il me semble encore une fois que les plus zélés défenseurs de la religion n'ont pas assez appuyé cette considération importante, ni senti tout ce qu'ils pouvaient en tirer pour le bien de leur cause* » (texte publié par Charles Henry, p. 25). Cette conclusion est à rapprocher de celle de Hume à la fin des *Dialogues sur la religion*

---

l'utilisation galvaudée du calcul mathématique pour résoudre le problème de la foi : « *Un géomètre anglais, à qui les mathématiciens ont d'ailleurs quelque obligation, s'avisa, à la fin du dernier siècle, de calculer la probabilité du christianisme dans un ouvrage intitulé,* Principes mathématiques de la théologie chrétienne. *(...) On connaît plus d'un exemple de l'abus du calcul mathématique ; je doute qu'il y en ait jamais eu de plus étrange que celui-ci. Il l'est à tel point, que quelques lecteurs ont pris pour une plaisanterie (aussi mauvaise qu'indécente) les raisonnements et l'ouvrage entier de l'auteur. Mais il suffit de lire cet ouvrage, et de voir le ton grave qui y règne, l'air même de profondeur qu'on y affecte, pour être persuadé que l'auteur a parlé très sérieusement ; d'ailleurs une plaisanterie algébrique, surtout quand elle occupe tout un volume, serait une bien triste plaisanterie* » (*E.P.*, Ecl. VI, p. 245).

11. D'Alembert décrirait plutôt la tâche du métaphysicien en des termes pascaliens : « *il n'entreprendra point de concilier avec la liberté de l'homme la toute-puissance de Dieu, sa providence et sa science éternelle, parce que l'oracle de Dieu même lui apprend que l'accord de ces vérités est au-dessus de la raison ; il n'imitera pas la philosophie orgueilleuse qui a entrepris de sonder cet abîme, et n'a fait que s'y perdre ; mais il n'en reconnaîtra pas moins l'une et l'autre de ces vérités. (...) pour ôter aux athées tout sujet de triomphe, il remarque et fait voir sans peine que les objections contre la liberté sont encore plus fortes dans le système de l'éternité et de la nécessité de la matière, que dans celui d'une intelligence toute-puissante et éternelle* » (*E.P.*, p. 51 et p. 52). Sur cette question de la non légitimité de la théologie naturelle, voir aussi *E.P.*, pp. 52-53, et l'ensemble du texte intitulé *De l'abus de la critique en matière de religion* in *Œuvres* de d'Alembert, t. 1, pp. 547-572.

naturelle : « *Toute personne pénétrée d'un juste sentiment des imperfections de la raison humaine se précipitera avec la plus grande avidité vers la vérité révélée ; tandis que l'arrogant dogmatique, persuadé qu'il est de pouvoir ériger un complet système de théologie, par le seul secours de la philosophie, dédaignera toute autre aide et rejettera cette institutrice qui se présente* » (*D.R.N.*, Paris, Vrin, 1987, trad. M. Malherbe, p. 158).

Si ces deux auteurs donnent la préséance à la religion révélée, c'est sans doute parce qu'ils jugent que la théologie naturelle – sous la forme qu'elle a prise depuis la fin du XVIIe siècle – compromet la philosophie naturelle en prétendant s'appuyer sur elle, et l'entraîne dans des querelles auxquelles elle doit rester étrangère [12]. S'il ne doit pas se laisser prendre aux passions de l'*odium theologicum*, le philosophe (en tant qu'il est instruit de philosophie naturelle et morale, c'est-à-dire en tant qu'il est un scientifique de la nature et de la nature humaine et donc qu'il fait l'examen critique des limites du pouvoir de connaissance de l'esprit) rendra service à la religion à sa manière, en se montrant très scrupuleux et exigeant sur le choix des preuves apportées à la religion afin de faire cesser le scandale des contestations perpétuelles [13].

Les deux positions « privée » et « publique » de d'Alembert à l'égard du problème de l'existence de Dieu ne sont pas à mettre dans une opposition tranchée. Car fondamentalement d'Alembert pense que cette question est indécidable et offre donc peu d'intérêt : tout argument relève de l'opinion et non de l'idée vraie, d'une dénomination libre et arbitraire [14] et non d'une définition ni d'une saisie complète de l'idée. S'il aborde toutefois cette question dans son cheminement philo-

---

12. La critique qu'opère d'Alembert des penseurs qui se servent de la philosophie naturelle et de la langue mathématique pour prouver l'existence de Dieu est le contrepoint de sa critique du principe des causes finales mis au service des démonstrations scientifiques (voir ci-dessus le chapitre 6 de notre première partie). Dans les deux cas – que la philosophie naturelle soit auxiliaire ou servante de la théologie ou inversement que la théologie soit au service de la science – on confond les ordres de discours et on renie ainsi l'autonomie du domaine de la raison et celle du domaine de la foi. Sur ce point, d'Alembert défend une position tout à fait pascalienne.

13. *E.P.*, pp. 52-53 : « *Rien n'est, on ose le dire, plus indécent, plus scandaleux même, et ne serait plus nuisible à cette grande vérité (si quelque chose pouvait lui nuire) que la licence avec laquelle les scolastiques s'attaquent réciproquement sur leurs* démonstrations *de l'existence de Dieu, qui ne méritent plus ce nom dès qu'elles ne sont pas hors d'atteinte (...) C'est alors moins prouver un premier Etre que l'outrager* ».

14. Voir in *Œuvres*, t. 5, p. 308, la fin de la lettre du 1er février 1771 à Frédéric : « *on est très libre de donner le nom de Dieu à la matière, en tant que douée de cet attribut* (l'intelligence) ».

sophique, c'est pour marquer l'inanité des « *démonstrations* » proposées et ainsi se donner le droit de la contourner et de l'écarter sans être accusé de délaisser arbitrairement les grands objets de la métaphysique. Le contournement de la question est tout à fait légitime en ce qu'il n'est pas un détournement : d'Alembert prend véritablement acte des tentatives de démonstration de l'existence de Dieu et démantèle de manière radicale et originale, à l'aide de son concept de limite, toute conception anthropomorphiste de Dieu. Il traite de manière analogue, nous allons le voir, la question de l'existence des corps extérieurs. Sa réponse est moins une réponse qu'une solution sceptique des doutes que suscite cette question. Mais, à la différence du problème de l'existence de Dieu, cette question est incontournable dès lors qu'on veut faire de la science. La réflexion qu'elle implique est aussi ce qui permet de mettre en place les prolégomènes à toute physique future qui veut se présenter comme science. Aussi la stratégie de d'Alembert est-elle d'y répondre autant que faire se peut par un raisonnement probable, et de la réduire en dernière instance au sens commun en pliant sa solution sceptique à la réponse populaire, c'est-à-dire à la croyance instinctive et immédiate des hommes en l'existence des corps extérieurs. Ce faisant, il illustre et renforce sa conception d'une métaphysique appartenant aussi bien aux philosophes qu'au peuple [15].

---

15. Voir *D.P.E.*, p. 104 : « *En un mot les principes de la métaphysique, aussi simples que les axiomes, sont les mêmes pour les philosophes et pour le peuple* ». Voir aussi *E.P.*, pp. 39-40 : « *On peut dire en un sens de la métaphysique que tout le monde la fait ou personne, ou pour parler plus exactement, que tout le monde ignore celle que tout le monde ne peut savoir. Il en est des ouvrages de ce genre comme des pièces de théâtre : l'impression est manquée quand elle n'est pas générale. Le vrai en métaphysique ressemble au vrai en matière de goût ; c'est un vrai dont tous les esprits ont le germe en eux-mêmes, auquel la plupart ne font point d'attention, mais qu'ils reconnaissent dès qu'on le leur montre* ».

CHAPITRE DEUX

LE PROBLÈME DE L'EXISTENCE DES CORPS EXTÉRIEURS

Deux textes vont être ici confrontés pour tenter de saisir, dans toutes ses nuances, la réponse de d'Alembert au problème de l'existence des corps extérieurs. Ces deux textes sont, d'une part, les pages 15 à 17 du *Discours préliminaire de l'Encyclopédie* (essentiellement la page 16) et, d'autre part, le chapitre VI des *Eléments de philosophie* (essentiellement la page 45).

Dans le *Discours préliminaire de l'Encyclopédie* (*D.P.E.*, p. 16), d'Alembert explique le passage des sensations à la certitude de l'existence des objets auxquels nous les rapportons par un « *penchant insurmontable* » et naturel, qui est le produit de la multiplicité, de l'accord et des nuances de nos sensations. Ce penchant n'est pas une instance rationnelle et, par conséquent, nous ne pouvons démontrer rationnellement l'existence de ces objets : « *En effet,* n'y ayant aucun rapport *entre chaque sensation et l'objet qui l'occasionne, ou du moins auquel nous la rapportons, il ne paraît pas qu'on puisse trouver, par le raisonnement, de passage possible de l'un à l'autre* ». Nous soulignons l'expression « *n'y ayant aucun rapport* », qui exprime l'impossibilité de rendre commensurables la sensation et l'objet, c'est-à-dire qui exclut tout « ratio » entre la sensation et l'objet. Notons aussi la restriction de sens : « *ou du moins auquel nous la rapportons* ». Cette nuance évite – ce que le verbe « *occasionner* » admettait implicitement – l'introduction d'un rapport d'analogie entre les objets extérieurs, considérés comme quasi causes, et nos sensations, considérées comme effets. D'Alembert poursuit : « *Il n'y a qu'une espèce d'instinct, plus sûr que la raison même, qui puisse nous forcer à franchir un si grand intervalle ; et cet instinct est si vif en nous, que quand on supposerait pour un moment qu'il subsistât pendant que les objets extérieurs seraient anéantis, ces mêmes objets reproduits tout à coup ne pourraient augmenter sa force* » (*D.P.E.*, p. 16).

Texte sibyllin : quel est ici l'objet du raisonnement de d'Alembert ? Quelle est sa valeur ? A première vue, il pourrait s'agir d'un argument visant à appuyer la thèse de l'existence des corps extérieurs. Reconstruisons son raisonnement : d'Alembert part d'une hypothèse. Il suppose que l'instinct subsiste alors que les objets extérieurs sont anéantis, et il constate que ces mêmes objets reproduits tout à coup ne changeraient ni le degré de vivacité de l'instinct, ni sa force. L'instinct est donc aussi vif, c'est-à-dire constant et uniforme, que l'existence des objets extérieurs soit réelle ou fictive. Et d'Alembert conclut : « *Jugeons donc sans balancer, que nos sensations ont en effet hors de nous la cause que nous leur supposons, puisque l'effet qui peut résulter de l'existence réelle de cette cause ne saurait différer en aucune manière de celui que nous éprouvons* » (pp. 16-17). Cette conclusion, selon cette première lecture du raisonnement, est sous-tendue par la deuxième règle des *Regulae philosophandi* des *Principes mathématiques de la philosophie naturelle* de Newton, la règle dite de simplicité : « *Les effets du même genre doivent toujours être attribués, autant qu'il est possible, à la même cause* » (t. 2, p. 2). Cette règle, d'Alembert l'applique dans plusieurs sens. En premier lieu, elle fonde l'argument d'indiscernabilité. En effet, il nous montre que l'uniformité de l'instinct dans les deux cas (que l'objet auquel est rapportée la sensation existe réellement ou non) implique l'uniformité et l'identité de la cause de la sensation, c'est-à-dire de l'objet existant réellement hors d'elle. Il conclut donc d'une identité d'effets (l'instinct est le même dans les deux cas) à l'identité des causes (les objets auxquels l'instinct rapporte les sensations et qui paraissent en être la cause, existent réellement hors d'elles et en sont véritablement la cause).

L'objet extérieur existe donc réellement. Il est la cause réelle de la sensation parce que l'instinct est aussi vif, que la sensation se rapporte à un objet qui n'existe pas réellement hors d'elle ou qu'elle se rapporte à un objet existant réellement hors d'elle. Mais n'y a-t-il pas dans ce raisonnement un tour de passe-passe, voire une pétition de principe ?

L'instinct fait surgir l'apparence du rapport de causalité entre les sensations et les objets : l'instinct est présenté comme « *un penchant insurmontable à assurer l'existence des objets auxquels nous rapportons ces sensations, et qui nous paraissent en être la cause* » (p. 16). Or d'Alembert suppose que l'instinct est le même que les objets existent ou non, d'où il conclut qu'ils existent. De l'hypothèse de l'identité de l'instinct (c'est-à-dire à la fois de sa constance et de son uniformité), il infère non plus l'apparence du rapport de causalité mais la réalité et la véracité de ce rapport : « *Jugeons donc sans balancer que nos sensations ont en effet hors de nous la cause que nous leur supposons* » (ib.). L'instinct posé au départ comme étant à l'origine d'une apparence devient ainsi, par le biais d'une hypothèse, le garant de la réalité du rapport de causalité entre l'objet et la sensation. L'hypothèse doit bien sûr être celle d'une identité (l'instinct subsiste le même) ou encore d'une constance et d'une uniformité, pour pouvoir conclure que les *mêmes* effets naissent des *mêmes* causes. L'hypothèse de d'Alembert porte donc sur le *même* et non pas sur la différence des deux cas envisagés. Ayant supposé ce « même », il peut effectivement faire jouer l'argument d'indiscernabilité : « *nos sensations ont en effet hors de nous la cause que nous leur supposons, puisque l'effet qui peut résulter de l'existence réelle de cette cause ne saurait différer en aucune manière de celle que nous éprouvons* » (ib.). Certes, on peut bien dire que les deux cas sont indiscernables, ou en tout cas ne peuvent pas être discernés dans une expérience effectivement accomplie. Comment en irait-il autrement ? puisqu'on ne vise pas autre chose qu'une *Gedankenexperiment*. Tout ce qui est à la portée de notre expérience, c'est le degré de vivacité de notre instinct que l'on déclare constant quelle que soit l'hypothèse faite sur la présence ou l'absence de cause extérieure. Par conséquent, la règle newtonienne de simplicité – les mêmes effets naissent des mêmes causes – ne peut pas servir de caution au raisonnement de d'Alembert car il n'y a pas réelle distinction de deux situations causales. Il n'y a rien d'autre que l'hypothèse de l'identité de l'instinct. Et de cette hypothèse, en toute rigueur, nous ne pouvons déduire que ce qui était donné au départ, à savoir l'apparence ou la vraisemblance du rapport de causalité entre la sensation et l'objet ; rapport qui n'est qu'un objet de croyance.

Cette lecture du raisonnement de d'Alembert est sévère, et peut-être partiale. Sévère en ce qu'elle met l'auteur en contradiction avec lui-même. N'a-t-il pas affirmé juste avant de présenter son hypothèse que le raisonnement et la démonstration n'ont aucune force pour nous faire franchir l'intervalle qui sépare la sensation de son objet ? Mais alors de quoi s'agirait-il dans ce raisonnement ? Peut-être tout simplement de faire jouer implicitement le principe de raison suffisante. Le raisonnement de d'Alembert sur l'existence des sensations – « *Rien n'est plus incontestable que l'existence de nos sensations ; ainsi, pour prouver qu'elles sont le principe de toutes nos connaissances, il suffit de démontrer qu'elles peuvent l'être* »[1] – serait à transposer mot pour mot au raisonnement portant sur l'existence des corps extérieurs : rien n'est plus incontestable que l'existence des corps extérieurs ; ainsi, pour prouver qu'ils sont la cause de toutes nos sensations, il suffit de démontrer qu'ils peuvent l'être. C'est là une manière originale quoique contestable[2] d'utiliser le principe de raison suffisante, que d'Alembert reprend, nous le verrons, dans les *Eléments de philosophie*, huit ans plus tard.

Mais une autre lecture peut être aussi proposée. Lecture qui invalide la première en ce qu'elle ne confère pas au texte le même enjeu : il ne s'agirait plus ici d'un raisonnement pour prouver, par l'uniformité et la constance de l'instinct, que les objets extérieurs existent, mais de déterminer la nature du penchant à y croire. Selon cette nouvelle perspective, ce que d'Alembert chercherait à établir, c'est que le penchant est un instinct et non une tendance acquise par l'accoutumance car si c'était le cas, lorsque les objets ont disparu pendant un certain temps (durant lequel le penchant n'a pas eu l'occasion de s'exercer), il mettrait un certain temps à redevenir aussi vif lorsqu'ils sont reproduits. L'ensemble du texte de la page 16 viserait à affirmer que nous passons des sensations à la croyance que les objets extérieurs existent, par instinct. D'Alembert préciserait ensuite que c'est plutôt un penchant à croire qu'un raisonnement qui permet ce passage, parce qu'un raisonnement devrait se laisser guider par une proportion ou une analogie, alors qu'il n'y en a pas (il y a « *un très grand intervalle* » que la raison est impuissante à franchir). Puis il déterminerait la nature de ce penchant : c'est un instinct inné et non pas une habitude. Et il conclurait que nous pouvons faire confiance à notre montage naturel (« *Jugeons donc sans balancer (...)* ») vu que l'instinct peut ce que le raisonnement ne peut pas (à savoir effectuer un passage en l'absence de commune mesure) et qu'il est plus sûr que l'habitude. L'objet du texte ne serait donc pas de prouver l'existence des objets extérieurs mais d'indiquer que notre croyance vient de quelque chose de plus fiable que la raison.

---

1. Et il ajoute pour justifier son propos : « *car, en bonne philosophie, toute déduction qui a pour base des faits ou des vérités reconnues, est préférable à des hypothèses, même ingénieuses* » (*D.P.E.*, p. 15).

2. Contestable dans la mesure où l'on passe subrepticement du problème de l'existence des corps extérieurs à la suffisance d'une hypothèse – de l'hypothèse qu'ils existent – pour assurer leur existence et ainsi expliquer l'origine de nos sensations. Et, qui plus est, la légitimité de l'hypothèse se fonde sur un déni des hypothèses (voir note 1).

Comment choisir entre ces deux interprétations du texte ? En faveur de la deuxième vient plaider l'explicitation de l'instinct de la page 16 : «*penchant que bien des philosophes ont regardé comme l'ouvrage d'un Etre supérieur*»[3]. Mais cette reconnaissance de Dieu comme le créateur et le garant de l'instinct n'est-elle pas suspecte sous la plume de d'Alembert ? Ne critique-t-il pas[4] les philosophes qui ont recours à Dieu pour prouver le bien-fondé de notre croyance en l'existence des corps extérieurs ? Par ailleurs, n'y a-t-il pas une contradiction entre cette interprétation de l'objet du texte – démontrer l'innéité de l'instinct – et la description préalable de la formation du penchant à comparer nos sensations entre elles et à les relier à partir de notre expérience (qui est temporelle) : «*La multiplicité de ces sensations, l'accord que nous remarquons dans leur témoignage, les nuances que nous y observons, les affections involontaires qu'elles nous font éprouver, comparées avec la détermination volontaire qui préside à nos idées réfléchies, et qui n'opère que sur nos sensations mêmes ;* tout cela forme en nous un penchant insurmontable» (nous soulignons l'expression de la page 16 qui semble indiquer que l'instinct n'est pas inné mais le produit d'une formation)[5].

La reprise de la question dans les *Eléments de philosophie* est éclairante. D'Alembert admet la possibilité d'un raisonnement, dont il ne voit l'utilité que pour répondre aux arguments des sceptiques et dont il souligne qu'il n'a pas une très grande portée : «*La seule réponse raisonnable qu'on puisse opposer aux objections des Sceptiques contre l'existence des corps, est celle-ci. Les mêmes effets naissent des mêmes causes ; or supposant pour un moment l'existence des corps, les sensations qu'ils nous feraient éprouver ne pourraient être ni plus vives, ni*

3. Explicitation reprise dans l'article *corps* de l'*Encyclopédie* (t. IV, 1754, p. 262) : «*le penchant que nous avons à croire l'existence des* corps, *sur le rapport de nos sensations, est si grand qu'il serait fou de ne pas s'y livrer, et c'est peut-être le plus grand argument par lequel on puisse prouver que ce penchant nous vient de Dieu même*» (on peut noter au passage l'expression «*il serait fou*» qui fait jouer implicitement le principe de raison).

4. Voir *E.P.*, pp. 42-43.

5. Le texte de l'article *corps* ne nous permet pas davantage d'arrêter notre choix bien qu'il offre un bref commentaire de la page 16 du *D.P.E.* : «*Nous avons exposé, quoique fort en abrégé, dans le* Discours Préliminaire de l'Encyclopédie *comment nos sensations nous prouvent qu'il y a des corps. Ces preuves sont principalement fondées sur l'accord de ces sensations, sur leur nombre, sur les effets* involontaires *qu'elles produisent en nous, comparés avec nos réflexions* volontaires *sur ces mêmes sensations. Mais comment notre âme s'élance-t-elle, pour ainsi dire, hors d'elle-même, pour arriver aux corps ? Comment expliquer ce passage ?* Hoc opus, hic labor est» (*Encyclopédie*, t. IV, p. 262).

plus constantes, ni plus uniformes que celles que nous avons ; donc nous devons supposer que les corps existent. Voilà jusqu'où le raisonnement peut aller en cette matière, et où il doit s'arrêter » (*E.P.*, p. 45).

D'Alembert, dans ce texte, répond spécifiquement à la version radicale de l'argument sceptique telle qu'elle est développée par exemple par Descartes quand il met en scène le mauvais génie dans la première Méditation. Notre croyance en l'existence des corps suppose que nous faisons confiance en nos sensations et en la cohérence du monde qu'elles nous indiquent, mais après tout cette croyance pourrait résulter de mouvements ou dérangements de notre propre corps qui nous donneraient l'illusion de perceptions de choses extérieures comme dans le rêve, ou elle pourrait être produite, comme le propose Descartes, par les ruses et les artifices d'un mauvais génie. Le raisonnement de d'Alembert s'appuie toujours sur la règle 2 des *Regulae philosophandi* qu'il utilise comme un principe de raison. Si, dans l'hypothèse où il y aurait bien des corps extérieurs occasionnant nos sensations, celles-ci se produisent de la même manière qu'elles se produisent effectivement, cette hypothèse paraît rendre compte de ce qui a lieu. Elle n'est donc pas à exclure, et au nom du principe de raison elle est même à privilégier.

On retrouve donc ici le principe de raison évoqué lors de notre première lecture de la page 16 du *D.P.E.* Comme l'existence des corps extérieurs est un fait incontestable [6], il suffit de prouver qu'ils peuvent être la cause de nos sensations pour prouver qu'ils le sont réellement. A vrai dire – et c'est ce dont d'Alembert est manifestement conscient – cet argument ne réfute que cette variété de sceptiques, plus sophistes que sceptiques véritables, qui prétendent justifier leur doute en disant que nous n'avons *aucune* raison de supposer l'existence des corps extérieurs. D'Alembert en donne une, et la complète en indiquant la différence de la situation habituelle avec les cas du rêve et des hallucinations où il y a changement du cours de nos sensations lorsque nous revenons à l'état de veille ou de santé. Encore faut-il introduire, puisqu'il s'agit du *cours* de nos sensations, la continuité d'actions et l'organisation de nos sensations fournies par la mémoire [7]. Cette préci-

6. Voir *E.P.*, p. 42 : « *La connaissance des objets extérieurs étant acquise dès l'enfance par tous les hommes, le philosophe doit avoir uniquement pour but de démontrer comment elle s'acquiert.(...) il s'agit uniquement d'expliquer un fait incontestable, et non pas de le prouver* ».

7. *E.P.*, p. 45 : « *L'illusion dans les songes nous frappe sans doute aussi vivement que si les objets étaient réels ; mais nous parvenons à découvrir cette illusion, lorsqu'à notre réveil nous nous apercevons que ce que nous avons cru*

sion au sujet du critère de distinction de la veille et du sommeil a un effet de retour sur la « démonstration » de l'existence des corps : l'argument d'indiscernabilité des sensations dans les deux cas, c'est-à-dire dans le cas où les corps existent et dans le cas où nous sommes incertains de leur existence, est au mieux un argument de vraisemblance qui rend probable une hypothèse (« *donc nous devons supposer que les corps existent* »). Mais il ne suffit pas à démontrer rationnellement l'existence des corps, c'est-à-dire à décider de la question, et il ne suffit même pas à décider de la distinction de la veille et du sommeil car « *l'illusion dans les songes nous frappe aussi vivement que si les objets étaient réels* » (p. 45). Nous « *devons* » donc supposer que les corps existent non pas sous le joug de la raison – rappelons que pour d'Alembert « *il ne paraît pas qu'on puisse trouver, par le raisonnement, de passage possible* » de la sensation à l'objet (*D.P.E.*, p. 16) – mais parce que cette hypothèse est préférable en ce qu'elle est plus vraisemblable, plus naturelle, plus raisonnable que son opposée. L'argument d'indiscernabilité en effet ne tranche pas la question ; il rend seulement équivalents deux cas possibles. Derrière cette hypothèse nécessaire « *nous devons supposer* », se glisse et s'insère tout un art de persuader qui se substitue à l'art de démontrer. Mais l'art de persuader est congédié devant son impuissance à produire le critère distinctif de la veille et du sommeil : « *Voilà jusqu'où le raisonnement peut aller en cette matière, et où il doit s'arrêter* » (*E.P.*, p. 45). Seules la continuité d'actions et la mémoire fournissent ce critère distinctif.

Au terme de cette analyse, il apparaît donc qu'il n'y a pas dans ces deux textes de véritable démonstration de l'existence des corps extérieurs. Seules la force de l'instinct, sa vivacité, sa constance nous persuadent de franchir le pas, c'est-à-dire nous permettent de passer des sensations à la certitude de l'existence des corps. Cette position se rapproche de celle de Hume, bien qu'elle soit moins radicale. Sans entrer dans le détail de l'analyse humienne du problème de l'existence des corps, rappelons les grandes lignes de son argumentation développée dans la quatrième partie, sections 1 et 2 du livre I du *Traité de la nature humaine*. Son argumentation est d'abord négative : ni les sens ni

---

voir, toucher ou entendre, n'a aucun rapport ni aucune liaison, soit avec le lieu où nous sommes, soit avec ce que nous nous souvenons d'avoir fait auparavant. Nous distinguons donc la veille du sommeil par cette continuité d'actions qui pendant la veille se suivent et s'occasionnent les unes les autres ; elles forment une chaîne continue que les songes viennent tout à coup briser ou interrompre, et dans laquelle nous remarquons sans peine les lacunes que le sommeil y a faites. Par ces principes, on peut distinguer dans les objets l'existence réelle de l'existence supposée ».

la raison ne peuvent nous convaincre d'une existence continue et distincte des corps [8]. C'est à l'imagination qu'il faut attribuer cette opinion. Mais comme il ne s'agit pas seulement d'une opinion mais d'une croyance, reste à expliquer l'origine de cette croyance : « *Il est certes évident que puisque, dans la vie courante, nous* admettons *que nos perceptions sont nos seuls objets et que nous* croyons *en même temps à l'existence continue de la matière, nous devons expliquer l'origine de cette croyance en fonction de cette supposition* » (*T.N.H.*, t. 1, p. 298). Cette croyance repose sur une tendance naturelle. Cette tendance entraîne l'imagination à conclure de la ressemblance de certaines perceptions à leur identité, et s'appuie sur la mémoire pour renforcer et affermir notre croyance à l'existence continue des corps [9]. Ainsi c'est notre tendance à conférer l'identité à nos perceptions semblables qui produit la fiction d'une existence continue des corps. Et il s'agit bien d'une fiction [10] mais d'une fiction à laquelle on ne peut s'empêcher de croire. Hume précise en effet qu'il y a deux sortes de croyance : « *Il y a une grande différence entre les croyances que nous formons après une réflexion calme et profonde, et celles que nous embrassons par une sorte d'instinct ou d'impulsion naturelle, raison de leur appropriation et conformité à l'esprit. S'il arrive que ces opinions s'opposent, il n'est pas difficile de prévoir celles qui auront l'avantage* » (*T.N.H.*, p. 303). Notre croyance à la fiction d'une existence continue des corps relève de la deuxième sorte. La distinction de ces deux sortes de croyance annonce l'opposition que Hume établit entre le système populaire qui identifie perceptions et objets [11] et le système philosophique « *sujet aux mêmes difficultés* », c'est-à-dire soumis à la même illusion d'admettre l'identité numérique de nos perceptions semblables, et « *au surplus, chargé de cette absurdité, que, tout à la fois, il nie et justifie la supposition populaire. Les philosophes ne nient pas que nos perceptions semblables sont identiquement les mêmes et*

8. Voir t. 1, p. 279 pour l'insuffisance des sens, et p. 282 pour l'insuffisance de la raison in *Traité de la nature humaine* (*T.N.H.*), Paris, Aubier, en 2 vol. 1973, trad. Leroy.

9. *T.N.H.*, t. 1, pp. 298-299 : « *cette tendance cause la croyance au moyen des impressions présentes de la mémoire ; car, sans le souvenir des sensations précédentes, manifestement nous ne pourrions jamais croire à l'existence continue des corps* ».

10. *T.N.H.*, p. 298 : « *cette fiction, aussi bien que l'identité, est réellement fausse, de l'aveu de tous les philosophes, et elle n'a d'autre effet que de remédier à l'interruption de nos perceptions, seule circonstance contraire à leur identité* ».

11. Voir *T.N.H.*, p. 281 : « *le commun des hommes confond perceptions et objets et attribue l'existence distincte et continue aux choses mêmes qu'il touche ou qu'il voit* ».

sans interruption ; ils ont encore tant de propension à les croire telles qu'ils inventent arbitrairement un nouveau jeu de perceptions auxquelles ils attribuent ces qualités » (*T.N.H.*, p. 307). Ce nouveau jeu de perceptions est mis en place par l'hypothèse philosophique de la double existence des perceptions et des objets, sorte de compromis entre la raison qui admet que nos perceptions dépendantes sont discontinues et différentes, et l'imagination. L'hypothèse attribue en effet l'existence continue à quelque chose d'autre que nous appelons objet. Mais malgré toutes ces difficultés du système populaire et du système philosophique, le doute sceptique ne résiste pas à la loi du *primum vivere*. Ce sont donc bien la cohérence et la constance de nos perceptions qui produisent l'opinion de l'existence continue des corps même si « *ces qualités des perceptions n'ont aucune connexion perceptible avec une pareille existence* » (p. 307).

Ainsi, même si ces difficultés sont irréductibles, elles ne sont pas pour autant incontournables parce que précisément la croyance en l'existence continue des corps ressort non pas d'une réflexion calme et profonde, mais d'une sorte d'instinct ou impulsion naturelle. Ce sont donc la négligence et l'inattention qui apportent un remède au doute sceptique [12]. L'instinct est estimé « *plus sûr que la raison* » pour juger de l'existence des corps.

Certes l'analyse de Hume est beaucoup plus serrée et beaucoup plus approfondie que celle de d'Alembert, et cela tient à l'absence chez d'Alembert d'une véritable critique de la causalité. Cela s'explique aussi en partie par la méfiance extrême de d'Alembert vis-à-vis de tout raisonnement métaphysique [13] et par son refus de faire œuvre de métaphysicien [14] : d'Alembert laisse volontiers la parole à Hume. Mais leur conclusion n'est-elle pas finalement la même, même si d'Alembert cherche davantage à dissimuler son scepticisme derrière des arguments

---

12. Hume peut ainsi conclure : « *Pour cette raison, je me repose entièrement sur elles* (c'est-à-dire sur la négligence et l'inattention) *et prends pour accordé, quelle que puisse être l'opinion du lecteur à ce moment présent, que dans une heure d'ici, il sera persuadé de l'existence effective des deux mondes extérieur et intérieur* » (*T.N.H.*, p. 308).

13. Voir *E.P.*, p. 47.

14. Voir *D.P.E.*, p. 17 : « *Loin de vouloir répandre des nuages sur une vérité reconnue des sceptiques mêmes lorsqu'ils ne disputent pas, laissons aux métaphysiciens éclairés le soin d'en développer le principe : c'est à eux à déterminer, s'il est possible, quelle gradation observe notre âme dans ce premier pas qu'elle fait hors d'elle-même, poussée, pour ainsi dire, et retenue tout à la fois par une foule de perceptions qui d'un côté l'entraînent vers les objets extérieurs, et qui de l'autre, n'appartenant proprement qu'à elle, semblent lui cisconscrire un espace étroit dont elles ne lui permettent pas de sortir* ».

de vraisemblance ? La raison ne doit-elle pas, pour les deux philosophes, céder la place à l'instinct et conjointement à la croyance, instances jugées plus fiables pour nous assurer de l'existence des corps ? Et ne se rejoignent-ils pas aussi dans leur confiance en la force insurmontable et invincible de notre penchant naturel à passer des sensations aux objets auxquels nous les rapportons, penchant qui ne peut pas véritablement être inquiété par le doute sceptique ?

D'Alembert, de ce point de vue, fait preuve d'une très grande habileté et d'une très grande modestie face à cette question de l'existence des corps. Habileté, parce que, à la manière de Hume, il réduit le problème à un problème de nature humaine en nous invitant à nous fier à notre économie naturelle. Modestie, parce que, toujours à la manière de Hume, il présente ses arguments comme des moyens de contourner légitimement la question. Hume s'accorderait avec d'Alembert pour dire : «*n'imitons point ces philosophes dont parle Montaigne, qui interrogés sur le principe des actions humaines, cherchent encore s'il y a des hommes*» (*D.P.E.*, p. 17). Et d'Alembert se joindrait certainement à Hume quand il nous dit : «*Je puis céder, mieux, il faut que je cède au courant de la nature en me soumettant à mes sens et à mon entendement ; et, par cette aveugle soumission, je montre très parfaitement ma disposition sceptique et mes principes*» (*T.N.H.*, p. 362)[15]. Le scepticisme mitigé ou raisonnable est bien, pour Hume comme pour d'Alembert, la vérité du scepticisme.

15. Hume ajoute cette remarque qui pourrait être de la plume de d'Alembert : « *Un vrai sceptique se défiera de ses doutes philosophiques aussi bien que de sa conviction philosophique qui s'offre en conséquence des uns aussi bien que de l'autre* » (*T.N.H.*, p. 366).

CHAPITRE TROIS

LE SCEPTICISME : LA SEULE RÉPONSE RAISONNABLE À TOUTES LES GRANDES QUESTIONS DE LA MÉTAPHYSIQUE

Les deux problèmes de l'existence de Dieu et des corps extérieurs ne se résolvent, nous l'avons vu, que dans la croyance et dans la défense du bien-fondé du sens commun. La référence au sens commun est la limite d'investigations de la théorie de la définition [1] mais aussi de la théorie de la connaissance de d'Alembert. Le vrai en métaphysique est le vrai du sens commun : « *On peut dire en un sens de la métaphysique que tout le monde la fait ou personne, ou pour parler plus exactement, que tout le monde ignore celle que tout le monde ne peut savoir. (...) Le vrai en métaphysique ressemble au vrai en matière de goût ; c'est un vrai dont tous les esprits ont le germe en eux-mêmes, auquel la plupart ne font point d'attention, mais qu'ils reconnaissent dès qu'on le leur montre* » (*E.P.*, pp. 39-40). Ce qui fonde la théorie de la connaissance, c'est l'accord des esprits qui ont en eux-mêmes les germes du sens (des idées simples) et du vrai. Le vrai en métaphysique ne peut être compris par la raison que comme un vraisemblable mais a pourtant force de vérité dans notre rapport au monde : on ne connaît pas et on ne peut pas connaître rationnellement le contenu de notre croyance, on ne sait pas ce à quoi l'on croit mais on y croit. Les germes du sens ne sont pas innés : d'une part, l'accord des esprits sur le sens commun des idées simples suppose la connaissance de la langue et, d'autre part, le penchant insurmontable à assurer l'existence des objets extérieurs est le

1. Voir le chapitre 5 de notre première partie : le sens commun est une communauté de sens. Tous les hommes, ayant acquis l'usage de la langue, s'accordent sur le sens des idées simples comme celles d'espace ou de temps, c'est-à-dire sur un sens commun minimal qui sert de fondement à la théorie de la définition.

produit de l'éducation de nos sens [2]. Mais ces germes sont universels et on doit s'y fier car ils sont plus sûrs que la raison. En effet, à la question métaphysique du contenu et des limites de nos connaissances – que puis-je savoir, que sais-je ? – d'Alembert répond de manière récurrente qu'il est vain de s'interroger sur les premiers principes des choses [3], ce qui confirmerait l'orientation de sa pensée vers un scepticisme apparemment antidogmatique.

Mais à défaut de légitimer son scepticisme par une analyse qui viserait à déterminer les frontières du connaissable, d'Alembert dissimule mal le caractère insuffisant de la question – « *que sais-je* ? » ou de sa variante « *pourquoi y a-t-il quelque chose* ? » – érigée en réponse et même en la « *seule réponse raisonnable* » [4] aux grandes questions de la métaphysique. Ce dernier mot *Que sais-je* ? tend à se transformer en une formule qui rend le scepticisme de d'Alembert ambigu. Elle impose en effet dogmatiquement silence aux métaphysiciens et trahit la régression d'une réflexion dans une raison faussement questionnée, voire paresseuse. La démarche de d'Alembert apparaît réductrice, elle exprime une perte d'intérêt par rapport à la quête métaphysique. L'expression *Que sais-je* ?, leitmotiv de la correspondance de d'Alembert avec Voltaire et Frédéric, peut être interprétée bien souvent comme une solution de facilité ou de prudence. D'Alembert peut ainsi éviter de conduire sa réflexion vers un matérialisme athée, ou d'entrer, comme il le dit, dans le système de la fatalité et de la nécessité. La voie de contournement qu'il emprunte est particulièrement manifeste dans les jugements qu'il porte sur l'ouvrage du baron d'Holbach intitulé le *Système de la nature*. Cet ouvrage est l'objet d'une double discussion de d'Alembert avec Voltaire et avec Frédéric

2. Voir *D.P.E.*, p. 16 et *E.P.*, p. 42 : « *La connaissance des objets extérieurs étant acquise dès l'enfance par tous les hommes, le philosophe doit avoir uniquement pour but de démontrer comment elle s'acquiert* ».

3. Voir *E.P.*, Ecl. 3, pp. 218-219 : « *Toutes les questions qui ont rapport aux premiers principes des choses, sont aussi peu éclaircies depuis qu'il y a des philosophes, qu'elles l'étaient avant qu'il y en eût ; elles continueront tant qu'il y en aura, à être aussi vivement agitées que profondément obscures. L'esprit humain, occupé depuis si longtemps à chercher ces vérités premières, tentant mille voies pour y parvenir, ne les trouvant pas, et se fatiguant en pure perte à tourner ainsi sur lui-même, ressemble à un criminel, tournant de tous côtés pour trouver une issue, et tout au plus entrevoyant une faible lumière par quelques fentes étroites et tortueuses qu'il s'efforce en vain d'agrandir* ». Voir aussi la note manuscrite intitulée *A la fin de l'article* Homme, pp. 110-111 in *Œuvres et Correspondances inédites de d'Alembert* publiées par Charles Henry.

4. Voir la lettre à Voltaire du 29 août 1769 in *Œuvres*, t. 5, p. 186 ; la lettre à Frédéric du 2 août 1770 in *Œuvres*, t. 5, pp. 296-297 ; et aussi *E.P.*, Ecl. 3, pp. 217-219.

auxquels il tient le même discours sceptique et prudent. Le texte de d'Holbach paru à Londres en 1770 exprime un matérialisme athée radical selon lequel l'ordre dans la nature n'est qu'une disposition rigoureusement nécessaire de ses parties, fondée sur l'essence des choses. La belle ordonnance des saisons et l'organisation des êtres vivants ne s'expliquent pas par l'élaboration préétablie d'un plan divin ni par le recours aux causes finales, mais sont les résultats nécessaires de l'essence de la matière et des lois du mouvement [5]. Ce système matérialiste attaque frontalement tout déisme qui invoquerait l'ordre de la nature pour prouver l'existence de Dieu.

Dans la lettre du 23 juillet 1770 à Voltaire (*Œuvres*, t. 5, p. 201), d'Alembert se réfugie derrière un scepticisme raisonnable : « *Vous voulez savoir, mon cher maître, ce que je pense du* Système de la nature ? *Je pense comme vous qu'il y a des longueurs, des répétitions, etc., mais que c'est un terrible livre ; cependant je vous avoue que, sur l'existence de Dieu, l'auteur me paraît trop ferme et trop dogmatique, et je ne vois en cette matière que le scepticisme de raisonnable.* Qu'en savons-nous ?, *est, selon moi, la réponse à toutes les questions métaphysiques ; et la réflexion qu'il faut y joindre, c'est que, puisque nous n'en savons rien, il ne nous importe pas d'en savoir davantage* ».

Ce premier jugement est caractéristique de l'attitude de d'Alembert à l'égard des grandes questions de la métaphysique : il estime que les prises de position, en tant que telles, sont péremptoires et dogmatiques. Il propose donc de suspendre son jugement (ce qui lui permet de laisser coexister sans heurt et sans vexation le déisme de Voltaire et de Frédéric et son matérialisme mitigé et prudent). La seule réflexion métaphysique qui lui semble digne d'intérêt est celle qui opérerait un travail de limitation du champ d'investigations métaphysiques. Or effectuer ce travail c'est opérer une critique des objets de la métaphysique par la mise en évidence des frontières du connaissable. Mais d'Alembert ne développe pas une analyse véritablement critique des objets de la métaphysique, il se contente d'annuler purement et simplement les investigations métaphysiques au nom d'un

---

5. Voir le *Système de la nature ou des lois du monde physique et moral*, par M. Mirabaud (le baron d'Holbach), Londres, en 2 vol., 1770, t. 1, p. 17 : « *chaque être a des lois du mouvement qui lui sont propres et agit constamment suivant ces lois, à moins qu'une cause plus forte n'interrompe son action* », et p. 22 : « *le mouvement est une façon d'être qui découle nécessairement de l'essence de la matière* ».

scepticisme qui cohabite ainsi avec le projet dogmatique de radier le questionnement métaphysique des éléments de philosophie [6].

Le deuxième jugement que d'Alembert livre à Voltaire au sujet du *Système de la nature* exprime un autre trait de son approche des grandes questions métaphysiques, à savoir la réaction de prudence. La réflexion métaphysique doit être bridée car ses conséquences peuvent être trop subversives, trop « révolutionnaires » et surtout maladroites dans l'air du temps : « *Je vous ai mandé mon sentiment sur le* Système de la nature ; non, *en métaphysique, ne me paraît guère plus sage que* oui ; non liquet, *est la seule réponse raisonnable à presque tout. D'ailleurs, indépendamment de l'incertitude de la matière, je ne sais si on fait bien d'attaquer directement et ouvertement certains points auxquels il serait peut-être mieux de ne pas toucher. J'ai reçu l'écrit du roi de Prusse* [7], *et je lui ai fait part de mes réflexions sur ces objets,* grands ou petits ; grands *par l'idée que nous y attachons,* petits *par le peu d'utilité dont ils sont pour nous, comme le prouve leur obscurité même. L'essentiel serait de se bien porter, soit en ce monde, soit en l'autre ; mais* hoc opus, hic labor est » (lettre du 4 août 1770 in *Œuvres*, t. 5, p. 203).

Cette indifférence pour les grandes questions métaphysiques et pour leurs conséquences éthiques ou politiques, est de plus en plus manifeste dans la correspondance de d'Alembert postérieure à 1770. Plusieurs lettres à Voltaire témoignent d'un découragement et d'un retrait de d'Alembert des combats politiques et idéologiques [8]. Certes, dans ses lettres à d'Alembert, Voltaire partage volontiers son désabusement mais il a cependant défendu jusqu'à la fin de sa vie l'idée de justice, en jouant de son influence dans le déroulement de certains procès. Action sporadique il est vrai, mais action. L'erreur judiciaire a

---

6. Voir *E.P.*, p. 47 : « *Ainsi plus on approfondit les différentes questions qui sont du ressort de la métaphysique, plus on voit combien leur solution est au-dessus de nos lumières, et avec quel soin on doit les exclure des éléments de philosophie* ».

7. Il s'agit de la réponse critique du roi à l'ouvrage intitulé l'*Essai sur les préjugés* qui fut, lors de sa publication en 1769, attribué à Dumarsais mais qui provenait plus probablement de l'entourage du baron d'Holbach. Nous reviendrons sur cette réponse du roi dans la suite du chapitre.

8. Voir par exemple la lettre du 18 novembre 1771 in *Œuvres*, t. 5, p. 211 : « *Je suis navré et découragé. Je finirai, et je crois bientôt, par ne plus prendre aucun intérêt à toutes les sottises qui se disent, et à toutes les atrocités qui s'exercent de Petersbourg à Lisbonne, et par trouver que tout ira bien quand j'aurai bien digéré et bien dormi. Je vous en souhaite autant, mon cher ami. Je fais du genre humain deux parts, l'opprimante et l'opprimée ; je hais l'une et je méprise l'autre. Que ne suis-je au coin de votre feu, pour épancher mon cœur dans le vôtre ! Je suis bien sûr que nous serions d'accord sur tous les points* ».

été une préoccupation constante de Voltaire tout comme le souci qui est aussi celui de d'Alembert d'écraser l'infâme (les Jésuites et tous les fanatiques), sans pourtant que ces exigences ne le poussent à remettre fondamentalement en question le pouvoir en place ni à construire une critique politique de la monarchie.

Effectivement Voltaire et d'Alembert s'accordent sur ce point : une pensée révolutionnaire est dangereuse et inutile. Mieux vaut cultiver son jardin [9]. Mais la reconnaissance par Voltaire de la sagesse prudente de d'Alembert n'est pas toujours dénuée d'ironie ni de jalousie [10]. Ainsi après avoir parlé de son intérêt pour le procès de Morangiès et de son engagement dans cette affaire, Voltaire écrit dans sa lettre à d'Alembert du 13 juillet 1772 : « *J'en reviens toujours à conclure qu'il faut cultiver son jardin, et que Candide n'eut raison que sur la fin de sa vie. Pour vous, il me paraît que vous avez raison dans la force de l'âge* » (in *O.C.*, t. 41, p. 505). Cette ironie (elle aussi prudente : il faut ménager la source d'informations et de relations que représente d'Alembert) est encore plus marquée dans la lettre à d'Alembert du 29 juillet 1775 à propos de l'intervention de Bertrand (d'Alembert) dans les affaires courantes de Raton (c'est-à-dire dans les procès auxquels s'intéresse Voltaire) et de l'influence de Bertrand sur Luc (Frédéric) : « *Votre bon sens, mon cher ami, tire très habilement son épingle du jeu. Vous avez raison de ne jamais vous compromettre* » (*O. C.*, t. 41, p. 598).

Il est vrai que la correspondance de d'Alembert avec le roi de Prusse exprime son refus de se compromettre sur le terrain politique (surtout dans la dernière période de la correspondance entre 1770 et 1783). Si, avant la discussion sur le *Système de la nature*, d'Alembert ose émettre quelques opinions critiques (toujours de manière très détournée et très habile) vis-à-vis des gouvernements monarchiques [11]

---

9. Voir par exemple la lettre de Voltaire à d'Alembert du 2 septembre 1768 in *Œuvres complètes* de Voltaire, éd. Lefèvre en 41 vol., 1817-1818, t. 41, p. 395.

10. Suite à la querelle entre Maupertuis et Koenig à propos du principe de moindre action, d'Alembert s'était en effet substitué à Voltaire comme correspondant philosophique de Frédéric qui, en tant que défenseur de Maupertuis, n'avait guère apprécié les *Ecrits contre le docteur Akakia* où Voltaire s'acharnait contre Maupertuis.

11. Voir par exemple la lettre à Frédéric du 16 septembre 1768 : « *Je désire beaucoup de voir traiter par votre majesté les autres sujets qu'elle se propose ; entre autres ces deux-ci,* qu'il faut chasser les philosophes des gouvernements monarchiques ; et que les Etats où le peuple est le plus pauvre sont les plus heureux, parce que le peuple est sage et sait se passer de tout. *C'est une vérité dont on tâche de le persuader par l'expérience dans la plus grande partie de la terre. Heureux les pays*

ou des principes de morale que le roi entend ériger en catéchisme [12], la prudence qu'il manifeste à l'égard de ces questions est de plus en plus prononcée et même promue en méthode. A la décharge de d'Alembert, il faut dire que certains procès en France incitaient à cette prudence comme par exemple l'affaire d'Abbeville que Voltaire résume en ces mots : « *Votre cour de parlement fait conduire en place de grève un lieutenant-général, avec bâillon en bouche, sans daigner alléguer le moindre délit ; on coupe la main, la langue et la tête à un jeune gentilhomme à Abbeville, et on jette tout cela dans un grand feu, pour n'avoir pas salué des capucins, et pour avoir chanté deux vieilles chansons ; et les gens coupables de ces assassinats judiciaires ne sont pas déshonorés ! Vraiment, après cela, il faut boucher les yeux, les oreilles et l'entendement d'une nation, mais on n'y parviendra pas. Les hommes s'éclaireront malgré les tigres et les singes. Vous ne voulez pas être martyr, mais soyez confesseur. Vos paroles feront plus d'effet qu'un bûcher. Mon cher philosophe, criez toujours comme un diable* » (lettre à d'Alembert du 4 novembre 1766 in *O.C.*, t. 41, p. 379) [13]. La

---

où il a le bonheur de n'être pas éclairé jusqu'à ce point sur ses vrais intérêts ! » (*Œuvres*, t. 5, p. 280).

12. D'Alembert restreint la portée de l'ouvrage du roi à la classe de la jeune noblesse et souligne que les pauvres qui sont dans un cas de nécessité absolue ne peuvent être concernés par un quelconque catéchisme de morale. Voir la lettre du 29 janvier 1770 et surtout celle du 30 avril 1770 où il écrit : « *Il ne s'agit plus que de savoir si ce cas de nécessité absolue est purement métaphysique, comme votre majesté paraît le penser ; je ne voudrais pas dire que non, mais je doute, et j'ai vu souvent des gens si malheureux, si dénués de secours après avoir vainement frappé à mille portes, que je ne savais ce qu'ils devaient faire, de frapper à la mille-unième, ou de se procurer leur subsistance aux dépens des riches, s'ils le pouvaient avec quelque sûreté pour eux-mêmes. Il est vrai, sire, que cette doctrine, toute raisonnable qu'elle est, n'est pas bonne à mettre dans un traité ni dans un catéchisme de morale, par l'abus que la cupidité ou la paresse pourrait en faire. Mais cet inconvénient empêche de pouvoir faire un ouvrage complet de morale à l'usage de tous les ordres de la société. (...) Le mot de l'énigme est, ce me semble, que la distribution des fortunes dans la société est d'une inégalité monstrueuse ; qu'il est aussi atroce qu'absurde de voir les uns regorger de superflu, et les autres manquer du nécessaire. Mais dans les grands Etats surtout, ce mal est irréparable et on peut être forcé de sacrifier quelquefois des victimes, même innocentes, pour empêcher que les membres pauvres de la société ne s'arment contre les riches, comme ils seraient tentés et peut-être en droit de le faire* » (*Œuvres*, t. 5, pp. 292-293).

13. C'est à propos de cette affaire que d'Alembert expose et explique sa position prudente à Frédéric dans sa lettre du 14 septembre 1766 : « *Je crois, sire, que le seul parti à prendre pour un philosophe que sa situation empêche de s'expatrier, est de céder à cet abominable torrent ; de ne dire que le quart de la vérité, s'il y a trop de danger à la dire tout entière ; ce quart sera toujours dit, et fructifiera sans nuire à l'auteur ; dans des temps plus heureux, les trois autres quarts seront dits à leur tour, ou successivement, ou tout à la fois, s'il n'y a plus de*

prudence de d'Alembert à l'égard des « affaires » judiciaires mais aussi à l'égard des questions politiques, éthiques et théologiques, s'accompagne d'une marginalisation de la métaphysique dans la classification des connaissances [14]. La dévalorisation des objets de la métaphysique est le pendant de la valorisation des objets de la géométrie, ultime référence de la certitude et seule voie d'accès au vrai savoir [15]. Quant à la médecine, elle est répudiée dans les régions inférieures du savoir et doit à la théologie de ne pas avoir la dernière place dans la hiérarchie des sciences. Cette présentation du savoir faite dans la lettre à Frédéric du 17 septembre 1764 laisse apercevoir le conflit de personnes et d'idées qui oppose, dans la rédaction de l'Encyclopédie, d'Alembert à Diderot, fervent défenseur des sciences de la vie [16].

---

parlements ni de prêtres, ou si les parlements deviennent justes et les prêtres sages » (*Œuvres*, t. 5, p. 265). Voir aussi la lettre de d'Alembert à Frédéric du 7 mars 1770 in *Œuvres*, t. 5, pp. 290-291 ; et la lettre du 12 décembre 1766 in *Œuvres*, t. 5, p. 267 où d'Alembert présente à Frédéric le cinquième volume de ses *Mélanges de littérature* (c'est-à-dire le texte qui contient les *Eclaircissements des Eléments de philosophie*) en précisant qu'il a dû supprimer par prudence certains articles. L'éclaircissement sur l'existence de Dieu auquel nous avons fait référence au chapitre 1 de notre deuxième partie ainsi que l'éclaircissement sur la liberté que nous mentionnons à la fin de ce chapitre font très probablement partie des suppressions du texte.

14. Voir la lettre à Frédéric du 17 septembre 1764 in *Œuvres*, t. 5, pp. 253-254 : « *Je me félicite, sire, de penser comme votre majesté sur la vanité et la futilité de la métaphysique ; un vrai philosophe, ce me semble, ne doit traiter de cette science que pour nous détromper de ce qu'elle croit nous apprendre ; principalement sur ces grandes questions, qui, comme dit très bien votre majesté, nous importent vraisemblablement si peu, par la raison même qu'elles nous tourmentent si fort en pure perte. Il n'en est pas ainsi de la géométrie, beaucoup plus certaine, parce que l'objet en est plus terre à terre ; c'est une espèce de hochet que la nature nous a jeté pour nous consoler et nous amuser dans les ténèbres. (...) j'aurai recours à la médecine le plus tard que faire se pourra ; je la regarde comme la sœur presque jumelle de la métaphysique, par son incertitude ; et il me semble qu'elle a l'obligation à la théologie de n'être pas la première des impertinences humaines* ».

15. Voir le chapitre 1 de notre première partie où nous avons analysé la hiérarchie des sciences (selon leur degré de certitude) proposée par d'Alembert dans le *Traité de dynamique*, voir aussi le § XXX du texte intitulé *De l'abus de la critique en matière de religion* in *Œuvres*, t. 1, p. 571 où d'Alembert écrit : « *Bientôt l'étude de la géométrie conduira comme d'elle-même à celle de la saine physique, et celle-ci à la vraie philosophie, qui par la lumière qu'elle répandra, sera bientôt plus puissante que tous les efforts de la superstition ; car ces efforts, quelque grands qu'ils soient, deviennent inutiles dès qu'une fois la nation est éclairée* ».

16. D'Alembert développe sa réflexion sur la médecine dans l'éclaircissement VI sur l'art de conjecturer (*E.P.*, pp. 237-243). Nous citons le début du passage où la critique à l'égard d'une certaine forme de médecine, dirigée par l'esprit de système, est la plus incisive : « *La médecine systématique me paraît (et je ne crois pas employer une expression trop forte) un vrai fléau du genre humain. Des observa-*

La prudence de d'Alembert tourne parfois à la pruderie face à ces matières métaphysiques décidément peu propres à un discours net et précis. Cela est surtout visible dans la correspondance de d'Alembert avec Frédéric. D'Alembert fait preuve d'affectation pour dissimuler certaines de ses divergences politiques et éthiques : « *Quant à notre petite controverse ou discussion métaphysique*[17], *il me semble qu'elle est épuisée, et qu'il serait fastidieux d'en ennuyer davantage votre majesté ; je vois que tout bien pesé, il s'en faut bien peu que je ne pense tout à fait comme elle, et que si j'en diffère encore, ce n'est qu'autant qu'il le faut pour l'honneur de l'obscurité métaphysique. L'essentiel, comme le remarque très bien votre majesté, c'est de sentir et de convenir que notre faible intelligence ne voit goutte en ces matières, et de ne pas surtout vouloir soutenir par les bourreaux et les bûchers ce qu'on a tant de peine à étayer sur de frêles arguments* » (lettre du 21 avril 1771 in *Œuvres*, t. 5, p. 311). Cet esprit de conciliation permet à d'Alembert d'annuler les différences d'opinions[18] entre Frédéric et lui. Ce refus de polémiquer s'exprime notamment dans son effort constant pour aligner ses jugements concernant les ouvrages contemporains de philosophie morale et politique sur ceux du roi. On peut se demander si cet effort est animé par le seul intérêt intellectuel ou s'il n'est pas dirigé par le souci de ménager un correspondant hors pair et une relation importante (d'Alembert place en effet ses disciples, Lagrange par exemple, à l'Académie des Sciences de Berlin dont Frédéric décide la politique). La lettre du 8 juin 1770 où il commente la réponse critique du roi à l'ouvrage intitulé l'*Essai sur les préjugés* est, à ce sujet, tout à fait intéressante. Le roi critique l'auteur de faire preuve de dogmatisme et d'esprit de système et prône un scepticisme

---

tions bien multipliées, bien détaillées, bien rapprochées les unes des autres, voilà, ce me semble, à quoi les raisonnements en médecine devraient se réduire. Je ne puis me défendre d'un mouvement d'indignation et de pitié quand je me rappelle qu'un homme qui se faisait appeler médecin, et qui avait pensé me faire perdre un de mes amis, en rendant très dangereuse une maladie très légère, venait au sortir de là me prouver *que la médecine était plus certaine que la géométrie* » (*E.P.*, pp. 237-238).

17. Il s'agit d'une discussion à quatre thèmes qui a surgi à propos du *Système de la nature* de d'Holbach et que nous expliciterons dans la suite de ce chapitre.

18. Opinions et non idées, d'Alembert se refuse en effet à conférer aux objets de la métaphysique un statut d'idées. Dans toute discussion métaphysique – et d'Alembert tend à étendre cette réduction aux questions éthiques et politiques – ne peut régner que la *doxa* car le vrai en métaphysique ne peut être que vraisemblance, c'est-à-dire le vrai du sens commun ; la métaphysique est populaire ou elle n'est pas (voir *E.P.*, pp. 39-40).

bon teint[19] à l'encontre de cet esprit moins de système que d'engagement : l'engagement politique et éthique de l'auteur (probablement d'Holbach) est en fait la cible première de la critique du roi car le texte de l'*Essai sur les préjugés* met directement en cause le statut de monarque héréditaire. Le ton du roi en effet vient à se durcir quand il commente les idées politiques et éthiques de l'auteur. Celui-ci reproche notamment aux souverains de lever leurs armées pour des guerres injustes (Louis XIV est particulièrement visé dans son analyse historique), il dénonce d'autre part la coalition des prêtres et des rois pour asservir le peuple, et enfin condamne l'institution, par l'héritage et la naissance, de l'inégalité. Voici la réponse de Frédéric : « *Quoi ! Monsieur le philosophe, protecteur des mœurs et de la vertu, ignorez-vous qu'un bon citoyen doit respecter la forme de gouvernement sous laquelle il vit ? Ignorez-vous qu'il ne convient point à un particulier d'insulter les puissances, qu'il ne faut calomnier ni ses confrères, ni ses souverains, ni personne, et qu'un auteur qui abandonne sa plume à de tels excès n'est ni sage ni philosophe ? (...) Ne pas rendre à la naissance ce qui lui est dû n'est point l'effet d'une liberté philosophique, mais d'une vanité bourgeoise et ridicule* » (*Œuvres philosophiques* (*O.P.*), pp. 370-371)[20]. D'Alembert, enfant naturel de Madame de Tencin et du Chevalier Destouches, abandonné sur le parvis de l'Eglise Saint Jean Le Rond et élevé par une roturière, Madame Rousseau, ne reprend pas directement à son compte cette opinion du roi. Mais il condamne lui

---

19. Voir *Examen de l'Essai sur les préjugés* in *Œuvres philosophiques* de Frédéric, Paris, Fayard, 1985 : « *La vérité est dans le fond d'un puits, d'où les philosophes s'efforcent de la retirer ; tous les savants se plaignent des travaux qu'il leur en coûte pour la découvrir. Si la vérité était faite pour l'homme, elle se présenterait naturellement à ses yeux ; il la recevrait sans efforts, sans longues méditations, sans s'y méprendre, et son évidence, victorieuse de l'erreur, entraînerait infailliblement la conviction après elle* ».

20. Même si le roi reconnaît que la valeur et le mérite ne sont pas inhérents à la naissance, il soutient qu'il faut, au nom de la permanence de la nature des choses, lui être redevable de la permanence d'un pouvoir établi : « *Les rois sont hommes comme les autres ; ils ne jouissent pas du privilège exclusif d'être parfaits dans un monde où rien ne l'est ; ils apportent leur timidité ou leur résolution, leur activité ou leur paresse, leurs vices ou leurs vertus sur le trône où les place le hasard de leur naissance ; et dans un royaume héréditaire, il faut de nécessité que des princes de tout caractère se succèdent* » (*Œuvres philosophiques*, *O.P.*, p. 383). Le roi reproche donc à l'auteur de n'être, comme dirait Pascal, qu'un demi-habile. Or un vrai philosophe, titre qu'il se donne, doit être un habile : « *Un philosophe, qui doit savoir que la nature des choses ne change jamais, ne s'amusera pas à reprocher à un chêne de ne point porter de pommes (...) ; il respectera les usages établis et autorisés par la nation, le gouvernement, ceux qui le composent, ceux qui en dépendent* » (ib., pp.383-384).

aussi comme irrecevable philosophiquement et comme dangereuse politiquement toute pensée égalitariste et révolutionnaire [21].

Deux autres ouvrages font l'objet d'une discussion entre d'Alembert et Frédéric : le *Système de la nature* du baron d'Holbach et *De l'homme* d'Helvétius (paru en 1772). La discussion concernant l'ouvrage d'Helvétius est très succincte et offre peu d'intérêt [22]. En revanche, l'ouvrage de d'Holbach est le support d'une discussion soutenue puisqu'elle commence le 8 août 1770 dans la lettre où d'Alembert commente la critique faite par le roi en réponse à l'ouvrage de d'Holbach, dont il est encore question, neuf ans plus tard, dans la lettre de d'Alembert du 7 décembre 1779. La durée de cette discussion s'explique par l'importance des thèmes abordés qui sont présentés ainsi par Frédéric dans son *Examen critique du système de la nature* : « *Les points principaux qu'il* (d'Holbach) *traite dans cet ouvrage sont : 1° Dieu et la nature ; 2° la fatalité ; 3° la morale de la religion, comparée avec la morale de la religion naturelle ; 4° les souverains, causes de tous les malheurs des Etats* » (*O.P.*, pp. 387-388). Nous avons déjà traité le premier point dans le chapitre 1 de cette partie, en faisant référence aux deux lettres principales de d'Alembert concernant la question de la nature et de l'existence de Dieu [23]. Dans la discussion de ce premier point, d'Alembert pousse le déisme voltairien de Frédéric [24]

21. Voir la lettre à Frédéric du 8 juin 1770 in *Œuvres*, t. 5, p. 294 : « *La vraie égalité des citoyens consiste en ce qu'ils soient tous également soumis aux lois, et également punissables quand ils les enfreignent : c'est ce qui a lieu dans tous les Etats bien gouvernés, où le supérieur n'a jamais droit d'opprimer son inférieur impunément ; mais c'est malheureusement ce qui n'a pas lieu partout ; l'auteur en a peut-être été témoin, et c'est peut-être ce qui a si violemment échauffé sa bile contre ceux qui gouvernent. J'ai vu à peu près les mêmes choses que lui, mais je les ai vues plus de sang-froid, et j'ai conclu que ceux qui commandent et ceux qui obéissent sont souvent aussi répréhensibles les uns que les autres, et que toutes les classes de l'espèce humaine n'ont rien à se reprocher* ».

22. Voir la lettre de d'Alembert à Frédéric du 14 février 1774 in *Œuvres*, t. 5, p. 347 : « *Je conviens avec votre majesté qu'il y a dans l'ouvrage de M. Helvétius bien des opinions fausses et hasardées, bien des redites et des longueurs ; que ce sont plutôt des matériaux qu'un ouvrage, et que ces matériaux ne doivent pas être tous employés à beaucoup près. Mais il y a, ce me semble, quelques vérités utiles et bien rendues, et l'ouvrage aurait d'ailleurs quelque prix à mes yeux, ne fût-ce que par la justice qu'il rend à votre majesté* ».

23. Voir les lettres du 30 novembre 1770 et du 1er février 1771 in *Œuvres*, t. 5, pp. 302-306 et pp. 307-309.

24. Voir *O.P.*, pp. 388-390 et notamment ce passage p. 389 : « *Les fins que la nature s'est proposée dans ses ouvrages se manifestent si évidemment, qu'on est forcé de reconnaître une cause souveraine et supérieurement intelligente qui y préside nécessairement* ».

vers un spinozisme [25] affirmé, puis dissimulé : « *Nous sommes donc réduits, avec la meilleure volonté du monde, à ne reconnaître et n'admettre tout au plus dans l'univers qu'un Dieu matériel, borné et indépendant ; je ne sais si c'est là son compte, mais ce n'est sûrement pas celui des partisans zélés de l'existence de Dieu ; ils nous aimeraient autant athées que spinozistes, comme nous le sommes. Pour les adoucir, faisons-nous sceptiques, et répétons avec Montaigne,* que sais-je ? » (lettre du 30 novembre 1770 in *Œuvres*, t. 5, pp. 303-304) [26].

D'Alembert parle ici des spinozistes et non de Spinoza. Cette attitude est tout à fait conforme à l'esprit du siècle qui confère au terme spinozisme le sens général d'un matérialisme plus ou moins vitaliste selon que l'on se réfère au spinozisme ancien ou moderne [27]. Quand d'Alembert se définit comme spinoziste, on peut se demander quel sens il donne à ce mot. Si l'on regarde la lettre du 30 novembre en son entier et celle du 1er février 1771, on constate que d'Alembert se réfère à « un spinozisme de troisième main », c'est-à-dire lu et corrigé par Bayle, lui-même lu et corrigé par Voltaire. En effet, si Spinoza est peu lu, en revanche la réfutation par Bayle du spinozisme est très connue de tous les penseurs du XVIIIe siècle. Voltaire, après avoir présenté au Prince de *** la lecture que fait Bayle de Spinoza [28], lui propose sa

25. Nous entendons ici le terme spinozisme dans le sens dix-huitiémiste d'un matérialisme assez mal défini, que les Lumières nomment aussi le système de la fatalité et de la nécessité. Spinoza est peu lu au dix-huitième siècle, sa pensée est méconnue voire incomprise. Sur l'interprétation de la pensée spinoziste par les Lumières, voir l'article de Jacqueline Lagrée *Spinoza dans l'Encyclopédie* (in *Spinoza entre Lumière et romantisme*, pp. 187-198 dans les Cahiers de Fontenay n° 36 à 38, mars 1985).

26. Voir aussi la lettre de d'Alembert à Frédéric du 2 août 1770 in *Œuvres*, t. 5, pp. 296-298).

27. Voir l'article *spinoziste* de l'*Encyclopédie* où Diderot décrit les spinozistes modernes en ces termes : « *Il ne faut pas confondre les spinozistes anciens avec les spinozistes modernes. Le principe général de ceux-ci, c'est que la matière est sensible, ce qu'ils démontrent par le développement de l'œuf, corps inerte, qui, par le seul instrument de la chaleur graduée, passe à l'état d'être sentant et vivant, et par l'accroissement de tout animal qui, dans son principe, n'est qu'un point, et qui, par l'assimilation nutritive des plantes, en un mot, de toutes les substances qui servent à la nutrition, devient un grand corps sentant et vivant dans un grand espace. De là ils concluent qu'il n'y a que la matière, et qu'elle suffit pour tout expliquer ; du reste, ils suivent l'ancien spinozisme dans toutes ses conséquences* ». Pour Diderot, le spinozisme moderne est un matérialisme vitaliste. Voir aussi, à propos de la conception dix-huitiémiste du spinozisme, le chapitre XXIV du *Philosophe ignorant* de Voltaire in *Mélanges*, La Pléiade, p. 899).

28. Voir la lettre X au Prince de *** in *Mélanges*, pp. 1219-1223 et notamment ce passage : « *Les arguments dont Bayle l'accable me paraîtraient sans réplique si en effet Spinoza admettait un Dieu : car ce Dieu n'étant que l'immensité des choses,*

propre lecture : «*Selon lui, tout est nécessaire, tout est éternel ; la création est impossible ; point de dessein dans la structure de l'univers, dans la permanence des espèces, et dans la succession des individus. Les oreilles ne sont plus faites pour entendre, les yeux pour voir, le cœur pour recevoir et chasser le sang, l'estomac pour digérer, la cervelle pour penser, les organes de la génération pour donner la vie ; et les desseins divins ne sont que les effets d'une nécessité aveugle. Voilà au juste le système de Spinoza (...). L'athéisme ne peut faire aucun bien à la morale, et peut lui faire beaucoup de mal. Il est presque aussi dangereux que le fanatisme* » (*Mélanges*, lettre X). Cette conclusion est très proche de celle que Frédéric tire, dans l'*Examen du système de la nature*, du principe de la fatalité : «*Du principe de la fatalité résultent les plus funestes conséquences pour la société (...). Il ne faudrait considérer les hommes que comme des machines, les unes faites pour le vice, les autres pour la vertu, incapables de mériter ou de démériter par elles-mêmes et par conséquent d'être punies ou récompensées ; ce qui sape la morale, les bonnes mœurs et les fondements sur lesquels la société est établie* » (*O.P.*, p. 393). Frédéric refuse le principe de la fatalité ce qui se traduit, dans son examen du deuxième point du *Système de la nature*, à savoir la question de la liberté, par une reconnaissance de la liberté positive de l'homme qu'il définit ainsi : « *J'entends par ce mot tout acte de notre volonté qui se détermine par elle-même et sans contrainte* » (*O.P.*, p. 391)[29].

---

ce Dieu étant à la fois la matière et la pensée, il est absurde, comme Bayle l'a très bien prouvé, de supposer que Dieu soit à la fois agent et patient, cause et sujet, faisant le mal et le souffrant, s'aimant et se haïssant lui-même ; se tuant, se mangeant. Un bon esprit, ajoute Bayle, aimerait mieux cultiver la terre avec les dents et les ongles que de cultiver une hypothèse aussi choquante et aussi absurde ; car, selon Spinoza, ceux qui disent : les Allemands ont tué dix mille Turcs, parlent mal et faussement ; ils doivent dire : Dieu, modifié en dix mille Allemands, a tué Dieu, modifié en dix mille Turcs. Bayle a très grande raison, si Spinoza reconnaît un Dieu ; mais le fait est qu'il n'en reconnaît point du tout, et qu'il ne s'est servi de ce mot sacré que pour ne pas trop effaroucher les hommes ».

29. Et il précise pp. 391-392 que sa définition s'inscrit dans le prolongement de la conception lockienne de la liberté : «*Il en est donc de la liberté comme de la sagesse, de la raison, de la vertu, de la santé, qu'aucun mortel ne possède parfaitement, mais par intervalles. Nous sommes, en quelques articles, patients sous l'empire de la fatalité, et, en quelques autres, agents indépendants et libres. Tenons-nous en à Locke. Ce philosophe est très persuadé que, lorsque sa porte est fermée, il n'est pas le maître d'en sortir, mais que, lorsqu'elle est ouverte, il est libre d'agir comme bon lui semble* ». Frédéric reprend ici en le simplifiant l'exemple développé par Locke au § 10 du chapitre XXI du livre II de l'*Essai philosophique concernant l'entendement humain*.

Sur cette question, d'Alembert ne suit pas exactement la pensée de Frédéric. Il s'oriente de façon bien plus radicale vers le spinozisme. Dans la lettre du 2 août 1770, il commence par montrer que la morale sociale et le système de la fatalité et de la nécessité ne sont pas incompatibles. Dans la lettre du 30 novembre 1770, tout en paraissant se rallier à la pensée de Frédéric, il s'en écarte résolument en reprenant à son compte l'argument que Spinoza avance dans la lettre qu'il écrit à Schuller (lettre LVIII), pour démontrer que la croyance à la liberté, prise au sens de libre arbitre, est une illusion de la conscience humaine [30]. Dans la lettre du 1er février 1771, contrairement à Frédéric qui n'accepte pas dans l'intégralité de ses conséquences le système de la fatalité et de la nécessité [31], d'Alembert ne laisse plus aucune place à la liberté de choix. Il la réduit à n'être que l'effet volontaire certes, mais nécessaire, de la série des causes qui nous déterminent dans notre action : « *Je me trouve encore, sire, parfaitement d'accord avec votre majesté sur la définition de la liberté. Je la définis ainsi que votre majesté,* cet acte de notre volonté qui nous fait opter entre différents partis, et qui détermine notre choix. *Mais je prétends, et votre majesté n'en disconvient pas, ce me semble, qu'il y a toujours des motifs et des causes quelconques qui nous déterminent* nécessairement, *et je ne vois pas que les observations de votre majesté prouvent le contraire ; ceux qui résistent à leurs passions, y résistent par des motifs qui sont plus forts auprès d'eux que ces passions mêmes ; et les exhortations, les peines, les récompenses, lorsqu'elles déterminent les hommes, les déterminent par la raison qu'elles ont plus de pouvoir sur eux que les motifs contraires. Il me semble donc que nous agissons toujours* nécessairement, *quoique* volontairement. *C'est très* volontairement *que je ne m'empoisonne pas, mais c'est en même temps* nécessairement, *parce que les raisons qui m'attachent en ce moment à la vie, sont plus*

30. Voir *Œuvres*, t. 5, p. 304 : « *Si les pierres savaient qu'elles tombent, et si elles y avaient du plaisir, elles croiraient tomber librement, parce qu'elles tomberaient de leur plein gré* ». La reprise par d'Alembert de l'argument de la pierre laisse à penser qu'il a lu la lettre LVIII de Spinoza ; ce qui est contraire à l'idée qu'il n'aurait pas une connaissance directe de l'œuvre de Spinoza. Mais cet argument, sans doute parce qu'il est frappant, est très divulgué au XVIIIe siècle. L'article *liberté* de Diderot (*Encyclopédie*, t. IX, 1765) y fait également allusion.

31. Frédéric y oppose la liberté de choix : « *Mais l'homme n'est-il pas très libre quand on lui propose différents partis, qu'il examine, qu'il penche vers l'un ou vers l'autre, et qu'enfin il se détermine par son choix ? L'auteur* (d'Holbach) *me répondra sans doute que la nécessité dirige ce choix. Je crois entrevoir dans cette réponse un abus du terme de nécessité confondu avec ceux de cause, de motif, de raison. Sans doute que rien n'arrive sans cause, mais toute cause n'est pas nécessaire* » (in *Examen critique du système de la nature*, *O.P.*, p. 392).

fortes que celles qui pourraient m'en détacher » (*Œuvres*, t. 5, p. 308). L'apparente conciliation des deux points de vue cache une réelle divergence dans leur conception de la liberté. D'Alembert clôt la discussion dans sa lettre du 21 avril 1771 en arguant de l'obscurité des matières métaphysiques. Le « *scepticisme raisonnable* » est un asile bien commode pour que les divergences d'idées ne soient pas trop flagrantes [32].

D'Alembert est beaucoup plus proche de Hume que de Frédéric dans son approche de cette question. Dans les *Eléments de philosophie*, il réduit l'idée de liberté à une idée toute négative, c'est « *celle d'un pouvoir qui ne s'exerce pas et dont l'essence même est de ne pas s'exercer au moment que nous le sentons ; cette idée n'est donc qu'une opération de notre esprit, par laquelle nous séparons le pouvoir d'agir avec l'action même, en regardant ce pouvoir oisif (quoique réel) comme subsistant pendant que l'action n'existe plus* » (*E.P.*, chap. VII, pp. 59-60). L'éclaircissement sur la liberté resté longtemps inédit et destiné à compléter le chapitre VII des *Eléments de philosophie* (comme l'indique une note portée sur le manuscrit conservé à la Biblothèque de l'Institut) dénonce l'illusion du sentiment de liberté [33]. Le pouvoir d'agir, séparé de l'action même, n'est que la conscience des motifs qui nous poussent à agir, mais ces motifs dont nous pouvons avoir connaissance sont loin de former toute la raison de notre action car ce dont nous n'avons pas conscience dans la détermination de notre action a une « *influence d'autant plus puissante que nous en sentons moins l'effet* », nous dit d'Alembert dans l'éclaircissement. Il rejoint par cette précision la critique humienne de l'idée de liberté. Hume montre en effet que l'idée de pouvoir [34] sur laquelle elle repose n'est qu'une pure fiction de l'imagination (la critique de l'idée de pouvoir

---

32. Voir *Œuvres*, t. 5, p. 311.

33. Voir *Œuvres et correspondances inédites de d'Alembert*, publiées par Charles Henry, pp. 12-13 : « *Le sentiment que nous avons de notre liberté se réduit à sentir qu'en faisant une action, nous la faisons par choix et sans contrainte. Cependant, en sentant que nous agissons par choix, nous sentons aussi la force plus ou moins grande des motifs qui nous y déterminent. Je dis des* motifs, *c'est-à-dire des raisons prises de notre volonté propre, et je ne parle point des raisons prises de l'action des objets extérieurs sur nos organes, de la constitution et du mécanisme de ces organes et de l'influence que ces différentes causes ont sur le principe qui nous fait penser, sentir et vouloir, influence d'autant plus puissante que nous en sentons moins l'effet. Que de chaînes qui nous lient et que de forces qui nous poussent sans que nous le sentions !* »

34. Pouvoir que d'Alembert présente comme réel dans le texte des *E.P.* publié de son vivant mais qu'il décrit comme illusoire dans le texte inédit de l'éclaircissement publié par C. Henry.

est développée aux pages 131-141 de la section VII de l'*Enquête sur l'entendement humain*, trad. Michelle Beyssade, G.F., 1983). Par une argumentation proche de celle de d'Alembert [35], il ne reconnaît de liberté que conditionnelle : « *Par liberté, alors, nous pouvons seulement entendre* un pouvoir d'agir ou de ne pas agir selon les déterminations de la volonté *; c'est-à-dire si nous choisissons de rester en repos, nous le pouvons ; si nous choisissons de nous mouvoir, nous le pouvons aussi. Or cette liberté conditionnelle appartient, de l'aveu universel, à tout homme qui n'est pas prisonnier dans les chaînes* » (*E.E.H.*, p. 164). Ces deux conceptions de la liberté ont une origine commune, à savoir la pensée de Locke [36] qu'elles ne suivent pas cependant sur tous les points. Locke assimile en effet les notions de liberté et de spontanéité. Mais en laissant à la liberté une capacité productive, en en faisant une puissance active (« *la liberté consistant dans la puissance d'agir ou de s'empêcher d'agir, et en cela seulement* » in *Essai*, liv. II, ch. XXI, § 24, p. 190), Locke pense l'esprit comme le support de cette puissance active. C'est même par la réflexion de l'esprit sur ses opérations, c'est par l'expérience qu'il a de lui-même, qu'il acquiert l'idée de puissance active. Locke se propose de montrer ce point dans l'ensemble du chapitre XXI : « *Du reste, j'ai cru qu'il était important d'examiner ici en passant, si l'esprit ne reçoit point une idée plus claire et plus distincte de la* puissance active *par la réflexion qu'il fait sur ses propres opérations, que par aucune sensation extérieure* » (ib., § 4, p. 182). L'esprit est donc donné a priori comme condition nécessaire à la saisie de l'idée de puissance active et à sa mise en œuvre : « *c'est l'esprit ou l'homme qui met en œuvre ces différentes puissances* (liberté, volonté, entendement) *; car les puissances sont des relations et non des agents* » (ib., § 19, p. 188). Cette considération de l'esprit donné a priori comme support de puissances actives est totalement étrangère à la pensée de Hume qui conçoit l'assimilation de la liberté à la liberté de spontanéité, non sous la forme d'une relation intrinsèque d'une

35. Voir note de la section VIII de l'*E.E.H.*, p. 163 : « *Nous sentons que nos actions sont soumises à notre volonté en la plupart des cas, et nous nous imaginons sentir que la volonté elle-même n'est soumise à rien ; car si on le nie, nous sommes incités à faire un essai et nous sentons alors qu'elle se meut aisément en tous sens et qu'elle produit une image d'elle-même (ou une velléité, comme on dit dans les écoles) même du côté où elle ne s'est pas fixée. Cette image, ce mouvement fictif, nous nous en persuadons, nous aurions pu à ce moment le parfaire en mouvement réel ; car, si on le niait, nous trouverions à un second essai que cette fois il pourrait s'achever ainsi. Nous ne considérons pas que le désir chimérique de montrer notre liberté est ici le motif de nos actions* ».

36. Voir *Essai philosophique concernant l'entendement humain*, livre II, chapitre XXI, notamment les §§ 8, 12 et 21.

puissance active à l'esprit toujours déjà là, mais sous la forme d'un lien extrinsèque entre la cause et l'effet. Cette conception humienne de la liberté revient à refuser à la liberté toute capacité productive. Il n'y a jamais plus qu'une conjonction constante entre les motifs et les actions. Nous n'avons jamais l'expérience du sujet comme tel. Ici bien sûr, Hume s'écarte de Locke et va plus loin que d'Alembert dans sa critique de la liberté. Cela tient au fait qu'il rattache directement dans l'*Enquête* [37] la question de la liberté à sa critique de la causalité. D'Alembert, faute d'avoir élaboré une telle critique, s'en tient à l'énoncé de la nature négative des idées de liberté et de pouvoir d'agir. Dans le chapitre VII des *Eléments de philosophie* (qui présente une version atténuée de sa critique de la liberté, nous l'avons vu), il nous dit qu'il faut nous en tenir au sentiment intérieur qui nous persuade de notre liberté et nous en remettre à la vivacité de ce sentiment. Il nous propose ainsi une preuve de l'existence de la liberté analogue à celle de l'existence des corps : « *En un mot la seule preuve dont cette vérité est susceptible, est analogue à celle de l'existence des corps ; des êtres réellement libres n'auraient pas un sentiment plus vif de leur liberté que celui que nous avons de la nôtre ; nous devons donc croire que nous sommes libres* » (*E.P.*, p. 60). Nous avons analysé dans le chapitre 2 de cette partie la valeur de cet argument : il s'agit, au mieux, d'un argument de vraisemblance et non pas d'une preuve de l'existence de la liberté. L'argument de vraisemblance met un voile sur la difficulté et ainsi la contourne. Le « *scepticisme raisonnable* » protège le principe de raison et le principe de causalité des effets destructeurs ou du moins déstructurants d'une pensée véritablement critique comme celle de Hume car, pour d'Alembert, « *Vouloir aller en cette matière au delà du sentiment intérieur, c'est se jeter tête baissée dans les ténèbres* » (*E.P.*, p. 60) [38].

---

37. La problématique est différente dans le *Traité de la nature humaine* où Hume présente le thème de la liberté dans le livre II sur les passions en le rapportant à celui de la volonté (qui est une forme du désir, mais qui n'est pas marquée affectivement).

38. La conclusion de l'éclaircissement sur la liberté va dans le même sens, même si la critique de l'idée de liberté est plus approfondie que dans le chapitre VII des *Eléments de philosophie*. En effet d'Alembert dit clairement dans ce texte que la croyance au sentiment intérieur de notre liberté est, en réalité, le produit de notre ignorance de la série des causes qui nous déterminent dans notre choix (voir ci-dessus le passage cité dans la note 33). Mais la conclusion de l'éclaircissement ne tire pas toutes les conséquences de cette critique, d'Alembert se rétracte et se réfugie une nouvelle fois derrière son scepticisme raisonnable : « *Nous ne prétendons pourtant pas nier ici l'existence de la liberté ; nous prétendons seulement faire bien sentir les difficultés de cette question : difficultés reconnues par les théologiens*

Venons-en maintenant à l'examen du troisième point du *Système de la nature* discuté par Frédéric et d'Alembert, à savoir la comparaison de la morale de la religion chrétienne à celle de la religion telle qu'elle se pratique. Les deux hommes s'accordent à reconnaître la valeur morale de la religion chrétienne et à dénoncer la dégradation de cette valeur par les théologiens et les prêtres [39]. Ils considèrent tous deux que la religion chrétienne, à son origine, est un pur déisme. Jésus-Christ est, à leurs yeux, un philosophe humaniste, ennemi de la persécution et du fanatisme, prêchant aux hommes la bienfaisance et la justice, les incitant à aimer Dieu et leur prochain en esprit et en vérité. Cet état primitif de la religion chrétienne est le seul défendable : s'aimer et se supporter les uns les autres est le culte qu'elle exige des hommes. Par cette exigence de sociabilité, elle acquiert une vertu sociale et politique, elle permet de penser et de produire un tissu social, une *φιλια* [40]. La religion chrétienne ainsi épurée de ses dogmes et de ses prêtres ne diffère guère d'un déisme raisonnable : « *Si le traité de Westphalie permettait une quatrième religion dans l'Empire, je prierais votre*

---

mêmes, qui ont regardé l'accord de la liberté et de la Providence comme un mystère impénétrable à la raison humaine » (*Œuvres et correspondances inédites de d'Alembert*, p. 13).

39. Voir *O.P.* de Frédéric, p. 394 : « *Il ne fallait donc pas confondre la loi avec l'abus, les choses écrites et les choses qui se pratiquent, la véritable morale chrétienne avec celle que les prêtres ont dégradée* ». Voir aussi la lettre de d'Alembert du 2 août 1770 in *Œuvres*, t. 5, p. 297 : « *Sur la religion chrétienne, je serai, sire, bien aisément d'accord avec votre majesté ; sa morale est sans doute excellente, et elle aurait dû s'y borner ; mais ses dogmes et son intolérance font grand tort à cette morale, avec laquelle ils sont comme amalgamés* ». D'Alembert poursuit en allant de nouveau plus loin que Frédéric, sa conclusion est en effet une condamnation de la religion chrétienne en tant qu'elle prétend être une religion exclusive : « *Je dis son* intolérance, *car elle me paraît essentielle à une religion exclusive de toutes les autres, comme la religion chrétienne, qui prétend être la seule manière d'honorer la Divinité, et qui par une conséquence nécessaire, doit chercher à s'établir par tous les moyens possibles, même en employant la violence, quand elle a le pouvoir et la force en main. Voilà pourquoi la religion chrétienne a fait couler des flots de sang, et je ne puis m'empêcher de la regarder à cet égard comme un des plus grands fléaux de l'humanité* ».

40. Voir la lettre du 30 novembre 1770 in *Œuvres*, t. 5, p. 305 : « *Quand on aurait une fois bien inculqué ces vérités au peuple, il ne faudrait pas, je crois, beaucoup d'effort pour lui faire oublier les dogmes dont on l'a bercé, et qu'il n'a saisis avec une espèce d'avidité que parce qu'on n'y a rien substitué de meilleur. Le peuple est sans doute un animal imbécile qui se laisse conduire dans les ténèbres, quand on ne lui présente pas quelque chose de mieux ; mais offrez-lui la vérité ; si cette vérité est simple, et surtout si elle va droit à son cœur, comme la religion que je propose de lui prêcher, il me paraît infaillible qu'il la saisira, et qu'il n'en voudra plus d'autre. Malheureusement nous sommes encore loin de cette heureuse révolution des esprits* ».

majesté de faire bâtir à Berlin ou à Postdam un temple fort simple où Dieu fut honoré d'une manière digne de lui, où l'on ne prêchât que l'humanité et la justice ; et si la foule n'allait pas à ce temple au bout de quelques années (car il faut bien accorder quelques années à la raison pour gagner sa cause), votre majesté serait pleinement victorieuse » (lettre du 1er février 1771 in *Œuvres*, t. 5, p. 308). Notons que quelques années seulement séparent ce texte du culte de la Déesse Raison mis en place par Robespierre. L'histoire au dix-huitième siècle est pensée et représentée comme la réalisation du progrès de l'esprit humain et de la raison [41], favorisée par la mise en place d'une religion naturelle ou raisonnable qui se transforme, dans sa version extrême, en un culte de la Raison déifiée.

Quant au dernier point de la discussion (les souverains, causes de tous les malheurs des Etats), une remarque s'impose : Frédéric est à la fois juge et parti. Dans l'*Examen du système de la nature*, il reprend l'idée déjà chèrement défendue dans son *Examen de l'Essai sur les préjugés* que, parmi les différentes formes de gouvernement, celle de la monarchie héréditaire est la meilleure ou du moins « *le parti le moins mauvais* » [42]. D'Alembert, on le devine, ne discute pas cet aspect de la question. En revanche il s'intéresse à la question de l'origine de la légitimité du souverain : cette légitimité est-elle le produit d'un pacte passé entre les prêtres et les rois, ou est-elle indépendante du pouvoir religieux ? Dans l'*Examen du système de la nature*, Frédéric nie l'existence de tout pacte passé entre les prêtres et les rois ; tout comme dans l'*Examen de l'Essai sur les préjugés*, il soutient que les souverains ne tiennent pas leur puissance d'autorité divine [43] mais il concède que l'indépendance du pouvoir monarchique vis-à-vis du pouvoir religieux

---

41. De nombreux textes pourraient ici servir de référence. La correspondance de Voltaire et de d'Alembert est régie par ce souci commun de faire progresser la raison, souci qui a pour corollaire d'écraser l'infâme. D'Alembert a publié dans ce dessein un ouvrage intitulé *La destruction des Jésuites en France* (voir *Œuvres*, t. 2, pp. 11-74). Quant aux écrits de Voltaire contre le fanatisme et l'intolérance, ils constituent sans doute l'aspect le plus connu de son œuvre. Les textes où s'exprime la représentation de la raison comme seul remède au mal social et à la superstition foisonnent. Voir par exemple l'extrait du *Philosophe ignorant* in *Mélanges* de Voltaire, pp. 929-930, intitulé *Commencement de la raison*.

42. Voir *O.P.*, p. 400 : « *C'est une erreur de croire que dans les choses humaines il puisse se rencontrer des perfections ; l'imagination peut se forger de telles chimères, mais elles ne seront jamais réalisées. Depuis que le monde dure, les nations ont essayé de toutes les formes de gouvernement, les histoires en fourmillent ; mais il n'en est aucun qui ne soit sujet à des inconvénients. La plupart des peuples ont cependant autorisé l'ordre de succession des familles régnantes, parce que, dans le choix qu'ils avaient à faire, c'était le parti le moins mauvais* ».

43. Voir *O.P.*, p. 396.

est affaire de subjectivité (« *tout dépend effectivement du caractère du prince* ») et rappelle par là que la marge de manœuvre du prince vis-à-vis des prêtres n'est pas toujours très grande [44]. Dans la lettre à Frédéric du 15 juillet 1775, d'Alembert rejette lui aussi l'idée d'un pacte entre les prêtres et les rois, il considère au contraire les prêtres comme les plus grands ennemis des rois [45]. Cette thèse, il la soutient en reformulant quelque peu le sujet proposé par la Sorbonne à la fin de l'année 1772. Il commence par faire part à Voltaire dans sa lettre du 26 décembre 1772 de la bourde commise par les « *cuistres de l'Université* » dans la formulation originale du sujet : « *Voilà les cuistres de l'Université qui viennent de sonner un nouveau tocsin. Dirigés par le recteur Cogé* pecus *qui est à leur tête, ils viennent de proposer pour le sujet d'éloquence latine qu'ils proposent tous les ans pour prix à tous les autres cuistres du royaume :* Non magis Deo quam regibus infensa est ista quae vocatur hodie philosophia. *Admirez néanmoins avec quelle bêtise cette belle question est énoncée ; car ce beau latin traduit littéralement, veut dire que* la philosophie n'est pas plus ennemie de Dieu que des rois *; ce qui signifie, en bon français, qu'elle n'est ennemie ni des uns ni des autres. Voyez avec quel jugement ces marauds savent rendre ce qu'ils veulent dire* » (in *Œuvres*, t. 5, p. 212). Voltaire lui répond le 1er janvier 1773 : « *Le* non magis *m'a tant fait rire, tout malingre que je suis, que je n'en ai pu dormir de la nuit, et que j'ai passé les premières vingt-quatre heures de l'année 1773, à me brûler la patte, en tirant vos marrons. Tout ce que je crains, c'est que les pauvres diables ne se doutent de leur sottise, et ne changent leur* non magis *en* non minus, *ce qui rendrait ma nuit blanche absolument inutile* » (*Œuvres complètes*, t. 41, p. 513). La plaisanterie atteint son comble dans la reformulation du sujet que soumet d'Alembert à Voltaire dans sa lettre du 9 février 1773 : « *Il est venu à Bertrand une idée qu'il croit excellente, et qu'il soumet aux pattes de Raton. Bertrand y rêve que je ne sais quelle académie ou université huguenote du Nord, a proposé pour sujet d'un prix de philosophie :* Non minus Deo quam regibus infensa est ista quae vocatur theologia. *D'après ce programme, voici le nouveau thème que Raton pourrait essayer et que Bertrand lui propose en toute humilité.*

---

44. Voir aussi sur ce point l'*Examen de l'Essai sur les préjugés* in *O.P.*, p. 372.

45. Voir *Œuvres*, t. 5, p. 364 : « *Je sais bien mauvais gré à l'auteur du* Système de la nature *du prétendu pacte qu'il imagine que les rois ont fait avec les prêtres pour opprimer les peuples ; (...) de tout temps et en toute occasion, les prêtres ont été les plus grands ennemis des rois* ».

Première partie du thème. *Cette, qu'on nomme aujourd'hui* théologie, *est ennemie des rois. Raton le prouvera,* sans se répéter, *en rappelant les histoires de Grégoire VII, d'Alexandre III, d'Innocent IV, de Jean XXII et compagnie. (...)*

Seconde partie du thème. *Cette, qu'on nomme aujourd'hui* théologie, *est ennemie de Dieu, parce qu'elle en fait un être absurde, atroce, ridicule et odieux. Oh ! le beau champ pour Raton, que cette seconde partie, et les bons marrons à tirer et à croquer !* » (*Œuvres*, t. 5, pp. 221-222).

Cette boutade a des accents sérieux surtout si on la rapproche d'une lettre de d'Alembert à Frédéric du 15 octobre 1775 où il dénonce le pouvoir et l'influence des prêtres sur la politique du roi Louis XV : « *Quant aux prêtres, qui sont actuellement assemblés, comme ils le sont par malheur tous les cinq ans, et qui dans cette assemblée se dévorent et se déchirent entre eux, ils partent de là pour aller à Versailles conjurer le roi de renouveler les édits atroces et absurdes qui ordonnent la persécution des protestants. Voilà ce qu'ils ont fait jurer à ce prince durant la cérémonie de son sacre* » (*Œuvres*, t. 5, pp. 367-368). Toute la suite de la lettre est une critique acerbe de la manipulation par les prêtres du pouvoir politique du roi. Mais cette critique reste sporadique et ponctuelle. Elle ne se développe pas en une philosophie politique et cela tient au refus de d'Alembert de faire œuvre de politique mais aussi à son « *scepticisme raisonnable* » qui l'incite à se méfier et à s'éloigner de toute pensée systématisante et de tout système, qu'il soit politique ou philosophique [46] : « *j'aime mieux être ignorant (...) que d'en savoir si long avec l'auteur du* Système de la nature *sur des choses où l'on ne sait rien* » (lettre à Frédéric du 3 janvier 1771 in *Œuvres*, t. 5, p. 307). La lettre du 7 décembre 1779 est la dernière qui fasse mention de l'ouvrage de d'Holbach. Le dernier mot de d'Alembert est un mot d'ordre : il ne faut pas confondre le véritable philosophe et l'esprit de système, faux, présomptueux et dangereux [47]. Cette conclusion nous invite à réfléchir sur ce qu'est pour lui le « *véritable philosophe* » auquel il se réfère dans cette dernière lettre, et à tenter de dresser une typologie des « *esprits* » au siècle des Lumières.

---

46. Cette méfiance à l'égard des systèmes est un trait caractéristique de l'esprit du XVIIIe siècle. Condillac publie son *Traité des systèmes* en 1749.

47. Voir *Œuvres*, t. 5, p. 423 : « *Mais croyez, sire, que ni ce* système, *ni aucun de ces mauvais livres, n'est l'ouvrage d'un véritable philosophe, ni même d'un écrivain digne de ce nom. Il est fâcheux pour les honnêtes gens qui ont travaillé à l'*Encyclopédie, *qu'on donne le nom d'*encyclopédistes *aux ennemis de la patrie* ».

CHAPITRE QUATRE

QUI EST, POUR D'ALEMBERT, LE VÉRITABLE PHILOSOPHE ?

ESSAI D'UNE TYPOLOGIE DES ESPRITS AU XVIIIe SIÈCLE

Nous avons vu que l'interrogation métaphysique de d'Alembert se muait très vite en un contournement des questions qu'il juge indécidables. Mais cela signifie-t-il que la métaphysique n'a pas d'objet et qu'elle est une interrogation vaine ? Il semble que le seul objet légitime que d'Alembert reconnaisse à la métaphysique est l'étude de la génération de nos idées : « *La génération de nos idées appartient à la métaphysique ; c'est un de ses objets principaux, peut-être devrait-elle s'y borner ; presque toutes les autres questions qu'elle se propose sont insolubles et frivoles ; elles sont l'aliment des esprits téméraires ou des esprits faux ; et il ne faut pas être étonné si tant de questions subtiles, toujours agitées et jamais résolues, ont fait mépriser par les bons esprits cette science vide et contentieuse qu'on appelle communément métaphysique* » (*E.P.*, p. 39). Ce texte nous fournit une clef pour comprendre la démarche de d'Alembert face au questionnement métaphysique. Le refus systématique de considérer les objets classiques de la métaphysique comme des objets de savoir ou de science tient moins à une critique des objets traditionnels de la métaphysique qu'à un rejet pur et simple du tour d'esprit qui produit ce type d'objets. Il se pourrait que tout le travail de limitation du champ de la métaphysique ne soit pas guidé par une analyse de ce que seraient les objets légitimes de la métaphysique mais par la négation d'un modèle : celui du philosophe métaphysicien qui prétend, en mettant en œuvre un appareil démonstratif, réduire l'univers à un système dont il fournit les principes explicatifs. L'unité des objets exclus du champ des investigations humaines n'est pas à chercher, selon ce point de vue, dans une réflexion critique sur la métaphysique mais dans la caractérisation négative des esprits métaphysiciens qui produisent un pseudo-savoir en s'interrogeant vainement sur des objets inconnaissables et des questions qui dépassent la portée de l'esprit humain. Le chapitre VI des *Eléments de philosophie* confirme notre interprétation. D'Alembert y juxtapose les questions traditionnelles de la métaphysique et souligne leur nature aporétique mais sans justifier son jugement: «*Ainsi, plus on approfondit les différentes questions qui sont du ressort de la métaphysique, plus on voit combien leur solution est au-dessus de nos lumières, et avec quel soin on doit les exclure des éléments de philosophie. On demande, par exemple, si l'âme pense ou sent toujours*? *L'énoncé seul de cette question doit faire sentir l'impossibilité d'y répondre*» (*E.P.*, p. 47). C'est au nom d'une manière de sentir et non d'une analyse qui caractériserait comme illégitime le problème de la nature de l'âme que cette question est bannie du champ des connaissances possibles. Il faut rejeter non seulement ce type de questions mais surtout éviter la tournure d'esprit qui les soulève et n'aboutit qu'à des antinomies: «*les philosophes qui ont prétendu que l'âme ne pense pas toujours, ne peuvent se fonder que sur l'observation qu'ils en ont faite. Or c'est penser, qu'observer qu'on ne pense pas (...). Ceux au contraire qui soutiennent que l'âme pense toujours, ne le peuvent prétendre que d'après l'attention continuelle qu'ils ont faite à chacune de leurs pensées ; et tout le monde sait que la rapidité des pensées qui se suivent en nous ne nous permet pas cette attention soutenue*» (*E.P.*, p. 48). La juxtaposition critique des deux thèses annule leur force démonstrative et met en exergue la prétention (le verbe prétendre est utilisé deux fois) de ces philosophes [1]. D'Alembert se livre moins à une chasse aux objets qu'à une chasse aux esprits.

D'Alembert distingue en effet «*les bons esprits*» qui méprisent la science vide et contentieuse appelée communément métaphysique, des esprits téméraires et faux qui forgent des questions insolubles et frivoles. A cette distinction s'ajoute l'exigence de construire un nouveau sens de la métaphysique évidé du sens péjoratif qui en fait une prétendue science: «*Le titre de métaphysicien et même de grand métaphysicien est encore assez commun dans notre siècle ; car nous aimons à tout prodiguer : mais qu'il y a peu de personnes véritablement dignes de ce nom ! Combien y en a-t-il qui ne le méritent que par le*

1. Dans la suite du texte, d'Alembert énumère d'autres questions de la métaphysique sans s'interroger sur le problème de ce qu'est une question légitime mais en se contentant de les caractériser comme les produits des réflexions téméraires des métaphysiciens (voir *E.P.*, p. 49).

malheureux talent d'obscurcir avec beaucoup de subtilité des idées claires, et de préférer dans les notions qu'ils se forment l'extraordinaire au vrai, qui est toujours simple ? (...) Je ne doute point que ce titre ne soit bientôt une injure pour nos bons esprits, comme le nom de sophiste, qui pourtant signifie sage, avili en Grèce par ceux qui le portaient, fut rejeté par les vrais philosophes » (*D.P.E.*, pp. 104-105).

Pour atteindre le sens original de la métaphysique, d'Alembert procède à une critique de l'esprit qu'il présente dans les *Eléments de philosophie* comme l'objet général de la métaphysique [2]. Cette démarche est héritière de la critique lockienne de l'entendement humain. Alors que Descartes comparait l'esprit à la lumière du soleil qui n'est pas altérée par les objets qu'elle éclaire [3] et qu'il en faisait une substance une et identique saisie dans la certitude de l'intuition intellectuelle de l'*ego cogito*, Locke tout en reprenant la même métaphore de la vision déconstruit radicalement le rapport que Descartes introduisait entre l'esprit et ses objets. La méthode cartésienne ne consiste pas en effet à s'interroger sur les limites, la nature et la portée de l'esprit humain mais à bien disposer les objets du plus simple au plus complexe afin que l'esprit les saisisse aisément et certainement [4]. La comparaison de l'intuition intellectuelle avec la vision explicite parfaitement ce rapport institué entre l'esprit et ses objets, constitutif de la méthode : « *A dire vrai, la manière dont il faut utiliser l'intuition intellectuelle*

---

2. D'Alembert (in *E.P.*, p. 25) définit la métaphysique comme la discipline qui s'occupe exclusivement de l'un des quatre objets fondamentaux de la philosophie ramenée à ses éléments, à savoir l'esprit, les trois autres étant l'espace, le temps et la matière. Il précise un peu plus loin (p. 39) que la génération des idées est l'objet principal de la métaphysique. L'objet d'étude qu'est l'esprit est ainsi réduit à son mode de fonctionnement.

3. Voir la règle 1 des *Règles pour la direction de l'esprit* (*R.D.E.*): « *Toutes les sciences ne sont en effet rien d'autre que l'humaine sagesse, qui demeure toujours une et identique à elle-même, quelque différents que soient les objets auxquels elle s'applique, et qui ne reçoit pas d'eux plus de diversité que n'en reçoit la lumière du soleil de la vérité des choses qu'elle éclaire ; il n'y a donc pas lieu de contenir l'esprit en quelques bornes que ce soit* » (*Œuvres philosophiques*, (*O.P.*), Garnier, t. 1, p. 78).

4. Voir le titre de la règle V : « *Toute la méthode réside dans la mise en ordre des objets vers lesquels il faut tourner le regard de l'esprit, pour découvrir quelque vérité* » (*O.P.*, t. 1, p. 100). Pour Descartes, il est inutile de s'interroger sur les limites de l'entendement car celui-ci s'autodétermine. Un grand nombre d'idées ne viennent pas des sensations mais ont leur source dans l'esprit. L'entendement ne se réfléchit donc pas dans la lumière que lui renverraient les objets qu'il cherche à connaître, mais dans la lumière naturelle dont il est la source véritable et primitive. L'autodétermination et l'unité systématique et distincte constituent l'essence même de l'esprit qui s'oppose à la multiplicité indéfinie des objets particuliers (voir *R.D.E.*, pp. 120-121).

nous apparaît dès que nous la comparons avec la vision oculaire. En effet, celui qui veut regarder d'un seul coup d'œil plusieurs objets en même temps n'en voit aucun distinctement ; et pareillement, celui qui a pour habitude de prêter attention à plusieurs choses à la fois, en un seul acte de pensée, n'est qu'un esprit confus. En revanche, les artisans qui travaillent à des ouvrages de précision, et qui ont l'habitude de diriger attentivement leur regard sur chaque point, acquièrent à l'usage le pouvoir de discerner parfaitement les choses les plus petites et les plus fines ; de même, ceux qui ne dispersent jamais leur pensée sur divers objets en même temps, et la concentrent toujours toute entière à considérer les choses les plus simples et les plus faciles, acquièrent de la perspicacité » (*Œuvres philosophiques*, t. 1, Règle IX, pp. 123-124). Locke reprend cette comparaison de l'esprit avec l'œil mais en lui conférant une toute autre signification : « *L'entendement semblable à l'œil nous fait voir et comprendre toutes les autres choses, mais il ne s'aperçoit pas lui-même. C'est pourquoi il faut de l'art et des soins pour le placer à une certaine distance, et faire en sorte qu'il devienne l'objet de ses propres contemplations. Mais quelque difficulté qu'il y ait à trouver le moyen d'entrer dans cette recherche, et quelle que soit la chose qui nous cache si fort à nous-mêmes, je suis assuré néanmoins, que la lumière que cet examen peut répandre dans notre esprit, que la connaissance que nous pourrons acquérir par là de notre entendement, nous donnera non seulement beaucoup de plaisir, mais nous sera d'une grande utilité pour nous conduire dans la recherche de plusieurs autres choses* » (*Essai*, avant-propos, p. 1). Ce retour à soi, à l'esprit humain et cette nécessité de réfléchir l'œil s'expliquent par la différence de positions des deux auteurs quant à la question de l'origine des idées. Pour Locke, il n'y a pas de saisie immédiate possible de l'esprit par lui-même car il n'y a pas à proprement parler d'intuition intellectuelle dans sa théorie de la connaissance. Aucune idée n'est innée. Toutes nos idées viennent directement ou indirectement des sens [5]. Par conséquent,

5. Locke sépare bien deux sources d'idées – la sensation et la réflexion – mais il conçoit la réflexion comme une perception a posteriori, ce qui suppose que l'âme a déjà reçu des idées par les sens : « *L'autre source d'où l'entendement vient à recevoir des idées, c'est la perception des opérations de notre âme sur les idées qu'elle a reçues par les sens : opérations qui devenant l'objet des réflexions de l'âme, produisent dans l'entendement une autre espèce d'idées, que les objets extérieurs n'auraient pu lui fournir, telles que sont les idées de ce qu'on appelle* apercevoir, penser, douter, croire, raisonner, connaître, vouloir, *et toutes les différentes actions de notre âme, de l'existence desquelles étant pleinement convaincus, parce que nous les trouvons en nous-mêmes, nous recevons par leur moyen des idées aussi distinctes, que celles que les corps produisent en nous, lorsqu'ils viennent à frapper nos sens* » (*Essai*, livre II, ch. 1, § 4, p. 61).

la connaissance de ce qu'est l'esprit n'est pas intuitive et ne relève pas de l'évidence d'une idée claire et distincte.

D'Alembert reprend à son compte la bipartition lockienne des sources des idées [6] et son interrogation sur le fonctionnement de l'esprit [7] et tente de sérier les différents types d'esprit. L'esprit de système est répudié dans son objet : pour d'Alembert, Condillac a porté, dans son *Traité des systèmes*, le dernier coup à l'exposition *more geometrico* des principes de la philosophie. La notion de système, en effet, avait déjà été fortement critiquée par Bayle et par tout un mouvement de pensée émanant du milieu scientifique, notamment de la Société Royale de Londres et de l'Académie Royale des Sciences de Paris. Fontenelle, dans sa *Préface sur l'utilité des mathématiques et de la physique et sur les travaux de l'Académie des Sciences* (in *Œuvres*, Paris, Bélin, 1818, t. 1, pp. 37-38), considère qu'en physique toute construction de système est prématurée : «*Nous sommes obligés à ne regarder présentement les sciences que comme étant au berceau, du moins la physique. Aussi l'Académie n'en est-elle encore qu'à faire une ample provision d'observations et de faits bien avérés, qui pourront être un jour les fondements d'un système ; car il faut que la physique systématique attende, à élever des édifices, que la physique expérimentale soit en état de lui fournir les matériaux nécessaires*». Tout système n'est pas rejeté mais les bons systèmes ne sont pas encore construits, ce sont ceux qui substitueront aux hypothèses et aux conjectures, des faits et des observations. Tout ouvrage qui se veut sérieux au siècle des Lumières comporte, comme un exorde pour plaire au lecteur, une condamnation de l'esprit de système, c'est-à-dire de l'esprit de conjecture ou d'hypothèse. L'esprit de système est l'esprit formel qui emprunte la langue des géomètres pour garantir, du sceau de la certitude, des propositions indémontrables et indécidables. Cette usurpation de l'appareil logique est pour d'Alembert la marque de l'esprit faux : «*Cependant quelques philosophes trouvant cet appareil*

---

6. Voir *D.P.E.*, p. 14 : «*On peut diviser toutes nos connaissances en directes et réfléchies. Les directes sont celles que nous recevons immédiatement sans aucune opération de notre volonté ; qui trouvant ouvertes, si on peut parler ainsi, toutes les portes de notre âme, y entrent sans résistance et sans effort. Les connaissances réfléchies sont celles que l'esprit acquiert en opérant sur les directes, en les unissant et en les combinant. Toutes nos connaissances directes se réduisent à celles que nous recevons par les sens ; d'où il s'ensuit que c'est à nos sensations que nous devons toutes nos idées*».

7. Voir *D.P.E.*, p. 15 : «*La première chose que les sensations nous apprennent et qui même n'en est pas distinguée, c'est notre existence ; d'où il s'ensuit que nos premières idées réfléchies doivent tomber sur nous, c'est-à-dire sur ce principe pensant qui constitue notre nature et qui n'est point différent de nous-mêmes*».

propre à en imposer, sans doute parce qu'il les avait séduits eux-mêmes, l'ont appliqué indifféremment à toutes sortes de sujets ; ils ont cru que raisonner en forme, c'était raisonner juste ; mais ils ont montré par leurs erreurs qu'entre les mains d'un esprit faux ou de mauvaise foi, cet extérieur mathématique n'est qu'un moyen de se tromper plus aisément soi-même et les autres. On a mis jusqu'à des figures de géométrie dans des traités de l'âme ; on a réduit en théorie l'énigme inexplicable de l'action de Dieu sur les créatures ; on a profané le mot de démonstration *dans un sujet où les termes même de* conjecture *et de* vraisemblance *seraient presque téméraires* » (*E.P.*, p. 35)[8]. La critique de l'esprit faux est aussi une critique radicale de toute théologie qui se présenterait comme une science. A l'instar de Hume, d'Alembert ne cesse de dénoncer toute forme de théologie naturelle[9].

Les exemples les plus fréquents des penseurs qui font preuve d'esprit de système sont Spinoza[10], Leibniz[11], Descartes et Malebranche[12]. Pourtant, pour d'Alembert, l'esprit de système n'est pas entièrement à bannir en physique ni en d'autres sciences car certaines questions relèvent de l'art de conjecturer[13], à condition toutefois que le philosophe n'érige pas son discours en système et ses hypothèses en vérités : « *L'esprit de système est dans la physique ce que la métaphysique est à la géométrie : s'il est quelquefois nécessaire pour nous mettre dans le chemin de la vérité, il est presque toujours incapable de nous y conduire par lui-même. Eclairé par l'observation de la nature, il peut entrevoir les causes des phénomènes ; mais c'est au calcul à*

8. Voir aussi *E.P.*, p. 15, et Condillac, *Traité des systèmes*, 2e partie, ch. XIII, p. 284 (in *Œuvres complètes*, t. 2).

9. Voir à ce propos le texte *De l'abus de la critique en matière de religion* in *Œuvres*, t. 1, pp. 547-572.

10. Sur Spinoza, voir la critique de Voltaire dans sa pièce *Les systèmes* (in *Œuvres*, éd. Moland, t. 10, p. 171), celle de Condillac (partie I, ch. X en entier du *Traité des systèmes*) et les nombreuses critiques de d'Alembert et de Diderot concernant les philosophes (et notamment Spinoza) qui usent et abusent du discours métaphysique en le déguisant sous des théorèmes, corollaires et C. Q. F. D.

11. Sur Leibniz, voir le *Traité des systèmes*, partie I, ch. VIII en entier.

12. Sur Descartes et Malebranche, voir l'*Avant-propos de l'extrait du dictionnaire de Bayle* (in *Œuvres philosophiques* de Frédéric, p. 318).

13. Voir *E.P.*, p. 36 : « *ainsi on doit apprendre dans les matières purement conjecturales à ne pas confondre avec le vrai rigoureux ce qui est simplement probable, à saisir dans le vraisemblable même les nuances qui séparent ce qui l'est davantage de ce qui l'est moins. Tel est l'usage de cet esprit de conjecture ; plus admirable quelquefois que l'esprit même de découverte, par la sagacité avec laquelle il fait entrevoir ce qu'on ne peut pas parfaitement connaître, suppléer par des à peu-près à des déterminations rigoureuses et substituer lorsqu'il est nécessaire la probabilité à la démonstration, avec les restrictions d'un pyrrhonisme raisonnable* ».

assurer, pour ainsi dire, l'existence de ces causes, en déterminant exactement les effets qu'elles peuvent produire, et en comparant ces effets avec ceux que l'expérience découvre. Toute hypothèse dénuée d'un tel secours, acquiert rarement ce degré de certitude qu'on doit toujours se proposer dans les sciences naturelles et qui néanmoins se trouve si peu dans ces conjectures frivoles qu'on honore du nom de système. S'il ne pouvait y en avoir que de cette espèce, le principal mérite du physicien serait, à proprement parler, d'avoir l'esprit de système et de n'en faire jamais » (*Introduction aux recherches sur la précession des équinoxes* in *Œuvres*, t. 1, p. 437) [14]. Il peut y avoir un bon esprit de système guidant la démarche scientifique mais il ne faut pas en abuser, c'est-à-dire ne pas succomber à la tentation du philosophe (entendu au sens large de savant) ainsi décrite : « *telle est tout à la fois la sagesse et la manie du philosophe ; tant que la collection des matériaux est facile et abondante, il n'est guère occupé que du soin de les recueillir et de les mettre en ordre ; mais à l'instant qu'ils lui manquent, il commence aussitôt à discourir ; obligé même (ce qui lui arrive souvent) de se contenter d'un petit nombre de matériaux, il est toujours tenté d'en former un corps et de délayer en un système de science, ou en quelque chose du moins qui en ait la forme, un petit nombre de connaissances imparfaites et isolées* » (*E.P.*, p. 176). Mais malheureusement, dit d'Alembert, trop de penseurs mettent en œuvre dans leurs ouvrages ce qu'ils condamnent dans leurs préfaces [15]. Au faiseur de système, il oppose le vrai philosophe qui a pour étude privilégiée les faits [16]. Cette étude doit être guidée par l'esprit de méthode [17] et se doubler d'une critique de la métaphysique [18]. L'esprit de méthode

14. Le texte de 1749 que nous citons est littéralement repris dans le *Discours préliminaire de l'Encyclopédie*, p. 117. Ces répétitions de textes sont fréquentes chez d'Alembert.

15. Voir *Réflexions sur l'usage et sur l'abus de la philosophie dans les matières de goût* (in *Œuvres*, t. 4, p. 330) : « *Les philosophes font le contraire des législateurs ; ceux-ci se dispensent des lois qu'ils imposent, ceux-là se soumettent dans leur ouvrage aux lois qu'ils condamnent dans leurs préfaces* ».

16. Voir *E.P.*, p. 27 : « *La philosophie n'est point destinée à se perdre dans les propriétés générales de l'être et de la substance, dans des questions inutiles sur des notions abstraites, dans des divisions arbitraires et des nomenclatures éternelles ; elle est la science des faits, ou celle des chimères* ».

17. Voir *D.P.E.*, p. 33 : « *la seule manière de philosopher en physique consiste ou dans l'application de l'analyse mathématique aux expériences, ou dans l'observation seule, éclairée par l'esprit de méthode, aidée quelquefois par des conjectures lorsqu'elles peuvent fournir des vues, mais sévèrement dégagée de toute hypothèse arbitraire* ».

18. Voir la lettre de d'Alembert à Frédéric du 17 septembre 1764 (in *Œuvres*, t. 5, p. 253) : « *Un vrai philosophe, ce me semble, ne doit traiter de cette science* (la

est l'esprit juste appelé aussi esprit systématique ou philosophique. Il a pour tâche de réduire en un petit nombre de principes ou de notions générales clairement explicitées chaque art ou chaque science dont il se préoccupe car « *plus on diminue le nombre des principes d'une science, plus on leur donne d'étendue* [19] *; puisque l'objet d'une science étant nécessairement déterminé, les principes appliqués à cet objet seront d'autant plus féconds qu'ils seront en plus petit nombre. Cette réduction, qui les rend d'ailleurs plus faciles à saisir, constitue le véritable esprit systématique, qu'il faut bien se garder de prendre pour l'esprit de système avec lequel il ne se rencontre pas toujours* » (*D.P.E.*, p. 30). Tout paraît clair : en science et en philosophie l'esprit systématique ou philosophique doit détrôner l'esprit de système. Pourtant d'un auteur à l'autre et même chez le même auteur, l'évaluation du « bon esprit » change. Ainsi Frédéric loue Bayle pour avoir eu « *la prudence de ne jamais donner dans l'esprit systématique comme les autres* » et pour avoir su se distinguer « *par un esprit géométrique, sans qu'il sût beaucoup de géométrie* » (*O.P.*, pp. 317-318). De Jaucourt, dans l'article *philosophie* de l'*Encyclopédie*, réprouve également l'esprit systématique [20].

La question se complique encore quand on comprend que la construction d'un système n'est pas le critère décisif pour juger de l'esprit du constructeur car il y a des bons systèmes [21]. D'Alembert, dans l'article *système*, reconnaît un sens positif au mot système dans le domaine de l'astronomie et même en philosophie [22]. Les expériences et

---

métaphysique) *que pour nous détromper de ce qu'elle croit nous apprendre ; principalement sur ces grandes questions, qui, comme le dit très bien votre majesté, nous importent vraisemblablement si peu, par la raison même qu'elles nous tourmentent si fort en pure perte* ».

19. On retrouve ici l'exigence systématique du *Traité de dynamique* (réduire les principes au plus petit nombre).

20. Voir *Encyclopédie*, t. XII, 1765, p. 515 : « *par esprit systématique, je n'entends pas celui qui lie les vérités entre elles pour former des démonstrations, ce qui n'est autre chose que le véritable esprit philosophique, mais je désigne celui qui bâtit des plans et forme des systèmes de l'univers, auxquels il veut ensuite ajuster, de gré ou de force, les phénomènes (...). Ce qui rend l'esprit systématique si contraire au progrès de la vérité, c'est qu'il n'est plus possible de détromper ceux qui ont imaginé un système qui a quelque vraisemblance* ».

21. Turgot distingue ainsi les mauvais systèmes, arbitraires et sans fondement, des bons : « *un système signifie une opinion adoptée mûrement, appuyée sur des preuves et suivie dans ses conséquences. Dans ce dernier sens, il est cependant vrai que tout homme qui pense a un* système, *et qu'un système ne peut être un reproche, puisqu'un système ne peut être renversé que par un système contraire* » (*Œuvres*, publiées par Schelle, t. 1, p. 619).

22. Voir *Encyclopédie*, t. XV, 1765, p. 778.

les observations sont les matériaux des bons systèmes dont le paradigme est le système du monde de Newton. Les hypothèses arbitraires en revanche n'engendrent que des romans de la nature dont le paradigme est la théorie cartésienne des tourbillons [23]. Du reste, le projet encyclopédique présenté comme une tentative de rassembler tous les éléments des sciences et de la philosophie a pour modèle final et idéal le système : « *Mais s'il est souvent difficile de réduire à un petit nombre de règles ou de notions générales chaque science ou chaque art en particulier, il ne l'est pas moins de renfermer dans un système qui soit un, les branches infiniment variées de la science* » (*D.P.E.*, p. 13). Pourtant à ce sens positif s'opposent les critiques répétées de d'Alembert à l'égard des systèmes et de leurs faiseurs car le goût de la philosophie, sa teinture, ne se confond plus au XVIIIe siècle avec le goût des systèmes [24]. D'Alembert parle de teinture de la philosophie [25] et cette expression est significative de l'ambiguïté de son projet qui est aussi celui du XVIIIe siècle, à savoir dresser le tableau des progrès de l'esprit humain. Pour les Lumières, leur siècle est le siècle de l'esprit philosophique [26] et, pour eux, l'avènement de cet esprit est tributaire de l'avènement du fait. Dans les diverses réflexions historiques sur les progrès de l'esprit humain, les penseurs du XVIIIe siècle présentent l'histoire des idées comme si l'esprit philosophique avait succédé à l'esprit de système parce que les Lumières auraient enfin reconnu l'importance du fait au détriment des hypothèses arbitraires et des

23. D'Alembert, à l'encontre des penseurs de son temps, corrige l'opposition récurrente au XVIIIe siècle entre Descartes et Newton (Descartes étant présenté comme le prototype de l'esprit de système, et Newton comme le modèle du nouvel esprit scientifique). Ainsi il écrit pp. 97-98 du *D.P.E.* : « *Si on juge sans partialité ces tourbillons devenus aujourd'hui presque ridicules, on conviendra, j'ose le dire, qu'on ne pouvait alors imaginer rien de mieux (...). Reconnaissons donc que Descartes, forcé de créer une physique toute nouvelle, n'a pu la créer meilleure ; qu'il a fallu, pour ainsi dire, passer par les tourbillons pour arriver au vrai système du monde* ».

24. Voir *D.P.E.*, p. 116 : « *la philosophie, en songeant à plaire, paraît n'avoir pas oublié qu'elle est principalement faite pour instruire ; c'est par cette raison que le goût des systèmes, plus propre à flatter l'imagination qu'à éclairer la raison, est aujourd'hui presque banni des bons ouvrages. (...) un écrivain qui ferait parmi nous l'éloge des systèmes viendrait trop tard* ».

25. Voir *E.P.*, p. 183.

26. Voir par exemple ce que dit Nicolas Fréret de l'esprit de son siècle dans ses *Réflexions sur les anciennes histoires et sur le degré de certitude de leurs preuves* (in *Mémoires de littérature de l'Académie Royale des Inscriptions et des Belles Lettres*, t. 6, 1729, p. 151) : « *On sait aujourd'hui distinguer l'esprit de système de l'esprit philosophique : la vraie critique n'est autre chose que cet esprit philosophique appliqué à la discussion des faits ; elle suit dans leur examen le même procédé que les philosophes emploient dans la recherche des vérités naturelles* ».

suppositions vagues. Aussi sont-ils persuadés qu'ils sont les premiers théoriciens et praticiens de la méthode expérimentale et de l'induction, et les réels représentants du nouvel esprit scientifique et philosophique, à la suite de leur modèle à penser : Newton, et à l'encontre de leur modèle à abattre : Descartes (figurant l'esprit de système, métaphysicien et visionnaire) [27]. Même si d'Alembert reconnaît à Descartes un certain mérite, il participe à la lecture dix-huitiémiste des progrès de l'esprit humain [28]. Mais, contrairement à beaucoup de penseurs de son temps, il n'arrête pas sa critique à l'émergence de l'esprit philosophique. Il assigne certaines limites à la « *teinture de la philosophie* » de son siècle : « *Cet esprit philosophique, si à la mode aujourd'hui, qui veut tout voir et ne rien supposer, s'est répandu jusque dans les Belles Lettres (...). Notre siècle, porté à la combinaison et à l'analyse, semble vouloir introduire les discussions froides et didactiques dans les choses de sentiment* » (*D.P.E.*, p. 118) [29]. Peut-être ce sursaut critique envers l'esprit philosophique résulte-t-il des discussions qui l'opposent à Diderot concernant la définition du « *meilleur esprit* ». Car la philosophie a bon ou mauvais teint suivant les siècles mais aussi, au sein d'une même époque, selon les esprits [30]. Si Diderot en écrivant le *Prospectus* et l'article *encyclopédie*, insiste sur l'esprit philosophique de l'ouvrage, il ne confère sans doute pas exactement le même sens à l'expression que d'Alembert. Il ne partage certainement pas la tendance de son collègue à rapporter tous les esprits justes, précis et clairs

---

27. Le schéma positiviste des trois âges développé par Comte a son origine dans la pensée des Lumières : de Jaucourt, dans l'article *philosophie* de l'*Encyclopédie*, réfère à la *Dissertation sur les anciens et les modernes* de Fontenelle l'idée que le siècle des Lumières marque l'entrée de la philosophie dans l'âge de virilité : « *Un bon esprit cultivé et de notre siècle, dit M. de Fontenelle, est pour ainsi dire composé de tous les esprits des siècles précédents, ce n'est qu'un même esprit qui s'est cultivé pendant tout ce temps-là : ainsi cet homme qui a vécu depuis le commencement du monde jusqu'à présent, a eu son enfance, où il ne s'est occupé que des besoins les plus pressants de la vie ; sa jeunesse, où il a assez bien réussi aux choses d'imagination, telles que la poésie et l'éloquence, et où même il a commencé à raisonner, mais avec moins de solidité que de feu, et il est maintenant dans l'âge de virilité* » (*Encyclopédie*, t. XII, 1765, p. 514).

28. Voir par exemple *D.P.E.*, p. 116, et *E.P.*, ch. 5.

29. Les titres de certains de ses textes sont à ce propos très révélateurs : *De l'abus de la critique en matière de religion* (in *Œuvres*, t. 1, pp. 547-572) ou encore *Réflexions sur l'usage et l'abus de la philosophie dans les matières de goût* (in *Œuvres*, t. 4, pp. 326-333).

30. Voir *E.P.*, p. 183 : « *la philosophie prend la teinture des esprits où elle se trouve. Chez un métaphysicien elle est ordinairement toute systématique, chez un géomètre elle est souvent toute de calcul. La méthode du dernier est sans doute la plus sûre ; mais il ne faut pas s'y borner et croire que tout s'y réduise* ».

à la géométrie [31]. Diderot qui, malgré ses connaissances en géométrie, n'est pas géomètre ou du moins n'est pas inventeur en géométrie, cherche à promouvoir un autre modèle pour la pensée philosophique. Il prône l'esprit poétique guidé par la méthode de l'analogie. Même si, dans son article *encyclopédie*, il loue Perrault, La Motte, Terrasson, Boindin, et Fontenelle pour les progrès de la raison qu'ils ont produits, il propose aussitôt, en complément de la pensée rationaliste, de mettre en avant l'esprit de divination qui vient enrichir par ses extravagances, ses analogies et ses conjectures, l'esprit philosophique, rigoureux certes, mais parfois réducteur [32]. Tout en rejetant l'esprit de système et en préconisant l'expérience, tout en condamnant « *la fureur des conjectures* » [33], Diderot ne revendique pas moins l'utilité et la fécondité de certaines hypothèses apparemment déconcertantes [34]. L'extravagance – « *car quel autre nom donner à cet enchaînement de conjectures fondées sur des oppositions ou des ressemblances si éloignées, si imperceptibles, que les rêves d'un malade ne paraissent ni plus bizarres, ni plus décousus* ? » [35] – n'est pas à dédaigner, elle est heuristique. Ainsi, derrière ces variations de sens de l'esprit philosophique, systématique, géométrique, s'affrontent deux personnalités fort contrastées et concurrentes dans la « *teinture* » que chacune entend donner à l'*Encyclopédie*. Les articles et différents textes de Diderot et de d'Alembert portent les traces de ce débat qui tourne parfois à la querelle [36]. Par exemple l'insertion de la théorie des analogies dans l'article *encyclopédie* corrige les données du *Discours préliminaire de l'Encyclopédie* et vise à élargir le champ d'investigations de l'esprit humain à des domaines comme les sciences de la vie, où les méthodes purement rationnelles et systématiques ne sont pas adaptées. Au sage géomètre, au physicien prudent, au « *philosophe mécanicien* » qui se méfie des visions extravagantes et n'entend raisonner qu'après avoir bien vu et manié les principes, Diderot oppose l'homme de génie qui « *s'élève d'un vol d'aigle vers une vérité lumineuse, source de mille vérités, auxquelles parviendra dans la suite en rampant la foule timide des sages*

31. Voir la lettre de d'Alembert à Frédéric du 6 mars 1771 (in *Œuvres*, t. 5, p. 310) et aussi *E.P.*, p. 227.

32. Voir article *encyclopédie* (t. V, 1755, p. 637) et aussi les §§ XXX et XXXI de l'*Interprétation de la nature* (in *Œuvres philosophiques*, pp. 197-198).

33. Voir § XXVI (in *Œuvres philosophiques*, p. 194).

34. Voir article *encyclopédie*, p. 643 : « *il vaut encore mieux risquer des conjectures chimériques que d'en laisser perdre d'utiles* ».

35. Voir § XXXI, pp. 197-198.

36. J. Pappas, dans son article paru dans *Studies Voltaire* (89, 1972, 1229), intitule ce débat *l'esprit de finesse contre l'esprit de géométrie*.

observateurs. Mais à côté de cette vérité lumineuse, il placera les ouvrages de son imagination : incapable de marcher dans la carrière et de parcourir successivement les intervalles, il part d'un point et s'élance vers le but ; il tire un principe fécond des ténèbres ; il est rare qu'il suive la chaîne des conséquences ; il est primesautier, *pour me servir de l'expression de Montaigne. Il imagine plus qu'il n'a vu ; il produit plus qu'il ne découvre, il entraîne plus qu'il ne conduit* » (article *génie* de l'*Encyclopédie*, t. VII, 1757, p. 583). Diderot met l'accent sur ce qui sépare l'homme de génie, le poète, du géomètre, et il pense venu le temps où l'esprit poétique doit supplanter et chasser l'esprit du géomètre [37].

D'Alembert cherche au contraire à montrer la compatibilité de l'esprit fin et de l'esprit géomètre. Dans ses différentes présentations de ces deux formes d'esprit, on retrouve le souci pascalien [38] de mettre en exergue leur caractère complémentaire et de proposer un modèle qui doit sa perfection à l'union des deux esprits. Dans le *Discours préliminaire de l'Encyclopédie*, d'Alembert souligne les ressemblances entre le géomètre et le poète : « *l'imagination dans un géomètre qui crée, n'agit pas moins que dans un poète qui invente ; ils opèrent différemment sur leurs objets ; le premier le dépouille et l'analyse, le second le compose et l'embellit* » (p. 65). Il écrit à Madame du Deffand qu'il a rédigé le *Discours* pour prouver « *qu'on peut être géomètre et avoir le sens commun,* ce qu'il fallait démontrer » (*Œuvres*, t. 5, p. 25). Aux succès et aux nominations de d'Alembert dans les Académies les plus réputées d'Europe (y compris dans les Académies de Lettres), aux honneurs qu'on lui fait (Frédéric le choisit comme correspondant littéraire à la place de Voltaire), Diderot réagit violemment en écrivant à Sophie Volland dans la lettre du 31 août 1760 (in *Correspondance*, éd. Roth, III, 1957, p. 46) : « *Cet homme ne sait pas un mot du langage d'Homère ; (...) qu'il s'en tienne aux équations, c'est son lot* ». D'Alembert veut parvenir à une réelle conciliation des sciences et des arts [39], il a conscience des limites de l'esprit géomètre quand il se

---

37. Voir de l'*Interprétation de la nature*, le § IV et le § XVII in *O.P.*, pp. 180-181 et p. 190.

38. Voir *Pensées*, classement Lafuma, fr. 511, 513 et surtout 512 : « *Tous les géomètres seraient donc fins s'ils avaient la vue bonne car ils ne raisonnent pas faux sur les principes qu'ils connaissent. Et les esprits fins seraient géomètres s'ils pouvaient plier leur vue vers les principes inaccoutumés de géométrie* » (in *O.C.*, p. 576).

39. Dans les *Eléments de philosophie*, pp. 16-17, il définit son projet philosophique en ces termes : « *il s'agit de fixer et de recueillir les principes de nos connaissances certaines (...), d'éviter également dans cette décomposition, l'esprit*

cantonne aux pures questions de géométrie : « *L'esprit qui ne reconnaît le vrai que lorsqu'il en est directement frappé, est bien au-dessous de celui qui sait non seulement le reconnaître de près, mais encore le pressentir et le remarquer dans le lointain à des caractères fugitifs. C'est là ce qui distingue principalement l'esprit géométrique, applicable à tout, d'avec l'esprit purement géomètre, dont le talent est restreint dans une sphère étroite et bornée* » (*E.P.*, pp. 36-37). Cette ouverture nécessaire de l'esprit géomètre vers l'esprit géométrique s'opère sans que l'utilité et la fécondité de l'esprit géomètre ne soient remises en cause. D'Alembert n'accepte pas l'analogie établie par Diderot entre l'esprit géomètre et l'esprit de jeu voué à l'abstraction, analogie qui vise à réduire la géométrie à une métaphysique : « *Lorsque les géomètres ont décrié les métaphysiciens, ils étaient bien éloignés de penser que toute leur science n'était qu'une métaphysique* » (*Interprétation de la nature*, § III, in *Œuvres philosophiques*, p. 179). A la fin du même paragraphe, Diderot dresse un portrait du géomètre « *universel* » ressemblant fort à un défi que d'Alembert s'efforcera de relever : « *Et je dis : heureux le géomètre, en qui une étude consommée des sciences abstraites n'aura point affaibli le goût des beaux-arts ; à qui Horace et Tacite seront aussi familiers que Newton ; qui saura découvrir les propriétés d'une courbe, et sentir les beautés d'un poète ; dont l'esprit et les ouvrages seront de tous les temps, et qui aura le mérite de toutes les académies !* » [40].

D'Alembert répond à l'assimilation opérée par Diderot entre l'esprit géomètre et l'esprit métaphysique dans l'article *géomètre* et dans les *Eléments de philosophie* [41]. Il présente le rapport entre la métaphysique et la géométrie comme un rapport conflictuel : « *Après avoir abusé en métaphysique de la méthode des géomètres, il ne restait plus qu'à abuser de la métaphysique en géométrie, et c'est ce qu'on a fait* » (*E.P.*, p. 119). L'idéal serait bien sûr que le géomètre soit aussi un bon métaphysicien ou un bon joueur, c'est-à-dire qu'il exerce, dans sa propre activité et dans d'autres domaines, son jugement avec finesse, en saisissant une situation d'un seul coup d'œil, mais ce n'est généra-

---

minutieux et borné qui laisse le tronc pour les branches, et l'esprit trop avide de généralités, qui perd et confond tout en voulant tout embrasser et tout réduire ».

40. Il est curieux de constater que l'œuvre littéraire sur laquelle d'Alembert a le plus travaillé est précisément celle de Tacite : ou bien Diderot, en 1753, connaissait les projets littéraires de d'Alembert et l'adresse du texte est ainsi explicite, ou bien d'Alembert a voulu se conformer le plus possible au portrait de Diderot en traduisant Tacite (traductions publiées en 1759 dans le volume 3 des *Mélanges*).

41. Voir article *géomètre* (*Encyclopédie*, t. VII, 1757, p. 628) et *E.P.*, pp. 120-121.

lement pas le cas : «*Il semble que les grands géomètres devraient être excellents métaphysiciens, au moins sur les objets dont ils s'occupent ; cependant il s'en faut bien qu'ils le soient toujours. La logique de quelques-uns d'entre eux est renfermée dans leurs formules et ne s'étend point au-delà. On peut les comparer à un homme qui aurait le sens de la vue contraire à celui du toucher, ou dans lequel le second de ces sens ne se perfectionnerait qu'aux dépens de l'autre*» (*E.P.*, p. 120) [42]. Les *Eléments de philosophie* ont sans doute aussi pour objet de montrer qu'un géomètre peut être fin et avoir l'esprit ouvert à d'autres questions que celles de la géométrie : un géomètre peut en effet, nous dit d'Alembert, « *conserver à l'esprit sa flexibilité, en ne le tenant point toujours courbé vers les lignes et les calculs et en tempérant l'austérité des mathématiques par des études moins sévères ; et s'accoutumer enfin à passer sans peine de la lumière au crépuscule* » (*E.P.*, p. 37). L'esprit du géomètre doit donc s'appliquer et savoir s'adapter à d'autres domaines parce que dans certaines sciences « *il est une infinité de cas où sans être ni éclairés ni convaincus, nous sommes forcés d'agir et de raisonner comme si nous l'étions* » (*E.P.*, p. 35). C'est alors qu'on a recours à « *l'esprit de conjecture* » qu'il faut savoir utiliser avec sagacité car «*plus l'art conjectural est imparfait par sa nature, plus on a besoin de règles pour s'y conduire* » (*E.P.*, p. 36). A l'encontre de cet esprit de conciliation, la pensée philosophique de Diderot s'oriente vers la nécessité d'un choix. En effet, l'esprit philosophique se révèle, à ses yeux, de plus en plus incompatible avec l'essor poétique. Les visions poétiques et les conjectures cosmologiques foisonnent dans ses ouvrages où l'analogie est considérée comme la méthode même de l'esprit de finesse. La sensibilité exprimée dans la figure de Dorval supplante l'esprit cartésien de Bordeu. Diderot va jusqu'à mettre en scène un d'Alembert rêvant, pour exposer ses « *extravagances* ». D'Alembert rétorque dans les *Eclaircissements sur différents endroits des Eléments de philosophie* aux conjectures du *Rêve de d'Alembert.* Dans l'éclaircissement VI sur l'art de conjecturer, il accumule ironiquement des conjectures que la méthode de l'analogie rend parfaitement raisonnables, mais que l'expérience infirme en physique. Cet antidote, il l'appelle l'antiphysique ; il vise ainsi à pallier

---

42. Voir aussi à ce propos le jugement de d'Alembert sur les *Lettres à une princesse d'Allemagne* d'Euler : « *Vous avez bien raison de dire qu'il n'eût pas dû faire imprimer cet ouvrage pour son honneur. Il est incroyable qu'un aussi grand génie que lui sur la géométrie et l'analyse soit en métaphysique si inférieur au plus petit écolier, pour ne pas dire si plat et si absurde, et c'est bien le cas de le dire :* Non omnia eidem Dei dedere » (lettre de d'Alembert à Lagrange du 7 août 1769 in *Œuvres* de Lagrange, t. 13).

les excès d'une imagination trop vive et d'un esprit de système qui cherche, en mettant en œuvre des hypothèses arbitraires et en abusant de l'analogie, à tout expliquer et à tout comprendre. Dans ce même texte, il réitère ses doutes sur le champ d'application du calcul des probabilités [43] que Diderot défend et veut étendre aux questions relatives à la vie commune. Dans le chapitre *Métaphysique* des *Eléments de philosophie*, il répond directement aux « *rêves d'un malade* » que Diderot avait présentés dans l'*Interprétation de la nature* : « *Les rêves des philosophes sur la plupart des questions métaphysiques, ne méritent aucune place dans un ouvrage, uniquement destiné à renfermer les connaissances réelles acquises par l'esprit humain* » (*E.P.*, p. 49). Pourtant, malgré ses réticences à accorder un droit de cité à l'art de conjecturer en science, d'Alembert reconnaît la nécessité de recourir pour certaines questions à l'esprit de conjecture et d'analogie [44]. A la fin de sa vie, il est tout à fait conscient des excès qu'a engendrés l'esprit de calcul dans la philosophie des Lumières et dans sa propre réflexion. Il reconnaît que l'obsession d'éviter la métaphysique et l'esprit de système l'a conduit trop loin [45]. Au terme de ce chapitre, il est intéressant de juxtaposer deux textes de Diderot et de d'Alembert « *de même esprit* ».

Le premier est tiré de l'*Essai sur les règnes de Claude et de Néron* : « *Que le physicien fasse une hypothèse, qu'il s'occupe à étayer ou à abattre cette hypothèse par des expériences ; qu'il nous apporte ensuite le résultat de ces tentatives, j'y consens ; mais qu'il nous épargne l'inutile et fastidieux détail de ses visions. (...) Suppléer (au) silence (de la nature) par une analogie, par une conjecture, ce sera rêver ingénieusement, grandement si l'on veut, mais ce sera rêver* »(*Œuvres complètes* de Diderot, Assézat-Tourneux, III, 360).

Le second est extrait des *Eléments de philosophie*, p. 183 : « *Cependant comme d'un côté la vanité naturelle à l'esprit humain le*

---

43. Voir le dernier chapitre de notre première partie.

44. Voir *E.P.*, p. 185 : « *Au reste quand nous proscrivons de la physique la manie de tout expliquer, nous sommes bien éloignés de condamner, ni cet esprit de conjecture, qui tout à la fois timide et éclairé conduit quelquefois à des découvertes ; ni cet esprit d'analogie, dont la sage hardiesse perce au delà de ce que la nature semble vouloir montrer, et prévoit les faits avant que de les avoir vus. Ces deux talents précieux et rares trompent à la vérité quelquefois celui qui n'en fait pas assez sobrement usage ; mais ne se trompe pas ainsi qui veut* ». Voir aussi *E.P.*, p. 232.

45. Voir l'addition à l'article *force* de l'*Encyclopédie méthodique* (publiée par Bossut) : « *Je crois pouvoir donner aux géomètres, qui dans la suite s'appliqueront à cette matière, un avis que je prendrai le premier pour moi-même, c'est de ne pas ériger trop légèrement des formules d'algèbre en vérités ou propositions physiques* ».

porte à se faire honneur de ce qu'il fait, et que de l'autre on ne consent qu'avec peine à avoir fait un travail inutile, on résiste difficilement à montrer aux autres cet étalage de savoir géométrique, qui sans instruire le lecteur sur la matière qui en a été le prétexte, ne sert qu'à montrer les connaissances mathématiques de l'auteur. Ainsi l'esprit de calcul, qui a chassé l'esprit de système, règne peut-être un peu trop à son tour ».

On pourrait presque inverser les auteurs : les frères ennemis se rejoignent dans leur conception du meilleur esprit. Le meilleur esprit, c'est le moins fort, le moins vaniteux. C'est celui qui est capable d'autocritique et qui travaille pour l'amour de la vérité et non pour l'amour-propre. Cet esprit autocritique se laisse difficilement étiqueter [46]. C'est à proprement parler l'esprit philosophique qui use mais n'abuse pas de lui-même : « *Cet esprit consiste à remonter en tout aux vrais principes, à reconnaître que chaque art a sa nature propre, chaque situation de l'âme son caractère, chaque chose son coloris ; en un mot, à ne point confondre les limites de chaque genre. Abuser de l'esprit philosophique, c'est en manquer* » (*Réflexions sur l'usage et sur l'abus de la philosophie en matière de goût* in *Œuvres*, t. 4, p. 332).

Au terme de cette analyse, on en vient à penser que l'exclusion des grandes questions métaphysiques résulte moins d'une réflexion sur la légitimité des objets de la métaphysique que de l'exercice d'un esprit, l'esprit philosophique. Celui-ci a pour tâche d'assigner les limites de ce qui est connaissable et de ce qui ne l'est pas. Mais au nom de quoi acquiert-il une telle autorité ? Au nom de son simple exercice : il s'utilise comme un bouclier du savoir assurant à celui qui le brandit le droit de contourner les questions métaphysiques qu'il juge, de manière instinctive et somme toute péremptoire, indécidables. La métaphysique se trouve ainsi amputée d'une grande partie de ses objets : « *La métaphysique, selon le point de vue sous lequel on l'envisage, est la plus satisfaisante ou la plus futile des connaissances humaines : la plus satisfaisante quand elle ne considère que des objets qui sont à sa portée, qu'elle les analyse avec* netteté *et* précision, *et qu'elle ne s'élève point au delà de ce qu'elle connaît clairement de ces mêmes objets ; la plus futile, lorsqu'orgueilleuse et ténébreuse tout à la fois, elle s'enfonce dans une région refusée à ses regards, qu'elle disserte sur les attributs de Dieu, sur la nature de l'âme, sur la liberté, et sur d'autres sujets de*

---

46. On peut noter à ce propos le souci permanent de d'Alembert d'être un penseur qui se démarque des philosophes ou des métaphysiciens (voir *D.P.E.*, p. 17 « *Laissons aux métaphysiciens (...)* », p. 19 « *C'est aux philosophes à juger (...)* »).

cette espèce, où toute l'antiquité philosophique s'est perdue, et où la philosophie moderne ne doit pas espérer d'être plus heureuse » (*E.P.*, p. 347).

Mais l'esprit philosophique est aussi programmatique : il est le fil conducteur prôné par les auteurs du *Discours préliminaire de l'Encyclopédie* et du *Prospectus*. Sous sa caution, Diderot et d'Alembert se proposent de construire la métaphysique des sciences et des arts, c'est-à-dire de présenter les principes fondateurs de chaque science et de chaque art. La mise en œuvre de l'esprit philosophique s'annonce comme la mise en œuvre d'une métaphysique dont le seul sens légitime est d'être organisatrice du savoir, c'est-à-dire science des principes ou des faits.

CHAPITRE CINQ

LE MOT D'ORDRE DES ENCYCLOPÉDISTES : RENDRE LA PHILOSOPHIE POPULAIRE

S'interroger sur le sens positif que les encyclopédistes confèrent au mot métaphysique, c'est s'interroger sur la valeur exprimée par les encyclopédistes dans l'impératif de rendre la philosophie populaire. En effet le mot philosophie de cette expression est synonyme du mot métaphysique pris au sens de théorie de la connaissance, c'est-à-dire ensemble des principes organisateurs et régulateurs du savoir. Il ne renvoie donc pas aux seuls ouvrages de philosophie mais aux ouvrages des sciences, des arts et des métiers. L'expression est sous-tendue par une conception encyclopédique de la philosophie, c'est-à-dire par la conception des encyclopédistes qui en font la langue et la grammaire des sciences et des arts. Le mot philosophie, dans l'*Encyclopédie*, s'identifie à celui de langue ou de métaphysique : Diderot, dans l'article *encyclopédie* (t. V, 1755, p. 642), insiste sur l'idée que toute science ou tout art a sa métaphysique et que l'objet de l'ordre encyclopédique est de bien exposer la métaphysique des choses, ou leurs raisons premières et générales. De même d'Alembert, dans l'article *éléments des sciences* (t. V, p. 492), précise qu'il faut surtout s'attacher à bien développer ce qu'il appelle la métaphysique des propositions qui n'est autre chose que l'exposition claire et précise des vérités générales et philosophiques sur lesquelles les principes de la science sont fondés.

L'expression « *rendre la philosophie populaire* » est énoncée dans le § XL du texte de l'*Interprétation de la nature* (*I.N.*) [1] de Diderot dont l'objet est de dénoncer « *l'affectation des grands maîtres* » qui « *se plaisent à tirer un voile entre le peuple et la nature* ». Le propos de Diderot est de montrer que l'intérêt de la philosophie est de s'exprimer

1. Voir *Œuvres philosophiques*, Paris, Garnier, 1964, p. 216.

dans des ouvrages clairs. Intérêt interne d'abord puisque c'est en se rendant accessibles au peuple que les philosophes marchent en avant, intérêt social et économique ensuite puisque la clarté de l'ouvrage épargne du temps et du travail au lecteur et favorise ainsi la rapidité de compréhension et de diffusion du savoir, du savoir et non à proprement parler de la philosophie comme en témoignent les deux contre-exemples que Diderot cite comme des ouvrages obscurs : d'une part certains ouvrages du chimiste Stahl et d'autre part les *Principes mathématiques* de Newton.

Cette expression apparaît, du fait de ses récurrences (à quelque variantes près), comme un véritable mot d'ordre des encyclopédistes. Ainsi Diderot, dans l'article *encyclopédie* (t. V, 1755, p. 637), écrit à propos des sciences expérimentales : «*Les expressions propres à ces sciences sont déjà très communes, et le deviendront nécessairement davantage. Qu'arrivera-t-il de là ? c'est que la langue, même populaire, changera de face ; qu'elle s'étendra à mesure que nos oreilles s'accoutumeront aux mots, par les applications heureuses qu'on en fera*». De même d'Alembert, dans l'article *éléments des sciences*, déclare à propos de la métaphysique des propositions : «*Plus cette métaphysique est simple, facile, et pour ainsi dire populaire, plus elle est précieuse*», et plus loin il ajoute: « *On ne saurait, comme nous l'avons déjà dit ailleurs, rendre la langue de chaque science trop simple, et pour ainsi dire trop populaire* » (t. V, p. 492 et p. 494). Il reprend l'expression dans les *Eléments de philosophie* (p. 31) : «*On ne saurait rendre la langue de la raison trop simple et trop populaire*».

Si le mot philosophie de l'expression (comme en témoignent ses variantes) ne renvoie pas strictement au domaine philosophique, il semble que l'adjectif populaire, de même, ne renvoie pas strictement à la notion de peuple. Le terme peuple est en effet extrêmement ambigu au dix-huitième siècle : sa version positive se lit dans la notion de nation et sa version péjorative dans les notions de vulgaire ou de populace. De Jaucourt, dans l'article *peuple*, restreint l'ensemble du peuple aux ouvriers et aux laboureurs et note que, sous le règne d'Henri IV, le peuple jouissait d'une considération bien plus grande que sous le règne de Louis XV : «*Autrefois en France, le* peuple *était regardé comme la partie la plus utile, la plus précieuse, et par conséquent la plus respectable de la nation. Alors on croyait que le* peuple *pouvait occuper une place dans les états-généraux, et les parlements du royaume ne faisaient qu'une raison de celle du* peuple *et de la leur. Les idées ont changé, et même la classe des hommes faits pour composer le* peuple, *se rétrécit tous les jours davantage*» (*Encyclo-*

pédie, t. XII, 1765, p. 476). Les encyclopédistes eux-mêmes ne sont pas exempts d'ambiguïté dans leur conception du peuple. Tantôt ils le considèrent avec compassion comme la victime d'une inégalité de fortunes qu'il faut dénoncer et combattre (voir articles *fortune*, *peuple*, *population*), tantôt avec mépris comme le souteneur de l'infâme, c'est-à-dire comme porteur de toutes les formes de superstition et de fanatisme. Dans les deux cas, ils s'en démarquent soigneusement car le peuple, ce sont aussi les ignorants qu'il leur incombe d'instruire. L'expression « *rendre la philosophie populaire* » signifierait alors l'exigence d'instruire le peuple ou de divulguer le savoir, et les encyclopédistes travailleraient à la racine ce terme divulguer en portant au vulgus la connaissance. L'*Encyclopédie*, de ce point de vue, serait à lire comme un immense ouvrage de vulgarisation.

Pourtant on peut avoir un doute sur cette interprétation de l'*Encyclopédie* quand on sait par exemple que d'Alembert reprend littéralement des passages de ses traités scientifiques pour rédiger les articles scientifiques. Il s'agirait moins d'une vulgarisation que d'une reproduction, pour un public plus large que celui des académies des sciences, de ses réflexions et de ses travaux de savant. Quel est ce public ? Ce n'est pas le peuple mais plutôt l'ensemble des hommes faits pour le composer dont parle de Jaucourt et qui, selon son expression, « *se sont tirés de la classe de* peuple », c'est-à-dire les gens de lois, les gens de lettres, ceux qui cultivent les Beaux-Arts, les artisans ou artistes maniérés qui travaillent le luxe, les négociants et enfin les financiers qui « *ont pris un vol si élevé, qu'ils se trouvent côte à côte des grands du royaume (...) alliés avec les nobles qu'ils pensionnent, qu'ils soutiennent, et qu'ils tirent de la misère* » (article *peuple*, p. 476). Le public de l'*Encyclopédie* se représente symboliquement dans la figure de l'honnête homme qui fait preuve d'un esprit philosophique et non d'un esprit de système. C'est le bon esprit, décrit par Diderot dans l'article *encyclopédie*, qui cherche à s'approprier les reflets d'une lumière générale qui tombe sur les artistes et les lettrés et à en conserver une lueur, « *qui saisit ici une métaphore, là un terme nouveau, ailleurs un mot relatif à un phénomène, à une observation, à une expérience, à un système, entrevoit l'état des opinions dominantes* » (t. V, p. 638).

Rendre la philosophie populaire, ce n'est donc pas rendre la philosophie au peuple car la philosophie appartient toujours à César, même si l'empereur que donnerait à voir l'*Encyclopédie*, c'est un César considéré sous l'angle de sa politique sociale, défenseur de réformes populaires, homme des *populares*, conscient de la détresse des pauvres. En fait, il n'y a guère de traces dans l'*Encyclopédie* d'un esprit révolutionnaire ou même populaire. Les Planches, de ce point de vue, sont tout à fait significatives. Il suffit de regarder celle qui représente le laboratoire de chimie : les deux savants sont au centre et discutent. Aux quatre coins de l'image, en marge, se tiennent les laborantins besogneux en bras de chemise, tête nue. Ils sont tous penchés sur leur ouvrage. Seuls les savants font valoir leur port de tête et, comme si la position des corps ne suffisait pas à instituer le rapport des inférieurs aux supérieurs, les vêtements sont là pour coudre de fil blanc la mise en scène : les deux savants sont en habit de gentilhomme et en perruque, les manouvriers en tablier. Et si l'on observe les diverses représentations des métiers, on constate qu'on ne trouve nulle part l'indice d'un mal social. Il fait clair et simple chez les artisans (Barthes, à ce propos, parle des planches comme d'un théâtre dressant « *une sorte de légende dorée de l'artisanat* » in *Le degré zéro de l'écriture*, Paris, Seuil,1953, p. 92). Les hommes se sourient en travaillant, les ateliers sont toujours propres et bien éclairés.

Dans certains articles, on trouve cependant quelques traits dénonçant l'inégalité entre les hommes (inégalité de fortunes dans l'article *fortune*, inégalité devant les impôts dans l'article *population*, inégalité devant le travail dans les articles *peuple* et *communautés*) mais ces traits ne s'achèvent pas dans la constitution d'une philosophie politique visant à promouvoir un modèle de gouvernement démocratique. Les encyclopédistes sont loin de rejeter et de dédaigner la figure du philosophe-roi, figure en partie incarnée par Frédéric de Prusse, que d'Alembert propose comme le meilleur modèle pour les gens de lettres dans l'article *dictionnaire* [2], même s'il lui fait subir quelques accrocs dans la correspondance qu'il entretient avec le roi. Ainsi dans les lettres qu'il écrit à Frédéric les 29 janvier et 30 avril 1770 [3], il restreint la portée du *Catéchisme de morale* composé par le roi à la classe de la jeune noblesse. En effet les hommes qui sont dans la nécessité absolue (d'Alembert essaie de convaincre le roi que ce cas de nécessité absolue

2. Voir *Encyclopédie*, t. IV, 1754, p. 969 : « *Occupés désormais uniquement de notre travail, nous suivrons par rapport aux critiques (quels qu'ils puissent être), l'exemple d'un grand monarque de nos jours, qui n'a jamais voulu répondre ni souffrir qu'on répondît à une satire absurde et scandaleuse publiée il y a quelques mois contre lui : c'est à moi, dit-il, à mépriser ce qui est faux dans cette satire, et à me corriger s'il y a du vrai. Parole bien digne d'être conservée à la postérité, comme le plus grand éloge de ce monarque, et le plus beau modèle que puissent se proposer les gens de lettres* ».

3. Voir *Œuvres*, t. 5, p. 289 et pp. 292-293.

n'est pas, comme il le croit, purement métaphysique) n'ont pas d'autre principe de morale que la loi : comment pourrait-on alors les persuader, demande-t-il dans sa lettre du 29 janvier, « *que leur véritable intérêt est d'être vertueux, dans le cas où ils pourraient impunément ne l'être pas* » ?

Mais c'est aussi d'Alembert, nous l'avons vu dans l'analyse du scepticisme raisonnable au chapitre 3 de la deuxième partie, qui condamne comme irrecevable philosophiquement et comme dangereuse politiquement toute pensée égalitariste et révolutionnaire : « *C'est une grande sottise d'accuser les philosophes, au moins ceux qui méritent ce nom, de prêcher l'égalité ; cette égalité est une chimère impossible dans quelque état que ce puisse être* » (lettre à Frédéric du 8 juin 1770 in *Œuvres*, t. 5, p. 294) [4]. Il parle ici au nom des philosophes et non seulement en son nom. Effectivement Voltaire s'accorde avec lui sur ce point : mieux vaut cultiver son jardin, bien digérer, que construire une philosophie politique. Ainsi il déclare dans sa lettre à d'Alembert du 2 septembre 1768 [5] : « *il* (Damilaville) *doit être content, et vous aussi, du mépris où l'inf... est tombée chez tous les honnêtes gens de l'Europe. C'était tout ce qu'on voulait, et tout ce qui était nécessaire. On n'a jamais prétendu éclairer les cordonniers et les servantes ; c'est le partage des apôtres* ». Il est question ici d'un autre encyclopédiste : l'abbé Damilaville, auteur de deux articles presque consécutifs de l'*Encyclopédie*, l'article *populaire* où il dénonce comme trompeuse et ambiguë toute politique populaire et traite le peuple en des termes peu flatteurs [6] et l'article *population* qui est un des articles les plus militants de l'*Encyclopédie*. Damilaville y opère une critique radicale de la société française régie par la coalition des prêtres et des rois qui imposent au peuple leur despotisme spirituel et matériel, et

---

4. Voir aussi la lettre de d'Alembert à Voltaire du 18 novembre 1771 in *Œuvres*, t. 5, p. 211 : « *Je fais du genre humain deux parts, l'opprimante et l'opprimée ; je hais l'une et je méprise l'autre* ».

5. Voir *Œuvres complètes*, Paris, Lefèvre, en 41 vol., 1817-1818, t. 41, p. 395.

6. Voir *Encyclopédie*, t. XIII, 1765, p. 87 : « *On nomme* populaires, *ceux qui cherchent à s'attirer la bienveillance du peuple. Dans tous les états libres, on s'est toujours défié des hommes trop* populaires ; *nous voyons que dans les temps de la république romaine, plusieurs citoyens illustres ont été punis pour s'être rendus trop agréables au peuple. Ce traitement paraîtra sans doute injuste, ou trop rigoureux ; mais, si l'on y fait attention, on sentira que dans un état républicain, toute distinction fait ombrage ; qu'il est dangereux de montrer au peuple un chef, à qui il puisse s'adresser dans ses mécontentements ; enfin, que comme le peuple n'est point aimable, il faut supposer des vues secrètes à ceux qui le caressent* ».

dénonce également l'esprit de conquête européen qui détruit des peuples entiers ou les réduit à l'esclavage [7].

On retrouve les mêmes ambiguïtés sous la plume de Diderot qui, dans son texte de l'*Interprétation de la nature*, énonce le fameux mot d'ordre et, quelques pages plus loin (§ LVII, pp. 238-239), distingue le travail et la réflexion du philosophe qui doit s'écarter du bon sens des nations et examiner sévèrement tous les axiomes de la sagesse populaire. D'Alembert, lui aussi, est parfois équivoque car, même s'il se dit mépriser la part opprimée du genre humain, il veut pourtant faire progresser la raison auprès de la multitude ignorante : « *qu'on présente en même temps et pour la première fois, même à la multitude ignorante, des absurdités d'un côté telles que nous en connaissons, et de l'autre la raison et le bon sens, votre majesté pense-t-elle que la raison n'eût pas la préférence ? je dirai plus ; la raison, lors même qu'elle arrive trop tard, n'a qu'à persévérer pour triompher un jour, et chasser sa rivale* » (lettre à Frédéric du 7 mars 1770 in *Œuvres*, t. 5, p. 290) [8]. Dans la même lettre, il précise que la vérité ne peut être montrée que peu à peu, avec prudence : « *Il me semble qu'il ne faut pas, comme Fontenelle, tenir la main fermée quand on est sûr d'y avoir la vérité ; il faut seulement ouvrir avec sagesse et avec précaution les doigts de la main l'un après l'autre, et petit à petit la main est ouverte tout à fait, et la vérité en sort toute entière. Les philosophes qui ouvrent la main trop brusquement sont des fous ; on leur coupe le poing et voilà tout ce qu'ils y gagnent : mais ceux qui la tiennent fermée absolument, ne font pas pour l'humanité ce qu'ils doivent* » (ib., pp. 290-291).

D'Alembert écrit cela en 1770, c'est-à-dire cinq ans après la levée de l'interdiction d'imprimer l'*Encyclopédie*. Rappelons que l'édition de l'ouvrage commencée en 1751 s'est interrompue pendant huit ans, de 1757 à 1765, suite à la parution du septième volume [9]. Entre temps, et même déjà avant 1757 par l'usage des renvois, les encyclopédistes ont appris à ne pas attaquer de front les formes de pouvoir qu'ils combattent. D'Alembert n'écrit plus de préfaces. Les analyses critiques des gouvernements et de la religion sont moins au jour. Ceci explique par exemple la différence de ton qui se lit dans les articles *peuple* et *populaire* et dans l'article *population* : l'analyse critique de la société, qu'on attendrait dans les deux premiers articles, est différée et mieux

7. Voir *Encyclopédie*, t. XIII, pp. 88-103.

8. Voir aussi la lettre à Frédéric du 30 novembre 1770 in *Œuvres*, t. 5, p. 305.

9. Ce septième volume (Fo-Gy) est, selon les lettres de la fin 1757 et du début 1758 que d'Alembert écrit à Voltaire, très subversif (il contient notamment les articles *forme substantielle*, *fortuit*, *fornication*, *futur contingent*, *frères de la charité*, *fortune* et *Genève*, et attire les libelles et les satires de toutes sortes.

dissimulée dans l'article *population*. De fait, l'*Encyclopédie* présente différents niveaux de lecture. Diderot, dans l'article *encyclopédie*, explique que les renvois sont les chiquenaudes du texte [10]. Ils servent de couverture à la critique sociale, politique et religieuse, à la vérité bonne à dire mais avec prudence si l'on veut pouvoir la dire. Les renvois sont les mots couverts de la philosophie populaire, c'est-à-dire de la langue simple où l'on veut faire entendre raison, ou du moins donner aux hommes les moyens de l'entendre.

En effet, la valeur du mot d'ordre « *rendre la philosophie populaire* » est moins d'ordre politique que terminologique. La valeur du mot d'ordre est avant tout valeur de mots. Et le terme valeur est ici à comprendre dans son sens étymologique (*valere* : se porter bien). Toute l'entreprise encyclopédique est guidée par le projet de redonner une santé au savoir et donc aux mots qui permettent sa diffusion. Rendre la philosophie ou le savoir populaire, cela signifie changer la façon commune aux gens de lettres et aux savants de parler. Les encyclopédistes cherchent à imposer un mode voire un modèle d'expression simple et rationnel (termes synonymes de populaire). Il s'agit pour eux de livrer un combat contre la langue du savoir qui présidait jusque-là à sa diffusion, à savoir la langue de l'Ecole. Ils entendent substituer aux tics du langage scolastique des définitions nettes et précises, accessibles à tous, parce qu'elles se composent de termes vulgaires ou dérivés de ces termes. La langue simple et rationnelle promue par l'*Encyclopédie* est sous-tendue par la théorie de la définition de d'Alembert, proche de celle de Pascal, nous l'avons vu. Comme on ne peut pas tout définir et tout prouver, le premier objet que doit se proposer l'auteur d'un dictionnaire raisonné ou d'une encyclopédie, est de former la liste des mots originaux et primitifs qui constituent les racines philosophiques

---

10. Voir article *encyclopédie*, t. V, p. 643 : « *Il y aurait un grand art et un avantage infini dans ces derniers renvois* (Diderot parle ici des renvois d'ordre subversif). *L'ouvrage entier en recevrait une force interne et une utilité secrète, dont les effets sourds seraient nécessairement sensibles avec le temps. Toutes les fois, par exemple, qu'un préjugé national mériterait du respect, il faudrait à son article particulier l'exposer respectueusement, et avec tout son cortège de vraisemblance et de séduction ; mais renverser l'édifice de fange, dissiper un vain amas de poussière, en renvoyant aux articles où des principes solides servent de base aux vérités opposées. Cette manière de détromper les hommes opère très promptement sur les bons esprits, et elle opère infailliblement et sans aucune fâcheuse conséquence, fortement et sans éclat, sur tous les esprits. C'est l'art de déduire tacitement les conséquences les plus fortes. Si ces renvois de confirmation et de réfutation sont prévus de loin, et préparés avec adresse, ils donneront à une* Encyclopédie *le caractère que doit avoir un bon dictionnaire ; ce caractère est de changer la façon commune de penser* ».

de la langue [11]. Ces termes sont indéfinissables mais désignent naturellement les choses qu'ils signifient à ceux qui entendent la langue et leur sens est donc reçu par tous les hommes parlant la langue (cela ne veut pas dire que les hommes connaissent l'essence même de la chose désignée par le mot : le terme primitif ou l'idée simple ne fait connaître que le rapport du nom à la chose). Ces mots originaux s'enchaînent, rappelons-le, en définitions qui explicitent la composition d'une idée à partir des termes primitifs ou des termes vulgaires qui en dérivent et qui ont été préalablement définis. Les définitions permettent ainsi d'arriver à la formulation des principes ou éléments des sciences qui ne sont rien d'autre que des enchaînements rigoureux et démonstratifs de définitions. La théorie de la définition [12] est donc l'outil méthodologique qui permet de développer ce que d'Alembert appelle, dans l'article *éléments des sciences*, la métaphysique des propositions. En d'autres termes, cette théorie commande la langue de la raison encyclopédique, la langue de la systématisation des éléments des sciences et des arts.

La théorie de la définition est non seulement l'outil méthodologique de l'organisation des connaissances dans l'*Encyclopédie* mais c'est aussi l'outil critique qui permet de dénoncer le jargon scolastique qui réifie des abstractions et que les encyclopédistes présentent comme un asile de l'ignorance [13], et de critiquer d'une manière générale toute forme de jargon y compris le jargon scientifique [14]. La volonté d'une vaste diffusion du savoir passe par la nécessité de réformer la langue de la raison, de la débarrasser de ses scories métaphysiques ou scolastiques et de la bien fixer dans ses usages, autant que faire se

---

11. Voir article *dictionnaire* de d'Alembert, t. IV, p. 959.

12. Cette théorie est présentée de manière systématique par d'Alembert dans ses *Eléments de philosophie* au chapitre IV, pp. 25-32, et dans les éclaircissements qui complètent le chapitre IV, c'est-à-dire les éclaircissements II à V, pp. 203-227 (in *E.P.*). On en trouve des bribes dans les articles *définition*, *dictionnaire* et *éléments des sciences*. Voir l'analyse que nous en faisons au chapitre 4 de la première partie.

13. Voir l'article *définition*, t. IV, 1754, p. 747 où d'Alembert reproche aux scolastiques de réifier des abstractions et de croire « *que pour avoir des noms qui exprimassent les essences des substances, ils n'avaient qu'à suivre l'analogie du langage ; ainsi ils ont fait les mots de* corporéité, *d'*animalité *et d'*humanité, *pour désigner les essences du* corps, *de l'*animal *et de l'*homme *: ces termes leur étant devenus familiers, il est bien difficile de leur persuader qu'ils sont vides de sens* ». Voir aussi l'article *éléments des sciences*, p. 493.

14. Voir la critique des termes scientifiques comme théorème, corollaire ou scholie que d'Alembert développe dans l'article *éléments des sciences* (p. 494) et qu'il reprend dans les *Eléments de philosophie*, p. 31 et pp. 34-35, voir aussi l'article *encyclopédie* de Diderot qui, en son entier, offre une réflexion sur ce que doit être la langue d'un dictionnaire.

peut [15]. La réforme de la langue offre en effet deux avantages : d'une part elle rend l'étude plus aisée par la définition des termes particuliers à une science en d'autres termes plus vulgaires et plus simples, d'autre part elle tend à modifier le rapport des ignorants au savoir. Le travail de définition qui s'exerce sur les termes techniques ou scientifiques enlève à la langue d'une science son caractère trop particulier qui pouvait rebuter les ignorants et, ainsi, en aplanit l'abord [16].

D'Alembert et Diderot insistent sur la nécessité de reconstruire, à partir de cette théorie de la définition, un ordre d'invention dans la présentation des éléments des sciences et des arts. Ce qu'ils appellent ordre d'invention est une reconstruction de l'histoire des sciences et des arts. Il s'agit de mettre en place un ordre fictif ou encore une histoire hypothétique dont l'intérêt est avant tout pédagogique, heuristique et méthodologique, et non de reconstituer l'ordre réellement suivi par les inventeurs [17]. Pourquoi substituer ainsi un ordre fictif d'invention à l'ordre des inventeurs ? Précisément pour rendre la philosophie populaire, c'est-à-dire pour faciliter méthodologiquement l'acquisition et l'étude d'une science ou d'un art. Rappelons que c'est après avoir dénoncé « *l'affectation des grands maîtres* » que Diderot propose d'y remédier en rendant la philosophie populaire (*I.N.*, § XL).

---

15. Voir article *dictionnaire*, p. 961 : « *Ce qu'il ne faut pas oublier surtout, c'est de tâcher, autant qu'il est possible, de fixer la langue dans un* dictionnaire ». Voir aussi article *encyclopédie*, p.637 : « *la connaissance de la langue est le fondement de toutes ces grandes espérances* (Diderot parle ici des rêves de gloire des encyclopédistes et de leurs espoirs de voir leur travail reconnu par la postérité) *; elles resteront incertaines, si la langue n'est fixée et transmise à la postérité dans toute sa perfection ; et cet objet est le premier de ceux dont il convenait à des encyclopédistes de s'occuper profondément* ».

16. Le souci d'aplanir l'abord des sciences a été une préoccupation constante de d'Alembert : dès 1743, dans la préface de la première édition du *Traité de dynamique*, nous avons vu qu'il insiste sur le double propos de son traité qui est de reculer les limites de la mécanique et d'en aplanir l'abord (voir *T.D.*, première édition, p. IV). Dans l'article *éléments des sciences* (t. V, p. 494), il montre que la clarification des principes et des termes particuliers à une science est le moyen d'ôter au peuple un prétexte de se réfugier dans la misologie : « *c'est ôter encore un prétexte de la* (d'Alembert parle de la science) *décrier au peuple, qui s'imagine ou qui voudrait se persuader que la langue particulière d'une science en fait tout le mérite, que c'est une espèce de rempart inventé pour en défendre les approches : les ignorants ressemblent en cela à ces généraux malheureux ou malhabiles, qui ne pouvant forcer une place se vengent en insultant les dehors* » (voir aussi, sur ce point, les *Eléments de philosophie*, chap. IV, p. 31).

17. Voir article *éléments des sciences*, p. 495 : « *il ne s'agit point ici de l'ordre que les inventeurs ont pour l'ordinaire réellement suivi, et qui était sans règle et quelquefois sans objet, mais de celui qu'ils auraient pu suivre en procédant avec méthode* ». Voir aussi article *encyclopédie*, p. 647.

De même d'Alembert, dans l'article *éléments des sciences*, reproche aux inventeurs d'avoir masqué volontairement ou involontairement les principes philosophiques sur lesquels s'appuyaient leurs découvertes [18], et présente la méthode des éléments ou l'ordre d'invention proposé dans le système encyclopédique des connaissances humaines figuré par l'arbre encyclopédique [19], comme le moyen de réordonner les connaissances. Cette réorganisation du savoir est vitale pour lutter contre la fureur du bel esprit ou de l'esprit faux qui prétend pouvoir parler de tout, de manière souvent pédante et ridicule, en empruntant aux savants ou aux artisans des termes scientifiques ou techniques qu'il transpose de manière métaphorique et abusive dans les matières de goût ou de théologie [20]. Il s'agit donc bien de redonner une vitalité et une popularité au savoir, c'est-à-dire de lui refaire un visage sans le maquillage déformant du bel esprit qui a pour effet néfaste de diminuer le goût de l'étude chez les savants ou de l'empêcher d'apparaître chez les ignorants, autrement dit chez le peuple [21]. Rendre la philosophie populaire, cela signifie donc donner un nouveau style [22] à la présentation des connaissances car, pour d'Alembert comme pour Diderot, fixer la langue, changer la façon commune de parler (commune aux savants et non au peuple), c'est donner à l'*Encyclopédie* le caractère que doit avoir un bon dictionnaire qui est « *de changer la façon commune de penser* » (article *encyclopédie*, p. 643). L'*Encyclopédie* vise à élargir la communauté des savants par l'institution d'une langue populaire, c'est-à-dire simple et rationnelle, composée de termes scientifiques ou

18. Voir *éléments des sciences*, p. 492.

19. Voir *Discours préliminaire de l'Encyclopédie*, Paris, Vrin, 1984, pp. 163-182.

20. Diderot et d'Alembert critiquent, à plusieurs reprises, les abus de langage et de mots et proposent, comme palliatif, la mise en œuvre de définitions rigoureuses (voir, par exemple, l'article *encyclopédie*, p. 642 où Diderot condamne « *l'abus des métaphores, qui transporte un même mot de la boutique d'un artisan sur les bancs de la Sorbonne, et qui rassemble les choses les plus hétérogènes sous une commune dénomination* »).

21. Voir article *dictionnaire*, p. 968 : « *C'est la fureur du bel esprit qui a diminué le goût de l'étude, et par conséquent les savants ; c'est la diminution de ce goût qui a obligé de multiplier et de faciliter les moyens de s'instruire* ». Ces moyens, ce sont précisément des ouvrages comme l'*Encyclopédie* qui sont « *un secours pour les savants, et sont pour les ignorants un moyen de ne l'être pas tout à fait* » (ib.). Voir aussi sur le rapport que peuvent avoir les savants et le peuple à l'*Encyclopédie* l'article *encyclopédie*, p. 637.

22. D'Alembert précise dans l'article *dictionnaire*, p. 969, quel doit être ce style : « *le style d'un dictionnaire doit être simple comme celui de la conversation, mais précis et correct. Il doit aussi être varié suivant les matières que l'on traite, comme le ton de la conversation varie lui-même suivant les matières dont on parle* ».

techniques mais dûment définis à partir des termes vulgaires ou de leurs dérivés. La théorie de la définition est donc la clef de voûte de toute l'entreprise encyclopédique, elle donne une langue commune aux savants et aux ignorants. Ainsi peut être constituée une communauté d'hommes dirigés par la raison, ou plus exactement par la langue de la raison [23]. Rendre la philosophie populaire, cela ne veut pas dire construire une philosophie du sens commun, mais cela signifie construire philosophiquement, à l'aide d'une théorie rigoureuse, une communauté de sens. Reste pourtant le problème du fondement de la théorie de la définition. Celle-ci suppose en effet l'accord des esprits sur le sens commun d'un petit nombre de mots primitifs et originaux. Autrement dit, la constitution d'une communauté de sens repose sur le postulat d'un sens commun fondé sur l'accord des esprits.

Il serait faux de dire que les encyclopédistes n'ont pas questionné ce postulat. Au contraire, le sensualisme dans lequel d'Alembert propose de fonder les notions premières est une tentative de répondre à la question du fondement de la théorie de la définition. Mais cette réponse ne le satisfait pas vraiment : la conception sensualiste du langage pose en effet problème quand on est savant et qu'on veut imposer comme notion primitive du temps que, par sa nature, il coule uniformément (sens « commun » qui se réfère déjà à un état très structuré du savoir et qui entre en contradiction avec une perception primitive du temps à partir, par exemple, de la succession des idées dans la conscience et selon laquelle le temps est discontinu, entrecoupé d'états de veille et de sommeil). La solution qui consiste à qualifier de naturelles, de simples, de claires, de vulgaires ou de populaires, les notions dites primitives qui sont parfois les plus éloignées de l'expérience commune, est pourtant celle qui est retenue même si elle est problématique. En dernier ressort, le postulat d'une raison naturelle pourvoyeuse des notions primitives (fondées en nature) introduit certes une conception métaphysique de la naturalité du langage qui offre à tous les hommes un

23. Ce souci philosophique de penser une communauté d'hommes dirigés par la raison n'est pas sans évoquer la proposition XXXV de la partie IV de l'*Ethique* de Spinoza (Paris, 1965, trad. Appuhn, GF, p. 249) : « *Dans la mesure seulement où les hommes vivent sous la conduite de la raison, ils s'accordent toujours nécessairement en nature* ». Mais, à la différence de Spinoza dont le style *more geometrico* est âprement critiqué, les encyclopédistes pensent que la condition d'apparition de cette communauté réside d'abord dans la constitution d'un style simple et d'une langue commune et non dans l'acquisition des connaissances rationnelles. Celle-ci certes est indispensable pour penser une communauté d'hommes dirigés par la raison mais elle en est la condition seconde qui suppose et même demande que la première condition soit remplie.

sens commun minime, mais suffit à fonder la démarche encyclopédique et donc à rendre la philosophie populaire. Car même si, selon Diderot, il faut se méfier des axiomes de la sagesse populaire (*I.N.*, § LVII), ce sont pourtant les notions primitives de la métaphysique populaire, ou, en d'autres termes, les axiomes populaires [24], qui viennent fonder la théorie de la définition et donc le projet encyclopédique de construire une communauté de sens.

La valeur du mot d'ordre est aussi la valeur d'un ordre de mots. En effet, deux ordres sous-tendent la rédaction de l'*Encyclopédie* : l'ordre alphabétique et l'ordre encyclopédique ou encore l'ordre naturel des connaissances. Cet ordre est présent dans l'*Encyclopédie* de trois façons. Il est représenté par le système figuré placé à la tête de l'ouvrage [25] appelé aussi arbre encyclopédique [26]. Il fixe la référence de chaque article à la science dont il fait partie [27]. Enfin, il commande le système des renvois qui ont pour fonction d'indiquer la liaison logique ou naturelle des connaissances que l'ordre alphabétique ne permet pas d'expliciter : «*les renvois dans ce Dictionnaire ont cela de particulier qu'ils servent principalement à indiquer la liaison des matières ; au lieu que dans les autres ouvrages de cette espèce, ils ne sont destinés qu'à expliquer un article par un autre*» (*D.P.E.*, p. 72). Diderot, dans le *Prospectus* (*D.P.E.*, p. 135), insiste lui aussi sur le rôle épistémologique important des renvois : «*La seule opération dans notre travail qui suppose quelque intelligence, consiste à remplir les vides qui séparent deux sciences ou deux arts, et à renouer la chaîne dans les*

24. Voir *Discours préliminaire de l'Encyclopédie*, p. 104 : «*En un mot les principes de la métaphysique, aussi simples que les axiomes, sont les mêmes pour les philosophes et pour le peuple*». Voir aussi les *Eléments de philosophie*, p. 40 : « *Le vrai en métaphysique ressemble au vrai en matière de goût ; c'est un vrai dont tous les esprits ont le germe en eux-mêmes, auquel la plupart ne font point d'attention mais qu'ils reconnaissent dès qu'on le leur montre* ».

25. L'explication détaillée du système des connaissances humaines, la comparaison du système figuré de l'Encyclopédie avec celui du Chancelier Bacon et enfin l'arbre encyclopédique représentant le système figuré occupent les pages 163 à 182 du *D.P.E.*

26. L'arbre encyclopédique montre la liaison logique ou « *naturelle* » des connaissances : «*Après le détail où nous sommes entrés sur les différentes parties de nos connaissances et sur les caractères qui les distinguent, il ne nous reste plus qu'à former un arbre généalogique ou encyclopédique qui les rassemble sous un même point de vue, et qui serve à marquer leur origine et les liaisons qu'elles ont entre elles*» (*D.P.E.*, pp. 57-58).

27. *D.P.E.*, pp. 71-72 : «*On a placé pour l'ordinaire après le mot qui fait le sujet de l'article, le nom de la science dont cet article fait partie ; il ne faut plus que voir dans le système figuré quel rang cette science y occupe, pour connaître la place que l'article doit avoir dans l'Encyclopédie*».

occasions où nos collègues se sont reposés les uns sur les autres de certains articles, qui paraissant appartenir également à plusieurs d'entre eux, n'ont été faits par aucun ». L'arbre, les sous-titres des articles et surtout les renvois visent à concilier l'ordre alphabétique et l'ordre encyclopédique ou naturel des connaissances. Ils tendent à pallier les inconvénients de l'ordre alphabétique qui certes rend l'accès de l'ouvrage plus commode [28], mais ne montre pas les différents maillons de la chaîne des connaissances. Or les encyclopédistes ne veulent pas seulement opérer une description de l'état des connaissances au milieu du XVIIIe siècle, ils veulent aussi construire une épistémologie et faire de l'*Encyclopédie* une théorie du savoir. Le modèle de référence de leur ouvrage, c'est le modèle du vrai système défini par Condillac comme l'ensemble des principes qui reposent sur des faits bien constatés et recueillis avec discernement [29]. La démarche des encyclopédistes consiste donc à systématiser les faits et ainsi à les présenter selon l'ordre qui leur est « *le plus naturel* » : « *La seule ressource qui nous reste donc dans une recherche si pénible, quoique si nécessaire, et même si agréable, c'est d'amasser le plus de faits qu'il nous est possible, de les disposer dans l'ordre le plus naturel, de les rappeler à un certain nombre de faits principaux dont les autres ne soient que des conséquences* » (*D.P.E.*, p. 31). Ce projet est sous-tendu par le postulat fondamental de l'unité de la nature : la chaîne des phénomènes est continue et autorise une théorie de la connaissance où la chaîne des connaissances viendrait coïncider exactement, maillon par maillon, à celle des faits [30]. Cette théorie de la connaissance est marquée par une double exigence d'unité et d'exhaustivité que d'Alembert présente ainsi : « *L'ouvrage que nous commençons (et que nous désirons de finir) a deux objets : comme* Encyclopédie, *il doit exposer*

28. Diderot, dans le *Prospectus* (*D.P.E.*, p. 133-134), justifie le choix de l'ordre alphabétique par son intérêt pratique. D'Alembert souligne que l'ordre alphabétique est plus « populaire » que l'ordre encyclopédique « *plus destiné(e) aux gens éclairés qu'à la multitude* » (*D.P.E.*, p. 73).

29. Voir *Traité des systèmes*, ch. 1, p. 10 (in *Œuvres complètes* de Condillac, t. 2).

30. L'importance de cette hypothèse métaphysique dans l'épistémologie de l'*Encyclopédie* est exposée dans le texte de A. Lovejoy *The great chain of being* (Cambridge, Mass., 1948). Le postulat de l'unité de la nature est exprimé dans de nombreux textes de d'Alembert et de Diderot (voir par exemple *D.P.E.*, p. 39 : « *L'univers, pour qui saurait l'embrasser d'un seul point de vue, ne serait, s'il est permis de le dire, qu'un fait unique et une grande vérité* ». Voir aussi le § XI de l'*Interprétation de la nature* (in *O.P.*, p. 186) : « *L'indépendance absolue d'un seul fait est incompatible avec l'idée de tout ; et sans l'idée de tout, plus de philosophie* ».

autant qu'il est possible, l'ordre et l'enchaînement des connaissances humaines ; comme Dictionnaire raisonné des sciences, des arts et des métiers, *il doit contenir sur chaque science et sur chaque art, soit libéral, soit mécanique, des principes généraux qui en sont la base, et les détails les plus essentiels qui en font le corps et la substance* » (*D.P.E.*, pp. 12-13). Il définit l'*Encyclopédie* comme le recueil unifié des faits. La diminution du nombre de faits regroupés dans une science est l'indice de ses progrès. En effet, plus une science progresse, plus elle évolue vers l'unité, plus ses principes, c'est-à-dire les faits bien constatés, s'abrègent[31] mais, en même temps, plus la saisie du réel qu'elle produit est étendue. Il y a donc une manière intelligente d'abréger en unifiant et en ne délaissant pas le détail des choses. Cette manière de philosopher si elle est constitutive de l'épistémologie de l'*Encyclopédie* reste programmatique, elle est vouée à l'inachèvement. Ceci explique l'afflux des métaphores spatiales (comme celle de la chaîne et des maillons, ou celle du labyrinthe ou encore celle de la mappemonde) pour caractériser tantôt l'univers tantôt l'entreprise encyclopédique. La métaphore du labyrinthe (*D.P.E.*, p. 34 et p. 58) est relayée par celle de la mappemonde (pp. 60-61) et celle de l'Océan (p. 62). La mappemonde est présentée comme la traduction encyclopédique des vastes pays et des contrées reculées qui forment l'univers. Faire une encyclopédie, c'est dresser une cartographie du savoir : « *C'est une espèce de mappemonde qui doit montrer les principaux pays, leur position et leur dépendance mutuelle, le chemin en ligne droite qu'il y a de l'un à l'autre ; chemin coupé souvent par mille obstacles, qui ne peuvent être connus dans chaque pays que des habitants ou des voyageurs, et qui ne sauraient être montrés que dans des cartes particulières fort détaillées. Ces cartes particulières seront les différents articles de l'Encyclopédie et l'Arbre ou Système figuré en sera la mappemonde* » (*D.P.E.*, p. 60). Ce texte énonce avec optimisme le projet encyclopédique : la mappemonde, globale par définition, remplit la double exigence d'unité et d'exhaustivité. Mais cette image est aussitôt corrigée par une autre image, celle, négative, de l'Océan : « *L'univers n'est qu'un vaste Océan, sur la surface duquel nous apercevons quelques îles plus ou moins grandes, dont la liaison avec le continent nous est*

31. On retrouve, dans cette conception des progrès internes à une science, le principe d'économie des principes ou des faits qui est l'un des trois principes épistémologiques explicités dès le sous-titre du *Traité de dynamique* permettant de construire le cadre conceptuel de la mécanique (les deux autres étant la démonstration et la fécondité des principes).

cachée » (ib., p. 62)[32]. Ces différentes métaphores expriment bien l'ambiguïté du projet encyclopédique partagé entre deux méthodes (expérimentale et systématique : recueillir et lier les faits), tiraillé entre deux exigences (unité et exhaustivité) et enfin soutenu par une hypothèse métaphysique (le postulat de l'unité de la nature) qui contrevient au mouvement de pensée antimétaphysique que nous avons tenté de caractériser dans les quatre chapitres précédents. Cette position antimétaphysique est plus celle de d'Alembert que celle de Diderot, mais elle est issue de toute une réflexion critique qui a pour origine la critique lockienne de la prétendue connaissance des essences et qui tend à établir l'impossibilité de connaître les choses en soi. D'Alembert ne cesse de répéter qu'on ne peut connaître la nature même des choses[33] mais pourtant il présente le projet encyclopédique sous le modèle d'une coïncidence de la chaîne des êtres et de la chaîne des connaissances. Sans doute reconnaît-il que cette coïncidence ne peut être pensée qu'idéalement et qu'elle est en fait impossible car elle supposerait accomplie la fusion du réel et du rationnel. Diderot et d'Alembert ne présentent pas toutefois leur projet comme aporétique mais comme perfectible : « *l'ouvrage que nous commençons et que nous désirons de finir* » est loin d'être une encyclopédie parfaite, celle-ci est l'ouvrage des siècles[34]. Ils reconnaissent que la superposition idéale des deux chaînes est à penser comme la limite de toute investigation encyclopédique mais ils légitiment ce modèle. Pour eux, cette superposition parfaite est de droit pensable, ce qui est fort contestable d'une part parce qu'ils ne posent jamais explicitement le modèle pour ce qu'il est, à savoir une fiction intellectuelle heuristique, et d'autre part parce qu'ils ne s'interrogent jamais sur la compatibilité de ce modèle avec la position antimétaphysique et sceptique de d'Alembert qui met en doute la possibilité de connaître la nature même des choses. Le fondement de l'entreprise encyclopédique, à savoir l'unité de la nature (la chaîne continue des êtres), apparaît bel et bien comme un

32. La même image est reprise dans les *Eléments de philosophie*, elle traduit l'inexorable décalage entre l'exigence d'exhaustivité qui, si elle était remplie, supposerait atteinte la connaissance intégrale de l'univers, c'est-à-dire poserait comme réelle cette fiction motrice de l'entreprise encyclopédique, et l'objet concret, en tant de volumes, qu'est l'*Encyclopédie* de Diderot et de d'Alembert.Ce décalage a pour conséquence positive de faire surgir le concept épistémologique de case vide (que les progrès de l'esprit humain viennent remplir dans le procès historique des sciences et des arts).

33. Voir par exemple *D.P.E.*, p. 34 et p. 36.

34. Voir *D.P.E.*, p. 150 : « *Il a fallu des siècles pour commencer ; il en faudra pour finir ; mais nous serons satisfaits d'avoir jeté les fondements d'un ouvrage utile* ».

postulat induisant le choix du modèle de la superposition idéale des deux chaînes sans que ce modèle ne soit questionné.

Quant à l'ordre encyclopédique ou naturel qui gouverne le projet, il souffre en partie des mêmes insuffisances qui tiennent essentiellement à la même cause, à savoir la surdétermination du terme nature qui doit venir fonder à la fois l'ontologie et l'épistémologie de l'*Encyclopédie*. Diderot et d'Alembert s'accordent à dire que l'ordre de l'*Encyclopédie* est l'ordre alphabétique complété par l'ordre encyclopédique ou naturel des connaissances (représenté par l'arbre encyclopédique, les sous-titres des articles et les renvois). Mais qu'appellent-ils exactement ordre naturel ? Il semble que l'ordre naturel, ce soit la logique donnée naturellement aux bons esprits, naturellement mais pas originellement car cet ordre implique une réflexion sur l'organisation des connaissances déjà acquises : «*L'avantage que les hommes ont trouvé à étendre la sphère de leurs idées, soit par leurs propres efforts, soit par le secours de leurs semblables, leur a fait penser qu'il serait utile de réduire en art la manière même d'acquérir des connaissances, et celle de se communiquer réciproquement leurs propres pensées ; cet art a donc été trouvé, et nommé logique. Il enseigne à ranger les idées dans l'ordre le plus naturel, à en former la chaîne la plus immédiate, à décomposer celles qui en renferment un trop grand nombre de simples, à les envisager par toutes leurs faces, enfin à les présenter aux autres sous une forme qui les leur rende faciles à saisir*» (*D.P.E.*, p. 40). La logique est la science du raisonnement qui est aussi «*la clef de toutes nos connaissances*» (ib.). Mais en tant que science, elle est aussi une branche de l'arbre encyclopédique. Elle est donc, si l'on peut dire, juge et parti puisque l'ordre des connaissances qu'elle instaure est précisément l'ordre représenté par l'arbre. Ceci montre bien que l'ordre appelé naturel par d'Alembert ne peut se confondre avec l'ordre qu'on obtiendrait «naturellement», c'est-à-dire par une saisie empirique du réel que chercherait à retracer une pensée véritablement sensualiste. Le décalage qui apparaît entre la saisie naturelle (au sens d'immédiate et d'empirique) du monde par l'homme et ce que d'Alembert appelle l'ordre encyclopédique ou naturel des connaissances, n'est pas sans rappeler celui que nous avons déjà souligné à propos des notions abstraites comme espace ou temps. Les conceptions que les hommes se font naturellement de ces notions explicitées dans une visée sensualiste, ne sauraient correspondre aux notions dites «*naturelles*» et «*communes à tous les hommes*», fondatrices de la démarche scientifique. Deux sens du terme naturel entrent ici en concurrence : le sens sensualiste selon lequel est naturel ce qui est saisi dans l'expérience immédiate, et le sens épistémologique selon lequel est naturel ce qui est donné de manière primitive et universelle dans l'acte de connaissance (comme par exemple les racines philosophiques de la langue ou encore les mots primitifs fondateurs de la construction des définitions).

Ce double sens de l'adjectif naturel nous permet de comprendre le statut de l'ordre encyclopédique ou naturel. Comme le but de l'*Encyclopédie* est de produire un ordre de connaissances, une chaîne qui doit idéalement s'ajuster à celle des êtres et des phénomènes, il n'est nullement question d'introduire dans l'ouvrage le désordre de fait, naturel et inhérent à la progression réelle des connaissances. En effet, si l'on ne réécrivait pas l'histoire des progrès de l'esprit humain, si l'on s'en tenait à la contingence et à la disparité des découvertes, cela aurait pour conséquence directe d'accentuer le caractère artificiel de l'analyse philosophique qui conduit à construire l'arbre encyclopédique figurant l'ordre encyclopédique ou naturel des connaissances. Pour d'Alembert, l'histoire réelle des progrès de l'esprit n'est soumise à aucun ordre ni à aucune norme, elle est fondamentalement discontinue et ruine dangereusement, de par cette discontinuité, le modèle de superposition idéale des deux chaînes prôné par les encyclopédistes [35]. La perspective sensualiste doit donc être gommée du *Discours* au profit de la présentation de l'ordre encyclopédique ou naturel des connaissances. Pourtant, outre le passage cité dans la note précédente, il est question du désordre réel des découvertes dans deux autres endroits du *Discours* (*D.P.E.*) [36] : d'Alembert y exprime une vision pessimiste (qui n'est pas sans évoquer celle de Pascal) du rapport de l'homme, en tant que sujet connaissant, au monde. Désir inquiet et impuissance à acquérir les connaissances les plus nécessaires sont les deux principes du désordre réel des progrès de l'esprit. Pour compenser ce désordre, il faut inventer l'ordre encyclopédique ou naturel des connaissances qui confère aux hommes une conception positive des progrès de

---

35. Voir *D.P.E.*, pp. 58-59 : « *Pressé par ses besoins et par ceux du corps auquel il* (l'esprit) *est uni, il étudie d'abord les premiers objets qui se présentent à lui ; pénètre le plus avant qu'il peut dans la connaissance de ces objets ; rencontre bientôt des difficultés qui l'arrêtent et soit par l'espérance ou même par le désespoir de les vaincre, se jette dans une nouvelle route ; revient ensuite sur ses pas, franchit quelquefois les premières barrières pour en rencontrer de nouvelles ; et passant rapidement d'un objet à un autre, fait sur chacun de ces objets à différents intervalles et comme par secousses, une suite d'opérations dont la discontinuité est un effet nécessaire de la génération même de ses idées. Mais ce désordre, tout philosophique qu'il est de la part de l'esprit, défigurerait, ou plutôt anéantirait entièrement un arbre encyclopédique dans lequel on voudrait le représenter* ».

36. Voir *D.P.E.*, p. 23 et p. 31.

l'esprit humain. Bien que l'ordre encyclopédique des connaissances soit une fiction qui vise à reconstruire l'histoire des sciences, et bien qu'à l'intérieur de chaque article opère le même artifice (puisque l'ordre d'invention présenté dans les éléments d'une science n'est pas l'ordre des inventeurs mais un ordre inventé), toutefois le caractère artificiel de l'ordre dit naturel est largement compensé par les avantages heuristiques et pédagogiques qu'il offre : en dernière instance c'est sur cet outil méthodologique que repose l'accomplissement de la tâche de rendre la philosophie populaire.

CHAPITRE SIX

LES DIVERGENCES DES DEUX ÉDITEURS

Nous avons vu que le projet encyclopédique, dans sa formulation à deux voix [1], se veut l'équilibre subtil de deux exigences (unité et exhaustivité), de deux méthodes (déductive et expérimentale) et de deux ordres (alphabétique et encyclopédique) autour d'un même mot d'ordre, à savoir rendre la philosophie populaire. Cet équilibre est rompu dans l'élaboration de l'*Encyclopédie*. Le premier signe de cette rupture, est la divergence des perspectives épistémologiques qui se manifeste dans deux articles de l'*Encyclopédie* dont l'un est de d'Alembert (l'article *éléments des sciences*) et l'autre de Diderot (l'article *encyclopédie*). Ces deux articles appartiennent au tome V (1755) de l'*Encyclopédie*. Si Diderot, dans son article, reste fidèle à la référence à l'esprit philosophique et à la raison qui doivent diriger le travail encyclopédique et permettre de systématiser le savoir, il insiste, comme il le faisait déjà dans le texte de l'*Interprétation de la nature*, sur la nécessité de compléter la philosophie rationnelle par la philosophie expérimentale, et de joindre à la réflexion l'expérience et l'observation [2]. La philosophie n'y est plus définie comme la combinaison ou comparaison des idées reçues par les sens [3] mais comme « *la comparaison des phénomènes* » et Diderot précise (art. *encyclopédie*,

---

1. Le *Discours préliminaire de l'Encyclopédie* est constitué de trois parties : la première et la dernière sont de d'Alembert (pp. 11-126 et pp. 153-161), la deuxième partie (le *Prospectus* qui a eu un tiré à part) est de Diderot (pp. 126-152).

2. Voir art. *encyclopédie*, p. 637 : « *l'observation et la physique expérimentale multipliant sans cesse les phénomènes et les faits, et la philosophie rationnelle les comparant entre eux et les combinant, étendent ou resserrent sans cesse les limites de nos connaissances, font en conséquence varier les acceptions des mots institués ; rendent les définitions qu'on en a données inexactes, fausses, incomplètes, et déterminent même à en instituer de nouveaux* ».

3. C'était la définition donnée par d'Alembert (voir *D.P.E.*, p. 47).

p. 638) que « *toute notion est ou de sensation ou d'induction* ». Certes les développements de Diderot sur la nécessité, pour mener à bien la tâche de l'*Encyclopédie*, de mettre en concurrence plusieurs ordres et méthodes, d'expliciter les principes des sciences, enfin d'exposer la métaphysique de chaque science et de chaque art, sont très proches de ceux du *Discours préliminaire de l'Encyclopédie* et de l'article *éléments des sciences*, mais il prend pourtant ses distances par rapport au modèle épistémologique proposé par d'Alembert, orienté vers la recherche des notions les plus abstraites des sciences (qu'il présente comme les plus naturelles), modèle qui s'inspire directement du travail effectué dans le *Traité de dynamique* pour systématiser la mécanique à partir de trois lignes directrices (l'économie, la démonstration et la fécondité des principes). Aux yeux de Diderot, pour qui l'heure n'est plus aux mathématiques [4], ce modèle est trop dépendant d'une conception mathématique des sciences. Par la priorité qu'il donne à l'abstraction sur l'observation, ce modèle ne peut rendre compte de la multiplicité des phénomènes et des êtres particuliers qui constituent l'univers : « *l'univers ne nous offre que des êtres particuliers, infinis en nombre, et sans presque aucune division fixe et déterminée ; il n'y en a aucun qu'on puisse appeler le premier ou le dernier ; tout s'y enchaîne et s'y succède par des nuances insensibles ; et à travers cette uniforme immensité d'objets, s'il en paraît quelques-uns qui, comme des pointes de rochers, semblent percer la surface et la dominer, ils ne doivent cette prérogative qu'à des systèmes particuliers, qu'à des conventions vagues, qu'à certains événements étrangers, et non à l'arrangement physique des êtres et à l'intention de la nature* » (art. *encyclopédie*, p. 641). Tout ce passage est polémique. Il est dirigé contre la vision idéale (que d'Alembert propose pourtant avec scepticisme), unifiant les sciences dans un seul principe [5].

Loin de juger ce modèle idéal, Diderot le critique, non sans ironie, en soulignant sa proximité avec le modèle théologique : « *celui où l'on descendrait de ce premier être éternel, à tous les êtres qui dans le temps émanèrent de son sein, ressemblerait à l'hypothèse astronomique dans*

---

4. Voir *O.P.*, *Interprétation de la nature*, § IV, pp. 180-181 où il juge les mathématiques sans avenir.

5. Voir art. *éléments des sciences*, p. 491 : « *si nous pouvions apercevoir sans interruption la chaîne invisible qui lie tous les objets de nos connaissances, les* éléments *de toutes les sciences se réduiraient à un principe unique, dont les conséquences principales seraient les éléments de chaque science particulière. L'esprit humain, participant alors de l'intelligence suprême, verrait toutes ses connaissances comme réunies sous un point de vue indivisible. Mais il s'en faut de beaucoup que nous puissions nous placer à un tel point de vue* ».

laquelle le philosophe se transporte en idée au centre du soleil, pour y calculer les phénomènes des corps célestes qui l'environnent ; ordonnance qui a de la simplicité et de la grandeur, mais à laquelle on pourrait reprocher un défaut important dans un ouvrage composé par des philosophes et adressé à tous les hommes et à tous les temps ; le défaut d'être lié trop étroitement à notre théologie » (ib., p. 641). Le choix de Diderot de comparer le modèle idéal de l'hypothèse astronomique à la théologie n'est assurément pas neutre : d'Alembert considère en effet l'astronomie comme la première des sciences physico-mathématiques, il la place, dans l'échelle des degrés de certitude des sciences, au quatrième rang, juste après l'algèbre, la géométrie et la mécanique qui ont le degré de certitude maximal. C'est aussi durant cette période qu'il rédige ses *Recherches sur les différents points importants du système du monde* (publiées en trois tomes de 1754 à 1756). On peut donc lire dans cette comparaison une attaque directe portée à d'Alembert. Non seulement Diderot critique son épistémologie mais il la juge même tout à fait inutile [6]. La systématisation totale des ressorts de l'univers est vaine au double sens de vide et de présomptueuse. L'Encyclopédie parfaite où la chaîne des connaissances coïnciderait avec la chaîne des êtres dans un ordre déductif qui ferait dériver d'un principe unique tous les phénomènes serait un ouvrage surhumain et donc inutile à l'homme.

Mais plus que la question de l'intérêt de l'Encyclopédie parfaite, ce qui est débattu ici par Diderot, c'est celle du modèle à adopter pour systématiser le savoir. Pour lui, il faut partir de l'homme, de ses observations et de ses expériences, et non des notions abstraites et élaborées que le philosophe mécanicien attribue au soi-disant sens commun en appelant « *faits* » ou « *notions naturelles* » des principes prétendus simples et vulgaires qui sont, en réalité, le résultat d'une réflexion épistémologique complexe s'appuyant sur une image du monde structurée par les pensées newtonienne et lockienne. Le modèle de Diderot centré sur l'homme s'oppose au modèle « *froid et mathé-*

6. Voir art. *encyclopédie*, p. 641 : « *Quant à ce système général d'où l'arbitraire serait exclu, et que nous n'aurons jamais ; peut-être ne nous serait-il pas fort avantageux de l'avoir ; car quelle différence y aurait-il entre la lecture d'un ouvrage où tous les ressorts de l'univers seraient développés, et l'étude même de l'univers ? presque aucune : nous ne serions toujours capables d'entendre qu'une certaine portion de ce grand livre ; et pour peu que l'impatience et la curiosité qui nous dominent et interrompent si communément le cours de nos observations, jetassent du désordre dans nos lectures, nos connaissances deviendraient aussi isolées qu'elles le sont ; perdant la chaîne des inductions, et cessant d'apercevoir les liaisons antérieures et subséquentes, nous aurions bientôt les mêmes vides et les mêmes incertitudes* ».

matique » des éléments des sciences. Il est vrai que les deux exemples d'éléments développés par d'Alembert relèvent du même modèle déductif de nature mathématique. Pour les éléments de géométrie, il faut partir du principe « *vulgaire et simple* » de l'étendue ; pour la mécanique, de l'existence du mouvement, sans se préoccuper du questionnement métaphysique des hommes sur la nature de l'étendue ou du mouvement [7]. Le *Traité de dynamique* où d'Alembert a cherché à déduire, de la considération seule de l'existence du mouvement, tous les principes et conséquences de la mécanique s'avère ainsi être le paradigme d'une application stricte de la méthode des éléments. Or pour Diderot, choisir de tels principes de départ pour exposer les éléments d'une science, signifie d'une part renoncer au modèle inductif, et d'autre part déshumaniser les sciences et les arts : « *Une considération surtout qu'il ne faut point perdre de vue, c'est que si l'on bannit l'homme ou l'être pensant et contemplateur de dessus la surface de la terre ; ce spectacle pathétique et sublime de la nature n'est plus qu'une scène triste et muette. L'univers se tait ; le silence et la nuit s'en emparent. Tout se change en une vaste solitude où les phénomènes inobservés se passent d'une manière obscure et sourde. C'est la présence de l'homme qui rend l'existence des êtres intéressante ; et que peut-on se proposer de mieux dans l'histoire de ces êtres, que de se soumettre à cette considération ? Pourquoi n'introduirons-nous pas l'homme dans notre ouvrage, comme il est placé dans l'univers ? Pourquoi n'en ferons-nous pas un centre commun ?* » (art. *encyclopédie*, p. 641). Ce texte pourrait être lu comme un appel à un anthropocentrisme renouvelé : face au silence éternel des espaces infinis, l'homme est un point vivant et conscient [8]. Mais on peut y lire surtout un correctif de la perspective épistémologique que d'Alembert entend donner à l'*Encyclopédie*. Pour Diderot, l'*Encyclopédie* ne doit pas être un ouvrage coupé de l'homme, il faut y mettre de l'humain, du

7. Voir art. *éléments des sciences*, p. 493 : « *les vérités géométriques ne tiennent point aux principes contestés sur la nature de l'étendue, (...) il est sur cette matière un point commun où toutes les sectes se réunissent ; un principe vulgaire et simple d'où elles partent toutes sans s'en apercevoir ; principe qui s'est obscurci par les disputes, ou qu'elles ont fait négliger, mais qui n'en subsiste pas moins. De même, quoique le mouvement et ses propriétés principales soient l'objet de la mécanique, néanmoins la métaphysique obscure et contentieuse de la nature du mouvement, est totalement étrangère à cette science* ».

8. Voir la suite du texte de l'article, p. 641 : « *Est-il dans l'espace infini quelque point d'où nous puissions avec plus d'avantages faire partir les lignes immenses que nous nous proposons d'étendre à tous les autres points ? Quelle vive et douce réaction n'en résultera-t-il pas des êtres vers l'homme, de l'homme vers les êtres ?* »

sentiment, du style, même si les objets dont elle s'occupe sont les êtres et les phénomènes permanents de la nature. Alors que d'Alembert caractérisait le bon livre d'éléments comme celui qui apprend et laisse « *beaucoup à penser* » (art. *éléments des sciences*, p. 496)[9], Diderot insiste sur l'importance du style dans un bon ouvrage[10]. Ce faisant, il tend à opposer le froid philosophe à l'homme de génie. Cette opposition apparaissait déjà dans le texte de l'*Interprétation de la nature*. C'est par l'accent mis sur l'intuition prophétique du grand manouvrier, c'est-à-dire sur ses conjectures géniales explicitées dans les paragraphes XXXII à XXXVIII, que s'élève la pierre d'achoppement qui sépare Diderot et d'Alembert, pierre d'achoppement érigée par la métaphore de l'architecte que les deux auteurs utilisent mais dans un sens contraire.

Dans un premier temps, d'Alembert convient avec Diderot qu'il faut joindre la philosophie expérimentale à la philosophie rationnelle dans une alliance équilibrée pour construire l'édifice des sciences et des arts car trop de rationalisation ou trop d'observations nuisent à sa construction[11]. C'est la même idée que reprend Diderot en filant la métaphore de l'architecte dans de l'*Interprétation de la nature* : « *Recueillir et lier les faits, ce sont deux occupations bien pénibles ; aussi les philosophes les ont-ils partagées entre eux. Les uns passent leur vie à rassembler des matériaux, manœuvres utiles et laborieux ; les autres, orgueilleux architectes, s'empressent à les mettre en œuvre. Mais le temps a renversé jusqu'aujourd'hui presque tous les édifices de*

9. Voir aussi Eléments de philosophie, p. 188 : « *Le propre d'un bon livre d'éléments, est de faire beaucoup penser* ».

10. Voir art. *encyclopédie*, p. 638 : « *un écrivain qui veut assurer à ses ouvrages un charme éternel (...) s'attachera de préférence aux êtres permanents, aux phénomènes des eaux, de la terre et de l'air, au spectacle de l'univers, et aux passions de l'homme, qui sont toujours les mêmes ; et telle sera la vérité, la force, et l'immutabilité de son coloris, que ses ouvrages feront l'étonnement des siècles, malgré le désordre des matières, l'absurdité des notions, et tous les défauts qu'on pourrait lui reprocher. (...) On ne le lira pas pour apprendre à penser ; mais jour et nuit on l'aura dans les mains pour en apprendre à bien dire. Tel sera son sort, tandis que tant d'ouvrages qui ne seront appuyés que sur un froid bon sens et sur une pesante raison, seront peut-être fort estimés, mais peu lus, et tomberont enfin dans l'oubli, lorsqu'un homme doué d'un beau génie et d'une grande éloquence les aura dépouillés, et qu'il aura reproduit aux yeux des hommes des vérités, auparavant d'une austérité sèche et rebutante, sous un vêtement plus noble, plus élégant, plus riche et plus séduisant* ».

11. Voir *D.P.E.*, p. 63 : « *Que dirait-on d'un architecte qui ayant à élever un édifice immense, passerait toute sa vie à en tracer le plan ; ou d'un curieux qui se proposant de parcourir un vaste palais, emploierait tout son temps à en observer l'entrée ?* »

la philosophie rationnelle. Le manœuvre poudreux apporte tôt ou tard, des souterrains où il creuse en aveugle, le morceau fatal à cette architecture élevée à force de tête ; elle s'écroule ; et il ne reste que des matériaux confondus pêle-mêle, jusqu'à ce qu'un autre génie téméraire en entreprenne une combinaison nouvelle » (*O.P.*, § XXI, pp. 191-192). D'Alembert, dans l'article *découverte* de l'*Encyclopédie* (t. IV, p. 706), répond à cette critique de la philosophie rationnelle en inversant le sens de la métaphore : « *Les sciences sont un grand édifice auquel plusieurs personnes travaillent de concert : les uns à la sueur de leur front tirent la pierre ; d'autres la traînent avec effort jusqu'au pied du bâtiment ; d'autres l'élèvent à force de bras et de machines ; mais l'architecte qui la met en œuvre et en place a tout le mérite de la construction* » [12]. L'architecte, pour d'Alembert, est le penseur qui fait preuve d'esprit de géométrie ou d'esprit philosophique et qui sait dégager les éléments des sciences, alors que l'architecte, pour Diderot, serait plutôt le génie qui fait preuve d'esprit de finesse [13].

Le modèle du génie qui tend à conférer une légitimité épistémologique à l'esprit de divination et à ses « *extravagances* » rebute d'Alembert dès le début de son travail avec Diderot. Dans une lettre à Cramer écrite avant la parution du premier volume de l'*Encyclopédie*, il critique le style émotionnel et décousu de l'article *art* [14] que Diderot vient d'envoyer au jésuite Berthier. Pourtant, dans cet article, Diderot reste prudent. En 1751, il n'ose pas encore publier ses idées sur ce qui doit présider à une bonne organisation du savoir. Au moment où paraît le *Discours Préliminaire de l'Encyclopédie* qui place la poésie à l'avant-dernier rang des arts d'imitation (avant la musique), et en donne une vision très « raisonnable » [15], Diderot publie sa *Lettre sur les sourds et muets* qui prête à la poésie une puissance d'évocation magique et qui annonce ainsi la figure du poète inspiré que sera Dorval dans les *Entretiens* qui suivent le *Fils naturel*, parus en 1757. Mais en 1751, c'est la perspective épistémologique de d'Alembert qui domine

---

12. Ce passage est repris dans les *Eléments de philosophie*, p. 189.

13. Voir article *génie* (t. VII, p. 583 de l'*Encyclopédie*) où Diderot parle ainsi du génie : « *incapable de marcher dans la carrière et de parcourir successivement les intervalles, il part d'un point et s'élance vers le but* ».

14. « *Vous en trouverez dans le premier volume un assez grand nombre de cette force, mais comme vous le dites fort bien, il y aurait du malheur si les 24 ressemblaient à Diderot* » (voir MS Suppl. 384, fol. 198, manuscrit de la Bibliothèque de Genève).

15. Voir *D.P.E.*, p. 49.

l'*Encyclopédie* [16] et Diderot semble la partager : il vient d'être enfermé trois mois à Vincennes à la suite de la parution de la *Lettre sur les aveugles* en été 1749, d'Alembert l'a aidé à se tirer d'affaire, et il a donc quelques raisons d'être prudent. Dans l'article *encyclopédie*, tout en continuant à affirmer comme d'Alembert le rôle des philosophes et de la raison dans la formation des idées et des goûts de leurs contemporains [17], Diderot met en concurrence l'esprit philosophique et l'esprit poétique à propos des trois sortes de renvois qu'il décrit. Les deux premières – renvois de choses et renvois de mots [18] – sont du ressort de l'esprit philosophique. En revanche, la troisième sorte de renvois où se déploie la méthode de l'analogie, relève de l'esprit poétique et de l'homme de génie [19]. De même que le texte de l'*Interprétation de la nature* modifiait les données du *Discours*, de même l'article *encyclopédie* corrige l'inflexion jugée trop rationaliste de l'article *éléments des sciences* et propose une méthode pour cette troisième sorte de renvois qui n'est ni déductive ni systématique. L'homme de génie qui se risque à des conjectures est doté, pour Diderot, d'un esprit à la fois expérimental et spéculatif car l'*interprète* de la nature s'inscrit dans le prolongement direct de l'observateur [20]. Le philosophe de la nature,

16. D'Alembert, en tant que savant déjà reconnu au sein de l'Académie des Sciences, apporte en effet à l'ouvrage sa caution scientifique.

17. L' *Encyclopédie* est aussi un ouvrage politique, elle doit établir un consensus sur la langue qui est aussi un consensus idéologique : rendre la philosophie populaire, fixer la langue, la purger des usages liés aux idiomes et aux patois, c'est imposer une pensée purifiée des obscurités religieuses et superstitieuses mais aussi des différences culturelles rassemblées sous le nom d'infâme. Les deux éditeurs ont du reste eu le mérite d'expliciter la dimension politique de leur ouvrage (voir les articles *éléments des sciences* et *encyclopédie*).

18. Les renvois de choses éclaircissent l'objet d'une science, montrent ses articulations avec les autres domaines du savoir et le situent dans l'arbre encyclopédique (ils peuvent aussi avoir une fonction subversive de confirmation des principes nouveaux et de réfutation des opinions fausses et des préjugés « *qu'on n'oserait insulter ouvertement* » in article *encyclopédie*, p. 643). Les renvois de mots permettent d'éviter les répétitions, ils donnent les références des définitions utilisées dans tel ou tel article.

19. Toujours dans le même article, p. 643, Diderot décrit ainsi ces renvois : « *ce sont ceux qui en rapprochant dans les sciences certains rapports, dans des substances naturelles des qualités analogues, dans les arts des manœuvres semblables, conduiraient ou à de nouvelles vérités spéculatives, ou à la perfection des arts connus, ou à l'invention de nouveaux arts, ou à la restitution d'anciens arts perdus. Ces renvois sont l'ouvrage de l'homme de génie. Heureux celui qui est en état de les apercevoir. Il a cet esprit de combinaison, cet instinct que j'ai défini dans quelques-unes de* mes pensées sur l'Interprétation de la nature. *Mais il vaut encore mieux risquer des conjectures chimériques, que d'en laisser perdre d'utiles* ».

lui, sort d'emblée de la nature en partant d'abstractions : «*Les uns n'ont demandé que l'*étendue *et le* mouvement. *d'autres ont cru devoir ajouter à l'étendue, l'*impénétrabilité, *la* mobilité *et l'*inertie » (*I.N.*, § L, pp. 224-225). La référence à d'Alembert est de nouveau manifeste : les éléments des sciences (et notamment ceux de la mécanique) sont des notions qu'on obtient par abstraction ou généralisation [21]. Dans sa théorie de la définition, d'Alembert transpose explicitement le modèle d'abstraction mathématique qu'il utilise dans sa pratique scientifique. Les exemples qu'il développe aussi bien dans l'article *éléments des sciences* que dans les *Eléments de philosophie* pour montrer comment on obtient une définition rigoureuse sont tous issus de sa réflexion scientifique [22]. Diderot critique la théorie de la définition ou des éléments dans son point de départ (les notions abstraites) qu'il juge coupé des phénomènes [23]. C'est la sensibilité de la matière et non son impénétrabilité ou son inertie qui est pour Diderot la donnée fondamentale et élémentaire.

La divergence de Diderot et de d'Alembert sur la manière de concevoir la matière est révélatrice de la différence voire de l'opposition de leurs perspectives épistémologiques, qui s'accuse de plus en plus après la parution du premier volume de l'*Encyclopédie*. Rappelons que d'Alembert caractérise la matière comme impénétrable. Cette détermination est relative et suffisante pour « *aplanir l'abord de la mécanique* » mais elle n'est pas présentée comme une saisie de l'essence

20. [de la page précédente] *I.N.*, § LVI, p. 235 : «*une des principales différences de l'observateur de la nature et de son interprète, c'est que celui-ci part du point où les sens et les instruments abandonnent l'autre ; il conjecture, par ce qui est, ce qui doit être encore ; il tire de l'ordre des choses des conclusions abstraites et générales, qui ont pour lui toute l'évidence des vérités sensibles et particulières ; il s'élève à l'essence même de l'ordre ; il voit que la coexistence* pure et simple *d'un être sensible et pensant, avec un enchaînement de causes et d'effets, ne lui suffit pas pour en porter un jugement absolu ; il s'arrête là ; s'il faisait un pas de plus, il sortirait de la nature* ».

21. Voir *D.P.E.*, p. 26 : «*Ainsi, par des opérations et des abstractions successives de notre esprit, nous dépouillons la matière de presque toutes ces propriétés sensibles, pour n'envisager en quelque sorte que son fantôme* ». Ce « *fantôme* » est l'objet de la science des grandeurs qui est « *le terme le plus éloigné où la contemplation des propriétés de la matière puisse nous conduire, et nous ne pourrions aller plus loin sans sortir tout à fait de l'univers matériel* » (ib., p. 28).

22. Voir par exemple *E.P.*, pp. 208-209 où d'Alembert se sert de la définition de la ligne comme paradigme d'une bonne définition philosophique.

23. Voir *I.N.*, § XL, p. 216 : «*Les grandes abstractions ne comportent qu'une lueur sombre. L'acte de la généralisation tend à dépouiller les concepts de tout ce qu'ils ont de sensible. A mesure que cet acte s'avance, les spectres corporels s'évanouissent ; les notions se retirent peu à peu de l'imagination vers l'entendement ; et les idées deviennent purement intellectuelles* ».

de la matière. D'Alembert juge sa nature inconnaissable : « *l'obscurité semble s'emparer de nos idées à mesure que nous examinons dans l'objet plus de propriétés sensibles ; l'impénétrabilité ajoutée à l'idée d'étendue, semble ne nous offrir qu'un mystère de plus* » (*D.P.T.D.*, p. II)[24]. Contrairement à Diderot, il défend l'idée que les notions abstraites sont les plus claires[25]. Par conséquent, rendre aux objets leurs propriétés sensibles, c'est leur rendre leur obscurité[26]. Le concept de matière que d'Alembert élabore n'a pas une signification ontologique mais épistémologique : il vise à rendre homogènes les principes de la mécanique (ce qui, nous l'avons vu au cours du chapitre 3 de la première partie, évitait à d'Alembert de discuter les hypothèses qui stipulent soit une force inhérente à la matière qui la fait résister, soit au contraire une indifférence de la matière au mouvement ou au repos). En conférant au concept une portée strictement épistémologique, d'Alembert défend une orientation épistémologique précise, celle qui dirige le concept de matière vers les sciences de la matière et non vers les sciences de la vie. Diderot présente une toute autre problématique. Le débat entre les deux hommes est explicité dans une réplique de Diderot de l'*Entretien entre d'Alembert et Diderot* : « *Et d'où savez-vous que la sensibilité est essentiellement incompatible avec la matière, vous qui ne connaissez l'essence de quoi que ce soit, ni de la matière, ni de la sensibilité ? Entendez-vous mieux la nature du mouvement, son existence dans un corps, et sa communication d'un corps à un autre ?* » (*O.P.*, p. 277, la discussion s'étend de la page 275 à 278). D'emblée, Diderot soulève le problème de la matière vivante, il veut élargir aux sciences de la vie le concept de matière en corrigeant la conception réductrice de d'Alembert. La question fondamentale qui surgit de cette discussion est d'ordre épistémologique et métaphysique, c'est le problème de l'unité de la matière. Peut-on construire un concept unitaire de la matière tel qu'il concerne aussi bien les sciences de la matière que les sciences de la vie ? Y a-t-il continuité ou discontinuité entre la notion de matière inerte et celle de matière vivante ? Ce problème était déjà posé dans les Questions finales (voir § LVIII de l'*I.N.*, pp. 239-244) de l'*Interprétation de la nature* qui précède de

---

24. Voir aussi *E.P.*, pp. 268-269.

25. Voir *D.P.T.D.*, p. II : « *les notions les plus abstraites, celles que le commun des hommes regarde comme les plus inaccessibles, sont souvent celles qui portent avec elles une plus grande lumière* ».

26. Pour Diderot, c'est l'inverse, l'obscurité s'empare de nos idées à mesure qu'elles s'éloignent des objets sensibles, voir ci-dessus note 23 : « *Les grandes abstractions ne comportent qu'une lueur sombre* ».

quinze ans les trois dialogues [27]. Dans la lettre à Duclos du 10 octobre 1765, Diderot présente la propriété de la matière qu'il considère fondamentale pour penser son unité : « *La sensibilité, c'est une propriété universelle de la matière, propriété inerte dans les corps bruts, (...) propriété rendue active dans les mêmes corps par leur assimilation avec une substance animale vivante (...). L'animal est le laboratoire où la sensibilité, d'inerte qu'elle était, devient active* » (*Correspondance inédite*, éd. Babelon, Gallimard, 1931, t. 1, p. 300). A partir de ce moment, le matérialisme expérimental de Diderot, sous-tendu par ce principe de la sensibilité universelle, acquiert de plus en plus de cohérence. Le 10 août 1769, Diderot annonce à Sophie Volland qu'il a placé une « *extravagance* » dans la bouche d'un homme qui rêve. Le *Rêve de d'Alembert* peut se lire comme une sorte de revanche prise sur les *Eléments de philosophie* où d'Alembert excluait « *les rêves des philosophes* » sur les questions métaphysiques, d'un « *ouvrage, uniquement destiné à renfermer les connaissances réelles acquises par l'esprit humain* » (*E.P.*, p. 49). Le texte des trois dialogues stipule que la sensibilité est une propriété universelle de la matière plus ou moins actualisée selon les règnes (minéral, végétal ou animal) ; il y a donc une unité de la matière, mais il s'agit d'une unité de déterminations hétérogènes car la matière est pensée avant tout comme hétérogène. Cette conception est explicitée dans le texte des *Principes philosophiques sur la matière et le mouvement* qui clôt toute l'évolution de la pensée de Diderot sur le problème de l'unité de la matière. Ce texte de 1770 répond aux Questions finales de l'*Interprétation de la nature*. L'affirmation que le mouvement et la sensibilité (que Diderot rassemble sous la notion de *nisus* conçu comme force active de la matière) sont essentiels à la matière et que celle-ci est hétérogène, n'est plus présentée sous une forme hypothétique ou sous l'extravagance d'un rêve [28] mais est théorisée : Diderot scinde en deux le concept de sensibilité universelle de la matière en distinguant la force d'inertie inhérente à la matière (*nisus* immuable et inaltérable) et la force vive de la molécule liée aux actions des autres molécules qui agissent sur elle (*nisus* provisoire et altérable) [29]. Il défend ainsi l'une des deux hypothèses sur la nature de la matière que d'Alembert avait renvoyées dos à dos dans le *Traité de dynamique* (voir § 7, pp. 7-9). Diderot explique que la

27. L'*Entretien entre d'Alembert et Diderot*, le *Rêve de d'Alembert* et la *Suite de l'Entretien* ont probablement été écrits l'été 1769 mais publiés seulement en 1830 (sur l'itinéraire de ces textes, voir l'introduction éclairante de P. Vernière in *Œuvres philosophiques*, pp. 249-255).

28. Voir le *Rêve de d'Alembert*, p. 300.

29. Voir *O.P.*, p. 395.

matière étant en perpétuel devenir, on doit soutenir l'hypothèse (qui est pour lui une thèse ou un principe) de l'inhérence d'une force active dans la matière.

Ce débat est révélateur des divergences des deux éditeurs dans la rédaction de l'*Encyclopédie*. Diderot critique le caractère réducteur du modèle épistémologique de d'Alembert directement construit à partir des mathématiques. Même si d'Alembert reconnaît le rôle que l'observation doit jouer dans la théorie de la connaissance, il est vrai – et sa conception de la matière en est un exemple – qu'il ne tend à s'intéresser qu'aux éléments des sciences certaines et non expérimentales. Et quand il réfléchit au caractère expérimental de la physique, il prend soin de distinguer la « *physique des faits* » ou encore la « *physique vulgaire et palpable* (qui) *se borne aux faits qu'elle a sous les yeux, à bien voir et à détailler les phénomènes de toute espèce que la nature présente* », et la « *physique occulte* (qui) *cherche à (la) pénétrer* (la nature) *plus profondément, à lui dérober ce qu'elle cache ; à créer, en quelque manière, par la différente combinaison des corps, de nouveaux phénomènes pour les étudier : enfin elle ne se borne pas à écouter la nature, mais elle l'interroge et la presse* » (article *expérimental*, t. VI, 1756, p. 298). Cette distinction lui permet de subordonner l'observation (la collection des faits) à l'expérience qui est déjà pour lui théorique et systématique. En privilégiant la physique « *occulte* », il maintient toute la valeur de l'abstraction, ce qui conduit Diderot à l'attaquer sur son mépris pour les sciences expérimentales. La question du § III de l'*Interprétation de la nature* – « *A quoi servent toutes ces profondes théories du corps céleste, tous ces énormes calculs de l'astronomie rationnelle, s'ils ne dispensent point Bradley ou Le Monnier d'observer le ciel ?* » – est directement adressée à d'Alembert qui fonde uniquement sur le calcul ses *Recherches sur la précession des équinoxes*. Dans la lettre à Voltaire du 19 février 1758, Diderot reprend l'idée exprimée au début de l'*Interprétation de la nature* que la primauté des sciences exactes sur les sciences expérimentales est révolue : « *Le règne des mathématiques n'est plus. Le goût a changé. C'est celui de l'histoire naturelle et des lettres qui domine. D'Alembert ne se jettera pas, à l'âge qu'il a, dans l'étude de l'histoire naturelle et il est bien difficile qu'il fasse un ouvrage de littérature qui réponde à la célébrité de son nom* »[30]. Les objections de Diderot aux deux mémoires sur les probabilités et sur l'inoculation parus en 1761 dans le tome 2 des *Opuscules mathématiques* de d'Alembert confirment la différence de leurs perspectives épistémologiques. Diderot reproche à

30. Voir *Œuvres complètes*, éd. Assézat-Tourneux (A.T.), t. 19, p. 452.

d'Alembert de méconnaître la valeur physico-mathématique de l'analyse des probabilités : «*L'analyse des probabilités peut être considérée ou comme une* science abstraite, *ou comme une* science physico-mathématique. Sous le premier aspect, *les problèmes se résolvent dans la tête du géomètre, comme ils se résoudraient dans l'entendement divin (...).* Sous le second aspect, *c'est une science restreinte à de petits moyens, à un être qui passe comme l'éclair et qui rapporte tout à sa durée. Toute la science mathématique est pleine de ces faussetés que Monsieur d'Alembert reproche à l'analyse des probabilités. D'où naissent les* incommensurables ? *L'impossibilité des* rectifications *et des* quadratures ? *C'est la fable de Dédale. L'homme a fait le labyrinthe et s'y est perdu*»[31]. Ce passage est intéressant en ce qu'il exprime deux points de désaccord importants. Pour Diderot, l'erreur de d'Alembert vient de l'abstraction de ses remarques statistiques, elle témoigne d'une incompréhension de ce qui fait l'originalité du calcul considéré comme science physico-mathématique, à savoir la considération de la durée. Cette question de l'importance du temps est du reste soulevée dans l'*Entretien entre d'Alembert et Diderot* (in *O.P.*, p. 268) :

Diderot : «*Me permettriez-vous d'anticiper de quelques milliers d'années sur le temps* ?

D'Alembert : – *pourquoi non*? *Le temps n'est rien pour la nature*».

Ces deux répliques témoignent de la divergence des orientations scientifiques des deux penseurs : pour d'Alembert, le temps n'est rien, la nature est essentiellement la matière inerte, alors que, pour Diderot, la nature est avant tout une nature organique, vivante et sensible, une nature où l'on naît, vit et meurt et où le temps est une détermination capitale. Selon Diderot, d'Alembert néglige le temps parce qu'il pense un temps abstrait et même métaphysique : le temps mathématique est un temps métaphysique. Et c'est là le deuxième point de désaccord qui apparaît dans le texte : à l'intérêt de d'Alembert pour les sciences certaines et à son mépris de la métaphysique, Diderot rétorque que tout mathématicien est métaphysicien car les «*incommensurables*», les «*rectifications*» et les «*quadratures*» sont des abstractions d'ordre métaphysique. Celui qui se pensait antimétaphysicien et qui critiquait les rêves des philosophes est plus métaphysicien que l'interprète de la nature : «*Il n'y a point de questions de mathématiques à qui la même définition ne puisse convenir, et la* chose *du mathématicien n'a pas plus d'existence dans la nature que celle du joueur. C'est, de part et d'autre,*

---

31. *Sur deux mémoires de d'Alembert* in *Œuvres complètes*, A.T., t. 9, pp. 202-203.

une affaire de conventions. Lorsque les géomètres ont décrié les métaphysiciens, ils étaient bien loin de penser que toute leur science n'était qu'une métaphysique » (*I.N.*, § III, p. 179)[32]. D'Alembert répond à Diderot dans l'article *géomètre* en distinguant l'esprit métaphysique et l'esprit géomètre et surtout l'esprit du jeu et l'esprit de géométrie « *que le vulgaire* (autrement dit Diderot) *croit fort analogues* »[33]. C'est au contraire le philosophe qui use excessivement de la méthode de l'analogie – voir l'exutoire de l'antiphysique dans l'éclaircissement sur l'art de conjecturer (in *E.P.*, pp. 234-237) – en formulant à l'envi des conjectures, qui est, pour d'Alembert, le métaphysicien à abattre. Il est clair que les deux hommes ne confèrent pas la même référence au sens péjoratif du terme métaphysicien. Nous pourrions ici réitérer la remarque que nous avions faite au chapitre 4 à propos de l'esprit de système. « *Métaphysicien* » est une étiquette injurieuse que les penseurs se renvoient à défaut de mettre au jour leurs divergences philosophiques profondes. Cette solution abrégée pour régler ses comptes rend difficile la saisie du sens du terme métaphysique chez un penseur du XVIIIe siècle.

Diderot et d'Alembert semblent pourtant s'accorder sur la définition de la bonne métaphysique : c'est la métaphysique des sciences et des arts, c'est-à-dire la science des maillons de la chaîne des connaissances (voir les deux articles *éléments des sciences* et *encyclopédie*). Mais ils diffèrent sur la méthode et sur l'esprit qu'il faut posséder pour parvenir à son élaboration. Pour Diderot, la méthode est essentielle-

32. Diderot au paragraphe précédent (§ II de l'*I.N.*) allait encore plus loin en jugeant les sciences mathématiques pures inutiles parce que coupées de l'expérience et de l'existence. Pour lui, seules les mathématiques appliquées ont véritablement une valeur qui leur vient de l'expérience, c'est-à-dire de l'objet de leur application. L'instrument n'est valorisé que par la matière qu'il permet d'informer. Encore les mathématiques appliquées n'ont-elles qu'une faible valeur : « *Mais à quoi bon corriger le calcul géométrique par l'expérience ? N'est-il pas plus court de s'en tenir au résultat de celle-ci ? d'où l'on voit que les mathématiques, transcendantes surtout, ne conduisent à rien de précis sans l'expérience ; que c'est une espèce de métaphysique générale, où les corps sont dépouillés de leurs qualités individuelles ; et qu'il resterait au moins à faire un grand ouvrage qu'on pourrait appeler l'*Application de l'expérience à la géométrie, *ou* Traité de l'aberration des mesures » (*I.N.*, pp. 178-179). On peut penser que le parti pris de Diderot contre la géométrie, l'abstraction et la théorie, est la réaction à la dévalorisation opérée par d'Alembert des sciences expérimentales, de l'observation et de la pratique. Pourtant d'Alembert paraît moins tranché dans ses positions que Diderot mais n'oublions pas qu'il a, dans ces années-là (1751-1757), la reconnaissance sociale et intellectuelle que n'a pas Diderot et que son point de vue domine dans l'*Encyclopédie*.

33. Voir article *géomètre* (*Encyclopédie*, t. VII, 1757, p. 628), texte repris dans les *E.P.*, pp. 120-121.

ment celle de l'analogie et des renvois qui sont principalement l'œuvre d'un esprit philosophique (rigoureux et critique) mais aussi quelquefois d'un esprit de génie qui se risque à des conjectures heuristiques. Pour d'Alembert, la méthode à suivre est celle de la géométrie (qui permet l'analyse puis la synthèse des éléments d'une science) et l'esprit requis est l'esprit géométrique qui allie la finesse et la justesse, c'est-à-dire dans la terminologie de l'auteur la netteté et la précision et qui, contrairement à l'esprit purement géomètre est « *applicable à tout* » [34]. D'Alembert qualifie aussi cet esprit, nous l'avons vu au chapitre 4, de systématique ou de philosophique, c'est de toute façon le bon esprit. Il n'est pas de nature expérimentale et pour Diderot c'est là son défaut [35].

L'article *encyclopédie* révèle aussi une autre source de désaccord au sujet de la stratégie à adopter pour changer la façon commune de penser. D'Alembert veut attaquer de front « *l'infâme* », c'est-à-dire les Jésuites, les fanatiques, tous les représentants de la superstition et de l'intolérance, en un mot tous les ennemis de l'*Encyclopédie*. Diderot propose dans son article une méthode plus discrète mettant en œuvre des renvois à caractère subversif [36]. Les renvois « *de choses* » remplissent cette tâche : ils ont non seulement pour fonction d'éclaircir l'objet d'une science (ils montrent sa place dans la chaîne des connaissances), mais dans certains cas, ils ont aussi pour rôle de déraciner les préjugés et les idées fausses : « *Mais quand il le faudra, (...) ils opposeront les notions ; ils feront contraster les principes ; ils attaqueront, ébranleront, renverseront secrètement quelques opinions ridicules qu'on n'oserait insulter ouvertement. Si l'auteur est impartial, ils auront toujours la double fonction de confirmer et de réfuter ; de troubler et de concilier* » (art. *encyclopédie*, p. 643). Ces renvois permettent aux encyclopédistes de cacher leur message et de se mettre ainsi à l'abri des persécutions : « *Toutes les fois, par exemple, qu'un préjugé national mériterait du respect, il faudrait à son article particulier l'exposer respectueusement, et avec tout son cortège de*

---

34. Voir *E.P.*, pp. 36-37 : « *C'est là ce qui distingue principalement l'esprit* géométrique, *applicable à tout, d'avec l'esprit purement* géomètre, *dont le talent est restreint dans une sphère étroite et bornée* ».

35. Défaut qu'il reproche directement à d'Alembert : « *de la manière dont Monsieur d'Alembert parle du risque d'inoculation, on voit qu'il ne sait ce que c'est que l'opération, et qu'il n'a jamais vu inoculer* » (*Sur deux mémoires de d'Alembert* in *Œuvres complètes*, éd. Assézat, t. 9, p. 211).

36. A propos du dialogue clandestin entre les encyclopédistes et le lecteur qu'instaurent ces renvois, voir le très bel article de Jean Starobinski *Remarques sur l'Encyclopédie* in *Revue de métaphysique et de morale*, 75, n° 3, 1970, pp. 284-291.

vraisemblance et de séduction ; mais renverser l'édifice de fange, dissiper un vain amas de poussière, en renvoyant aux articles où des principes solides servent de base aux vérités opposées. Cette manière de détromper les hommes opère très promptement sur les bons esprits, et elle opère infailliblement et sans aucune fâcheuse conséquence, secrètement et sans éclat, sur tous les esprits » (ib.). Secrètement et sans éclat : en 1759, Diderot reproche à d'Alembert ses préfaces inflammatoires (*D.P.E.* et préface du troisième volume) et ses articles à scandale (*Genève* au tome VII mais aussi *collège*, *corruption*, *démonstration* au tome IV, *forme substantielle*, *fornication* et *futur contingent* au tome VII), qui leur attirent tant d'ennuis. Il est vrai que l'article *Genève*, écrit par d'Alembert sous l'influence de Voltaire, a soulevé un orage contre l'*Encyclopédie*. Celle-ci est censurée puis interdite. En 1758, d'Alembert préfère démissionner qu'accepter la censure.

A l'occasion du bicentenaire de la publication de l'*Encyclopédie*, Y. Laissus a publié une lettre inédite de d'Alembert adressée à M. Durival le Cadet, le 1er janvier 1758, où il annonce, pour la première fois, semble-t-il, la raison de sa démission : « *enfin ce qu'il y a de pis, c'est que tandis qu'on accorde toute licence de parler et d'écrire contre nous, on veut exercer contre l'Encyclopédie une inquisition intolérable en nous donnant pour censeurs ce qu'il y a de plus capelan et de plus absurde dans la Sorbonne. Il n'est pas possible, Monsieur, de tenir à tout cela, il faut laisser là l'Encyclopédie, et c'est le parti que j'ai pris* » [37]. Selon toute apparence, c'est donc par découragement que d'Alembert quitte l'entreprise encyclopédique. Co-éditeur, chargé plus spécialement de la partie scientifique, d'Alembert assume une grosse part du travail, il joue un rôle important dans l'élaboration de l'ouvrage [38]. C'est aussi lui qui procure à l'entreprise la collaboration de Voltaire. Il est sans doute l'élément le plus important (par son travail et ses relations) de la réussite de la parution et de la diffusion des sept premiers volumes, ce que reconnaît du reste Diderot en 1759 alors que les deux hommes sont en plein désaccord [39]. Il s'expose ainsi à toutes les attaques dirigées contre l'ouvrage et les encyclopédistes. Son *Discours préliminaire de l'Encyclopédie* a été

---

37. *Revue d'histoire des sciences*, t. 7, 1954, pp. 1-5.

38. Voir les lettres de d'Alembert à Cramer où il relate avec enthousiasme sa contribution à l'*Encyclopédie* et sa lutte contre les Jésuites, notamment contre le Père Berthier et le journal de Trévoux (in MS Suppl. 384, fol. 198 in Bibl. Genève).

39. Voir *Correspondance*, éd. Roth, t. 2, pp. 273-274 : « *Si vous avez plus travaillé que vous ne deviez, c'est par intérêt pour l'ouvrage, c'est par amitié pour moi, c'est par égard pour vous-même* ».

certes bien reçu dans le cercle des amis de Diderot et des siens, par exemple dans les Salons de Madame du Deffand et de Madame de Geoffrin, mais il lui a valu aussi de nombreuses critiques – il a été accusé notamment d'irréligion – jugées par lui assez sérieuses pour qu'il y réponde dans la préface du troisième volume. Entre temps (en 1752), il y avait eu l'affaire de l'abbé de Prades, collaborateur de l'*Encyclopédie* pour la partie théologique, dont la thèse qui énonçait des doutes sur la divinité de Jésus-Christ fut d'abord acceptée, puis condamnée par la Sorbonne. Cette affaire avait soulevé des remous à Paris et l'abbé de Prades dut s'exiler en Prusse. Les deux éditeurs s'étaient compromis en défendant la thèse. Le 30 novembre 1754, le Père jésuite Tholomas tient un discours virulent à Lyon contre l'article *collège*, et s'en prenant à la personne de d'Alembert, fait une remarque injurieuse sur sa naissance [40]. Même si d'Alembert est membre de presque toutes les Académies (il entre à l'Académie Française le 19 décembre 1754), ces honneurs ne le protègent pas des attaques des adversaires de l'*Encyclopédie*, attaques qui se transforment parfois en duels emplis d'inimitiés personnelles.

Le 5 janvier 1757, le roi Louis XV est blessé à Versailles par Damiens, un ancien domestique qu'on dit simple d'esprit. L'affaire entraîne une série de mesures de censures. L'article *jésuite* [41] au tome VIII (1765, p. 515) commente la brouille définitive des Jésuites avec les gens de lettres, qui se produit à ce moment-là (en 1757), comme une des causes de l'interdiction de poursuivre la publication de l'*Encyclopédie*. L'attentat contre le Roi déclenche une nouvelle campagne plus féroce encore que celle concernant l'abbé de Prades, dont les écrits principaux sont les *Petites lettres sur de grands philosophes* de Palissot, l'*Avis utile* (publié dans le *Mercure de France* d'octobre 1757) et le *Nouveau mémoire pour servir à l'histoire des Cacouacs* [42]

---

40. D'Alembert, rappelons-le, est le fils naturel de Madame de Tencin et du Chevalier Destouches. Voici le résumé que Diderot présente de la vie de d'Alembert dans l'*Entretien* (p. 265) : « *le voilà né, exposé sur les degrés de Saint-Jean-le-Rond qui lui donne son nom ; tiré des Enfants-Trouvés ; attaché à la mamelle de la bonne vitrière, Madame Rousseau ; allaité, devenu grand de corps et d'esprit, littérateur, mécanicien, géomètre* ». Précisons que le Chevalier Destouches avait suivi et dirigé l'éducation de son fils illégitime. D'Alembert est formé au Collège des Quatre Nations et suit l'enseignement de maîtres jansénistes, cartésiens et malebranchistes.

41. Assez curieusement cet article (et plusieurs autres commençant par la lettre J) se trouve inséré dans les articles commençant par I. Cela s'explique par un flottement à reconnaître définitivement et entièrement l'autonomie de la lettre J par rapport à I (d'autres articles commençant par J sont placés en effet dans le tome IX).

42. Ce texte s'inscrit dans le prolongement de la pièce satirique du même auteur intitulée *Les Cacouacs*, nom péjoratif donné aux encyclopédistes.

de Moreau. Voici la réaction de d'Alembert à ces écrits : « *On nous inonde de satires et de brochures qui ne seraient rien si elles se bornaient au pur littéraire, mais ces brochures se permettent les personnalités les plus odieuses et les plus infâmes, notamment contre moi, et ce qu'il y a de plus odieux encore, c'est qu'elles sont protégées et appuyées par ceux qui devraient en punir les auteurs, et qu'elles se vendent publiquement et avec faveur chez tous les libraires et à tous les spectacles. Ce n'est pas tout : un maraud de Jésuite nommé Chapelain a eu l'insolence de prêcher le jour de Noël contre nous, devant le Roi, sans réclamation de la part de personne* » (in *Œuvres et correspondance inédites de d'Alembert*). Ce qui porte à son comble l'agitation, c'est l'article *Genève* où d'Alembert décrit la religion des pasteurs genevois comme teintée de socinianisme, c'est-à-dire comme ne reconnaissant pas le dogme de la Trinité ni la divinité de Jésus-Christ. Rousseau écrit en 1758 la *Lettre à d'Alembert* où l'article *Genève* est vivement critiqué. Nous n'entrerons pas dans le détail de la discussion qui oppose d'Alembert à Rousseau car elle a déjà fait l'objet de nombreux travaux [43]. Mentionnons ici l'édition Garnier très documentée de la *Lettre à d'Alembert sur les spectacles* (Paris, 1889 réédité en 1926 dans les « Classiques Garnier ») qui a le mérite de joindre de nombreux textes annexes à la discussion [44].

Les deux années (1758, 1759) qui suivent la parution du septième volume contenant l'article *Genève* constituent la période noire de l'*Encyclopédie*. En 1759, la double condamnation de l'ouvrage par le Parlement de Paris (le 23 janvier) et par Rome (Bref du Pape Clément XIII du 3 septembre) suspend la publication des autres volumes, ce qui

43. Précisons simplement que la discussion entre Rousseau et d'Alembert a souvent été étudiée comme l'expression des positions philosophiques de Rousseau. L'étude qui prendrait en compte les liens affectifs et intellectuels entre les deux auteurs reste à faire mais mériterait à elle seule un ouvrage tant est complexe leur relation. D'Alembert est à la fois le porte-parole de Voltaire dans l'article *Genève* mais aussi le défenseur de Rousseau auprès des encyclopédistes. Dans de nombreuses lettres à Voltaire, d'Alembert joue le médiateur et essaie de protéger Rousseau des foudres du patriarche (voir notamment la lettre du 17 janvier 1765 in *Œuvres*, t. 5, pp. 135-136). Ce n'est qu'en 1767-1768, quand éclate la querelle de Rousseau et de Hume, qu'il prend définitivement ses distances vis-à-vis de Rousseau (voir la lettre à Voltaire du 18 janvier 1768 in *Œuvres*, t. 5, p. 172). Mais lors de la discussion de 1758, les deux hommes ont beaucoup de respect l'un envers l'autre et beaucoup d'idées communes.

44. Nous donnons dans l'annexe II la liste des principaux textes de ce dialogue, car ceux de d'Alembert ne sont pas toujours très connus ni très accessibles, ainsi que la liste des jugements de Rousseau et de d'Alembert sur leurs ouvrages respectifs parmi lesquels le *Jugement sur la lettre de Rousseau à Christophe de Beaumont*, texte inédit de d'Alembert que nous publions dans cette annexe.

semble donner raison à d'Alembert dans sa démission et dans ses prédictions. Mais les raisons invoquées par d'Alembert notamment dans la lettre inédite à M. Durival le Cadet citée ci-dessus sont-elles sincères ou constituent-elles la version officielle de sa démission ? John Pappas, dans son ouvrage intitulé *Voltaire and d'Alembert* (paru in Indiana University, Humanities Series, 1962) et dans son article *Diderot, d'Alembert et l'Encyclopédie* propose un autre motif à la démission de d'Alembert, qui serait de court-circuiter l'entreprise en France et d'éditer une nouvelle encyclopédie sous l'égide du roi de Prusse, avec la collaboration non plus de Diderot mais de Voltaire dont l'idéologie est plus proche de la sienne. Pour appuyer cette thèse, J. Pappas remarque que les raisons de démissionner avancées par d'Alembert (censure, attaques personnelles, persécutions) ne datent pas de 1757 mais du début de l'élaboration de l'ouvrage. L'*Encyclopédie*, lors de l'affaire de l'abbé de Prades en 1752, avait déjà été supprimée, et les attaques de cette époque n'avaient pas découragé d'Alembert bien au contraire (si l'on en juge par le ton de la préface au troisième volume). Il cite par ailleurs une lettre de Malesherbes à Morellet où le Chancelier se dit surpris de la plainte de d'Alembert à propos d'une critique de Fréron car celui-ci « *l'a bien plus réellement offensé dans d'autres endroits de ses feuilles* » (lettre du 23 janvier 1758, B. N., MS Fr. 22 191, fol. 138). Dans le brouillon biffé de la lettre on peut lire : « *Si je connaissais moins M. d'Alembert, je pourrais le soupçonner de chercher par là à se préparer vis-à-vis du public un prétexte pour quitter l'Encyclopédie* » (ib. fol. 148). En outre, dans une lettre à Grimm datée de fin avril-1er mai 1759, Diderot décrit en ces termes le comportement de son collègue dans le dîner arrangé chez le libraire Le Breton qui réunissait le baron d'Holbach, le chevalier de Jaucourt et les deux éditeurs : « *J'expliquais le projet de compléter les manuscrits. Je ne saurais vous dire avec quelle surprise et quelle impatience mon cher collègue m'écouta. Il partit avec l'impétuosité puérile que vous lui connaissez, traita les libraires comme des valets, la continuation de l'ouvrage comme une folie, et m'adressa chemin faisant des choses fâcheuses à entendre, mais que je crus devoir digérer. Plus il se répandit en déraison et en violences, plus je me montrai indulgent et tranquille. Il est sûr que l'Encyclopédie n'a point d'ennemi plus décidé que cet homme-là. Il ne s'agissait pas de le rembarquer dans le travail de l'édition. La proposition qu'on lui en faisait n'était qu'une politesse indispensable dont il avait la sottise de se défendre sérieusement. Le point était de l'amener à fournir sa partie en deux ans, et il s'y engagea, mais ce ne fut pas sans peine* » (*Correspondance*, Roth, t. 2, pp. 119-

120). Dans la lettre à Durival du 1er janvier 1758, d'Alembert écrit que l'ouvrage ne continuera pas sans lui. Et si l'on s'en tient aux lettres de d'Alembert à Voltaire, Diderot semble l'encourager dans cette croyance [45].

Mais Diderot cherche avant tout à se protéger de ce qu'il appelle un complot dans la suite de sa lettre à Grimm : « *Le Turgot, le d'Alembert, le Morellet et le Bourgelat sont au fond de deux complots odieux dont je vous parlerai quelque jour, s'il m'en souvient. L'un est le déshonneur de la nation par la chute ou la suppression de l'Encyclopédie. Ces morveux-là se mettent du côté du roi de Prusse et ils croiraient avoir gagné une grande bataille s'ils y réussissaient* » (ib., p. 130). L'accusation est grave : d'Alembert, entre autres, est suspecté de vouloir dans un premier complot usurper la direction de l'*Encyclopédie* en mettant la publication de l'ouvrage sous la protection de Frédéric. L'affaire de l'article *Genève* et la démission retentissante de d'Alembert auraient donc pour but de supprimer l'Encyclopédie en France. Et ce premier complot mène au second qui est d'éliminer le « *clan* » de Diderot et du baron d'Holbach et de créer un nouveau noyau sous la direction de Voltaire et de d'Alembert. Grimm partage les suspicions de Diderot en appelant d'Alembert « *le chef visible de l'illustre église dont Voltaire fut le fondateur et le soutien* » (*Correspondance littéraire*, t. 13, p. 460). De même, La Harpe dans le *Lycée* (t. 15, p. 118) souligne l'ambition de d'Alembert : « *L'éloignement de Voltaire, dont la supériorité avouée faisait un homme à part, laissa trop croire à d'Alembert qu'il pouvait régner dans la littérature française. Sa renommée dans les sciences, les honneurs que lui avaient rendus les étrangers, son influence dans deux Académies et dans le parti encyclopédique, tout aidait à flatter en lui la prétention de régner dans la capitale des lettres* ». John Pappas reprend ce point de vue et soutient que l'accusation de Diderot est fondée. Peut-être n'est-ce pas si sûr. Il se pourrait bien que Diderot se trompe de chef d'accusation. Il est peu probable que d'Alembert ait pensé sérieusement à devenir le chef d'une édition à l'étranger, lui qui a toujours refusé de quitter Paris malgré les sollicitations du roi de Prusse d'abord, puis de Catherine II. S'il y a songé, c'est à la condition de rester à Paris, ce qui rend alors impossible la tâche de mener à bien l'édition en Prusse ou ailleurs [46].

---

45. Voir les lettres à Voltaire des 11, 20, 28 janvier et des 8, 15, 25 février 1758 in *Œuvres*, t. 5, pp. 51 à 61.

46. Voir la lettre à Voltaire du 28 janvier 1758 in *Œuvres*, t. 5, p. 56 : « *S'il était possible qu'elle* (l'Encyclopédie) *s'imprimât dans le pays étranger en continuant, comme de raison, à se faire à Paris, je reprendrais demain mon travail ; mais le gouvernement n'y consentira jamais ; et quand il le voudrait bien, est-il possible*

En 1759, c'est de manière assez neutre qu'il commente la suppression de l'Encyclopédie : « *Pour Diderot, il s'acharne toujours à vouloir faire l'*Encyclopédie *; mais le chancelier, à ce qu'on assure, n'est pas de cet avis ; il va supprimer le privilège de l'ouvrage et donnera à Diderot la paix malgré lui* » (lettre à Voltaire du 24 février 1759 in *Œuvres*, t. 5, p. 62). Beaucoup moins neutres sont les propos de Diderot et de Voltaire. Les lettres de Diderot à Grimm et à Sophie Volland expriment une grande animosité envers son collègue. Il lui reproche d'être malhonnête envers les libraires et les encyclopédistes, dans son dessein d'éditer à part, dans les *Mélanges de littérature*, des textes qu'il a déjà publiés dans l'*Encyclopédie* [47]. Voici le dialogue que Diderot rapporte à Sophie Volland où d'Alembert demande à Diderot de reprendre la partie scientifique des derniers volumes de l'*Encyclopédie* :

Diderot : « *Cependant vous quittez une entreprise à laquelle ils* (les libraires) *ont mis toute leur fortune (...). Vous débandez leurs travailleurs. Vous les jetez dans un monde d'embarras dont ils ne se tireront pas de sitôt. Vous ne voyez que la petite satisfaction de faire parler de vous un moment. Ils sont dans la nécessité de s'adresser au public ; il faut voir comment ils vous ménagent et me sacrifient.*

d'Alembert : – *C'est une injustice.*

Diderot : – *Il est vrai, mais ce n'est pas à vous à la leur reprocher. Ce n'est pas tout. Il vous vient en fantaisie de recueillir différents morceaux épars dans l'Encyclopédie. Rien n'est plus contraire à leur intérêt (...). L'édition se fait ; ils en avancent les frais, et vous en partagez le profit. Il semblait qu'après avoir payé deux fois votre ouvrage, ils étaient en droit de le regarder comme le leur. Cependant vous allez chercher un libraire au loin, et vous lui vendez pêle-mêle ce qui vous appartient et ne vous appartient pas* » (*Correspondance*, Roth, t. 2, p. 274).

Quant à Voltaire, il fait preuve pour le moins de duplicité dans ses rapports aux encyclopédistes. Il reconnaît lui-même avoir influencé d'Alembert dans la rédaction de l'article *Genève* [48]. Dans un premier

---

que cet ouvrage s'imprime à cent ou deux cents lieues des auteurs ». Selon cette lettre, pour d'Alembert, les auteurs demeureraient à Paris, ce qui suppose peu de bouleversements dans l'équipe de rédaction.

47. Effectivement de nombreux passages des *Eléments de philosophie* sont des reprises littérales d'articles (comme *éléments des sciences*, *expérimental* ou encore *géomètre*) que d'Alembert a écrits pour l'*Encyclopédie*. Les *Mélanges de littérature* comportent également les *Réflexions sur le goût*, publiées dans l'*Encyclopédie* à la fin de l'article *goût*, et d'autres extraits du *D.P.E.* ou de la préface au troisième volume.

48. Voir *Correspondance*, Besterman, XXXII, 210 ; XXXIII, 84.

temps, il semble opposé à la démission de d'Alembert [49] mais très vite, dès sa lettre à d'Alembert du 5 février 1758 [50], il l'encourage dans sa démission et souhaite que les autres encyclopédistes suivent son exemple. Il prêche avec de plus en plus d'insistance l'abandon collectif de l'ouvrage (voir les lettres à d'Alembert du 5, du 13 et du 25 février). En fait dès les premiers jours de janvier, Voltaire a redemandé à Diderot ses articles (notamment l'article *histoire*) et l'a exhorté à démissionner par solidarité avec d'Alembert. Diderot lui répond tardivement (ce qui agace Voltaire) le 19 février 1758 : « *Votre avis serait que nous quittassions tout à fait l'Encyclopédie, ou que nous allassions la continuer en pays étranger, ou que nous obtinssions justice et liberté dans celui-ci. Voilà qui est à merveilles ; mais le projet d'achever en pays étranger est une chimère (...). Abandonner l'ouvrage, c'est tourner le dos sur la brèche et faire ce que désirent les coquins qui nous persécutent* ». Et il termine en disant : « *Je n'ai pas vos articles ; ils sont entre les mains de d'Alembert, et vous le savez bien* » (*Correspondance*, Roth, t. 2, pp. 37-40). Diderot visiblement n'est pas dupe des agissements et du projet de Voltaire explicités du reste peu de temps après dans sa lettre à d'Alembert du 7 mars 1758 : « *Diderot parle de ses engagements avec les libraires ; c'est à eux à recevoir vos ordres et les siens (...), si on osait prendre une résolution, on pourrait très bien finir ici l'Encyclopédie, l'imprimer ici aussi bien qu'à Paris (...). Si on était assez peu de son siècle et de son pays pour prendre ce parti, j'y mettrais la moitié de mon bien. J'aurais de quoi vous loger tous, et très bien. Je voudrais venir à bout de cette affaire, et mourir gaîment* » (*O.C.*, t. 41, pp. 67-68). Ce projet, s'il avait abouti, aurait signifié la main-mise de Voltaire sur l'*Encyclopédie*. Les nombreuses citations que nous avons faites de lettres de Diderot, de d'Alembert et de Voltaire montrent à quel point les relations des trois hommes deviennent complexes et ambiguës. Qui est la dupe de qui, de quoi ? Voltaire paraît être le principal fomentateur. Pourtant, à l'instar de d'Alembert, il reprend part à la rédaction de l'*Encyclopédie* quand elle obtient de nouveau le privilège du Roi : dans le huitième volume de 1765, l'article *histoire* qu'il redemandait à grands cris à Diderot en

49. Si l'on en juge d'après la réponse de d'Alembert à Voltaire dans la lettre du 20 janvier 1758 : « *A l'égard de l'*Encyclopédie, *quand vous me pressez de la reprendre, vous ignorez la position où nous sommes, et le déchaînement de l'autorité contre nous* » (*Œuvres*, t. 5, p. 54).

50. « *Non, il n'est pas possible que la saine partie du public ne vous redemande à grands cris, mais il faut absolument que tous ceux qui ont travaillé avec vous quittent avec vous* » (*Œuvres complètes*, éd. Lefèvre, t. 41, p. 58).

1758, paraît. Mais en même temps et peut-être concurrentiellement, il publie en 1764 son *Dictionnaire philosophique*.

Quant à d'Alembert, est-ce, comme il le laisse entendre, par révolte contre la censure qu'il quitte l'ouvrage en 1758 [51] ? Est-ce par prudence ou découragement, ou par ambition personnelle ? En tout cas, il publie en 1759 les *Eléments de philosophie* qu'il présente comme une introduction méthodique à un ouvrage encyclopédique qui reste encore à faire : « *Ce n'est ici que le simple projet d'un ouvrage que nous aurons peut-être le courage d'entreprendre, si le Public donne son approbation à l'espèce d'esquisse que nous allons lui en offrir* » (*E.P.*, p. 17).

Nous pouvons conclure, et cela avec certitude, que la crise traversée en 1758 par l'*Encyclopédie* tient non seulement à des attaques extérieures très fortes mais aussi à des divergences théoriques, des rivalités personnelles, des tensions idéologiques au sein des encyclopédistes : Diderot et le baron d'Holbach[52] s'orientent vers un matérialisme de plus en plus radical, d'Alembert et Voltaire défendent des positions plus mitigées (d'Alembert pourrait être décrit comme un un matérialiste sceptique et Voltaire, un déiste sceptique) ; en un mot, à des « métaphysiques » très diverses, terme qui, dans son usage péjoratif, cristallise tous les différends.

Diderot certes semble triompher de la crise. Il peut même devenir condescendant envers son collègue quand celui-ci lui propose de nouveau ses services :

d'Alembert : « *Dites-leur* (aux libraires) *que je ne m'engage que pour ma partie.*

Diderot : – *Ils n'en veulent pas davantage ni moi non plus.*

d'Alembert : – *Plus de préfaces.*

Diderot : – *Vous en voudriez faire pour la suite, que vous n'en seriez pas le maître* » (Lettre à Sophie Volland du 14 octobre 1759 in *Correspondance*, Roth, t. 2, p. 275) [53] .

---

51. Voir la lettre à Voltaire du 20 janvier 1758 : « *Il vaut mieux que l'*Encyclopédie *n'existe pas, que d'être un répertoire de capucinades* » (*Œuvres*, t. 5, p. 54).

52. Nous n'avons pu étudier ici l'influence de d'Holbach dans l'*Encyclopédie*. En 1758, elle est beaucoup moins importante que celle de Diderot, de d'Alembert ou de Voltaire. Mais, à partir de la démission de d'Alembert, d'Holbach tend à jouer un rôle philosophique de plus en plus grand notamment avec la parution en 1770 du *Système de la nature*.

53. Voir aussi la lettre à Sophie Voiland du 31 août 1760 à propos des *Réflexions sur la poésie* de d'Alembert : « *Cet homme ne sait pas un mot du langage d'Homère ; et quand il le saurait davantage, rien ne bat là un jeune Arcadien. Qu'il s'en tienne aux équations, c'est son lot* » (ib., t. 3, p. 46).

Diderot, à propos de l'invitation que lui fait Catherine de Russie à être le précepteur de son fils (proposition que d'Alembert avait auparavant refusée en conseillant à la reine de choisir Diderot), lâche enfin le mot : «*j'ose me croire supérieur à d'Alembert*» (*O.C.*, A.T., t. 18, p. 237).

Quand l'*Encyclopédie* est enfin terminée, Diderot se félicite d'avoir achevé sa tâche et rempli son souhait de 1755 (« *Nous avons vu que de toutes les difficultés, une des plus considérables, c'était de le produire une fois, quelqu'informe qu'il fût et qu'on ne nous ravirait pas l'honneur d'avoir surmonté cet obstacle* » in article *encyclopédie*, p. 644). Cet honneur, il se l'octroie en rappelant qu'on disait en 1758 qu'il serait « *écrasé sous le fardeau de l'*Encyclopédie *si d'Alembert se retirait* » (Lettre à Falconet in *O.C.*, A.T., t. 3, p. 271). Mais dernière ironie, c'est d'Alembert que se charge de l'édition du Supplément chez le libraire Panckouke, après le départ de Diderot en Russie.

En conclusion de ce chapitre, rappelons le précepte énoncé par Diderot dans l'article *encyclopédie* (p. 645) qui doit gouverner la rédaction collective de l'ouvrage : « *C'est qu'il ne s'agit point ici d'un intérêt particulier ; c'est qu'il ne règne entre nous aucune petite jalousie personnelle, et que la perfection de l'ouvrage et l'utilité du genre humain, ont fait naître le sentiment général dont il est animé* ».

CHAPITRE SEPT

LA MÉTHODE DES ÉLÉMENTS : TROIS EXEMPLES D'APPLICATION

Au cours des deux chapitres précédents, nous avons tenté de rendre compte des intentions philosophiques, des tensions méthodologiques et des divergences épistémologiques des deux éditeurs, la confrontation de d'Alembert et de Diderot nous paraissant indispensable pour éclairer et mesurer la participation de d'Alembert à la rédaction de l'*Encyclopédie*. Nous voudrions dans ce dernier chapitre resserrer notre analyse autour de l'épistémologie proposée par d'Alembert dans son article *éléments des sciences* et surtout étudier, à travers trois exemples choisis expressément hors du champ scientifique, la mise en application par d'Alembert de sa méthode des éléments.

La méthode des éléments est la traduction, au sein de l'*Encyclopédie*, de la théorie de la définition issue de la réflexion de d'Alembert sur sa pratique scientifique. La formulation des éléments d'une science vise à réduire la distance qui sépare le langage scientifique de la langue vulgaire et simple. Elle requiert donc de la sobriété et de la simplicité, elle ne doit pas se charger de jargon et s'accompagne d'une critique des abus de mots [1]. Trois sortes de propositions constituent les éléments d'une science. La première sorte d'éléments est constituée par les principes primitifs de la science, ce sont « *les propositions ou vérités générales qui servent de base aux autres, et dans lesquelles celles-ci sont implicitement renfermées* » (art. *éléments des sciences*, t. V,

1. Voir article *éléments des sciences*, p. 494 : « *Les termes scientifiques n'étant inventés que pour la nécessité, il est clair que l'on ne doit pas au hasard charger une science de termes particuliers. Il serait donc à souhaiter qu'on abolît ces termes scientifiques et pour ainsi dire barbares, qui ne servent qu'à en imposer ; qu'en géométrie, par exemple, on dît simplement* proposition *au lieu de* théorème, conséquence *au lieu de* corollaire, remarque *au lieu de* scholie *et ainsi des autres* ».

p. 491). En géométrie par exemple, l'élément de la première sorte est l'étendue, en mécanique, la proposition générale est l'existence du mouvement. Les conséquences simples et directes des propositions générales sont exclues des éléments mais forment une chaîne de propositions qui contribuent partiellement à l'émergence d'une deuxième sorte d'éléments. En effet les éléments de second ordre sont des propositions qui empruntent quelque chose non seulement d'une proposition prise dans la chaîne des conséquences des éléments de premier ordre, mais aussi directement d'une proposition primitive ou élément de premier ordre. Cette double articulation complexifie la proposition qui n'est pas une simple conséquence d'une proposition précédente, et rend sa position logique plus difficile à saisir, ce qui justifie le fait que ce type de propositions entre dans les éléments de second ordre. Enfin la troisième sorte d'éléments regroupe les propositions isolées, c'est-à-dire qui ne sont ni des principes ni des conséquences des autres propositions et dont l'isolement tient à l'état d'imperfection de la science.

Si le *Traité de dynamique* peut être lu comme le modèle pour la science mécanique d'un bon livre d'éléments, la méthode des éléments, et c'est ce point que nous voulons démontrer dans ce chapitre, étend ses applications au delà du strict domaine scientifique. Comme le souligne d'Alembert dans son article, ce qui est méthodologiquement vrai pour les sciences l'est aussi pour les arts, les mêmes règles valent pour la systématisation d'une science et d'un art et la même vigilance à l'égard des abus de mots doit s'exercer : « *Les mots nouveaux, inutiles, bizarres, ou tirés de trop loin, sont presque aussi ridicules en matière de science, qu'en matière de goût* » (article *éléments des sciences*, p. 494).

A l'invite de d'Alembert dans cet article, il convient d'examiner l'application de la méthode des éléments dans des articles « non scientifiques »[2]. Nous nous proposons d'étudier les trois articles que d'Alembert cite lui-même en exemples, à savoir l'article *goût*, l'article *histoire* et l'article *collège* : « *Nous n'en dirons pas davantage ici sur les règles que l'on doit observer en général, pour bien traiter les* éléments *d'une science. La meilleure manière de faire connaître ces règles, c'est de les appliquer aux différentes sciences ; et c'est ce que nous nous proposons d'exécuter dans les différents articles de cet ouvrage. A l'égard des* éléments *des Belles-Lettres, ils sont appuyés sur*

2. Nous mettons l'expression entre guillemets, nous voulons parler ici des articles ne concernant pas les sciences au sens strict même si, pour d'Alembert, ils sont de teneur scientifique du moment qu'ils relèvent de la méthode des éléments.

les principes du goût. Voyez GOÛT. *Ces* éléments, *semblables en plusieurs choses aux* éléments *des sciences, ont été faits après coup sur l'observation des différentes choses qui ont paru affecter agréablement les hommes. On trouvera de même à l'*article HISTOIRE, *ce que nous pensons des* éléments *de l'histoire en général.* Voyez aussi COLLÈGE » (ib., p. 495).

A la fin de l'article *éléments des sciences* (p. 496), d'Alembert prend soin de montrer le point de vue selon lequel l'histoire et les arts (tant libéraux que mécaniques) peuvent être dits appartenir à la classe des sciences. Ce point de vue est celui de l'esprit philosophique : quand on étudie ces matières dans cet esprit (c'est-à-dire selon la méthode des éléments), elles entrent dans la classe des sciences. Pour d'Alembert, les articles des éléments du goût et de l'histoire sont des articles d'éléments des sciences. Quant à l'article *collège*, il est exemplaire par la méthode d'enseignement et l'ordre des connaissances qu'il développe. Le choix des exemples de d'Alembert pour illustrer sa méthode des éléments est révélateur de son souci d'étendre son épistémologie à tous les domaines du savoir.

L'article *collège* (*Encyclopédie*, 1753, t. III, pp. 634-637) est constitué de deux grandes parties : une partie critique vis-à-vis de l'éducation donnée dans les collèges au XVIIIe siècle, et une partie programmatique visant à présenter ce que seraient les bons éléments d'une éducation.

Voici le bilan sévère que d'Alembert dresse de l'éducation telle qu'elle se présente dans les collèges : « *Il résulte de ce détail, qu'un jeune homme, après avoir passé dans un* collège *dix années, qu'on doit mettre au nombre des plus précieuses de sa vie, en sort, lorsqu'il a le mieux employé son temps, avec la connaissance très imparfaite d'une langue morte, avec des préceptes de rhétorique et des principes de philosophie qu'il doit tâcher d'oublier ; souvent avec une corruption des mœurs dont l'altération de la santé est la moindre suite ; quelquefois avec des principes d'une dévotion mal entendue ; mais plus ordinairement avec une connaissance de la religion si superficielle, qu'elle succombe à la première conversation impie, ou à la première lecture dangereuse* » (p. 635). Les éléments de cette éducation sont des mauvais principes, fragiles et dangereux par leur fragilité même, ou des préceptes stériles et inutiles [3]. A l'encontre de cette éducation instituée, d'Alembert propose son propre plan d'études : il substitue aux quatre principales matières de l'enseignement des collèges – Humanités, Rhétorique, Philosophie, Mœurs et Religion – son programme

3. Pour ce qui est de l'inutilité de la rhétorique, voir *D.P.E.*, pp. 44-45.

d'éducation fondé sur la connaissance première d'une « *bonne grammaire française* (qui) *serait tout à la fois une excellente logique, et une excellente métaphysique* ». La grammaire est définie comme l'ensemble des règles de composition des éléments de la langue (logique de la langue) et comme la connaissance des éléments ou termes primitifs de la langue (métaphysique de la langue). Elle se présente comme l'épistémologie du langage, c'est-à-dire comme la réflexion sur le langage qui cherche à manifester le rapport que celui-ci entretient avec l'universalité [4]. De ce point de vue elle recoupe exactement la fonction que d'Alembert assigne à sa théorie de la définition, la grammaire de la langue est un autre nom de celle-ci. Elle constitue l'élément de premier ordre de l'éducation, puis viennent, sans grand ordre semble-t-il, les langues étrangères, l'histoire, la rhétorique et la philosophie. L'histoire doit être enseignée tôt car elle offre des leçons de morale utiles aux enfants et peut ainsi fixer des bons principes dans leur esprit. D'Alembert souhaite, à l'instar, dit-il, d'un homme d'esprit de sa connaissance [5], qu'on l'enseigne à rebours, « *c'est-à-dire en commençant par notre temps et remontant de là aux siècles passés* », pour ne pas détourner l'intérêt des enfants par la présentation de faits trop lointains, et leur faire connaître ainsi, en premier lieu, l'histoire de leur temps. La rhétorique doit être riche en exemples et non en préceptes, et doit s'accompagner d'un esprit critique qui n'hésite pas à comparer les auteurs anciens aux modernes. Cette exigence critique incite d'Alembert à placer la philosophie avant la rhétorique dans l'ordre des connaissances, à l'encontre de ce qui est institué dans l'enseignement courant. Voici en quoi consiste l'enseignement de la philosophie : « *Dans la philosophie, on bornerait la logique à quelques lignes ; la métaphysique à un abrégé de Locke* [6] *; la morale purement philosophique, aux ouvrages de Sénèque et d'Epictète ; la morale*

4. Voir, à propos de l'importance et de la valeur épistémologiques de la grammaire au XVIIIe siècle, l'analyse de la grammaire générale que développe Michel Foucault dans *Les mots et les choses*, chap. IV, partie II, pp. 95-107 et particulièrement pp. 98-99.

5. Cet homme d'esprit n'est autre que d'Alembert lui-même, voir ses *Réflexions sur l'histoire, et sur les différentes manières de l'écrire* in *Œuvres*, t. 2, p. 8 : « *Au risque d'essuyer quelques fines plaisanteries de la part de ceux qui rejettent d'avance tout ce qui ne ressemble pas à ce qu'ils connaissent, oserais-je proposer ici une manière d'enseigner l'histoire dont j'ai touché un mot ailleurs, et qui aurait, à ce me semble, beaucoup d'avantages ? Ce serait de l'enseigner* à rebours, *en commençant par les temps les plus proches de nous, et finissant par les plus reculés* ».

6. Nulle part ailleurs la reconnaissance de la métaphysique de Locke n'est aussi clairement affirmée que dans l'article *collège*.

chrétienne, au sermon de Jésus-Christ sur la montagne ; la physique, aux expériences et à la géométrie, qui est de toutes les logiques et physiques la meilleure » (p. 637). D'Alembert réaffirme ici le primat de la géométrie et la supériorité qu'elle confère à la physique qu'elle vient fonder.

Notons que la quatrième matière d'enseignement des collèges (Mœurs et Religion) se résorbe dans la troisième (la philosophie), à travers les deux branches de la morale. Elle se réduit à trois lectures : Sénèque, Epictète et le sermon de Jésus-Christ sur la montagne (raccourci jugé scandaleux par bien des lecteurs de l'article). Elle est cependant étayée par l'enseignement de l'histoire. D'Alembert souhaite qu'il devienne le meilleur catéchisme : « *Mais pourquoi bornerait-on l'étude de l'histoire à n'être pour les enfants qu'un exercice de mémoire ? Pourquoi n'en ferait-on pas le meilleur catéchisme de morale qu'on pût leur donner, en réunissant sous leurs yeux dans un même livre les actions et les paroles mémorables ?* » (voir *Réflexions sur l'histoire* in *Œuvres*, t. 2, pp. 8-9). Cette quatrième matière de l'enseignement classique est remplacée par l'étude des Beaux-Arts, « *et surtout celle de la musique, étude si propre pour former le goût et pour adoucir les mœurs* » (p. 637). D'Alembert a ainsi établi les éléments d'une bonne éducation, en montrant l'ordre de ses éléments et en isolant la grammaire comme élément de premier ordre auquel se rattachent toutes les autres matières. L'histoire est articulée à la morale considérée comme une branche de la philosophie. Les Beaux-Arts et la musique sont aussi rapportés à la morale. La philosophie constitue donc l'élément de second ordre autour duquel s'articulent toutes les autres matières de l'éducation, exception faite peut-être des langues étrangères qui semblent des éléments isolés (donc de troisième ordre). On peut toutefois les rattacher à l'élément de premier ordre qu'est la grammaire considérée d'un point de vue métaphysique comme connaissance des éléments universels du langage.

Les enjeux de l'article *histoire*, comme l'indique d'Alembert, sont très liés à ceux de l'éducation. L'article est de Voltaire dont les idées sur la manière d'écrire l'histoire et de l'enseigner, sont très proches des *Réflexions sur l'histoire* de d'Alembert, notamment en ce qui concerne l'utilité et la certitude de l'histoire. Voltaire la divise en cinq branches : « *Il y a l'*histoire des opinions *qui n'est guère que le recueil des erreurs humaines ; l'*histoire des arts, *peut-être la plus utile de toutes, quand elle joint à la connaissance de l'invention et du progrès des arts, la description de leur mécanisme ; l'*histoire naturelle, *improprement dite* histoire, *et qui est une partie essentielle de la physique.*

*L'*histoire des événements *se divise en sacrée et en profane. L'*histoire sacrée *est une suite des opérations divines et miraculeuses, par lesquelles il a plu à Dieu de conduire autrefois la nation juive, et d'exercer aujourd'hui notre foi. Je ne toucherai point à cette matière respectable* » (article *histoire* in *Encyclopédie*, 1765, t. VIII, pp. 220-221). D'emblée, Voltaire écarte deux branches : l'histoire naturelle parce qu'elle relève de la physique et l'histoire sacrée (trop respectable pour être « profanée » dans un exposé...). Quant à l'histoire des arts (c'est-à-dire la connaissance de l'invention et du progrès des arts et la description de leur mécanisme) n'est-ce pas l'un des objets principaux de l'*Encyclopédie* prise au sens de *Dictionnaire raisonné des sciences, des arts et des métiers* [7] ?

Restent donc comme objets spécifiques de l'histoire, l'histoire des opinions et l'histoire profane. Voltaire articule l'une à l'autre dans sa description chronologique des progrès de l'histoire et de la méthode d'analyse historique, en montrant que l'histoire des opinions constitue en quelque sorte une préhistoire de l'histoire profane rigoureuse et fondée dans les faits. Une grande partie de l'article est donc consacrée à la critique des diverses méthodes employées pour faire l'histoire. A la méthode des Anciens (Cyrus, Hérodote) qui confondent souvent les faits et les traditions fabuleuses, les anecdotes et les événements (Thucydide), Voltaire oppose sa conception de l'histoire : « *Un homme qui veut s'instruire est obligé de s'en tenir au fil des grands événements, et d'écarter tous les petits faits particuliers (...) ; il saisit dans la multitude des révolutions, l'esprit des temps et les mœurs des peuples. Il faut surtout s'attacher à l'*histoire *de sa patrie, l'étudier, la posséder, réserver pour elle les détails, et jeter une vue plus générale sur les autres nations* » (ib., p. 223). L'utilité de l'histoire surgit d'un double resserrement géographique et chronologique. C'est surtout en s'intéressant à l'histoire moderne et à l'histoire de son propre pays que le citoyen peut s'instruire (on retrouve ici l'idée exprimée par d'Alembert à travers la proposition d'enseigner l'histoire à rebours) : « *De l'utilité de l'histoire. Cet avantage consiste dans la comparaison qu'un homme d'état, un citoyen peut faire des lois et des mœurs étrangères avec celles de son pays* [8] *(...). Enfin la grande utilité de l'histoire*

7. Voir *D.P.E.*, p. 13 : « *comme* Dictionnaire raisonné des sciences, des arts et des métiers, *il doit contenir sur chaque science et sur chaque art, soit libéral, soit mécanique, des principes généraux qui en sont la base, et les détails les plus essentiels qui en font le corps et la substance* ».

8. N'y a-t-il pas un paradoxe entre cette exhortation à comparer les lois et les mœurs de son pays avec celles des pays voisins pour s'instruire, et la discrimination préalablement établie entre l'étude de l'histoire de sa patrie (la plus instructive)

moderne, et l'avantage qu'elle a sur l'ancienne, est d'apprendre à tous les potentats, que depuis le XVe *siècle on s'est toujours réuni contre une puissance trop prépondérante* » (p. 223).

Quant à la certitude de l'histoire, Voltaire reprend la même distinction qu'énonçait d'Alembert dans la préface du *Traité de dynamique* entre la certitude absolue et mathématique des sciences de l'algèbre, de la géométrie et de la mécanique, et la certitude seulement probable des autres domaines du savoir[9]. Cette réflexion l'amène à s'interroger sur la légitimité du fait historique et sur la valeur des témoignages : « *Ce qui répugne au cours ordinaire de la nature ne doit point être cru, à moins qu'il ne soit attesté par des hommes animés de l'esprit divin*[10]. *Voilà pourquoi à l'article* Certitude *de ce Dictionnaire, c'est un grand paradoxe de dire qu'on devrait croire aussi bien tout Paris qui affirmerait avoir vu ressusciter un mort, qu'on croit tout Paris quand il dit qu'on a gagné la bataille de Fontenoy. Il paraît évident que le témoignage de tout Paris sur une chose improbable, ne saurait être égal au témoignage de tout Paris sur une chose probable* » (p. 224). Quatorze ans séparent l'article *certitude* de l'article *histoire*. En 1751 quand Diderot écrit l'article *certitude*, l'*Encyclopédie* vient de se relever de sa première interdiction. La question des miracles est encore brûlante : les miracles du cimetière de Saint-Médard de Paris sont dans toutes les mémoires. Les philosophes du XVIIIe siècle, sous le couvert d'une critique de la valeur des témoignages, ont en vue de régler cette question. Hume consacre une section entière de l'*Enquête sur l'entendement humain* aux miracles[11]. D'Alembert, dans les *Eléments de philosophie*, reprend la question dans une perspective proche de celle de Hume, qui vise à dégager les degrés de validité et de légitimité des témoignages, par la distinction des témoignages écrits et des témoignages de tradition orale. Ce faisant, il dénonce les faux miracles (comme ceux de Saint-Médard) et toutes les formes de superstition. Tout comme il laissait une place, dans sa critique des

---

et celle des autres nations ? La difficulté tient à l'ordre d'enseignement de l'histoire : il faut d'abord connaître l'histoire de son propre pays et réfléchir sur ses institutions (connaissance instructive et nécessaire : nul n'est censé ignorer la loi) avant de connaître l'histoire des autres pays, et avant de pouvoir faire de l'histoire comparée. L'ordre des éléments de l'histoire est donc l'ordre d'enseignement de l'histoire.

9. Voir p. 223 : « *Toute certitude qui n'est pas démonstration mathématique, n'est qu'une extrême probabilité. Il n'y a pas d'autre certitude historique* ».

10. Voltaire fait ici une restriction prudente qui confirme sa volonté de ne pas toucher à la matière respectable (qu'on peut ou qu'on doit respecter ?) de l'histoire sacrée.

11. Voir section X, éd. GF, 1983, trad. Michelle Beyssade, pp. 183-207 (le texte de Hume fut publié en 1748).

démonstrations de l'existence de Dieu, à la vraie religion (voir ci-dessus chap.1), il laisse une place (par prudence) aux vrais miracles [12]. Voltaire s'inscrit dans le prolongement de cette critique. Son article vient corriger l'article *certitude* au nom de la saine métaphysique qui est, en 1765, reçue et reconnue.

Il termine son article en soulevant la question de la méthode. Les éléments de la méthode ou règles qu'il faut suivre pour étudier l'histoire sont explicitement référés au modèle scientifique : « *On exige des historiens modernes plus de détails, des faits plus constatés, des dates précises, des autorités, plus d'attention aux usages, aux lois, aux mœurs, au commerce, à la finance, à l'agriculture, à la population. Il en est de l'*histoire *comme des mathématiques et de la physique. La carrière s'est prodigieusement accrue. Autant il est aisé de faire un recueil de gazettes, autant il est difficile aujourd'hui d'écrire l'*histoire » (p. 225). L'accroissement de la « *carrière* » des faits explique la nécessité, pour les Lumières, de mettre en ordre et d'organiser les faits et les connaissances, d'où une certaine inflation des réflexions épistémologiques sur l'histoire mais aussi sur les sciences et les arts (l'*Encyclopédie* étant bien sûr au cœur de ces réflexions et leur expression même).

L'application de la méthode de systématisation d'une science en ses éléments est ici moins nette que dans l'article *collège*. La répartition des branches de l'histoire est implicite : l'histoire de nos opinions est d'abord présentée comme étant à l'origine de l'histoire des événements, puis est pensée, par les correctifs apportés à l'article *certitude*, comme le produit de l'histoire des événements, c'est-à-dire comme une de ses sous-parties. C'est donc l'histoire des événements qui montre quelles opinions sont des erreurs (pour Voltaire, presque toutes le sont : « *l'histoire des opinions (qui) n'est guère que le recueil des erreurs humaines* », p. 220). Voltaire avance ainsi l'idée d'une histoire critique de l'histoire : l'histoire des opinions, si elle est pensée sous la forme d'une histoire des erreurs, peut être instructive. Cette idée de la valeur instructive voire heuristique des erreurs est aussi développée par d'Alembert dans le chapitre II des *Eléments de philosophie* [13]. Quant aux éléments de l'histoire, ils sont plus énumérés que liés : ce

12. Voir Eclaircissement VI sur l'art de conjecturer, *E.P.*, p. 248, l'ensemble de l'analyse des témoignages s'étend de la page 245 à la page 252.

13. Voir *E.P.*, p. 15 : « *l'histoire de nos erreurs les plus remarquables, soit par leur ressemblance avec la vérité, soit par leur durée, soit par le nombre ou l'importance des hommes qu'elles ont séduits, nous apprend à nous défier de nous-mêmes et des autres ; de plus, en montrant les chemins qui ont écarté du vrai, elle nous facilite la recherche du véritable sentier qui y conduit* ».

sont les détails, les faits bien constatés, les dates précises, les autorités. L'historien, en outre, doit être attentif aux usages, aux lois, aux mœurs, au commerce, à la finance, à l'agriculture et à la population. La systématisation de l'histoire en ses éléments n'est donc pas véritablement opérée en cet article.

Qu'en est-il du troisième exemple pris par d'Alembert, à savoir l'article ou plutôt les articles *goût* ? Il s'agit en effet d'un recueil d'articles : la première partie est due à de Jaucourt (partie physiologique), la deuxième à Voltaire, la troisième à Montesquieu et enfin la quatrième à d'Alembert.

Retenons de la partie physiologique l'idée d'un sens commun directeur du goût : « *Voici donc comment se fait le* goût. *La matière qui en est l'objet, atténuée, et le plus souvent dissoute dans la salive, échauffée dans la bouche, appliquée à la langue dans les mouvements de la bouche, s'insinue entre les pores des gaines membraneuses ; et de là, pénétrant à la surface des papilles qui y sont cachées, les affecte, et y produit un mouvement nouveau, lequel se propageant au* sensorium commune, *fait naître la sensation des diverses saveurs* » (article *goût* in *Encyclopédie*, t. VII, 1757, p. 759). Cette idée du sens commun est reprise par d'Alembert dans l'analyse qu'il fait de nos sens dans les *Eléments de philosophie*. Le sens commun ou interne est le principe même du plaisir et de la peine : « *Ce sens ne peut être rapporté ni médiatement ni immédiatement au toucher ; il résulte de la disposition actuelle des parties intérieures ou extérieures de notre propre corps, et produit en nous, en conséquence de cette disposition, des sensations agréables ou pénibles sans que les autres corps occasionnent ces sensations par leur action sur nos organes, ou du moins par une action sensible* » (*E.P.*, p. 265). Ce passage est extrait de l'éclaircissement VII sur l'analyse de nos sens où d'Alembert développe le thème du cours d'ignorance mentionné au chapitre VI des *Eléments de philosophie* [14]. Ce cours consiste à se mettre à la place d'un enfant qui vient de naître, fiction servant d'appui à une réflexion sur la génération des idées à partir des sens. La fiction porte sur l'être humain tout constitué [15], ce qui l'oppose à l'analyse de la statue de Condillac au départ dépouillée de tous les sens. Ce cours est à peine évoqué dans le texte des *Eléments de philosophie* où il sert plutôt de prétexte à fournir un argument en faveur de l'existence des objets extérieurs et un moyen de distinguer,

14. Voir *E.P.*, p. 41.

15. Voir *E.P.*, p. 41 : « *On doit y prendre l'homme tel qu'il est, et non tel qu'à la rigueur il aurait pu être* ».

par le toucher, son propre corps des corps extérieurs [16]. L'éclaircissement VII, en revanche, entre dans un examen beaucoup plus détaillé des sens. D'Alembert, après avoir caractérisé le goût comme « *un toucher modifié* », en arrive à l'explicitation du sixième sens. C'est le « *sens physique de l'amour* » qui fournit les sensations de chaleur et de froid, du sec, de l'humide, c'est-à-dire toutes les sensations des qualités secondes des corps que l'on doit distinguer des sensations du toucher. Ce sixième sens est « *intimement répandu dans notre substance (...) et* (son) *siège se trouve à la fois dans toutes les parties externes et internes de notre corps* » (*E.P.*, p. 265). D'Alembert ajoute un peu plus loin : « *C'est vers la région de l'estomac que ce sens interne paraît surtout résider. Nous pouvons nous en assurer dans les émotions vives de l'âme de quelque espèce qu'elles soient : l'effet de ces émotions vives porte presque toujours sur cette région* » (ib.). Le sens interne est le principe des sentiments et des émotions et il a cela de particulier par rapport aux autres sens, qu'il est en relation réciproque avec l'âme [17]. Le sens interne est observable dans ses effets, on peut même le localiser, et on va voir que son rôle relève à la fois de l'ordre du sensible et de l'esthétique.

La conception que développe Voltaire dans la seconde partie de l'article est très proche des *Réflexions sur l'usage et l'abus de la philosophie dans les matières de goût*, texte de d'Alembert qui termine l'article [18]. Tous deux s'accordent à voir dans les deux vers prononcés par le vieil Horace, un défaut à côté d'un agrément. Le distique tiré de la pièce *Horace* de Corneille est le suivant :

« *Que vouliez-vous qu'il fît contre trois ? qu'il mourût*
ou qu'un beau désespoir alors le secourût ? »

Pour Voltaire, l'homme de goût est « *saisi d'enthousiasme* » au premier vers et sent « *un dégoût involontaire au vers suivant* » (article *goût*, p. 761) [19]. Ce jugement sur ces deux vers est l'occasion pour

16. Voir *E.P.*, p. 42 : « *Quand quelque partie de notre propre corps en touche une autre, notre sensation est double ; elle est simple et sans réplique quand nous touchons un corps étranger. En voilà assez pour distinguer le* nous, *et pour reconnaître d'abord en général la différence de ce qui est* nôtre *d'avec ce qui ne l'est pas* ».

17. Notons que cette analyse est l'occasion pour d'Alembert de revenir sur sa conception substantielle de l'âme et sur la nécessité de distinguer la substance qui sent en nous d'avec la substance qui pense (voir *E.P.*, p. 266).

18. Ce texte est intégralement repris dans les *Mélanges de littérature* et reproduit dans les *Œuvres* de d'Alembert au tome 4, pp. 326-333.

19. D'Alembert approfondit le jugement de Voltaire. Pour lui, le défaut du second vers tient à une application inadéquate de principes vrais en eux-mêmes à des objets qui ne sont pas les leurs : « *On connaît le célèbre* qu'il mourût *du vieil*

Voltaire et d'Alembert de distinguer le goût et le discernement. Selon Voltaire, « *Il ne suffit pas pour le* goût, *de voir, de connaître la beauté d'un ouvrage ; il faut la sentir, en être touché. Il ne suffit pas de sentir, d'être touché d'une manière confuse, il faut démêler les différentes nuances ; rien ne doit échapper à la promptitude du discernement* » (p. 761). Et il précise un peu plus loin : « *comme ils* (les arts) *ont des beautés réelles, il y a un bon* goût *qui les discerne, et un mauvais* goût *qui les ignore ; et on corrige souvent le défaut d'esprit qui donne un* goût *de travers. Il y a aussi des âmes froides, des esprits faux, qu'on ne peut ni échauffer ni redresser : c'est avec eux qu'il ne faut point disputer des* goûts, *parce qu'ils n'en ont aucun* ».

Le texte de Montesquieu posthume et inachevé [20], constitue la seconde partie de l'article *goût* intitulée *Essai sur le goût dans les*

Horace, et on a blâmé avec raison le vers suivant : cependant une métaphysique commune ne manquerait pas de sophismes pour le justifier. Ce second vers, dira-t-on, est nécessaire pour exprimer tout ce que sent le vieil Horace ; sans doute il doit préférer la mort de son fils au déshonneur de son nom ; mais il doit encore de plus souhaiter que la valeur de ce fils le fasse échapper au péril, et qu'animé par un beau désespoir, *il se défende seul contre trois. On pourrait d'abord répondre que le second vers exprimant un sentiment plus naturel, devrait au moins précéder le premier, et par conséquent qu'il l'affaiblit. Mais qui ne voit d'ailleurs que ce second vers serait faible et froid, même après avoir été remis à sa véritable place ? Chacun supposera sans peine qu'il aime mieux voir son fils vainqueur que victime du combat : le seul sentiment qu'il doive montrer, et qui convienne à l'état violent où il est, est ce courage héroïque qui lui fait préférer la mort de son fils à la honte. La logique froide et lente des esprits tranquilles n'est pas celle des âmes vivement agitées : comme elles dédaignent de s'arrêter sur des sentiments vulgaires, elles sous-entendent plus qu'elles n'expriment, elles s'élancent tout d'un coup aux sentiments extrêmes ; semblables à ce dieu d'Homère,* qui fait trois pas et qui arrive au quatrième » (art. *goût*, p. 769). Selon d'Alembert, le tort de Corneille dans ses deux vers est double : d'une part il inverse l'ordre naturel des sentiments du vieil Horace, d'autre part il se réfère à un ordre naturel qui n'a pas lieu d'être dans une situation passionnelle où seuls les sentiments extrêmes doivent être exprimés.

20. Voici l'introduction de d'Alembert au texte de Montesquieu qui suit celui de Voltaire dans l'article *goût* : « *Nous joindrons à cet excellent article, le fragment sur le* goût, *que M. le président de Montesquieu destinait à l'Encyclopédie (...) ; ce fragment a été trouvé imparfait dans ses papiers : l'auteur n'a pas eu le temps d'y mettre la dernière main ; mais les premières pensées des grands maîtres méritent d'être conservées à la postérité, comme les esquisses des grands peintres* » (pp. 761-762). Effectivement, dans la lettre à d'Alembert du 16 novembre 1753, Montesquieu lui fait part à la fois de son refus d'écrire les articles *démocratie* et *despotisme* et de son projet d'écrire l'article *goût*. L'*Essai sur le goût* est publié pour la première fois dans l'article du tome VII de l'*Encyclopédie* (1757) puis en 1758 dans les *Œuvres complètes*, Amsterdam et Leipsick, Arkstée et Merkus, t. III, pp. 611-638. Il est repris dans l'édition des *Œuvres posthumes* (Londres, pp. 137-200) avec quelques variantes et dans celle de 1798 qui lui ajoute le chapitre « *des Règles* » sous-titré « *chapitre qui termine l'Essai sur le goût* ». Ce chapitre et les

choses de la nature et de l'art. Montesquieu commence par distinguer le beau d'avec le bon avant d'élaborer sa définition du goût. Contrairement à Voltaire et à d'Alembert qui insistent sur la nécessité de compléter le sentiment par le discernement, il considère que le sentiment est le principe du goût (Diderot partage ce point de vue). Par conséquent, l'analyse des sources du plaisir, même si elle est intéressante dans une perspective philosophique, ne peut rien apporter au jugement du goût : « *On croit d'abord qu'il suffirait de connaître les diverses sources de nos plaisirs, pour avoir le* goût, *et que quand on a lu ce que la philosophie nous dit là-dessus, on a du* goût, *et que l'on peut hardiment juger des ouvrages. Mais le* goût *naturel n'est pas une connaissance de théorie ; c'est une application prompte et exquise des règles même que l'on ne connaît pas. Il n'est pas nécessaire de savoir que le plaisir que nous donne une certaine chose que nous trouvons belle, vient de la surprise ; il suffit qu'elle nous surprenne autant qu'elle le doit, ni plus, ni moins* » (p. 762). Il est vrai que Montesquieu sépare le goût naturel du goût acquis qui tolère les préceptes. Mais pour lui, le goût est avant tout affaire de sentiment : « *La définition la plus générale du* goût, *sans considérer s'il est bon ou mauvais, juste ou non, est ce qui nous attache à une chose par le sentiment* » (ib.). Cette définition l'amène à développer une analyse du « *je ne sais quoi* », sentiment fondateur du goût : « *Il y a quelquefois dans les personnes ou dans les choses un charme invisible, une grâce naturelle, qu'on n'a pu définir, et qu'on a été forcé d'appeler le* je ne sais quoi. *Il me semble que c'est un effet principalement fondé sur la surprise* » (p. 765).

Nous avons là, dans ces deux positions de Voltaire et de Montesquieu, tous les éléments de la discussion sur le beau qui oppose d'Alembert et Diderot. Dans le texte de l'*Interprétation de la nature*, Diderot affirme que « *les gens de goût jugent des ouvrages d'esprit par sentiment* » (*O.P.*, § XXX, p. 197). Mais en même temps, il reconnaît la légitimité des discussions sur le goût : « *On dit en littérature,* il ne faut point disputer des goûts *: si l'on entend qu'il ne faut point disputer à un homme que tel est son goût, c'est une puérilité. Si l'on entend qu'il n'y a ni bon ni mauvais dans le goût, c'est une fausseté* » (ib., § LVII, p. 239). La discussion sur le goût a donc un objet, mais cet objet n'est pas celui de la froide raison, de l'analyse ou du discernement, c'est

suivants avaient été communiqués au baron Walckenaer par Charles Roullet, président à la cour de Bordeaux qui les publie en 1804 dans les *Annales littéraires de l'Europe* (t. II, pp. 301-311). Le texte de l'édition de 1758 avec les variantes de l'édition des *Œuvres posthumes* de 1783 et les compléments publiés par Walckenaer sont regroupés dans le texte de l'*Essai sur le goût* annoté et postfacé par L. Desgraves (Paris, Payot et Rivages, 1993).

celui du sentiment. D'Alembert, à la fin de l'article *goût*, ajoute ses *Réflexions sur le goût* et saisit ainsi l'occasion de contredire Diderot, en insistant sur le rôle que doit jouer l'esprit d'analyse, autrement dit l'esprit philosophique, dans les matières de goût. Transposant la distinction pascalienne des demi-habiles et des habiles à la question du goût, il distingue la demi-philosophie qui « *nous écarte du vrai* » dans les matières de goût, et la philosophie qui nous y ramène grâce au discernement. L'esprit philosophique évite qu'on cède sans discernement au sentiment et qu'on soit ébloui par quelques beautés dans un ouvrage, au point de tout trouver beau. Il nous permet de distinguer et de hiérarchiser les genres de beauté.

La divergence des deux éditeurs sur le goût reproduit leur différence de conception du beau. Pour Diderot, le beau n'a pas de degré, il est ou il n'est pas. Pour d'Alembert, c'est tout le contraire, il entend séparer les beautés de premier ordre de celles de second ordre. S'ils s'accordent à dire que le goût n'est pas arbitraire (on peut discuter du goût), ils s'opposent dans la question de la définition du goût. Pour Diderot, le goût repose sur le sentiment, l'intuition prophétique, l'instinct, l'enthousiasme (bref sur toutes les formes d'expression de l'homme de génie qui est le modèle de l'homme de goût), et n'est pas définissable. En revanche, pour d'Alembert, on peut remonter aux principes du goût : « *Si le goût n'est pas arbitraire, il est donc fondé sur des principes incontestables, et ce qui en est une suite nécessaire, il ne doit point y avoir d'ouvrage de l'art dont on ne puisse juger en y appliquant ces principes* » (article *goût*, p. 768). Or les principes du goût sont au-dedans de nous : « *la source de notre plaisir et de notre ennui est uniquement et entièrement en nous ; nous trouverons donc au-dedans de nous-mêmes, en y portant une vue attentive, des règles générales et invariables de* goût, *qui seront comme la pierre de touche à l'épreuve de laquelle toutes les productions du talent pourront être soumises* » (ib.)[21]. Cette source de plaisir est le sens interne. Le principe du goût ou le sens interne délivre le vrai en matière de goût et s'exprime par le sentiment : « *Les vérités de sentiment appartiennent au goût ou à la morale (...). Eclairé par une métaphysique subtile et profonde, il* (le Sage) *distingue les principes de goût généraux et communs à tous les peuples, d'avec ceux qui sont modifiés par le caractère, le génie, le degré de sensibilité des nations ou des individus ;*

21. Voir aussi *E.P.*, p. 40 : « *Le vrai en métaphysique ressemble au vrai en matière de goût ; c'est un vrai dont tous les esprits ont le germe en eux-mêmes, auquel la plupart ne font point d'attention, mais qu'ils reconnaissent dès qu'on le leur montre* ».

il démêle par ce moyen le beau essentiel d'avec le beau de convention ; également éloigné d'une décision machinale et sans principes, et d'une discussion trop subtile, il ne pousse l'analyse du sentiment que jusqu'où elle doit aller, et ne la resserre point non plus trop en-deçà du champ qu'elle peut se permettre ; il étudie son impression, s'en rend compte à lui-même et aux autres, et quand il a mis, si on peut parler de la sorte, son plaisir d'accord avec la raison, il plaint sans orgueil, et sans chercher à les convaincre, ceux qui ont reçu soit de la nature, soit de l'habitude, une autre façon de sentir » (*E.P.*, pp. 20-21). Le Sage parvient au jugement du beau en exerçant son esprit philosophique. Deux idées importantes qui seront développées par Kant sont à retenir de cette esquisse d'une théorie esthétique : d'une part le jugement du beau est subjectif et inter-subjectif (« *il (...) s'en rend compte à lui-même et aux autres* »), d'autre part ce jugement résulte d'un accord des facultés (« *quand il a mis (...) son plaisir d'accord avec la raison* »). Ces facultés sont celles de l'âme. En effet, l'analyse du sens interne (c'est-à-dire du principe du plaisir) conduit d'Alembert à distinguer « *l'âme qui pense* » et « *l'âme qui sent* » [22] et ainsi à séparer dans l'âme le principe du plaisir et du sentiment, celui de la sensation et celui de la pensée (ces trois principes sont considérés comme trois facultés distinctes de l'âme [23]). C'est donc l'esprit philosophique et non l'esprit poétique ou l'esprit de divination qui met en pratique, par son jugement, la théorie du beau.

L'article *philosophique* (esprit) signé de Jaucourt, dans le tome XII de l'*Encyclopédie* (1765), confirme l'appartenance du beau à l'ensemble des objets de l'esprit philosophique : « *L'esprit philosophique est un don de la nature perfectionné par le travail, par l'art et l'habitude, pour juger sainement de toutes choses. Quand on possède cet esprit supérieurement, il produit une intelligence merveilleuse, la force du raisonnement, un goût sûr et réfléchi de ce qu'il y a de bon ou de mauvais dans le monde ; c'est la règle du vrai et du beau* » (p. 515). Cependant d'Alembert souligne que l'esprit philosophique, dans les matières de goût aussi bien que dans la métaphysique et dans la morale, est limité dans sa recherche des principes : « *En quelque matière que ce soit, nous devons désespérer de remonter jamais aux premiers principes, qui sont toujours pour nous derrière un nuage : vouloir trouver*

22. Voir *E.P.*, p. 266.

23. Voir *E.P.*, p. 266 : « *Les sentiments qui affectent notre âme, soit purement passifs, comme la joie, soit actifs comme le désir, n'ont aucun rapport ni aucune ressemblance entre eux, ni avec la sensation et la pensée ; pourquoi donc les philosophes n'ont-ils pas aussi attribué ces sentiments à quelque nouveau principe, distingué du principe qui sent et de celui qui pense ?* ».

la cause métaphysique de nos plaisirs, serait un projet aussi chimérique que d'expliquer l'action des objets sur nos sens » (article *goût*, p. 768) [24]. Reste toutefois la possibilité de procéder rigoureusement dans l'analyse du sentiment du beau par l'application de la méthode des éléments à la « science » du beau. Cela consiste à réduire au plus petit nombre possible les principes de nos plaisirs en matière de goût : « *on peut (...) réduire les principes de nos plaisirs en matière de* goût, *à un petit nombre d'observations incontestables sur notre manière de sentir. C'est jusque-là que le philosophe remonte, mais c'est là qu'il s'arrête, et d'où par une pente naturelle il descend ensuite aux conséquences* » (ib.). Ce texte met en place un exemple d'application stricte de la méthode des éléments où se trouvent confirmées la fécondité et l'économie des principes et leur valeur non pas absolue mais relative aux limites de l'esprit, et où est annoncée l'articulation de l'induction (des éléments à partir d'observations incontestables) et de la déduction (des conséquences à partir de ces éléments considérés comme les principes de la science du beau).

Mais contrairement à ce qu'on pourrait attendre, la suite du texte n'explicite pas ce que sont les éléments du goût ou les principes du plaisir. Les *Réflexions sur le goût* restent programmatiques : d'Alembert indique qu'il y a plusieurs sources de plaisir mais il ne dit rien du sens interne qu'il présente ailleurs [25] comme le principe unificateur des émotions et des sentiments. Ce texte, bien plus qu'un exposé des éléments du goût, vise plutôt à légitimer l'exercice de l'esprit philosophique dans les matières de goût. Il décrit la fonction spécifique de l'esprit philosophique quand il s'applique aux choses de goût, à savoir distinguer les différentes sources de plaisir, remonter aux vrais principes, reconnaître la nature propre de chaque art, le caractère de chaque émotion de l'âme, le coloris de chaque chose et enfin classer les ordres de beautés. Mais il ne nous livre pas les éléments du goût. En revanche, il répond à la question, explicitée à la fin du texte, de savoir « *si le sentiment est préférable à la discussion pour juger un ouvrage de goût* ». Le texte de d'Alembert est en fait une réponse aux objections de Diderot et de Julie de Lespinasse quant à la possibilité de constituer une théorie du goût. Celle-ci en effet, reprenant la position de Diderot, défend, dans ses lettres, l'idée qu'il faut juger le beau par le sentiment

24. Rappelons en effet que l'action des objets sur nos sens qui nous fait passer des sensations à la croyance que les objets extérieurs existent, est une énigme pour d'Alembert. Il pallie l'absence d'explication rationnelle en faisant intervenir l'instinct (voir le chapitre 2 de cette partie).

25. Voir *E.P.*, p. 265.

plutôt que par l'esprit et que l'art est une nécessité de l'âme plus qu'un objet d'analyse. A propos de l'opéra de Gluck *Orphée et Eurydice*, elle écrit à M. de Guibert le 22 septembre 1774 : « *il n'y a qu'une chose dans le monde qui me fasse du bien, c'est la musique : mais c'est un bien qu'un autre appellerait douleur. Je voudrais entendre dix fois par jour cet air qui me déchire, et qui me fait jouir de tout ce que je regrette :* J'ai perdu mon Euridyce, etc. » (lettre LII in *Lettres de Mademoiselle de Lespinasse*, p. 105).

Les *Réflexions sur le goût* critiquent cette position. En effet pour d'Alembert, l'échauffement de l'imagination peut fausser le jugement : « *l'imagination échauffée par quelques beautés du premier ordre* (c'est-à-dire celles qui saisissent tous les esprits) *dans un ouvrage, monstrueux d'ailleurs, fermera bientôt les yeux sur les endroits faibles, transformera les défauts mêmes en beautés, et nous conduira par degrés à cet enthousiasme froid et stupide qui ne sent rien à force d'admirer tout ; espèce de paralysie de l'esprit, qui nous rend indignes et incapables de goûter les beautés réelles. Ainsi, sur une impression confuse et machinale, ou bien on établira de faux principes de* goût, *ou, ce qui n'est pas moins dangereux, on érigera en principe ce qui est en soi purement arbitraire ; on rétrécira les bornes de l'art, et on prescrira des limites à nos plaisirs, parce qu'on n'en voudra que d'une seule espèce et dans un seul genre ; on tracera autour du talent un cercle étroit dont on ne lui permettra pas de sortir* » (article *goût*, p. 769). Pour pallier cette limitation du talent et de l'art, il importe donc de « *chicaner* » avec son propre plaisir, même si c'est au prix de sa diminution, car « *tel est le malheur de la condition humaine : nous n'acquérons guère de connaissances nouvelles que pour nous désabuser de quelque illusion agréable, et nos lumières sont presque toujours aux dépens de nos plaisirs* » (ib., p. 770). Cette discussion reprend implicitement celle du « *meilleur esprit* ». L'esprit philosophique peut-il oui ou non s'exercer dans les matières de goût ? Ne faut-il pas lui substituer l'esprit poétique de l'homme de génie qui juge par sentiment ? Dans une lettre à Grimm de 1764, Diderot transmet ses impressions suite à la représentation du *Philosophe sans le savoir* de Sedaine : « *Il faut être un ange en fait de goût, pour sentir le mérite de cette simplicité-là. J'ai quelquefois eu hier la vanité de croire, au milieu de deux mille personnes, que je le sentais seul ; et cela, parce qu'on n'était pas fou, ivre comme moi, qu'on ne faisait pas de cris (...). Je ne pouvais pas souffrir qu'on dît froidement, avec un petit air de satisfaction indulgente : Oui, cela est naturel (...). Saindieu ! croyez-vous qu'on mérite ces ouvrages-là quand on parle ainsi ?* » (*Correspondance*,

Roth, V, pp. 205-206). Diderot n'a guère goûté [26], on s'en doute, les analyses «*froides*» des *Réflexions sur la poésie* [27] de d'Alembert. Mais c'est d'Alembert qui est membre de l'Académie Française et non Diderot. La rivalité entre les deux hommes se poursuit dans leur élaboration d'une esthétique. Diderot, à la fin de sa vie, révise sa conception du génie sensualiste (Bordeu, dans le *Rêve de d'Alembert*, vient corriger les extravagances du rêveur, l'homme de génie (le comédien, Jacques) devient autocritique). D'Alembert, quant à lui, ne veut pas confondre les arts et les sciences et leurs méthodes respectives. Tout le texte de la fin de l'article *goût* insiste sur la complémentarité du sentiment et du discernement dans le jugement de goût. Il veut se dégager d'un rationalisme outré dans la question du goût (comme le signale le titre de son texte de l'article *goût*: *Réflexions sur l'usage et sur l'abus de la philosophie dans les matières de goût*). Il entend peut-être par là se démarquer de l'esthétique de Rameau et du rationalisme abusif qui s'y exprime.

Pour d'Alembert en effet, appliquer la logique froide et lente des esprits tranquilles aux matières de goût, c'est confondre l'art et la science, c'est faire preuve d'une demi-philosophie: «*dans les matières de* goût, *une demi-philosophie nous écarte du vrai, et une philosophie mieux entendue nous y ramène*» (article *goût*, p. 769). Le demi-philosophe ici visé est Rameau. De même que Locke se voulait le physicien de l'âme, Rameau se veut en effet le physicien de la musique: « *Depuis environ cent cinquante ans, je veux dire depuis Zarlino et plusieurs autres qui n'ont rien ajouté de neuf à ses découvertes, je suis le seul qui ait écrit scientifiquement, bien ou mal, de la musique* » (*Réponse de M. Rameau à la lettre de M. d'Alembert* in *Rameau, Complete theorical writings*, t. 5, p. 384). Rameau défend une théorie musicale expressive d'un rationalisme naturaliste qu'il développe dans son principal ouvrage théorique paru à Paris en 1722: *Traité de l'harmonie réduite à ses principes naturels*. Pour lui, si nous sommes portés à apprécier certaines configurations sonores, cette conduite purement machinale du plaisir est déterminée par un principe naturel qui en est le seul et unique moteur. Ce principe naturel, c'est celui de l'harmonie qui ne doit rien au hasard ni à l'habitude, mais qui s'appuie sur des lois physiques ou «naturelles» d'acoustique et, plus précisément, sur la résonance du corps sonore: quand on perçoit une note, on en entend une pluralité (à l'octave, à la quinte, à l'octave, à la tierce

---

26. Voir la lettre à Sophie Volland du 31 août 1760 (in *Correspondance*, Roth, III, p. 46).

27. Voir *Œuvres*, t. 4, pp. 291-298.

etc.) qu'on appelle les harmoniques et qui constituent la résonance du corps sonore. Sans entrer dans le détail de la construction de ce que Rameau appelle la « *science de la musique* » [28], notons que la méthode mise en œuvre par Rameau dans ce premier traité est fort proche de la méthode des éléments prônée par d'Alembert. Du reste, celui-ci s'est vivement intéressé à l'œuvre de Rameau et notamment à sa *Démonstration du principe de l'harmonie*, ouvrage qu'il fut chargé de lire et d'analyser en 1750 à l'Académie des Sciences [29]. En 1752, il publie les *Eléments de musique théorique et pratique suivant les principes de M. Rameau*, ouvrage de vulgarisation destiné à rendre la théorie de Rameau «*populaire*». Pourtant, dès 1752 et surtout dans la réédition en 1762 de cet ouvrage où il insère un *Discours préliminaire* très critique vis-à-vis des prétentions métaphysiques de Rameau, d'Alembert, s'il explicite sa théorie musicale, en refuse les implications esthétiques et philosophiques. Ce recul par rapport aux thèses de Rameau se laisse déjà deviner dans ses articles *fondamental* et *gamme* de l'*Encyclopédie* et éclate au grand jour dans ses *Réflexions sur la théorie de la musique* lues à l'Académie des sciences en mai 1777. Dans un texte inédit sur la musique, d'Alembert déclare : « (de la résonance du corps sonore) *Rameau a tâché de déduire toute la théorie de la musique (...) il finit par vouloir trouver dans les proportions musicales toute la géométrie, dans les modes majeur et mineur les deux sexes des animaux, enfin la* Trinité *dans la triple résonance du corps sonore. Des géomètres, qui ne donnaient pas comme lui le nom de démonstration à de simples systèmes, et qui n'avaient garde surtout de trouver dans la musique ce qui n'y est pas, éclaircirent et réformèrent même à quelques égards ses idées un peu informes et confuses (...)* (note : *C'est le but des* Eléments de musique, *publiés en 1752 par l'auteur de ces opuscules*) » [30].

Le point de désaccord profond entre d'Alembert et Rameau porte sur le statut épistémologique du principe de l'harmonie. Rameau non seulement veut conférer à sa théorie de la musique l'évidence de la géométrie, mais il entend aussi fonder la géométrie sur la résonance du

28. A propos de l'exposition du projet et de l'œuvre de Rameau et des discussions de Rameau et de d'Alembert, voir l'article de Françoise Escal, paru dans le n° 16, consacré à d'Alembert de la *Revue XVIIIe siècle*, 1984, pp. 151-162. Voir aussi la présentation de Catherine Kintzler de l'ouvrage *La musique raisonnée* réunissant des textes choisis de J. P. Rameau.

29. La musique était alors rattachée à l'Académie des Sciences et non des Beaux-Arts.

30. Texte extrait des *Œuvres et correspondances inédites de d'Alembert* publiées par Charles Henry, Paris, 1887, p. 138.

corps sonore, s'appuyant sur l'idée que la géométrie est la science des proportions et que le corps sonore les engendre toutes. Pour d'Alembert, ces rapports institués entre la musique et la géométrie sont purement chimériques. En outre, il refuse d'intégrer dans le corps des sciences les plus certaines (algèbre, géométrie, mécanique) la science de la musique : « *Il ne faut point chercher ici cette évidence frappante, qui est le propre des seuls ouvrages de géométrie, et qui se rencontre si rarement dans ceux où la physique se mêle. Il entrera toujours dans la théorie des phénomènes musicaux une sorte de métaphysique que ces phénomènes supposent implicitement, et qui y porte son obscurité naturelle* » (*Rapport de d'Alembert* in *Rameau, Complete theorical writings*, t. 6, p. 207). Vouloir oblitérer cette métaphysique obscure liée à la dépendance de la théorie de la musique à l'expérience [31], c'est faire preuve d'esprit de système et appliquer de manière ridiculement abusive la géométrie à la musique : « *n'imitons pas ces musiciens qui se croyant géomètres, ou ces géomètres qui se croyant musiciens, entassent dans leurs écrits chiffres sur chiffres, imaginant peut-être que cet appareil est nécessaire à l'art. L'envie de donner à leurs productions un faux air scientifique, n'en impose qu'aux ignorants* » (in *Rameau, Complete theorical writings*, t. 4, p. 474).

La seule analogie que d'Alembert reconnaît comme légitime est celle qu'il propose d'instaurer non pas entre la musique et la géométrie mais entre la musique et la langue : « *La musique, qui dans son origine n'était peut-être destinée à ne représenter que du bruit, est devenue peu à peu une espèce de discours ou même de langue, par laquelle on exprime les différents sentiments de l'âme, ou plutôt ses différentes passions* » (*D.P.E.*, pp. 49-50). Il présente cette analogie comme originale et personnelle : « *Je soumets au jugement des philosophes cette idée sur l'analogie de la musique avec la langue ; idée que je crois nouvelle, et que peut-être ils ne trouveront que bizarre, creuse et hasardée* » (*E.P.*, p. 291). Si les concepts de la théorie musicale (comme par exemple les notions de phrase ou de silence) invitent à établir cette analogie, l'originalité de d'Alembert tient à la comparaison qu'il fait de l'expressivité de la musique et de celle de la langue mais aussi de celle de la peinture [32]. Cette analyse comparée de trois

31. N'oublions pas que, pour d'Alembert, « *l'obscurité semble s'emparer de nos idées à mesure que nous examinons dans un objet plus de propriétés sensibles* » (*D.P.T.D.*, p. II).

32. Voir Eclaircissement IX in *E.P.*, pp. 290-292. L'analogie de la musique et de la langue a également été développée par Rousseau notamment dans son *Essai sur l'origine des langues* et dans ses *Ecrits sur la musique* comme le souligne C. Kintzler dans la préface présentant ce texte (édition Stock).

modes d'expression ouvre des perspectives effectivement très nouvelles et qui se révéleront fécondes en esthétique [33].

D'Alembert n'adhère donc pas à la position qu'il juge trop rationaliste voire métaphysique de Rameau prônant une unité de l'art et de la science. Pour ce dernier en effet, le jugement de goût se fonde sur des concepts, il n'est donc pas l'objet d'une discussion aporétique, il exige des preuves. Même si d'Alembert soutient aussi que l'esprit philosophique a son rôle à jouer dans le jugement de goût, il reste sceptique sur la question des causes du plaisir : les musiciens philosophes feraient bien de ne pas « *se perdre dans un labyrinthe de spéculations métaphysiques sur les causes de plaisir que l'harmonie nous fait éprouver* » (*Rameau, Complete theorical writings*, t. 6, p. 471) [34]. D'Alembert et surtout Diderot défendent l'indépendance de l'art par rapport à la science. La méthode scientifique et technique peut être expliquée et exposée dans toutes ses étapes tandis que le génie est un don individuel et non transmissible. Dans cette revendication d'une autonomie de l'art, se produit l'éclatement du concept d'art. Non seulement il devient nécessaire de distinguer les art libéraux des arts mécaniques, mais au sein des arts libéraux, il importe de faire une place particulière aux Beaux-Arts qui « *ont principalement l'agrément pour objet* », contrairement aux arts libéraux «*plus nécessaires ou plus utiles, comme la grammaire, la logique et la morale. Ces derniers ont des règles fixes et arrêtées, que tout homme peut transmettre à un autre : au lieu que la pratique des Beaux-Arts consiste principalement dans une invention qui ne prend guère ses lois que du génie ; les règles qu'on a écrites sur ces arts n'en sont proprement que la partie mécanique ; elles produisent à peu près l'effet du télescope, elles n'aident que ceux qui voient* » (*D.P.E.*, p. 55). Ainsi s'il est légitime d'exercer l'esprit philosophique pour distinguer les ordres de beauté, il ne suffit pas de s'être familiarisé avec les principes de la musique pour en faire. Les *Eléments de musique* peuvent seulement apprendre jusqu'à un certain point la mécanique de l'art, « *c'est à la nature de faire le reste : sans elle on ne composera pas de meilleure musique pour avoir lu ces* Eléments, *qu'on ne fera de bons vers avec le* Dictionnaire *de Richelet* » (in *Rameau, Complete theorical writings*, t. 6, p. 477). Il est vain de vouloir réduire le jugement de goût au jugement scienti-

33. De nombreux travaux contemporains approfondissent et affinent cette analogie de la musique et de la langue (du texte, du discours, de la grammaire). On peut prendre pour exemple les travaux de J. J. Nattiez sur la sémiologie de la musique.

34. Voir aussi article *goût*, p. 768 où d'Alembert nous dit que «*vouloir trouver la cause métaphysique de nos plaisirs*» est un projet chimérique.

fique ou philosophique par concepts ; ce n'est pas là exercer l'esprit philosophique, c'est en abuser, or « *abuser de l'esprit philosophique, c'est en manquer* » (article *goût*, p. 769).

Au terme de cette analyse des trois exemples de systématisation des éléments proposés par d'Alembert, concluons que la mise au jour des éléments ne s'y est pas véritablement produite. Dans les trois articles *collège*, *histoire* et *goût*, il s'agit bien plus de montrer l'importance et l'intérêt d'une épistémologie et d'une méthode régulatrices des sciences et des arts que d'en expliciter les effets. Hormis l'article *collège* où se trouvent exposés les éléments de ce que serait une bonne éducation [35], les deux autres articles relèvent davantage d'un ordre théorique du discours sur la portée épistémologique des éléments que d'une mise en pratique de la méthode des éléments. On y insiste sur la nécessité de réfléchir l'ordre d'invention (qui est aussi un ordre de présentation) d'un art ou d'une science même si cet ordre, de l'aveu même des deux éditeurs, nous l'avons noté, est une pure fiction. L'intérêt d'un tel ordre ou de tels éléments n'en demeure pas moins, il est même double : heuristique et pédagogique.

Dès lors, ces trois articles sont plutôt programmatiques qu'exemplaires. Ils viennent défendre et montrer la pertinence de la méthode des éléments et du projet encyclopédique dans son ensemble. Ils soulignent à leur façon l'émergence d'une nouvelle épistémologie des sciences et des arts. Mais la méthode des éléments, contrairement à ce que laissait entendre l'article *éléments des sciences*, n'y est pas appliquée de manière convaincante. L'article *goût* est, sur ce point, caractéristique : il y est dit qu'il y a bien des principes du plaisir (ils forment « *un petit nombre d'observations incontestables sur notre manière de sentir* ») mais aucun d'entre eux n'est clairement présenté. Le rôle de ces trois articles s'avère donc essentiellement théorique. Leur sens métaphysique (leur objet étant de présenter la « *métaphysique* » ou les éléments de l'éducation, de l'histoire et du goût) se résorbe dans leur portée épistémologique et argumentative.

---

35. Et le conditionnel révèle ici le caractère théorique de cette mise en pratique de la méthode des éléments, puisqu'il ne s'agit pas de la présentation des éléments réels mais des éléments souhaitables de l'éducation.

CONCLUSION

RÉFLEXIONS SUR LA SITUATION DE LA PENSÉE PHILOSOPHIQUE DE D'ALEMBERT AU SIÈCLE DES LUMIÈRES

Au terme de cette analyse du projet métaphysique de d'Alembert dans son travail d'encyclopédiste, nous pouvons dire que la seule métaphysique qu'il considère légitime est celle qui préside à la systématisation des éléments des sciences, autrement dit celle qu'il appelle dans l'article *éléments des sciences* la métaphysique des propositions.

Cette métaphysique est originale sous deux aspects : par son objet et par sa méthode. Son objet est la recherche des éléments des sciences ; sa méthode est celle des éléments qui tâche de reconstruire l'ordre d'invention d'une science par l'analyse de ses principes et la constitution d'une présentation synthétique de ceux-ci, une fois mis au jour. L'entreprise encyclopédique, par la mise en œuvre de cette métaphysique, vise à rendre la philosophie populaire. En effet expliciter l'ordre d'invention d'une science ou d'un art, c'est donner au lecteur les moyens intellectuels et mnémotechniques de s'approprier les éléments de cette science ou de cet art, et c'est aussi lui permettre de faire progresser les sciences par l'apport systématique de toutes les informations principales concernant telle science ou tel art au moment où il réfléchit. En cela la fin de l'*Encyclopédie* est sa fin puisqu'elle tend précisément à rendre ses mises au point (sur une science ou sur un art) caduques par les expériences qu'elle incite à faire et par tous les progrès que les éléments portent en germe. Elle propose, dans la formulation de sa méthode et de son objet, c'est-à-dire dans l'ordre encyclopédique des connaissances qu'elle exprime, une épistémologie ouverte où peut s'inscrire le procès de l'histoire des progrès de l'esprit humain. D'Alembert est le principal instigateur de cette épistémologie,

Diderot entérine le projet métaphysique de son collègue même s'il cherche à en modifier quelques traits. L'ordre encyclopédique s'identifie à l'ordre des éléments des sciences.

L'épistémologie des éléments, si elle est originale par son objet et par sa méthode, l'est aussi par son fonctionnement. En effet, elle puise toute sa fécondité et tout son intérêt philosophique d'un ordre et d'outils présentés par les deux éditeurs comme des artefacts. L'ordre d'invention est une fiction, les outils tels que les renvois, l'indice de case vide ou de chaînon manquant, et le concept même d'élément sont des palliatifs qui visent à diminuer l'écart entre le rationnel et le réel par une appréhension plurielle et fragmentée du savoir idéalement unifié dans une « *chaîne* » de connaissances. L'ordre d'invention est certes le plus instructif, le plus pédagogique et le plus heuristique, mais il ne correspond (et les deux éditeurs le reconnaissent volontiers) à rien de réel dans une histoire événementielle ou empirique des sciences et des idées. C'est peut-être là l'acquis majeur du travail épistémologique de d'Alembert : il exprime une claire conscience que l'histoire des sciences est de teneur philosophique avant d'être historique. De même que l'histoire philosophique de nos idées est présentée par d'Alembert comme une compensation du désordre réel des premiers actes de connaissance (voir *D.P.E.*, p. 58), de même l'ordre d'invention vient compenser le désordre réel des inventions (les inventeurs agissant soit par instinct, soit avec dissimulation, en tout cas sans ordre apparent). L'institution d'un ordre fictif mais logique des connaissances contribue à construire et à maintenir l'idéal épistémologique voire métaphysique de l'*Encyclopédie*, à savoir celui d'une connaissance intégrale du réel où coïncideraient la chaîne des connaissances et celle des êtres. Elle nourrit, dans la fiction de sa sève pourrait-on dire, l'arbre encyclopédique dont les figures et branchages constitueraient, dans l'Encyclopédie parfaite, le reflet exact et l'expression même des entrelacs et entremêlements des êtres. Cette genèse fictive de l'ordre encyclopédique en fait pourtant toute sa richesse et toute sa valeur dans la mesure où elle conduit à poser le principe épistémologique fondamental de l'unité des sciences et propose d'y accéder au moins partiellement. Même si les articles pourtant cités par d'Alembert comme des exemples de systématisation d'une science en ses éléments sont plus programmatiques que probants, dans son ensemble l'*Encyclopédie* constitue bien une histoire réflexive et philosophique des sciences et des arts. Elle soulève explicitement la question d'une organisation et d'une systématisation du savoir et met en œuvre et en pratique une réflexion épistémologique sur cette question. De ce point de vue, elle remplit une fonction régulatrice des connaissances. La métaphysique qu'elle exprime est conséquente, elle ne se présente pas comme une science des sciences mais comme une classification et une régulation des principes et des faits. Et c'est peut-être de cette ambition modérée tournant le dos à tout système du savoir, qu'elle tire sa légitimité. En ce sens, les différences voire divergences des deux éditeurs ont sans doute été bénéfiques à l'ouvrage ainsi abrité de toute présentation dogmatique du savoir. C'est sans doute parce qu'il est travaillé par des tensions internes (entre les éditeurs, dans le choix des méthodes et des principes de classification) qu'il ouvre tant de perspectives nouvelles notamment en épistémologie. L'ouvrage donne naissance à l'histoire philosophique des connaissances et, au sein de cette histoire, la tension entre deux sens de la métaphysique comme science des principes (sens de d'Alembert) et comme science des faits (sens de Diderot) marque et traverse les deux grands champs d'investigations de l'*Encyclopédie*, à savoir les sciences et les arts.

Nous n'avons pas réservé, dans l'étude du projet métaphysique de d'Alembert, une place particulière aux *Eléments de philosophie*. Plusieurs raisons ont gouverné ce choix. En premier lieu, l'ouvrage de 1759 se présente comme une refonte totale du projet encyclopédique : « *Notre dessein dans cet essai n'est point de parcourir en détail les différentes matières qui doivent entrer dans les éléments dont nous parlons ; nous ne voulons que les exposer sommairement, et en faire comme une espèce de table (...). Ce n'est ici que le simple projet d'un ouvrage que nous aurons peut-être le courage d'entreprendre si le public donne son approbation à l'espèce d'esquisse que nous allons lui en offrir* » (*E.P.*, p. 17). L'ouvrage que le texte annonce reste encore à faire. Il y a donc ici, dans cette présentation des *Eléments de philosophie*, une rupture nette avec l'*Encyclopédie*. Mais paradoxalement, les concepts mis en œuvre dans le texte de 1759 sont ceux élaborés dans l'article *éléments des sciences*. Il n'y a donc pas d'innovation épistémologique et de fait, la lecture des *Eléments de philosophie* se révèle décevante quand on connaît les autres textes épistémologiques de d'Alembert. En effet, cet ouvrage est la compilation, certes très structurée (nous nous proposons par la suite d'en expliciter la structure), des textes les plus intéressants de l'épistémologie de d'Alembert, c'est-à-dire des préfaces (*Discours préliminaire de l'Encyclopédie*, préface au troisième volume, *Discours préliminaire* du *Traité de dynamique* et autres préfaces de traités scientifiques) et des articles épistémologiques de l'*Encyclopédie* (articles *collège*, *démonstration*, *définition*, *dictionnaire*, *éléments des sciences*, *géomètre*, *goût*, *système*, etc.). On peut se demander pourquoi d'Alembert a ainsi tenu à répéter la plupart du temps mot pour mot ce qu'il avait déjà publié ailleurs. On connaît l'opinion de Diderot sur ces répétitions qu'il considère comme des pillages de l'*Encyclopédie*, dues à un homme mû uniquement par l'ambition personnelle et aucunement par le respect des libraires (voir *Correspondance*, Roth, II, p. 274). L'ambition a certainement pesé dans ce désir de publier à part les *Eléments de philosophie*. Mais d'autres raisons peuvent être invoquées, d'abord une raison de diffusion : les préfaces aux traités scientifiques ne sont lues au mieux que par les scientifiques (au mieux car les savants du XVIIIe siècle se lisent peu, ils lisent surtout les rapports des différentes académies). D'autre part, les articles de d'Alembert sont perdus dans la masse des sept volumes parus en 1759 et l'*Encyclopédie* est à ce moment-là supprimée. On peut donc penser que d'Alembert en publiant les *Eléments de philosophie* cherche à s'ouvrir à un plus large public, et en même temps veut présenter, dans un ouvrage qui soit un, les différents points et lignes de force de son épistémologie. Cette publication s'inscrirait dans le prolongement du souhait de d'Alembert de rendre la philosophie (et son épistémologie qu'il démarque ainsi du travail de Diderot) populaire. Mais en ne faisant même plus mention à l'ouvrage auquel il a collaboré pendant dix ans, d'Alembert laisse apercevoir dans son texte une volonté de faire émerger un nouvel esprit encyclopédique et réclame aussi les droits d'auteur d'une épistémologie moins altérée par les diverses influences des encyclopédistes. L'épistémologie des *Eléments de philosophie* est en effet la même que celle de l'article *éléments des sciences* mais elle est rendue autonome par le fait même de ce tiré à part. L'ouvrage se présente comme une réduction de l'*Encyclopédie* : il fournit la métaphysique des sciences et des arts dont il traite, sans en développer le corps ni les détails. Par la formulation des propositions fondamentales des sciences, c'est-à-dire des germes qui permettent de les posséder virtuellement dans leur totalité, il exprime bien le projet métaphysique de d'Alembert. Les *Eléments de philosophie* constituent un abrégé, un memento, une sorte de table des matières de l'Encyclopédie idéale et, en tout état de choses, un succédané de l'*Encyclopédie* déjà commencée mais dont l'achèvement peut être mis en doute vu le contexte de censure des années 1758-1759.

Cette refonte du projet encyclopédique en une présentation des éléments de la philosophie rappelle étrangement l'évolution du projet leibnizien. Leibniz aussi avait insisté sur la nécessité de dresser le catalogue des vérités scientifiques, des faits historiques et des progrès des arts et des métiers : « *Jamais siècle a été plus propre à ce* grand ouvrage *que le nôtre, qui semble faire la récolte pour tous les autres* » (*Phil.*, VII, 174). Ce tableau systématique, cet inventaire de nos richesses scientifiques qui sont « *le plus grand trésor du genre humain* » (ib.), résumerait et remplacerait tous les livres antérieurs et permettrait d'accéder au savoir de manière méthodique et bien plus rapide. L'Encyclopédie est pensée par Leibniz comme une structure ouverte où chaque nouvelle découverte serait consignée dès son apparition à la place que lui aurait assignée l'ordre logique des connaissances. On voit à quel point le projet de Diderot et surtout de d'Alembert est proche de celui de Leibniz [1]. D'Alembert reprend le même modèle déductif dans l'organisation des sciences. Il pense lui aussi que les découvertes se rattachent au fur et à mesure les unes aux autres et que l'on peut arriver progressivement à ramener chaque science, par réduction et par déduction, à un petit nombre de principes. La remarque de Leibniz – « *les sciences s'abrègent en s'augmentant* » (*Phil.*, VII, 180) – pourrait être de d'Alembert. Pour Leibniz en effet, quand une science est constituée, toutes ses propositions découlent logiquement de quelques principes, de sorte qu'à partir de ces principes ou éléments et à condition de connaître la vraie logique, on peut reconstituer déductivement tous les détails de la science entière : « *Aussi plus une science est perfectionnée et moins a-t-elle besoin de gros volumes, car selon que ses éléments sont suffisamment établis, on y peut tout trouver par le secours de la science générale ou de l'art d'invention* » (*Phil.*, VII, 180). Les idées de méthode déductive des éléments, d'art ou d'ordre d'invention, d'Encyclopédie ouverte aux progrès, perfectible dans sa structure par le concept de case vide, sont autant d'idées communes à Leibniz et à d'Alembert. Selon Leibniz, l'Encyclopédie pour être complète doit consigner tous les procédés des arts et métiers et recueillir jusqu'aux tours de main des artisans ainsi que tous les faits historiques qui peuvent être l'origine et l'occasion de découvertes et d'inventions d'un grand intérêt scientifique car « *les plus considérables observations et tours d'adresse en toute sorte de métiers et de professions sont encore non écrits* » (*Phil.*, VII, 182). Même s'il reconnaît l'importance des recueils de faits, à l'instar de d'Alembert, il n'y attache qu'une valeur utilitaire et pratique : « *La connaissance des faits*

1. Du reste, Diderot, dans le Prospectus de l'*Encyclopédie*, rend hommage à l'appel de Leibniz : « *Jusqu'ici, personne n'avait conçu un ouvrage aussi grand, ou du moins personne ne l'avait exécuté. Leibniz, de tous les savants le plus capable d'en sentir les difficultés, désirait qu'on les surmontât. Cependant on avait des Encyclopédies, et Leibniz ne l'ignorait pas, lorsqu'il en demandait une* » (*D.P.E.*, p. 128). Pour l'analyse du projet leibnizien, voir le chapitre V de la *Logique de Leibniz* de Couturat, notamment les pages 150 à 175.

est à peu près comme celle des rues de Londres, qui est bonne quand on y demeure » (Lettre à Burnett des 17-27 juillet 1696 in *Phil.*, III, 182). Cependant il a conscience de la connexion et de la compénétration de tous les faits, si futiles ou si dispersés qu'ils paraissent. Le génie encyclopédique est précisément celui qui sait joindre au goût de la rigueur logique et des idées claires, la curiosité des faits, l'esprit philosophique et le souci scrupuleux de la vérité historique. Autre point commun de d'Alembert et de Leibniz : celui-ci, doutant de pouvoir faire adopter son Encyclopédie par une société savante, doutant donc de l'exécution et de l'achèvement de l'ouvrage, esquisse un projet plus modeste qu'il peut mener à bien seul et qui donne un aperçu du grand travail collectif qu'il médite. Son ambition se restreint à composer des Eléments de philosophie dans un ordre logique et selon une méthode démonstrative, qui ne cèderaient pas en rigueur aux *Eléments* d'Euclide. C'est en effet cet ouvrage qui doit servir de modèle à l'Encyclopédie démonstrative car c'est la géométrie qui constitue pour Leibniz l'idéal de la science rationnelle (voir *Phil.*, VII, 158). Si d'Alembert paraît avoir plus de recul vis-à-vis du modèle euclidien [2], il reprend pourtant le concept d'élément qui devient le concept fondamental de son épistémologie, et choisit le modèle géométrique qu'il tient pour le plus rigoureux, le plus instructif et le plus pertinent en ce qu'il exprime dans sa forme déductive l'unité de corps d'une science. De même que les propositions de géométrie constituent « *la limite intellectuelle des vérités physiques, le terme dont celles-ci peuvent approcher aussi près qu'on le désire, sans jamais y arriver exactement* » (*E.P.*, p. 109), de même le modèle géométrique est la limite intellectuelle et fondatrice de tous les modèles du savoir [3].

Enfin dernière ressemblance entre d'Alembert et Leibniz : ce dernier n'a jamais cessé de penser à son projet encyclopédique en vue de s'en acquitter. En 1710, quand il publie ses *Essais de théodicée*, il déclare qu'ils ne sont dans sa pensée que la préface des Eléments

---

2. Voir article *éléments des sciences*, p. 495 : « *Plus les principes seront disposés dans l'ordre convenable, plus la déduction sera rigoureuse ; ce n'est pas qu'absolument elle ne pût l'être si on suivait une méthode plus composée, comme a fait Euclide dans ses* Eléments *: mais alors l'embarras de la marche ferait aisément sentir que cette rigueur précaire et forcée ne serait qu'improprement telle* ». Voir aussi le chapitre XV sur la géométrie des *E.P.* (pp. 109-121) et l'éclaircissement XI sur les éléments de géométrie (pp. 315-325) où d'Alembert critique les concepts euclidiens d'angle, de ligne droite et de parallèle.

3. Diderot évidemment ne partage pas ce point de vue. S'il acceptait de considérer le modèle géométrique comme une limite, ce serait dans un sens négatif et non positif : le modèle géométrique représenterait une limite abstraite du savoir coupé du sol des faits, c'est-à-dire du vrai savoir.

métaphysiques et théologiques qu'il projette d'écrire [4] et qui doivent être composés démonstrativement. En 1714, les *Principes de la Nature et de la Grâce* et la *Monadologie* sont rédigés pour répondre à cette intention. Ils tiennent donc lieu des Eléments imaginés mais ils ne les remplacent pas puisque Leibniz exprime toujours le même vœu de les écrire [5]. On peut donc dire que Leibniz n'est pas venu à bout du projet restreint qu'il avait conçu comme le succédané de l'Encyclopédie complète [6]. Or d'Alembert introduit lui aussi ses *Eléments de philosophie* comme un projet ou une préface à l'ouvrage « *que nous aurons peut-être le courage d'entreprendre* » (*E.P.*, p. 17). Et il n'entreprendra pas cet ouvrage, offrant simplement huit ans plus tard, en 1767, les *Eclaircissements sur différents endroits des Eléments de philosophie*, sorte d'appendice ou de post-face à la préface d'un ouvrage qui n'a pas vu le jour. Ce texte est constitué de l'ensemble des réponses aux questions et objections aux *Eléments de philosophie* faites par Frédéric. Il ne saurait donc tenir lieu de l'ouvrage annoncé par d'Alembert. Ainsi, en dépit de ses positions antileibniziennes (refus de l'axiome : l'effet est proportionnel à sa cause, rejet des concepts leibniziens de force vive et de force morte, rejet de la métaphysique leibnizienne et de l'intervention des causes finales en philosophie), d'Alembert est très proche de Leibniz. Les deux hommes ne se sont jamais véritablement satisfaits de leur travail de systématisation des sciences. Ils pensent leurs textes comme des prologues à l'entreprise encyclopédique. Malgré sa participation pendant dix ans à l'*Encyclopédie*, d'Alembert présente en effet ses deux textes de 1759 et de 1767 comme des préliminaires ou des prolégomènes à toute Encyclopédie future.

Quelle est la structure de ces prolégomènes ? Comment d'Alembert explicite-t-il les grandes lignes de son épistémologie à partir de ce qui apparaît comme une compilation de préfaces de traités ou d'extraits de l'*Encyclopédie* ?

Dans leur objet, les *Eléments de philosophie* constituent l'ensemble des éléments du savoir que d'Alembert juge principaux (les quatre premiers chapitres exposent la méthodologie de l'ouvrage, le chapitre

---

4. Voir lettre à Burnett du 30 octobre 1710 (in *Phil.*, III, 321) : « *Si j'étais débarrassé de mes travaux historiques, je voudrais me mettre à établir ces Eléments de la philosophie générale et de la théologie naturelle (...). Mais ce présent ouvrage peut servir d'avant-coureur* ». Voir aussi la lettre à Burnett des 7-17 mars 1696 (in *Phil.*, III, 174-175).

5. Voir lettre au Père des Bosses du 30 juin 1715 (in *Phil.*, II, 499).

6. Couturat, dans la *Logique de Leibniz* (chap. V, pp. 119-175), montre que les principaux ouvrages de Leibniz n'ont été écrits qu'en vue de suppléer au projet encyclopédique, de l'aveu même de l'auteur.

V traite de la logique, le chapitre VI de la métaphysique, les chapitres VII à XII de la morale, le chapitre XIII de la grammaire, le chapitre XIV de l'algèbre, le chapitre XV de la géométrie, le chapitre XVI de la mécanique, le chapitre XVII de l'astronomie, le chapitre XVIII de l'optique, le chapitre XIX de l'hydrostatique et de l'hydraulique, le chapitre XX de la Physique générale et enfin le chapitre XXI forme la conclusion). Dans leur forme, ils apparaissent comme une préface constituée de préfaces à un ouvrage futur. Aussi les *Eléments de philosophie* sont-ils à lire comme un texte récapitulatif de tous les travaux antérieurs de d'Alembert, comme une synthèse qui réunit toutes ses analyses épistémologiques et qui en même temps se présente comme une propédeutique. On peut déceler, dans l'écriture même du texte, un effet de redoublement de la forme (puisque le texte est une préface constituée de préfaces) et de l'objet (puisqu'il s'agit d'éléments d'éléments). Cet effet de redoublement donne au texte sa structure : l'organisation des préfaces et extraits de textes antérieurs exprime l'objet même du texte qui est non seulement de présenter les éléments des différents sciences et arts retenus, mais de les ordonner en une hiérarchie logique ou encyclopédique (la succession des chapitres reproduit l'ordre de l'enchaînement des connaissances, chaque chapitre est un maillon de la chaîne encyclopédique).

L'ordre d'exposition des sciences (algèbre, géométrie, mécanique) reprend la hiérarchie instituée, dans la préface du *Traité de dynamique*, entre les sciences les plus certaines. Après viennent les sciences physico-mathématiques qui sont aussi classées hiérarchiquement selon leur degré de certitude : l'astronomie est en effet la plus certaine des sciences physico-mathématiques (voir *D.P.E.*, p. 29). Le chapitre consacré à la physique générale devrait logiquement se trouver à l'articulation de la mécanique et des sciences physico-mathématiques. Or il est curieusement placé en dernier. Mais cela s'explique par son objet qui est moins de présenter la métaphysique de la physique que de distinguer les sciences les plus certaines (les sciences mathématiques où est incluse la mécanique, et les sciences physico-mathématiques) des sciences moins certaines, c'est-à-dire des sciences expérimentales (voir *E.P.*, pp. 173-186).

Les éléments de la logique (la théorie du raisonnement), de la métaphysique (qui traite du problème de l'existence des corps et de la théorie des idées et définitions), de la morale (chapitre où est exposé le problème de l'existence de Dieu) et de la grammaire (théorie de la définition) sont présentés comme les germes de toute connaissance. Parmi les arts envisagés, d'Alembert ne retient que les arts libéraux et non les arts mécaniques (ce qui confirme la préséance qu'il donne à la théorie sur la pratique, préséance déjà lisible dans l'ordre d'exposition des sciences). Parmi ces arts libéraux, il n'expose que les éléments des arts libéraux utiles et nécessaires (logique, métaphysique, morale et grammaire). Aucun chapitre des *Eléments de philosophie* ne traite des Beaux-Arts [7].

La métaphysique est située entre la logique et la morale. Comme la logique, elle peut être être appelée art libéral ou science. En effet si la logique est « *l'instrument général des sciences et le flambeau qui doit nous y guider* », la métaphysique indique «*suivant quel ordre et de quelle manière nous devons porter ce flambeau dans les différentes parties de la philosophie* » (*E.P.*, p. 39). L'exposition des éléments des arts libéraux précède l'exposition des éléments des sciences. Les arts libéraux convergent tous vers le même objet : nous faire entendre la langue de la raison, nous faire connaître ses règles, sa syntaxe, sa grammaire, son lexique.

Ce thème de l'explicitation de la logique de la langue, de ses règles et de ses usages, est également profondément leibnizien. Le projet de Leibniz de mettre en lumière le fonctionnement et les ressorts de la langue considérée comme l'instrument de communication des sciences et des arts, est à penser comme la condition de l'élaboration du projet encyclopédique. La langue universelle est l'outil, l'enveloppe et le moyen d'expression de l'ordre d'enchaînement des connaissances [8]. Dès lors, on comprend la proximité et la similarité des intérêts philosophiques de Leibniz et de d'Alembert. Il importe d'opérer une critique des abus de langage, une critique de ce qui est appelé *indémontrable* (les axiomes), pour construire une théorie de la définition rigoureuse et adéquate à l'explicitation des éléments des sciences et des arts. Pour énoncer l'ordre logique des connaissances, il faut, en premier lieu, se donner les moyens de cette énonciation. La recherche de l'énonciation et du sens du savoir accompagne la recherche du lieu du savoir, exprimée à plusieurs reprises au commencement de l'*Encyclopédie* par toutes les métaphores spatiales (du tableau, de la mappemonde, du labyrinthe, du palais) [9]. Au fur et à mesure de l'évolution du projet encyclopédique de d'Alembert, la recherche des

7. Sur les distinctions des arts en arts libéraux, mécaniques, et des arts libéraux en Beaux-Arts – dont l'objet est d'imiter la nature – et arts libéraux utiles et nécessaires, voir *D.P.E.*, pp. 54-55.

8. Voir la *Logique de Leibniz* de Couturat, chap. III, pp. 51-80.

9. Michel Foucault, au chapitre III des *Mots et des choses*, souligne à ce propos la prédominance du modèle spatial dans l'épistémologie classique, qu'il explique par la fonction de représentation attribuée au signe.

conditions d'énonciation du savoir s'impose et se substitue à la recherche du lieu. Ainsi les *Eléments de philosophie* donnent à penser la recherche du lieu du savoir (toujours reportée, toujours préfacée) comme la métaphore de la quête de son sens. On comprend par là pourquoi d'Alembert ne peut se satisfaire de la localisation des éléments du savoir dans l'*Encyclopédie*. Elle pèche en effet par un manque de systématicité et d'explicitation de la logique des connaissances : « *C'est un habit d'arlequin où il y a quelques morceaux de bonne étoffe, et trop de haillons* » (lettre de d'Alembert à Voltaire du 22 février 1770 in *Œuvres*, t. 5, p. 193) [10]. L'habit d'arlequin est hétéroclite, il juxtapose les couleurs sans les harmoniser. Les couleurs, dans l'habit, sont bornées par des coutures mais ne laissent pas voir le principe de leur composition. Or d'Alembert, dans sa recherche des éléments du savoir, vise à comprendre la limite de décomposition des connaissances, autrement dit le principe de leur composition (la génération et l'enchaînement des idées). L'étude de ce principe de composition – et ici composition ne veut pas dire genèse mais enchaînement logique résultant de la genèse – relève d'abord de la métaphysique et de la logique mais aussi de la morale et de la grammaire. Les quatre arts libéraux, que d'Alembert tient pour « *les sciences les plus nécessaires à l'homme* » (*E.P.*, p. 99), s'enchevêtrent et entr'expriment l'ordre naturel des idées. Ces sciences cardinales permettent de s'orienter dans le savoir, de le délimiter et non pas seulement de le borner : le philosophe « *examinera d'abord comment nous connaissons par nos sensations l'existence des objets extérieurs ; il cherchera ensuite comment nos sensations produisent nos idées ; il jettera à cette occasion les premiers fondements de la morale, et renverra à la morale proprement dite le détail et le développement des vérités qui portent sur des fondements inébranlables. La génération des idées étant suffisamment connue, le philosophe expliquera pour lors l'art de les comparer, c'est-à-dire, la logique (...). Mais une autre science qu'il ne faut pas séparer de la logique et de la métaphysique, et qui appartient essentiellement à l'une et à l'autre, c'est la grammaire, ou l'art de parler. D'un côté la formation des langues est le fruit des réflexions*

10. Voir aussi la lettre à Voltaire du 11 janvier 1758, intéressante par sa date (c'est le moment où d'Alembert démissionne de son rôle d'éditeur) : « *Il est certain que plusieurs de nos travailleurs y ont mis bien des choses inutiles, et quelquefois de la déclamation ; mais il est encore plus certain que je n'ai pas été le maître que cela fût autrement. Je me flatte qu'on ne jugera pas de même de ce que plusieurs auteurs et moi avons fourni pour cet ouvrage, qui vraisemblablement demeurera à la postérité, comme un monument de ce que nous avons voulu et de ce que nous n'avons pas pu faire* » (in *Œuvres*, t. 5, p. 53).

que les hommes ont faites sur la génération de leurs idées ; et de l'autre le choix des mots par lesquels nous exprimons nos pensées, a beaucoup d'influence sur la vérité ou sur la fausseté des jugements que nous portons, ou que nous faisons porter aux autres » (*E.P.*, pp. 100-101). En insistant sur l'importance de ces quatre racines principales des connaissances, d'Alembert cherche à montrer quelles sont les limites du savoir. Le concept de limite tend à supplanter celui de borne, tout comme les métaphores de la langue bien faite [11] se substituent aux métaphores spatiales pour désigner la fonction de l'Encyclopédie. Cela confirme la primauté de la recherche du sens sur celle du lieu du savoir. En effet, les concepts de borne, de mappemonde, de tableau, indiquent que l'objet premier de l'Encyclopédie est de dresser une cartographie du savoir (l'Encyclopédie est de nature descriptive). En revanche, l'usage des concepts de limite, de langue, de grammaire, signalent un autre objet : l'Encyclopédie a pour fonction de montrer l'ordre logique des connaissances (elle est de nature explicative).

Les deux présentations de l'Encyclopédie sont concurrentes, c'est-à-dire concourantes et rivales, mais dans les *Eléments de philosophie*, la recherche des limites du savoir devient primordiale. La limite est ce qui sépare et ce qui unit tandis que la borne marque statiquement une juxtaposition. Le concept de limite prend une valeur essentielle dans la philosophie de d'Alembert. Ainsi le principe unique et fondateur de l'intégralité du réel est pensé comme la limite intellectuelle des éléments : « *Tous les êtres, et par conséquent tous les objets de nos connaissances, ont entre eux une liaison qui nous échappe ; nous ne devinons dans la grande énigme du monde que quelques syllabes dont nous ne pouvons former un sens. Si les vérités présentaient à notre esprit une suite non interrompue, il n'y aurait point d'éléments à faire, tout se réduirait à une vérité unique dont les autres vérités ne seraient que des traductions différentes* » (*E.P.*, p. 25).

Le modèle idéal est toujours géométrique, la géométrie est toujours pensée comme la position suprême du savoir qui contient toutes les propositions dans les traductions successives qu'elle engendre d'une vérité unique [12]. Mais quand on applique le modèle géométrique à un

11. L'expression de « *langue bien faite* » est de Condillac : « *Si, comme je crois l'avoir démontré, une science bien traitée n'est qu'une langue bien faite, il n'y a point de science qui ne doive être à la portée d'un homme intelligent, puisque toute langue bien faite est une langue qui s'entend* » (in *Traité des systèmes*, chap. XVIII, p. 310).

12. Voir *D.P.E.*, p. 38 : « *On peut donc regarder l'enchaînement des vérités géométriques comme des traductions plus ou moins différentes et plus ou moins compliquées de la même proposition, et souvent de la même hypothèse* ».

essai d'intelligibilité du réel, il convient de changer le terme premier de la langue géométrique (que celui-ci soit pensé comme une proposition ou comme une hypothèse) par le sens premier générateur de tous les autres [13]. Mais faute de connaître le sens primitif et originaire, nous défigurons la langue de l'ontologie, si l'on peut dire. Nous défigurons, cela signifie que nous changeons impunément le sens propre en sens figuré, nous abusons des mots. Une grande partie des *Eclaircissements sur différents endroits des Eléments de philosophie* est consacrée à dénoncer ces abus et à tenter d'expliciter l'ordre naturel des mots dans le discours (voir éclaircissements II, V, IX, X) [14]. Toute l'œuvre de d'Alembert est sous-tendue par la critique des usages et des abus du langage, par la dénonciation des disputes de mots (ou querelles de nom), par le rejet des idées générales érigées en axiomes, par le contrôle des expressions abrégées et des idées abstraites utiles et commodes dans la pratique scientifique mais qu'il ne faut surtout pas isoler et réifier en êtres métaphysiques (voir son analyse des notions de force ou de puissance, d'infiniment petit, de quantités négatives) [15]. Les expressions abrégées ne sont telles que par économie. Ce sont des manières commodes de raisonner, des raccourcis de langage qu'il faut toujours rattacher mentalement aux idées complètes afin de ne pas en être dupe et de pallier la tendance humaine à conférer un statut ontologique aux abstractions [16]. Pour éviter ces écarts de sens, d'Alembert

---

13. Voir *E.P.*, p. 218 : « *Si nous savions* pourquoi il y a quelque chose, *nous serions vraisemblablement bien avancés, pour résoudre la question* comment telle et telle chose existe-t-elle ? *(...) si nous savions ce premier* pourquoi, *ce* pourquoi *si embarrassant pour nous, nous tiendrions le bout du fil qui forme le système général des êtres, et nous n'aurions plus qu'à le développer, et pour ainsi dire, à le dérouler sans peine pour en connaître toutes les parties, au lieu d'en arracher, comme nous le faisons, quelques parcelles isolées, qui nous laissent dans une ignorance entière sur le tout ensemble, et sur la vraie place qu'elles y occupent* ». Voir aussi la lettre à Voltaire du 29 août 1769 in *Œuvres*, t. 5, p. 186.

14. L'éclaircissement II reprend et développe la théorie de la définition (*E.P.*, pp. 203-215). L'éclaircissement V dénonce l'abus des expressions figurées (*E.P.*, pp. 225-227). L'éclaircissement IX étudie « *les différents sens dont un même mot est susceptible* » (*E.P.*, pp. 283-293). Enfin l'éclaircissement X expose l'ordre naturel des mots dans le discours (*E.P.*, pp. 295-313).

15. Voir Ecl. II, p. 207 : « *Un des principaux usages de ce développement* (de la formation des idées) *est de nous garantir de l'erreur où nous pourrions tomber en regardant les objets des idées abstraites comme existant réellement hors de nous* ». Voir aussi Ecl. XIV sur les principes métaphysiques du calcul infinitésimal, et Ecl. XV sur l'usage et sur l'abus de la métaphysique en géométrie (*E.P.*, pp. 339-354).

16. Voir par exemple l'analyse que propose d'Alembert de la notion de vitesse p. 357.

en appelle à la méthode pascalienne définie dans l'*Art de persuader*[17] : il faut substituer mentalement la définition au terme défini, c'est-à-dire redonner à la langue la souplesse du travail de conceptualisation. Ainsi on rattache les mots à leur sens et on ne les isole pas dans ce qui, à l'extrême, ne serait plus qu'une unité de sons, un *flatus vocis*. Le travail épistémologique consiste, pour d'Alembert, à faire de la langue un organe labile et habile à lier les connaissances même si celles-ci sont fragmentaires, même si elles ne sont que des « *syllabes* » de la « *grande énigme du monde* » (*E.P.*, p. 25). Le philosophe a pour principale tâche d'éviter qu'on « massacre » la langue et qu'on considère les barbarismes (c'est-à-dire les définis coupés de leur définition, les mots coupés de leur sens, les abstractions coupées de leur formation, les expressions abrégées ou figurées réifiées en êtres métaphysiques) comme des vérités ou idées nouvelles. C'est à ce prix qu'on apprend à penser en parlant et à parler en pensant. L'un des objets fondamentaux de l'épistémologie de d'Alembert est cette exigence de parvenir ou plutôt de revenir à un échange net et précis du langage et de la pensée. En effet, de cette réciprocité, de cette transparence du sens dans le concept ou dans l'idée, la langue a gardé, selon d'Alembert, quelques traces : ce sont les notions communes appelées aussi mots ou termes primitifs. Ces notions expriment les idées simples, elles constituent les racines philosophiques de la langue : les mots « *qui expriment des idées simples (...) peuvent être regardées comme les racines philosophiques des langues, c'est-à-dire comme les termes primitifs et fondateurs qui servent à expliquer tous les autres* » (*E.P.*, p. 101)[18]. Malheureusement ces racines philosophiques ne sont pas en nombre suffisant pour assurer la parfaite réciprocité, dans le langage, du signe et du sens. La nature supplée au défaut du discours par le don d'idées (du temps, de la sensation etc.) pareilles à tous les hommes. Sans ces racines philosophiques, toutes nos expressions seraient confuses. Dans la philosophie de Pascal, les mots primitifs peuvent être interprétés, nous

---

17. Voir *Œuvres complètes*, Paris, Seuil, 1963, p. 357.

18. Voir aussi article *dictionnaire* in *Encyclopédie*, t. IV, 1754, p. 959 : « *il est au moins un grand nombre de mots, qui de l'aveu de tout le monde se refusent à quelque espèce de définition que ce puisse être ; ce sont principalement les mots qui désignent les propriétés générales des êtres, comme* existence, étendue, pensée, sensation, temps, *et un grand nombre d'autres. Ainsi le premier objet d'un dictionnaire de langue, c'est de former, autant qu'il lui sera possible, une liste exacte de ces sortes de mots, qui seront comme les racines philosophiques de la langue ; je les appelle ainsi, pour les distinguer des racines grammaticales, qui servent à former et non à expliquer les autres mots* ».

l'avons vu [19], comme les traces d'une langue originelle, transparente et univoque qui serait celle d'un âge d'or où toute expression est un performatif et où l'intuition de l'échange (fondé sur le sentiment et l'instinct, donc sur le cœur) ruinerait et rendrait superflus toute théorie de la définition, tout développement de la raison et tout travail de démonstration [20]. La perte de la langue originelle, celle du cœur, signifie pour l'homme pascalien la perte de son innocence et de sa pureté. C'est parce que le cœur de l'homme s'est corrompu qu'il n'y a plus d'échange immédiat et instinctif entre les hommes. Dans la philosophie de d'Alembert, les mots primitifs ne peuvent pas être considérés comme les traces d'un paradis perdu. Ils ne sont pas non plus les premières idées acquises à partir des sens et des sensations : rappelons ici la divergence entre l'idée primitive du temps qu'on acquiert par la succession des idées (et qui est celle d'un temps discontinu entrecoupé d'états de conscience et d'états de sommeil) et la notion commune du temps selon laquelle le temps, par sa nature, coule uniformément. L'analyse sensualiste achoppe à rendre compte des racines philosophiques de la langue. Alors quel statut donner aux termes primitifs ? Ils ont en fait un statut d'axiomes sans en avoir le nom. Ils sont le produit d'une réflexion à la fois philosophique et scientifique sur le langage. Traces de la subversion de l'épistémologie cartésienne, ils portent une lumière naturelle revue et corrigée qui donne les idées simples, non innées puisqu'acquises par l'usage de la langue, mais naturelles.Les racines philosophiques expriment la résistance « réaliste » de la langue à sa théorisation nominaliste. Et c'est pourquoi elles sont en petit nombre. Plus nombreuses, elles rendraient inutile toute théorie de la définition (inexistante du reste chez Descartes du fait de sa théorie des idées). Mais en même temps, elles rendraient possible le travail de systématisation totale des sciences par la connaissance qu'elles nous donneraient de l'enchaînement logique de tous les maillons du savoir. Elles enracineraient et fonderaient l'arbre encyclopédique et l'Encyclopédie complète, c'est-à-dire l'épistémologie parfaite. Leur rareté explique finalement l'accent pessimiste de

---

19. Voir le chapitre 4 de notre première partie.

20. Voir *Œuvres complètes* de Pascal, p. 350 : « *On voit assez de là qu'il y a des mots incapables d'être définis ; et si la nature n'avait suppléé à ce défaut par une idée pareille qu'elle a donnée à tous les hommes, toutes nos expressions seraient confuses ; au lieu qu'on en use avec la même assurance et la même certitude que s'ils étaient expliqués d'une manière parfaitement exempte d'équivoques ; parce que la nature nous a elle-même donné, sans paroles, une intelligence plus nette que celle que l'art nous acquiert par nos explications* », voir aussi la pensée 110, pp. 512-513.

d'Alembert quand il parle des progrès de l'esprit humain. Accent pascalien fondé sur un manque de sens, sur une disproportion entre les capacités de l'esprit humain et l'énigme du monde. La chaîne des connaissances ne rejoint pas celle des êtres : au mieux peut-on établir quelques rapports entre les connaissances des hommes et le réel. De même que les propositions de la géométrie constituent « *la limite intellectuelle des vérités physiques, le terme dont celles-ci peuvent approcher aussi près qu'on le désire, sans jamais y arriver exactement* » (*E.P.*, p. 109), de même l'Encyclopédie complète est à penser comme la limite intellectuelle de tous les progrès de l'esprit humain et de toutes les entreprises encyclopédiques. Cette conception d'une limite intellectuelle du savoir s'inscrit dans le prolongement de la réflexion scientifique de d'Alembert sur la notion de limite. En effet, le travail de clarification qu'a opéré d'Alembert à propos de la métaphysique du calcul infinitésimal et des notions de quantité évanouissante ou d'infiniment petit, lui a permis de conceptualiser la notion de limite : le calcul infinitésimal n'est pas le calcul de quantités infiniment petites, mais le calcul des limites de quantités finies. Il consiste à considérer le rapport entre la différence finie de deux quantités et la différence finie de deux autres quantités qui ont avec les deux premières une analogie dont la loi est connue. D'Alembert transpose cette conception de la limite comme limite d'un rapport dans son épistémologie : la sommation des connaissances ne peut rejoindre l'infinie variété du réel puisque cette sommation reste une quantité finie. L'intelligibilité intégrale du réel est une fiction intellectuelle (qui peut cependant être utile). Toute encyclopédie concrète ne peut nous fournir que des bribes de l'intelligence du réel. Et ces bribes ne suffisent même pas à former le sens du monde : « *Nous ne devinons dans la grande énigme du monde que quelques syllabes dont nous ne pouvons former un sens* » (*E.P.*, p. 25).

Toute cette analyse nous renforce dans l'idée que la philosophie de d'Alembert est à penser comme une philosophie des limites, c'est-à-dire une recherche des limites du savoir et un travail sur ces limites (visant à les faire reculer). Les *Eléments de philosophie* expriment principalement la volonté de saisir une enveloppe du savoir. Par la mise en place des concepts d'éléments, de limite et de case vide[21],

21. Ce concept de case vide n'est pas sans rappeler celui que Kant introduit à la suite de la table des catégories : « *il ressort du peu que je viens de dire qu'il est non seulement possible, mais encore facile de faire un vocabulaire complet de ces concepts avec tous les éclaircissements désirables. Maintenant les cases vides existent : il n'y a plus qu'à les remplir, et, dans une topique systématique, comme la présente, il n'est pas difficile de reconnaître la place qui convient en propre à chaque concept et de remarquer en même temps les places qui sont encore vides* » (*Critique*

d'Alembert cherche à montrer l'élasticité de cette enveloppe : les cases vides promettent et anticipent les progrès de l'esprit humain. Pourtant cette élasticité de l'enveloppe ne suffit pas à les garantir. Car si elle est élastique, elle est aussi poreuse, elle laisse échapper des sens et même le sens du savoir. Aussi le concept de case vide joue-t-il dans un système en voie de constitution qui a pour fin cette constitution même. On ne peut imaginer qu'abstraitement et fictivement une Encyclopédie parfaite ou une classification achevée des sciences. Le savoir absolu qui épouserait et actualiserait l'intelligibilité intégrale du réel est une pure hypothèse, une fiction positive qui rend la raison courageuse. Contrairement à Kant pour qui dresser une topique systématique des concepts est une entreprise déterminable et déterminée dans la critique de la raison pure, d'Alembert pense son modèle déductif des éléments des sciences comme heuristique certes, mais nécessairement inachevable. Non seulement l'Encyclopédie parfaite est une fiction, mais la méthode encyclopédique met en œuvre des concepts opératoires qui sont des artefacts. L'ordre d'invention n'est pas celui des inventeurs, le concept de case vide tend à effacer le hiatus pourtant irréductible qui sépare la limite intellectuelle de la raison humaine et l'intelligence du réel dans son intégralité. Il importe, du reste, pour ne pas céder à notre tentation de réifier des abstractions et donc pour pallier notre adhésion immédiate à ce genre de fiction, de contrer le concept de case vide par le concept d'éléments. Les éléments indiquent, par leur pluralité, l'échec de l'épistémologie à rejoindre le modèle déductif idéal. Ils signifient la saisie fragmentaire du réel, l'écart entre la taxinomie et la *mathesis*, c'est-à-dire entre l'exigence d'exhaustivité (on ne doit négliger aucun fait, même pas les faits isolés) et l'exigence d'unité. Ils sont les éléments, les fragments qui ne rejoignent pas leur limite intellectuelle, c'est-à-dire le principe unique porteur de toutes les vérités et de tous les faits. Mais en même temps, leur dénomination stipule l'idée d'un ensemble clos, l'idée d'un tout. Les éléments ne sont tels que par l'idée d'ensemble. La fragmentation concrète du savoir y est comprise en même temps que son unification idéale.

---

de la raison pure, PUF, trad. A. Trémesaygues et B. Pacaud, p. 96). Le projet kantien de dessiner, à partir de la table des catégories, « *l'arbre généalogique de l'entendement pur* » (p. 95) n'est pas si éloigné du projet encyclopédique qui cherche à déduire l'ordre logique des connaissances à partir des éléments des sciences pris comme principes. Pourtant l'analogie s'arrête là car d'Alembert aussi bien que Diderot se refusent à admettre des concepts purs de l'entendement, des concepts a priori et donc indépendants de l'expérience et des sensations. D'où l'ambiguïté du statut des termes primitifs que le sensualisme ne suffit pas à fonder.

Il convient ici de saluer une nouvelle fois la lucidité de Diderot et de d'Alembert qui n'ont pas été dupes de leur modèle encyclopédique. Tous deux ont en effet souligné le caractère artificiel de toute exposition systématique des sciences et des arts. Ils ont su présenter l'ordre d'invention des connaissances comme un désordre compensé. En réalité, il y a du hasard, de l'intuition, une « *espèce d'instinct* »[22], ou un ordre d'idées tellement disparates que seul l'inventeur pourrait éventuellement décrire son cheminement mais sans que cette explicitation ait valeur de méthode. Il s'agirait bien plutôt d'une description anecdotique des circonstances qui ont fait mûrir en lui l'idée nouvelle. Ce n'est donc que rétrospectivement qu'on peut reconstituer (et il s'agit en fait d'une constitution) la démarche de l'inventeur en distinguant des étapes et en les rattachant à un contexte historique.

L'idée de l'Encyclopédie parfaite est une idée régulatrice de la raison. Les encyclopédies concrètes exercent cette fonction régulatrice dans l'organisation historique des connaissances. Autrement dit, l'exposition encyclopédique tend à compenser le désordre effectif des progrès de l'esprit humain[23]. A partir de découvertes discontinues, fragmentées et fragmentaires, elle produit de l'information, de l'ordre et de l'organisation. Ce procès d'organisation des connaissances s'accompagne d'un accroissement de la complexité du savoir par diminution de la redondance. Cette complexification est donc un enrichissement structurel et fonctionnel du savoir, elle résulte d'une succession de désordres et de désorganisations rattrapées, et conduit finalement à plus de souplesse, plus de variété dans la présentation et dans la transmission des sciences et des arts.

---

22. Voir article *éléments des sciences*, p. 492.

23. Voir *D.P.E.*, p. 58 : « *Le système général des sciences et des arts est une espèce de labyrinthe, de chemin tortueux, où l'esprit s'engage sans trop connaître la route qu'il doit suivre. Pressé par ses besoins et par ceux du corps auquel il est uni, il étudie d'abord les premiers objets qui se présentent à lui ; pénètre le plus avant qu'il peut dans la connaissance de ces objets ; rencontre bientôt des difficultés qui l'arrêtent, et soit par l'espérance soit par le désespoir de les vaincre, se jette dans une nouvelle route ; revient ensuite sur ses pas ; franchit quelquefois les premières barrières pour en rencontrer de nouvelles ; et passant rapidement d'un objet à un autre, fait sur chacun de ces objets à différents intervalles et comme par secousses, une suite d'opérations dont la discontinuité est un effet nécessaire de la génération même de ces idées. Mais ce désordre, tout philosophique qu'il est de la part de l'esprit, défigurerait, ou plutôt anéantirait entièrement un arbre encyclopédique dans lequel on voudrait le représenter* ». Pour d'Alembert, l'ordre encyclopédique répond, autant que faire se peut, à l'exigence d'unité du modèle déductif des sciences et vient compenser le désordre effectif de l'esprit et la discontinuité de ses découvertes.

Les expressions que nous utilisons ici (procès d'organisation, accroissement de la complexité par intégration de désordres) pourraient être référées à la logique du vivant et tendraient ainsi à nous faire penser le projet encyclopédique comme un organisme, ce qui semble excessif. Pourtant ces expressions restent pertinentes pour marquer le double intérêt moteur du projet encyclopédique, à savoir l'organisation et l'évolution du savoir. Nous avons vu que d'Alembert et Diderot insistent sur la nécessité de rendre la philosophie populaire. En effet pour eux, la communication du savoir est non seulement la condition de sa reproduction mais aussi la condition de l'accroissement de sa capacité reproductive, ce qui implique précisément l'intégration en son sein des nouvelles inventions et informations. La fin de l'Encyclopédie est sa fin, avons-nous dit, il faudrait ajouter : la fin de l'Encyclopédie est la fin d'un état donné du savoir, c'est-à-dire la marque de son évolution vers un état plus complexe.

On comprend ainsi, puisque l'enjeu du projet encyclopédique est d'accroître la quantité d'informations, tout le travail critique que les encyclopédistes opèrent sur le langage, c'est-à-dire sur l'instrument de communication du sens. On comprend notamment la lutte de d'Alembert contre les abus des mots [24] qui viennent *parasiter* l'information. Mais ce rejet des abus des mots ne signifie pas que d'Alembert défend une théorie naïve du langage où seule l'univocité des mots garantirait la richesse de la langue. Bien au contraire, il a conscience que la richesse de la langue tient à sa polysémie. L'attention qu'il prête aux synonymes et à l'articulation du sens figuré d'un mot à son sens propre, témoigne d'une approche approfondie du rôle de la polysémie dans le fonctionnement de la langue [25]. Tout l'éclaircissement X vise à articuler les différents sens dont un même mot est susceptible : le sens par extension y est présenté comme la médiation entre le sens propre d'un mot et son sens figuré [26]. Cette analyse conduit d'Alembert à formuler le projet

---

24. Voir *D.P.E.*, p. 37 : « *Nous devons, comme l'ont observé quelques philosophes, bien des erreurs à l'abus des mots ; c'est peut-être à ce même abus que nous devons les axiomes* ». En fait, sa critique de l'abus des axiomes en science est fondatrice de toute sa réflexion sur le langage. Voir aussi *D.P.E.*, p. 51 : « *Qu'on s'épargnerait de questions et de peines si on déterminait enfin la signification des mots d'une manière nette et précise !* ». Enfin p. 104 du *D.P.E.*, d'Alembert loue Locke pour sa critique des abstractions : « *Il chercha dans ces abstractions et dans l'abus des signes les causes principales de nos erreurs, et les y trouva* ».

25. Voir *E.P.*, p. 102 et notamment ce passage : « *s'il y a une langue dans laquelle on ne puisse jamais employer indifféremment deux mots l'un pour l'autre, il faut en conclure que le sens de ces mots diffère, non par des nuances fines, mais par des différences très marquées et très grossières* ».

26. Voir par exemple l'analyse du mot *donner* in *E.P.*, p. 284.

d'un dictionnaire philosophique « *où les différents sens d'un même mot seraient indiqués par les nuances consécutives qui tout à la fois les distinguent et les rapprochent* » (*E.P.*, p. 292). Ce dictionnaire souffrirait des exceptions comme les termes primitifs qui n'ont qu'un seul sens, mais aussi comme « *un petit nombre de mots qui pourraient présenter à cet égard des difficultés peut-être insurmontables ; je mets principalement de ce nombre certaines prépositions, comme* à, de, *et quelques autres, dont les acceptions sont si multipliées et si différentes, qu'il paraît presque impossible de les déduire toutes d'une même acception* » (*E.P.*, p. 293). De même que d'Alembert pense le déploiement du savoir dans l'intervalle de deux limites [27], de même il détermine l'objet du dictionnaire philosophique par deux limites, celle de l'univocité des termes primitifs et celle de la surdétermination d'un petit nombre de mots tels que les prépositions. A partir de là, le travail du philosophe est de produire les distinctions de l'usage et de l'abus des mots : « *Il s'en faut beaucoup que le caprice de l'usage ait autant présidé à la formation des langues que la multitude l'imagine ; mais il ne faut pas croire non plus qu'il n'ait eu aucune influence sur cette formation. Le travail du philosophe est de démêler cette influence réelle de celle qui n'est qu'apparente, de faire disparaître celle-ci, et de marquer en même temps les traits qui restent de la première* » (*E.P.*, p. 293). De manière analogue, l'explicitation des deux limites des connaissances humaines détermine le travail du philosophe dans sa théorisation du savoir : il doit démêler le savoir réel de celui qui n'est qu'apparent, faire disparaître celui-ci et marquer en même temps les traits qui restent du premier [28].

27. Voir *D.P.E.*, p. 33 : « *Nous (y) remarquerons deux limites, où se trouvent, pour ainsi dire, concentrées presque toutes les connaissances certaines accordées à nos lumières naturelles. L'une de ces limites, celle dont nous sommes partis, est l'idée de nous-mêmes, qui conduit à celle de l'Etre tout-puissant, et de nos principaux devoirs. L'autre est cette partie des mathématiques qui a pour objet les propriétés générales des corps, de l'étendue et de la grandeur* ».

28. Cette analogie dans l'appréhension de la théorie du langage et de la théorie du savoir nous fait saisir l'importance de la question de l'inversion chez les encyclopédistes. L'inversion est la transgression de l'articulation logique des mots et par conséquent des idées qu'ils expriment : « *Tout discours est composé de mots ; chacun de ces mots exprime une idée ; l'ordre naturel des mots dans le discours est donc celui que les idées doivent avoir dans l'énonciation. Lorsque l'ordre des mots ne sera pas conforme à celui suivant lequel les idées doivent être énoncées, il y aura pour lors dans les discours ce qu'on appelle* inversion, *c'est-à-dire* renversement » (*E.P.*, p. 295). D'Alembert consacre l'éclaircissement X en son entier à cette question. Y réfléchir c'est réfléchir à l'ordre logique ou naturel des idées, question centrale du projet encyclopédique.

Aussi le projet du dictionnaire philosophique se rattache-t-il directement au projet encyclopédique : « *Concluons de tout ce que nous venons de dire, qu'un bon* dictionnaire *de langue est proprement l'histoire philosophique de son enfance, de ses progrès, de sa vigueur, de sa décadence. Un ouvrage fait dans ce goût, pourra joindre au titre de* dictionnaire *celui de* raisonné, *et ce sera un avantage de plus : non seulement on saura assez exactement la grammaire de la langue, ce qui est assez rare ; mais ce qui est plus rare encore, on la saura en philosophe* » (article *dictionnaire*, t. IV, p. 961). Dictionnaire de langue et encyclopédie sont les deux faces d'un même procès, celui de la vie même du savoir, procès sans cesse renouvelé [29]. D'Alembert a bien conscience que l'organisation des connaissances n'est sans doute rien d'autre que ce mouvement incessant de réflexion du savoir sur lui-même. C'est donc par son caractère programmatique et dans la réflexion qu'elle comporte sur son inachèvement que l'œuvre de d'Alembert est proprement philosophique. Peut-on dire pour autant que sa philosophie est critique au sens kantien du mot, c'est-à-dire au sens où elle saperait les fondements de la métaphysique classique ? Dans la mesure où d'Alembert cherche à exclure de l'interrogation philosophique les questions traditionnelles de la métaphysique en soulignant leur caractère indécidable du fait de notre incapacité à connaître la nature des choses, il ouvre la voie à la critique kantienne de la métaphysique. En outre, sa théorie de la définition annonce le conceptualisme kantien même si elle reste sous-tendue par une conception du langage qui, nous l'avons vu, n'est pas entièrement débarrassée d'éléments métaphysiques. La critique des axiomes et des propositions dites indémontrables rend d'Alembert soupçonneux vis-à-vis de certains énoncés des *Principes mathématiques de la philosophie naturelle* de Newton, mais l'oblige aussi à recourir, pour fonder le cadre conceptuel de la mécanique par exemple, à des concepts qu'il présente comme naturels, universellement reçus par tous les hommes qui entendent la langue, autrement dit les termes primitifs (comme espace et temps) dont le statut, répétons-le, reste problématique.

29. Le projet encyclopédique, en effet, se renouvelle dans les lectures que le texte aussi bien que les planches de l'*Encyclopédie* suscitent. Barthes, dans son analyse des planches de l'*Encyclopédie* (voir *Les planches de l'Encyclopédie* in *Le degré zéro de l'écriture*, Paris, Seuil, 1953 et 1972, pp. 89-105), note qu'elles ne constituent pas un système fermé. L'image encyclopédique n'est pas repliée sur elle-même mais déployée, actualisée dans sa puissance d'informations, et s'ouvre ainsi à toute lecture future. En cela l'image est véritablement encyclopédique : elle met en cycle la représentation du savoir.

D'autre part, nous avons noté que la critique qu'il fait de la métaphysique ne porte pas sur ses objets, ce qui l'aurait conduit à soulever le problème de la légitimité de la métaphysique considérée comme science. Elle exprime plutôt un rejet de l'esprit de système, un refus de l'esprit métaphysicien, sans analyse précise de ce qui rend les spéculations métaphysiques vaines et inutiles. Kant développera cette analyse en marquant les limites du penser et du connaître et en réfléchissant sur ce qu'on peut appeler connaissable, c'est-à-dire sur le droit, la légitimité et le statut des investigations humaines. L'œuvre de d'Alembert nous laisse en chemin : il préfère contourner certaines questions (comme celle de la causalité) que les résoudre. Cela tient sans doute à la personnalité même de l'auteur, à sa formation scientifique qui l'incite à laisser la parole tantôt aux métaphysiciens (*D.P.E.*, p. 17), tantôt aux philosophes (ib., p. 19). Pourtant sa philosophie a indéniablement des résonances critiques et philosophiques, ce qui fait dire à Y. Belaval, dans une formule paradoxale mais pertinente, que la philosophie de d'Alembert est une « *philosophie à principes sans fondements* » [30]. Nous ajouterons simplement que cette philosophie est aussi un travail remarquable sur les limites du savoir, les limites entre la science et la philosophie et que, de ce point de vue, d'Alembert a su être à la fois philosophe et savant. S'il nous laisse en chemin, c'est sur le bon chemin : son scepticisme donne à penser.

30. Voir son article intitulé *D'Alembert et la philosophie* in *Actes du Colloque Jean d'Alembert de juin 1983*, Paris, éd. des Archives, 1989.

ANNEXE I

LE PRINCIPE DE D'ALEMBERT

Le *Traité de dynamique* est composée de deux parties : la première a pour objet les lois de l'équilibre et du mouvement, la deuxième la dynamique où, indique le sous-titre, « *l'on donne un principe général pour trouver le mouvement de plusieurs corps qui agissent les uns sur les autres d'une manière quelconque* ». D'Alembert, dans le chapitre I de la deuxième partie, commence par rappeler les trois sortes d'action des corps les uns sur les autres exposées dans le chapitre III de la première partie consacré au mouvement détruit ou changé par des obstacles : « *Les corps n'agissent les uns sur les autres que de trois manières différentes qui nous soient connues : ou par impulsion immédiate, comme dans le choc ordinaire ; ou par le moyen de quelque corps interposé entre eux et auquel ils sont attachés ; ou enfin par une vertu d'attraction réciproque, comme font dans le système newtonien le soleil et les planètes* » (*T.D.*, pp. 72-73). De ces trois sortes d'action, seule l'impulsion est une cause dont la nature est connue en même temps que ses effets (voir *T.D.*, Remarque I, p. 22). Les autres causes ne sont connues que par leurs effets. D'Alembert se propose d'étudier les cas où les corps agissent « *par le moyen de quelque corps interposé entre eux et auquel ils sont attachés* » (*T.D.*, p. 72). Ces cas relèvent de la dynamique et d'Alembert entend bien donner une méthode générale qui s'applique à tous les cas de ce type : « *Je m'arrêterai d'autant plus volontiers sur ce sujet, que les plus grands géomètres n'ont résolu jusqu'à présent (en 1742) qu'un très petit nombre de problèmes de ce genre et que j'espère, par la méthode générale que je vais donner, mettre tous ceux qui sont au fait du calcul et des principes de la mécanique, en état de résoudre les plus difficiles problèmes de cette espèce* » (*T.D.*, p. 73). Suivent les définitions du mouvement et de la quantité de mouvement, deux notions déjà apparues dans la première partie du traité. Notons ici la différence entre la conception du mouvement d'un corps, défini comme la vitesse du corps considérée en ayant égard à sa direction, et la conception beaucoup plus vague de la définition II de la première partie où un corps est dit en mouvement « *quand il passe d'un lieu dans un autre* » (*T.D.*, p. 2). Vient ensuite l'exposition du problème général de dynamique (qui consiste à trouver le mouvement que chaque corps doit prendre dans un système de corps empêchés les uns par les autres et où l'on imprime un mouvement à chaque corps) et du principe qui permet de le résoudre. Le principe connu sous le nom de principe de d'Alembert met en jeu le principe de la conservation du mouvement. Voici l'énoncé du principe : « *Soient A, B, C etc. les corps qui composent le système, et supposons qu'on leur ait imprimé les mouvements a, b, c, etc. qu'ils soient forcés, à cause de leur action mutuelle, de changer dans les mouvements a', b', c', etc.. Il est clair qu'on peut regarder a imprimé au corps A comme composé du mouvement a', qu'il a pris, et d'un autre mouvement α ; qu'on peut de même regarder les mouvements b, c, etc. comme composés des mouvements b', β ; c', χ; etc. d'où il s'ensuit que le mouvement des corps A, B, C, etc. entre eux aurait été le même, si au lieu de leur donner les impulsions a, b, c, on leur eût donné à la fois les doubles impulsions a', α ; b', β ; c', χ; etc. Or par la supposition, les corps A, B, C, etc. ont pris d'eux-mêmes les mouvements a', b', c', etc. Donc les mouvements α, β, χ, etc. doivent être tels qu'ils ne dérangent rien dans les mouvements a', b', c', etc. c'est-à-dire que si les corps n'avaient reçu que les mouvements α, β, χ, etc. ces mouvements auraient dû se détruire mutuellement, et le système demeurer en repos.*

De là résulte le principe suivant, pour trouver le mouvement de plusieurs corps qui agissent les uns sur les autres, décomposez les mouvements a, b, c, etc. imprimés à chaque corps, chacun en deux autres a', α ; b',β; c',χ ; etc. qui soient tels, que si l'on n'eût imprimé aux corps que les mouvements a', b', c', etc. ils eussent pu conserver ces mouvements sans se nuire réciproquement ; et que si on ne leur eût imprimé que les mouvements α, β, χ, etc. le système fût demeuré en repos ; il est clair que a', b', c' seront les mouvements que ces corps prendront en vertu de leur action. Ce qu'il fallait trouver » (*T.D.*, pp. 74-75).

Essayons d'expliciter ce principe. D'Alembert nous dit : considérons un système de points matériels x_1, x_2, x_3, x_j représentant les positions des corps A, B, C, ... J, liés entre eux d'une manière quelconque et sollicités par les mouvements a, b, c, .. j qui communiqueraient aux points A, B, C, ... J, s'ils étaient *libres* (c'est-à-dire non soumis à des liaisons), des mouvements déterminés a, b, c, ... j. Les points, parce qu'ils sont liés entre eux, prennent d'autres mouvements a', b', c', ... j' et ce sont ces mouvements qu'il faut déterminer. Pour cela, décomposons les mouvements a, b, c, ...j, respectivement en a',α ; b', β ; c', χ ; j', φ. Puisque, en raison des liaisons, les mouvements a', b', c', ... j' sont en réalité les seuls effectifs, les mouvements α, β, χ, ... φ ou plutôt les quantités de mouvement liées à ces mouvements α, β, χ, ...φ se font équilibre par l'intermédiaire des liaisons. Nous appellerons quantités de mouvement appliquées celles qui sont rapportées aux mouvements a, b, c, ...j ; quantités de mouvement effectives celles qui produisent en réalité les mouvements a', b', c', ...j' ; et quantités de mouvement gagnées ou perdues celles qui se rapportent aux mouvements α, β, χ, ...φ. Le principe de d'Alembert revient à dire que si l'on décompose les quantités de mouvement appliquées en quantités de mouvement effectives et quantités de mouvement gagnées ou perdues, celles-ci représentées par les mouvements α, β, χ se font équilibre par le moyen des liaisons. Notons que d'Alembert n'utilise pas le concept de force dans l'énoncé de son principe.

La présentation du principe faite dans l'article *dynamique* de l'*Encyclopédie* (t. V, 1757, pp. 175-176) diffère quelque peu de ce premier énoncé : « *Pour résoudre un problème de dynamique (sur un système de corps), il n'y a d'abord qu'à décomposer le mouvement de chaque corps en deux, dont l'un étant supposé connu, l'autre le sera nécessairement. Or l'un de ces mouvements doit être tel que les corps en le suivant ne se nuisent point, c'est-à-dire que s'ils sont, par exemple, attachés à une verge inflexible, cette verge ne souffre ni fracture ni extension ; et le deuxième mouvement tel que s'il était imprimé seul, la verge ou en général le système demeurât en équilibre. La condition de l'inflexibilité de la verge et la condition de l'équilibre donneront toujours toutes les équations nécessaires* ». Cette deuxième formulation du principe est intéressante en ce qu'elle témoigne du problème qui l'a fait naître, à savoir celui du pendule composé et du centre d'oscillation : dans l'article *dynamique* d'Alembert, avant d'énoncer le principe, fait une présentation historique des solutions du problème du centre d'oscillation. C'est donc à partir de la solution d'un cas privilégié où l'élimination des forces de liaison mécanique (particulièrement gênantes pour la théorie) s'imposait, que d'Alembert est parvenu à produire une méthode générale pour contourner la difficulté de ce type de problèmes. Les deux énoncés du principe que nous avons cités n'ont pas toute la clarté qu'on attendrait. C'est en fait Lagrange qui clarifie l'expression du principe. Il remarque en effet qu'en introduisant les mouvements contraires aux mouvements a', b', c', le système est en équilibre.

En effet, les quantités de mouvement appliquées (notons-les A) se rapportant aux mouvements a, b, c, sont les résultantes des composantes se rapportant aux mouvements a', b', c' (notons A' les quantités de mouvement effectives) et aux mouvements α, β, χ (notons A" les quantités de mouvement gagnées ou perdues). Si l'on fait agir les quantités de mouvement (-A) se rapportant aux mouvements -a, -b, -c, avec les composantes A' et A", il y aura équilibre. Le système mécanique (-A, A', A") est en équilibre ; mais le système A" (par le moyen des liaisons) est de lui-même en équilibre, donc le système -A, A' est aussi en équilibre et de même le système A, -A'. Par conséquent, si l'on ajoute aux quantités de mouvement appliquées les quantités de mouvement effectives prises en signe contraire (-A'), l'équilibre subsiste par l'intermédiaire des liaisons. C'est ce que fait Lagrange obtenant ainsi le système A, -A'. Ceci, interprété du point de vue de la dynamique des forces, autorise à dire qu'il y a équilibre entre les forces appliquées A, les forces virtuelles (incluant les forces de liaison) A" et les forces -A' contraires aux forces effectives A'. Les forces -A' sont fictives mais ont une valeur facile à établir, égale au produit de la masse par l'accélération changée de signe. Lagrange aboutit ainsi à la forme connue du principe de d'Alembert :

$$\sum_j (A_j - m_j \frac{d^2x_j}{dt^2})\, \delta x_j = 0$$

ou encore

$$\sum_j (A_j - A'_j)\, \delta x_j = 0$$

Explicitons cette équation :

Le système des corps est pensé comme un assemblage de points matériels soumis à des liaisons.

$x_j = x_1, x_2, x_3, \ldots x_j$ (l'ensemble des positions des points matériels)

$m_j = m_1, m_2, m_3, \ldots m_j$ (l'ensemble des masses des x_j)

A_j= résultante des quantités de mouvement appliquées aux x_j

A'_j= résultante des quantités de mouvement effectives exercées sur les x_j

A" = résultante des quantités de mouvement gagnées ou perdues

En admettant l'équivalence de la notion de quantité de mouvement utilisée par d'Alembert et de la notion de force imprimée utilisée par Newton, on obtient selon la loi II des *Principia* :

$$(1)\ A_j = m_j \left(\frac{d^2x_j}{dt^2} \right) + A''_j$$

$\frac{d^2x_j}{dt^2}$ exprime l'accélération ou dérivée seconde de la position de x_j par rapport au temps.

Pour chaque point en position x_j, soit un déplacement virtuel infinitésimal δx_j compatible avec les forces de liaison.

A partir de (1) on obtient :

$$(2)\ \sum_j A_j \,.\, \delta x_j = \sum_j m_j \left(\frac{d^2x_j}{dt^2} \right) \delta x_j + \sum_j A''_j \,.\, \delta x_j$$

On obtient ainsi le principe des travaux virtuels, le travail est en effet le produit d'une force par un déplacement : $\sum_j A_j \,.\, \delta x_j$. Si les liaisons sont parfaites, les forces de liaison n'interviennent pas, on a donc : $\sum_j A''_j \,.\, \delta x_j = 0$ (le travail lié aux forces de liaison est nul).

(2) devient alors :

$$\sum_j A_j \,.\, \delta x_j = \sum_j m_j \left(\frac{d^2x_j}{dt^2} \right) \delta x_j$$

ce qui équivaut à :

$$\sum_j \left(A_j - m_j \frac{d^2x_j}{dt^2}\right) \delta x_j = 0$$

ce qui équivaut à :

$$\sum_j (A_j - A'_j)\, \delta x_j = 0.$$

On étudie donc le mouvement du système sans s'occuper des forces de liaison.

Lagrange, dans la *Mécanique analytique* (t. 2, p. 257), souligne le caractère à la fois fondateur et fécond du principe de d'Alembert : « *Un des avantages de cette forme est d'offrir immédiatement les équations générales qui renferment les principes ou théorèmes connus sous les noms de conservation des forces vives, des aires, etc.* ». D'Alembert avait lui aussi une claire conscience de la valeur et de la généralité de son principe : «*Depuis la publication de mon* Traité de dynamique, *en 1743, j'ai eu fréquemment occasion d'en appliquer le principe, soit à la recherche du mouvement des fluides dans des vases de figure quel-*

conque (voyez mon traité de l'équilibre et du mouvement des fluides, 1744), soit aux oscillations d'un fluide qui couvre une surface sphérique (voyez mes recherches sur les vents, 1746), soit à la théorie de la précession des équinoxes et de la nutation de l'axe de la terre en 1749, soit à la résistance des fluides en 1752, soit enfin à d'autres problèmes de cette espèce. Il me semble que ce principe réduit en effet tous les problèmes du mouvement des corps à la considération la plus simple, à celle de l'équilibre. Il n'est appuyé sur aucune métaphysique mauvaise ou obscure, il ne considère dans le mouvement que ce qui y est réellement, c'est-à-dire l'espace parcouru et le temps employé à le parcourir ; il ne fait usage ni à des actions ni à des forces, ni en un mot d'aucun des principes secondaires, qui peuvent être bons en eux-mêmes, et quelquefois utiles, pour abréger ou faciliter les solutions, mais qui ne seront jamais des principes primitifs, parce que la métaphysique n'en sera jamais claire » (article *dynamique*, pp. 175-176). Ce commentaire de d'Alembert sur son propre principe est remarquable à plusieurs points de vue. D'abord il nous apprend le rôle fondamental que joue le principe dans l'unité de sa pensée et de ses travaux scientifiques. L'application du principe s'étend à tous ses traités. D'autre part, il s'accorde parfaitement avec son épistémologie : un principe, pour être bon, doit se dégager des conceptions métaphysiques de la force et de l'action, il doit être fécond par ses diverses applications et fonder une certaine manière de problématiser dans la pratique scientifique (en l'occurrence, le principe de d'Alembert permet de réduire les problèmes de dynamique à la considération de l'équilibre). Ce principe, en outre, est primitif : cela veut dire qu'il préside au développement d'autres théorèmes, comme par exemple celui de la conservation des forces vives (point qui est souligné par Lagrange). Le principe de d'Alembert, nous allons le voir, annule la priorité donnée par Leibniz (à la suite de Huygens) à ce théorème. Mais surtout ce principe est un principe d'économie, il simplifie les problèmes de dynamique. Ce caractère simplificateur n'a pas échappé à E. Mach qui commente en ces termes le principe de d'Alembert : « *Pour la solution des problèmes il a la valeur d'un gabarit qui nous épargne, jusqu'à un certain point, la fatigue de réfléchir à propos de chaque nouveau cas particulier, en nous donnant le moyen pratique d'utiliser des expériences en général connues et déjà familières. Il ne nous procure pas tant la* pénétration *du phénomène que la* maîtrise pratique *de celui-ci. La valeur du théorème de d'Alembert est d'ordre* économique » (*La mécanique*, Paris, éd. J. Gabay, trad. E. Bertrand, 1904, p. 325). Ce principe répond donc parfaitement aux trois exigences épistémologiques que d'Alembert s'est imposé dans le sous-titre du traité, à savoir réduire les principes au plus petit nombre, les démontrer et en montrer la fécondité. Conformément à ce que dit d'Alembert, les diverses applications de son principe à l'hydrodynamique, à l'astronomie, à la théorie des vents, ont effectivement permis des progrès considérables dans ces domaines (il suffit d'évoquer par exemple les œuvres de ses deux disciples : Lagrange et Laplace).

Soulignons en dernier lieu l'objet du chapitre IV de la seconde partie du traité qui est de montrer le caractère primitif et fondateur du principe de d'Alembert à l'égard du principe de la conservation des forces vives. Huygens fut le premier à découvrir le principe de conservation des forces vives, pleinement explicité ensuite par Leibniz qui en a fait la clef de voûte de son *Essai de dynamique*. La position antileibnizienne de d'Alembert s'affirme dans sa présentation historique du principe. Il reconnaît en effet à Huygens la priorité de la découverte sans faire aucune mention à Leibniz. En revanche, il fait référence à Bernoulli (Jean I, frère de Jacques) pour ses applications fécondes du principe. Voici l'exposition qu'il en fait : « *Si des corps agissent les uns sur les autres, soit en se tirant par des fils ou des verges inflexibles, soit en se poussant, pourvu qu'ils soient à ressort parfait dans ce dernier cas, la somme des produits des masses par les carrés des vitesses, fait toujours une quantité constante ; et si ces corps sont animés par des puissances quelconques, la somme des produits des masses par les carrés des vitesses à chaque instant, est égale à la somme des produits des masses par les carrés des vitesses initiales, plus les carrés des vitesses que les corps auraient acquises si étant animées par les mêmes puissances, ils s'étaient mus librement chacun sur la ligne qu'il a décrite. C'est dans ces deux principes que consiste ce qu'on appelle* la conservation des forces vives » (*T.D.*, pp. 252-253). D'Alembert décompose le principe de conservation des forces vives en deux autres, celui de la conservation du produit des masses par les carrés des vitesses (c'est-à-dire des forces vives dans la terminologie leibnizienne), et celui des travaux virtuels.

Suit le commentaire de d'Alembert à propos de la découverte et de l'application des deux principes : « *M. Huygens est le premier, que je sache, qui ait fait mention de ces deux principes, et M. Bernoulli le premier qui en ait fait voir l'usage, pour résoudre élégamment et avec facilité plusieurs problèmes de dynamique* » (*T.D.*, p. 253). Mais le propos de d'Alembert n'est pas ici d'ordre historique, il veut avant tout montrer le caractère second et dérivé de ces deux principes par rapport à ses propres principes qu'il juge suffisants pour traiter tous les problèmes de dynamique : « *J'entreprends de donner dans ce chapitre, sinon une démonstration générale pour tous les cas, au moins les principes suffisants pour trouver la démonstration dans chaque cas particulier* » (ib.). Ces principes « *suffisants* » sont ceux qu'il a auparavant explicités dans son traité. Ce sont d'une part les trois principes de la première partie du traité (principes d'inertie, de la composition du mouvement et de l'équilibre), et enfin et surtout son principe de dynamique exposé à l'article 60 (pp. 73-75) de la deuxième partie. Nous n'entrerons pas dans le détail des nombreuses démonstrations que d'Alembert propose du principe de la conservation des forces vives et des différents cas qu'il étudie, analyse qui serait beaucoup trop complexe et trop longue (d'Alembert présente en effet six situations mécaniques différentes) mais nous remarquerons que son principe est au cœur de toutes ses démonstrations et calculs. D'Alembert remplit ainsi l'objet qu'il s'est donné dans le chapitre IV : le principe de l'article 60 sous-tend toutes les démonstrations du principe de Huygens et de Leibniz qu'il propose. Celui-ci, de fait, se trouve relégué au rang de principe second de la mécanique. Tout le chapitre est commandé par une critique implicite de l'épistémologie et de la métaphysique leibniziennes où le principe des forces vives avait une place première et centrale. Le début du scholie qui clôt les démonstrations de d'Alembert, résume parfaitement sa démarche : « *Il résulte de tout ce que nous avons dit jusqu'à présent, qu'en général la conservation des forces vives dépend de ce principe, que quand des puissances se font équilibre, les vitesses des points où elles sont appliquées, estimées suivant la direction de ces puissances, sont en raison inverse de ces mêmes puissances. Ce principe est reconnu depuis longtemps par les géomètres pour le principe fondamental de l'équilibre ; mais personne, que je sache, n'a encore démontré ce principe en général, ni fait voir que celui de la conservation des forces vives en résulte nécessairement* » (*T.D.*, p. 267). La démonstration de la généralité du principe de l'équilibre suppose la mise en évidence préalable de la réduction des lois du mouvement des corps à celle de l'équilibre, ce qui a été opéré à l'article 60.

ANNEXE II

LISTE DES DIFFÉRENTS TEXTES CONSTITUTIFS DE LA DISCUSSION ENTRE D'ALEMBERT ET ROUSSEAU À PROPOS DE L'ARTICLE *GENÈVE*

(Nous ne mentionnons pas ici les lettres de d'Alembert à Voltaire où il est question de l'article *Genève*).

Rousseau ; (R) : *Discours sur les sciences et les arts*, 1750.

D'Alembert ; (Al) : *D.P.E.*, 1751, pp. 123-125.

R : le texte des *Observations sur la réponse de Stanislas* répond aussi au *D.P.E.*, octobre 1751.

Al : article *Genève*, 1757.

R : *Lettre à d'Alembert* (sur son article *Genève* et sur le projet d'établir un théâtre en cette ville), 1758.

Al : *Lettre à J. J. Rousseau, citoyen de Genève*, 1758 in *Œuvres*, t. 4, pp. 432-461. Le tome 4 contient également la *Description abrégée du gouvernement de Genève* (pp. 411-422), l'*Avertissement sur la justification de l'article Genève de l'Encyclopédie* (pp. 423-425) et la *Déclaration des Pasteurs de Genève* (pp. 425-431).

Al : les chapitres IX et XII des *Eléments de philosophie* (*Morale de l'homme, Morale du citoyen*) discutent les thèses du *Discours sur les sciences et les arts*, 1759.

De nombreux jugements de Rousseau et de d'Alembert sur leurs ouvrages respectifs témoignent de leur estime mutuelle : d'Alembert écrit le *Jugement sur la nouvelle Héloïse*, le *Jugement sur Emile* in *Œuvres*, t. 4, pp. 461-467, et le *Jugement sur la lettre de Rousseau à l'Archevêque de Paris*, inédit que nous publions ci-dessous ; Rousseau consacre une note du *Contrat social* (éd. Pléiade, t. III, p. 263) à d'Alembert pour souligner la valeur politique de l'article *Genève* (« *Nul autre auteur français, que je sache, n'a compris le vrai sens du mot* citoyen ») et fait plusieurs allusions positives à d'Alembert dans les *Lettres écrites de la Montagne* (dans la première, il le mentionne comme garant de la religion qu'il défend ; dans la septième, il ratifie l'article *Genève* à propos de la présentation de la constitution genevoise qui s'y trouve.

REPRODUCTION DU JUGEMENT DE D'ALEMBERT SUR LA LETTRE DE ROUSSEAU À L'ARCHEVÊQUE DE PARIS

Nous remercions Madame Dumas, Conservateur de la Bibliothèque de l'Institut, pour nous avoir autorisée à reproduire le texte du *Jugement*. Celui-ci se trouve dans les papiers de Condorcet, dans le manuscrit 882 qui ne regroupe que des papiers de d'Alembert. Cependant un doute subsiste quant à l'identité de l'auteur du *Jugement*. En effet au bas de la première page du manuscrit se trouve une note attribuant le texte non pas à d'Alembert mais à feu M. Damilaville, mais cette note est barrée. Le style semble bien être celui de d'Alembert. Dans tous les cas, le texte garde son intérêt et mérite ici d'être transcrit. Il s'agit d'un jugement sous forme d'une lettre dont le destinataire est inconnu, sur la lettre qu'a écrite Rousseau à Christophe de Beaumont, Archevêque de Paris, suite à son Mandement en 1762 contre l'*Emile*.

JUGEMENT SUR LA LETTRE DE ROUSSEAU À CHRISTOPHE DE BEAUMONT, ARCHEVÊQUE DE PARIS

Vous voulez donc mon ami, au risque de me faire dire bien des inepties (que je dirai bien sans en être prié) savoir mon avis sur la lettre de *Jean-Jacques à Christophe de Beaumont*. Je vais vous obéir jusqu'à vous ennuyer (quoique je me propose d'être court), et sur le fond de l'ouvrage et sur le style, et sur le ton de la lettre ; dans le peu de lignes que je vais écrire, je ne vous ferais pas grâce d'un seul jugement de travers.

Je trouve d'abord, comme M. de Voltaire, que Jean-Jacques parle trop de lui, mais en cela je le blâme uniquement parce qu'il est *incivil* de parler longtemps de soi, car je serais d'ailleurs fâché pour mon compte qu'il en parlât moins ; la peinture qu'il fait de sa situation est ce qu'il y a de plus touchant et de mieux écrit dans sa lettre ; ce qui me paraît de plus faible dans cette partie (encore ne suis-je pas de cela de l'avis du public) c'est la réponse qu'il fait ou qu'il essaye de faire au portrait qu'a tracé de lui son adversaire ; cette réponse n'est à mes yeux, passez-moi cette expression, qu'une espèce de pantalonnade, telle qu'il est toujours aisé d'en faire avec de l'esprit, peu assortie d'ailleurs au ton du reste de la lettre, et dans laquelle Rousseau fait, ce me semble, assez mal le plongeon sur ce que l'Archevêque lui avait objecté de plus pressant ; *son amour pour la retraite en opposition avec sa fureur de faire du bruit.*

Quant à ce qu'il dit contre le Mandement, il y a quelques minuties sur lesquelles il appuie trop, quelques endroits où il est un peu long, mais beaucoup d'autres pleins de force et de logique. Quand il a raison (ce qui ne lui arrive pas toujours dans ses ouvrages) personne n'a mieux raison que lui.

Il faut avouer cependant que de tout ce qu'il dit pour et contre l'Evangile, il serait difficile d'en conclure ce qu'il en pense réellement ; je ne dirai pas qu'il est de *mauvaise foi* (comme beaucoup de gens le prétendent) dans les éloges qu'il donne au christianisme ; je dirai seulement et je sais de science certaine que dans le temps où il n'était pas brouillé avec ceux qu'on appelle *Philosophes*, l'Evangile lui paraissait pour son malheur, beaucoup *moins divin* qu'il ne le trouve aujourd'hui ; mais il est mécontent de ses anciens amis, il a de l'humeur contre la plupart, il ne veut être que le moins qu'il est possible en communauté d'opinions avec eux, son âme commande à son esprit, et son esprit croit de bonne foi tout ce que lui dicte sa disposition actuelle.

D'ailleurs après tout ce qu'il a dit dans son *Emile* et dans sa lettre contre la révélation, le péché originel, les miracles et ceux qui y croient, il me semble que l'Evangile ne devrait pas lui paraître un *livre divin* comme il le paraît avec justice à ceux qui raisonnent mieux que lui sur ce sujet. Néanmoins, et heureusement pour lui, les raisons qu'il apporte de la *divinité* de cet ouvrage, sont excellentes pour le Prélat religieux qu'il combat. Mais ce n'est pas assez pour un homme comme Jean-Jacques Rousseau que son antagoniste n'ait rien à lui répondre, il ne faut pas en portant ou voulant porter des coups à ceux qu'il attaque, risquer que d'autres les lui rendent.

Le style de cet ouvrage est comme celui de tous ses autres livres, énergique, animé, pressant, et suffirait (au moins selon moi) pour mettre l'auteur au rang des meilleurs Ecrivains, quand il n'aurait jamais publié que cette lettre.

A l'égard du ton ferme, souvent même assez dur qui règne dans cette réponse, et que le gros des lecteurs me paraît blâmer, c'est encore une chose sur laquelle je ne suis pas de l'avis du public ou du moins, si je pense comme lui, ce n'est pas par le même principe. Je trouve à la vérité que Jean-Jacques avait d'assez bonnes raisons à dire pour être modéré, qu'elles auraient même eu d'autant plus de force qu'il eût été plus de sang-froid pour son propre avantage et avec le premier Ecrivain obscur auquel il aurait jugé à propos de répondre [et que d'ailleurs le rang de son adversaire n'exigeait rien de lui. Et de quel droit sera-t-il permis à un imbécile, constitué en dignité, d'outrager un homme d'esprit qui n'est rien, sans qu'il soit permis à celui-ci de lui répondre sur le même ton, surtout quand il le pourra faire en sûreté ? Les gens du monde sont plaisants ; ils ne croient ni en Dieu ni à l'Archevêque ; mais parce que]*. Du reste, il me semble qu'on doit pardonner à un auteur Protestant de se permettre à l'égard d'un Prélat Catholique, des libertés qu'un Catholique ne prendrait pas. [vérité, trop violemment et trop fréquemment outragée a de si cruelles raisons de rester captive et dans le silence, il faut pleurer sur la vérité et le malheur de la condition humaine]*.

*. Les deux passages mis entre crochets et suivis d'un astérisque sont barrés dans le manuscrit.

BIBLIOGRAPHIE

LISTE DES ABRÉVIATIONS :

Cahier n°8 : *Cahiers d'histoire et de philosophie des sciences.*
D.P.E. : *Discours préliminaire de l'Encyclopédie.*
D.P.T.D. : Discours préliminaire du *Traité de dynamique.*
D.R.N. : *Dialogues sur la religion naturelle.*
E.E.H. : *Enquête sur lentendement humain.*
E.P. : *Eléments de philosophie* (Ecl. : Eclaircissement).
Essai : *Essai philosophique concernant l'entendement humain.*
I.N. : *De l'interprétation de la nature.*
Math. : *Leibnizens mathematische Schriften.*
Mélanges de litérature : *Mélanges de littérature, d'histoire et de philosophie.*
Nouveaux essais : *Nouveaux essais sur l'entendement humain.*
O.C. : *Œuvres complètes.*
O.P. : *Œuvres philosophiques.*
Phil. : *Die philosophischen Schriften von G. W. Leibniz.*
Principia : *Philosophiae naturalis principia mathematica.*
R.D.E. : *Règles pour la direction de l'esprit.*
T.D. : *Traité de dynamique.*
T.N.H. : *Traité de la nature humaine.*

A) ALEMBERT J. le Rond d',

L'édition des *Œuvres complètes* de d'Alembert est en cours de préparation. Le Comité d'édition est constitué par A. M. Chouillet, F. De Gandt, B. Morando, M. Paty, J. Peiffer, E. Schwartz. Nous ne mentionnons ici que les ouvrages que nous avons consultés ou utilisés.

I. Textes scientifiques (nous y insérons le traité de d'Alembert sur la musique d'après les principes de Rameau)

— Recherches sur l'intégration des fractions rationnelles in *Registres manuscrits de l'Académie Royale des Sciences de Paris*, 1741.

— Sur l'intégration des équations différentielles in *Registres manuscrits de l'Académie Royale des Sciences de Paris*, 1741.

— Du mouvement d'un corps qui s'enfonce dans un fluide ou essai d'une nouvelle théorie de la réfraction des corps solides in *Registres manuscrits de l'Académie Royale des Sciences de Paris*, 1741.

— De la réfraction de la sphère in *Registres manuscrits de l'Académie Royale des Sciences de Paris*, 1741.

— Solution de quelques problèmes sur le mouvement des corps dans des milieux d'une densité uniforme ou variable in *Registres manuscrits de l'Académie Royale des Sciences de Paris*, 1741.

— Additions au mémoire de la réfraction in *Registres manuscrits de l'Académie Royale des Sciences de Paris*, 1742.

— *Traité de dynamique*, Paris, David, 1743, 1ère éd. reprod. par Culture et Civilisation, Bruxelles, 1966 ; 2e éd. Paris, David, 1758 reprod. par J. Gabay, Paris, 1990.

— *Traité de l'équilibre et du mouvement des fluides*, Paris, David, 1744 reprod. par Culture et Civilisation, Bruxelles, 1966.

— Recherches sur le calcul intégral. Sur l'intégration des fractions rationnelles in *Registres manuscrits de l'Académie Royale des Sciences de Paris*, 1745.

— Méthode générale pour déterminer les orbites et les mouvements de toutes les planètes en ayant égard à leur action mutuelle in *Mémoires de l'Académie Royale des Sciences de Paris*, 1745.

— Recherches sur le calcul intégral in *Histoire de l'Académie Royale des Sciences et Belles-Lettres de Berlin*, II, 1746.

— *Réflexions sur la cause générale des vents*, Paris, David, 1747.

— Recherches sur la courbe que forme une corde tendue, mise en vibration (sous forme de deux mémoires) in *Histoire de l'Académie Royale des Sciences et Belles-Lettres de Berlin*, III, 1747.

— Suite des recherches sur le calcul intégral in *Histoire de l'Académie Royale des Sciences et Belles-Lettres de Berlin*, IV, 1748.

— Application de la méthode pour déterminer les orbites des planètes à la recherche de l'orbite de la lune in *Registres manuscrits de l'Académie Royale des Sciences de Paris*, 1748.

— Lettre à M. de Maupertuis in *Histoire de l'Académie Royale des Sciences et Belles-Lettres de Berlin*, V, 1749.

— *Recherches sur la précession des équinoxes et sur la nutation de l'axe de la terre dans le système newtonien*, Paris, David, 1749.

— Addition aux mémoires sur la courbe que forme une corde tendue mise en vibration in *Histoire de l'Académie Royale des Sciences et Belles-Lettres de Berlin*, VI, 1750.

— *Essai d'une nouvelle théorie de la résistance des fluides*, Paris, David, 1752 reprod. par Culture et Civilisation, Bruxelles, 1966.

— *Eléments de musique théorique et pratique, suivant les principes de M. Rameau*, Paris, David, 1752 ; 2e édition, Paris, David, 1762.

— Recherches sur la précession des équinoxes et sur la nutation de l'axe de la terre, dans l'hypothèse de la dissimilitude des méridiens in *Mémoires de l'Académie Royale des Sciences de Paris*, 1754.

— *Recherches sur les différents points importants du système du monde*, Paris, David, 3 vol., 1754-1756.

— *Opuscules mathématiques*, t. I et II in vol. 1, Paris, David, 1761.

— Lettre sur l'inoculation écrite à M. Bernoulli in *Registres manuscrits de l'Académie Royale des Sciences de Paris*, 1762.

— *Opuscules mathématiques*, t. III, Paris, David, 1764.

— Recherches sur le calcul intégral in *Mémoires de l'Académie Royale des Sciences de Paris*, 1767.

— Recherches sur les mouvements de l'axe d'une planète quelconque dans l'hypothèse de la dissimilitude des méridiens in *Mémoires de l'Académie Royale des Sciences de Paris*, 1768.

— *Opuscules mathématiques*, t. IV et V, Paris, David, 1768.

— Suite des recherches sur les mouvements de l'axe d'une planète quelconque dans l'hypothèse de la dissimilitude des méridiens in *Mémoires de l'Académie Royale des Sciences de Paris*, 1768.

— Recherches sur le calcul intégral in *Mémoires de l'Académie Royale des Sciences de Paris*, 1768.

— Mémoire sur les principes de la mécanique in *Mémoires de l'Académie Royale des Sciences de Paris*, 1769.

— *Opuscules mathématiques*, t. VI, Paris, David, 1773.

— *Nouvelles expériences sur la résistance des fluides*, en collaboration avec Bossuet et Condorcet, Paris, Jombert, 1777.
— *Opuscules mathématiques*, t. VII et VIII, Paris, David, Briasson, Jombert, 1761- 1780.

II. Textes de philosophie, de littérature et d'histoire
— *Discours préliminaire de l'Encyclopédie*, Paris, t. I in *Encyclopédie*, 1751, reprise de la 3e éd. de 1763 par Vrin, Paris, 1984.
— *Mélanges de littérature, d'histoire et de philosophie*, Berlin, 2 vol., 1753 ; rééd. augmentée, Amsterdam, Chatelain, 4 vol., 1759 ; vol. 5, 1767; rééd. 1770 et 1773.
— *Essai sur les Eléments de philosophie* (1e éd. in vol. 4 des *Mélanges*, 1759) suivi des *Eclaircissements sur différents endroits des Eléments de philosophie* (1e éd. in vol. 5 des *Mélanges*, 1767), reprise de la 3e éd. de 1773 par Fayard, Paris, 1986.
— *La destruction des Jésuites en France*, Paris, 1765 ; rééd. aug. 1767, reprod. in *Œuvres* (t. 2).
— *Eloges lus dans les séances publiques de l'Académie Française*, Paris, Panckouke-Moutard, 1779, reprod. in *Œuvres* (t. 2 et 3).
— *Histoire des membres de l'Académie Française morts depuis 1700 jusqu'à 1771*, texte édité par Condorcet, 5 vol., Paris, 1787.
— *Esprit, maximes et principes de d'Alembert*, Genève et Paris, Chas, 1789.
— *Œuvres posthumes*, publiées par C. Pougens, Paris, 2 vol., An II (1794).
— *Œuvres philosophiques, historiques et littéraires*, Paris, Bastien, 18 vol., 1805.
— *D'Alembertiana*, recueil d'anecdotes et de pensées de d'Alembert présenté par Cousin d'Avalon, Paris, 1813.
— *Œuvres*, Paris, Belin, 5 vol., 1821-1822.

III. Correspondance
— Correspondance avec Rameau et autres écrits de d'Alembert et de Rameau sur la musique (voir Rameau).
— Correspondance avec Lagrange (voir Lagrange).
— Correspondance avec Laplace (voir Laplace).
— Correspondance inédite de d'Alembert avec Cramer, Lesage, Clairaut, Turgot, Castillon, Béguelin, etc., publiée par C. Henry in *Bulletino di bibliografia e di storia della scienze matematiche et fisiche*, t. XVIII, Paris, Gauthier-Villars, 1885.

— Lettres inédites à Mademoiselle de Lespinasse in *Trois mois à la cour de Frédéric* de G. Maugras, Paris, Calmann-Lévy, 1882.

— *Œuvres et correspondances inédites de d'Alembert*, publiées par C. Henry, Paris, Perrin, 1887.

— Une lettre inédite de d'Alembert éditée par Y. Laissus in *Revue d'histoire des sciences*, 7, 1954.

IV. Manuscrits

Bibliothèque de l'Institut, Papiers de Condorcet MSS 848-885 ; Remarques et éclaircissements sur différents endroits de l'application de l'algèbre à la géométrie de M. Guisnée MS 2033 ; Remarques sur quelques endroits des principes de Newton MS 2467 ; tome IX des *Opuscules mathématiques* MS 1790-1793.

British Museum, Introduction à l'étude de la géographie ou géométrie pratique pour l'instruction des artistes (sur les premiers principes de géométrie) MS 22758

Bibliothèque de Genève, Lettres à Cramer MS Suppl. 384.

Actes du Colloque Jean d'Alembert – 15-18 juin 1983, publiés par le Centre International de Synthèse, Paris, Archives, 1989.

B) Autres ouvrages :

ARISTOTE, *Physique*, Paris, Belles Lettres, trad. H. Carteron, 1926.

AUROUX S., *La sémiotique des Encyclopédistes*, Paris, Payot, 1979.

— Les synonymistes in *Revue XVIIIe siècle*, 16, 1984.

— Le langage et les deux cultures in *Actes du Colloque Jean d'Alembert.*

BACON F., *Novum Organum*, Paris, PUF, trad. M. Malherbe et J. M. Pousseur, 1986.

— *De la dignité et de l'accroissement des sciences*, Paris, Charpentier, trad. Riaux, 1843.

— *La nouvelle Atlantide*, nouvelle trad. M. Le Dœuff et M. Llasera, suivie de Voyage dans la pensée baroque, Paris, Payot, 1983.

— *Du progrès et de la promotion des savoirs*, trad. du texte anglais par M. Le Dœuff, Paris, Gallimard, 1991.

BARTHÉLEMY G., *Concepts et méthodes de la mécanique rationnelle dans les Principia de Newton*, thèse de 3e cycle, Paris, 1986.

— De la force accélératrice dans les *Principia* in *Revue d'histoire des sciences*, 1987.

— voir Blay M.

BARTHES R., *Le degré zéro de l'écriture*, Paris, Seuil, 1953.

BAYLE P., *Dictionnaire historique et critique*, 3e éd. aug. par l'auteur, Rotterdam, Bohn, 1720 ; nouvelle éd. aug., 16 vol., Paris, Desoer, 1820.

BELAVAL Y., Les protagonistes du *Rêve de d'Alembert* in *Diderot Studies*, 3, 1961.

— D'Alembert et la philosophie in *Actes du Colloque Jean d'Alembert.*

BERKELEY G., *Œuvres*, publiées sous la dir. de G. Brykman, 2 vol., Paris, PUF, 1985 et 1987.

BERNOULLI D., *Hydrodynamica*, Argentozaki Dulsecker, 1738.

— Examen principiorum mechanicae et demonstrationes geometricae de compositione et resolutione virium in *Commentaires de l'Académie impériale des sciences de Saint-Petersbourg*, t. 1, 1728.

— *Die Werke von Daniel Bernoulli*, 8 vol. prévus, 2 vol. parus, Bâle, depuis 1982.

— *Die Werke von Daniel Bernoulli*, édité par D. Speiser, A. de Baenst-Vandenbroucke, J. L. Pietenpol, P. Radelet de Grave, Birkhaüser Verlag, 1987, vol. III (Mécanique).

BERNOULLI Jacques, *Jacobi Bernoulli, Basileensis, Opera*, 2 vol., Genève, 1744, rééd. Bruxelles, 1967.

BERNOULLI Jean, *Johannis Bernoulli... Opera Omnia tam antea sparsim edita, quam hactenus inedita*, 4 vol., Lausanne et Genève, 1742, rééd. Olms, 1968.

BIARNAIS M. F., voir Newton I.

BIRABEN J. N. et LE BRAS H., L'inoculation in *Actes du Colloque Jean d'Alembert.*

BLAY M., Changements de repères chez Newton : le problème des deux corps dans les *Principia*, en collaboration avec G. Barthélemy in *Archives internationales d'histoire des sciences*, 1989.

— Deux moments de la critique du calcul infinitésimal : Michel Rolle et George Berkeley in *Revue d'histoire des sciences*, 1987.

— Du fondement du calcul différentiel au fondement de la science du mouvement dans les *Eléments de la géométrie de l'infini* de Fontenelle in *Studia Leibnitiana*, XVII, 1989.

— *La naissance de la mécanique analytique*, Paris, PUF, 1992.

BOITTEUX L. A., D'Alembert et la querelle Rousseau-Hume in *Annales de la Société J. J. Rousseau*, 32, 1950-1952.

BOSSUT C., voir *Encyclopédie méthodique*.

BROGLIE L. de, Un mathématicien homme de lettres, d'Alembert in *Revue d'histoire des sciences*, 4, 1951.

BRU B., Doutes et questions de d'Alembert sur le calcul des probabilités in *Actes du Colloque Jean d'Alembert.*

BRUNET P., *L'introduction des théories de Newton en France au XVIIIe siècle avant 1738*, Genève, Slatkine reprints, 1970 d'après la 1ère édition de 1931.

BRUNETTI F., De la mécanique à l'histoire in *Revue XVIIIe siècle*, 16, 1984.

BRUNSCHVICG L., *L'expérience humaine et la causalité physique*, Paris, PUF, 1949.

CANDAUX J. D., d'Alembert et les Genevois ou l'enchantement rompu in *Actes du Colloque Jean d'Alembert.*

CANE E., *D'Alembert and the notion of the limitation of knowledge*, doctorat de l'Université de Michigan, 1974.

— Jean d'Alembert between Descartes and Newton in *Isis*, 67, 1976.

CARRÉ L., *Méthode pour la mesure des surfaces, la dimension des solides, leurs centres de pesanteur, de percussion et d'oscillation, par l'application du calcul intégral*, Paris, 1700.

CASINI P., Le newtonianisme au siècle des Lumières in *Revue XVIIIe siècle*, 1, 1969.

— La revanche de l'inconscient : d'Alembert vu par Diderot in *Revue XVIIIe siècle*, 16, 1984.

— D'Alembert : l'économie des principes et la métaphysique des sciences in *Actes du Colloque Jean d'Alembert.*

CASSIRER E., *La philosophie des Lumières*, Paris, Fayard, trad. P. Quillet, 1966.

— Descartes et l'idée de l'unité de la science in *Revue de Synthèse*, 14, 1937.

CHEVALIER J. C. et Kuentz P., Autour de l'article *collège* in *Langues et langages de Leibniz à l'Encyclopédie*, Paris, Union Générale d'Editions, 10/18,1977.

CHOUILLET A. M., Présupposés, contours et prolongements de la polémique autour des écrits théoriques de Rameau in *Actes du Colloque Rameau, Dijon, 21-25 septembre 1983*.

CHOUILLET J., D'Alembert et l'esthétique in *Revue XVIIIe siècle*, 16, 1984.

CLAVELIN M., *La philosophie naturelle de Galilée*, Paris, Colin, 1968.

— voir Galilée.

COHEN I. B., *Introduction to Newton's Principia*, Harvard University Press, 1971 et 1978.

— Newton Use of Force or Cajori Versus Newton in *Isis*, 1967.

— Newton's Second Law and the Concept of Force in the Principia in *Tha Annus Mirabilis of sir Isaac Newton, 1666-1966*, éd. Robert Palter, the MIT Press, 1970.

COMTE A., *Cours de philosophie positive*, 2 vol., Paris, Hermann, 1975.

CONDILLAC E., *Œuvres complètes*, Paris, An VI-1798, 23 vol., rééd. Slatkine reprints, Genève, 16 tomes en 8 vol., 1970.

— *Essai sur l'origine des langues*, rééd. Galilée, Paris, 1973.

CONDORCET J. A. N. de Caritat de, *Œuvres complètes*, Paris, 21 vol., 1800.

— Eloge de d'Alembert in *Œuvres* de d'Alembert (t. 1).

COSTABEL P., *Leibniz et la dynamique de 1692 ; textes et commentaires*, Paris, Hermann, 1960 ; Vrin, 1981.

— Histoire du moment d'inertie in *Revue d'histoire des sciences*, 3, 1950.

— La mécanique dans l'*Encyclopédie* in *L'Encyclopédie et le progrès des sciences et des techniques.*

— Le *De viribus Vivis* de R. Boscovic ou de la vertu de la querelle des mots in *Archives internationales d'histoire des sciences*, n° 54-55, 1961.

— *Pierre Varignon (1654-1722) et la diffusion en France du calcul différentiel et intégral*, Conférences du Palais de la Découverte série D n°108, 4 décembre 1965.

— *La question des forces vives*, *Cahiers d'histoire et de philosophie des sciences*, 8, 1983.

— De quelques embarras dans le *Traité de dynamique* in *Revue XVIIIe siècle*, 16, 1984.

— D'Alembert et la querelle des forces vives in *Actes du Colloque Jean d'Alembert.*

— voir Peiffer J.

COTES R., *Harmonia mensarum*, Cambridge, 1722.

COUTURAT L., *La logique de Leibniz*, Olms, Hildesheim, 1969.

DEFFAND Mme du, *Correspondance complète avec ses amis le Président Hénault, Montesquieu, d'Alembert, Voltaire, Horace, Walpole*, Paris, Plon, 2 vol., 1805.

— *Correspondance inédite avec d'Alembert, Montesquieu, le Président Hénault, la duchesse du Maine, Mesdames de Choiseul, de Staal, etc.*, Paris, Colin, 2 vol., 1809.

DE GANDT F., *Force et géométrie (La théorie newtonienne de la force centripète présentée dans son contexte)*, thèse en 2 vol., Paris, 1987.

— Huygens et la force centrifuge in *Cahiers du Séminaire d'Epistémologie et d'Histoire des Sciences de l'Université de Nice*, Nice, 17, 1984.

— Le style mathématique des *Principia* de Newton in *Revue d'histoire des sciences*, 1986.

DEMIDOV S., Notion de solution des équations différentielles aux dérivées partielles et discussion sur la vibration d'une corde au XVIIIe siècle in *Actes du XVe Congrès international d'histoire des sciences*, Edimbourg, 1977.

— Création et développement de la théorie des équations aux dérivées partielles dans les travaux de J. d'Alembert in *Revue d'histoire des sciences*, 35, 1982.

— D'Alembert et les équations aux dérivées partielles in *Actes du Colloque Jean d'Alembert.*

DESANTI J. T., D'Alembert et la définition géométrique in *Actes du Colloque Jean d'Alembert.*

DESCARTES R., *Œuvres*, éditées par C. Adam et P. Tannery, 12 vol. plus un suppl., 1896-1913, rééd. Vrin-CNRS, 1964-1974.

— *Correspondance*, publiée par C ; Adam et G. Milhaud, 8 vol., Paris, Alcan, 19336-1960.

— *Œuvres philosophiques*, Paris, Garnier, t. 1, 1963 ; t. 2, 1967 ; t. 3, 1973.

DHOMBRES J., D'Alembert et l'Académie des sciences in *Actes du Colloque Jean d'Alembert.*

— et RADELET DE GRAVE P.,*Contingence et nécessité en mécanique étude de deux textes inédits de Jean d'Alembert*, Firenze, L. S. Olschki editore, 1991.

DIDEROT D., *Œuvres complètes*, Paris, Garnier, publiées par Assezat et Tourneur (A.T.), 20 vol., 1875-1877.

— *Œuvres philosophiques*, Paris, Garnier, 1964.

— *Correspondance*, établie par G. Roth en 16 vol., Paris, Minuit, 1955-1970.

— *Correspondance inédite*, établie par Babelon, Paris, Gallimard, 1931.

— *Correspondance littéraire* (voir Grimm).

Diderot Studies, O. Fellows, Genève, Droz, 16 vol., 1949-1973.

DOMINICY M., La querelle des inversions in *Revue XVIIIe siècle*, 16, 1984.

DUCHESNEAU F., D'Alembert et la physiologie in *Revue XVIIIe siècle*, 16, 1984.

— *La dynamique de Leibniz*, Paris, Vrin, 1994.

DUCHEZ M. E., D'Alembert diffuseur de la théorie ramiste : déduction scientifique et simplification musicale in *Revue XVIIIe siècle*, 16, 1984.

DUFRENOY M. L., Maupertuis et le progrès scientifique in *Studies Voltaire 18th century*, 25, 1963.

DUGAS R., *Histoire de la mécanique*, Neufchatel, Griffon, 1950.

— *La mécanique au XVIIe siècle*, Paris, Dunod, 1954.

DUHEM P., *L'évolution de la mécanique*, Paris, Jounin, 1903, rééd. Vrin, 1992.

— *La notion de théorie physique*, Paris, Vrin, 1990.

— *Les origines de la statique*, Paris, Hermann, 1905.

DUMARSAIS C. Chesneau, *Essai sur les préjugés*, in *Œuvres*, Paris, Pougin, 7 vol., 1797. L'*Essai* est précédé de la lettre de Dumarsais du 7 mars 1770 où il dédie l'ouvrage à Lauraguais, paru à « Londres » (en fait à Paris) en 1770. L'ouvrage est probablement du baron d'Holbach.

L'Encyclopédie et le progrès des sciences et des techniques, Paris, Centre international de Synthèse, 1952.

Encyclopédie ou dictionnaire raisonné des sciences, des arts et des métiers, éditée par d'Alembert et Diderot, Paris, Briasson, David, Le Breton et Durand, 35 vol., 1751-1780 ; rééd. Frommann, 1966-1967.

Encyclopédie méthodique, éditée par C. Bossut, Paris, Panckouke ; Liège, Plomteux ; Paris, Agasse, 1782-1830.

ENGELSMAN S., D'Alembert et les équations aux dérivées partielles in *Revue XVIIIe siècle*, 16, 1984.

ESCAL F., D'Alembert et la théorie harmonique de Rameau in *Revue XVIIIe siècle*, 16, 1984.

ESSAR D., The language theory, epistemology and aesthetics of Jean le Rond d'Alembert in *Studies Voltaire*, 159, 1976.

— D'Alembert et les éloges de Fénelon et Bossuet : de la caricature dans le récit historique in *Actes du Colloque Jean d'Alembert.*

EULER L., *Eulerii Opera Omnia*, Berlin-Basel-Boston-Stuttgart, Lipsiae-Birkhauser Verlag, Series I, II, III, IV, 1911-...

— *Mechanica sive motus scientia analytice exposita*, 2 vol., Petersbourg, 1736.

— *Recherches sur l'origine des forces* in *Mémoires de l'Académie des Sciences de Berlin*, VI, 1750.

— *Lettres à une princesse d'Allemagne*, Paris, Charpentier, 1843.

— *Lettres inédites d'Euler à d'Alembert*, publiées par C. Henry, Rome, Imprimerie des sciences mathématiques et physiques, 1886.

FELLOWS O. and O'Gormann D., A note concerning Diderot's mathematics in *Diderot Studies*, 10, 1968.

FERMAT P., *Œuvres de Fermat*, publiées par P. Tannery et C. Henry, 5 vol., Paris, Gauthier-Villars, 1891-1922.

FICHANT M., La « réforme » leibnizienne de la dynamique, d'après des textes inédits in *Studia Leibnitiana*, Supplementa XII, 1974.

— Les concepts fondamentaux de la mécanique selon Leibniz en 1676 in *Studia Leibnitiana*, Supplementa XVII, 1978.

— voir Leibniz G. W.

FONTENELLE B. LE BOVIER DE, *Œuvres de M. de Fontenelle, des Académies françaises, des Sciences, des Belles-Lettres, de Londres, de Nancy, de Berlin et de Rome*, Paris, 11 vol., 1766.

— *Eléments de la géométrie de l'infini*, Paris, Montempuis, 1727.

— *Œuvres*, Paris, Belin, en 3 vol. et 6 tomes, 1818.

FOUCAULT M., *Les mots et les choses*, Paris, Gallimard, 1966.

FRÉDÉRIC II, *Œuvres*, Berlin, 30 vol., 1846-1856.

— *Œuvres philosophiques*, Paris, Fayard, 1985.

FRÉRET N., Réflexions sur les anciennes histoires et sur le degré de certitude de leurs preuves in *Mémoires de littérature de l'Académie Royale des Inscriptions et des Belles-Lettres*, VI, 1729.

GALILÉE G., *Galilei Galilio Opera*, Florence, Edizione Nationale par Favaro et Longo, en 20 vol., 1890-1909.

— *Discorsi e dimostrazioni matematiche intorno a due nuove scienze*, Leyde, 1638, trad. française de M. Clavelin, Paris, Colin, 1970.

GRANGER G. G., *La mathématique sociale du Marquis de Condorcet*, Paris, PUF, 1956.

— *Essai d'une philosophie du style*, Paris, Armand Colin, 1968.

— Philosophie et mathématique leibniziennes in *Revue de métaphysique et de morale*, 1981.

GREENBERG J. L., Alexis Fontaine's «fluxio-differential method» and the origins of the calculus of several variables in *Annals of sciences*, 38, 1981.

— Alexis Fontaine's integration of ordinary differential equations and the origins of the calculus of several variables in *Annals of sciences*, 39, 1982.

GRIMM M., Diderot, Raynal, Meister, etc., *Correspondance littéraire, philosophique et critique*, éd. Tourneux, 16 vol., Paris, Garnier, 1877.

GRIMSLEY R., *Jean d'Alembert 1717-1783*, Oxford, Clarendon Press, 1963.

GUÉDON J. C., La chimie encyclopédique : le point de vue de d'Alembert in *Actes du Colloque Jean d'Alembert.*

GUISNÉE, *Application de l'algèbre à la géométrie ou méthode de démontrer par l'algèbre les théorèmes de géométrie et de résoudre et construire tous les plans. On y adjoint une introduction qui contient les régles du calcul algébrique*, Paris, 1705 ; rééd. 1733 et 1753.

HANKINS T. L., *D'Alembert, Science and Enlightement*, Oxford Univ. Press, 1971.

— Eighteen century attempts to resolve the vis-viva controversy in *Isis*, 57, 1967.

— D'Alembert, homme de science in *Actes du Colloque Jean d'Alembert.*

HELVÉTIUS C. A., *De l'homme, de ses facultés intellectuelles et de son éducation*, Paris, la Société typographique, 1773.

HOLBACH P. H., baron d', *Système de la nature ou des lois du monde physique et du monde moral*, par M. Mirabaud (le baron d'Holbach), Londres, en 2 vol., 1770.

HOUZEL C., D'Alembert et le théorème fondamental de l'algèbre in *Actes du Colloque Jean d'Alembert.*

HUBERT R., Descartes et l'*Encyclopédie* in *Revue de Synthèse*, t. 14, 1937.

HUMBERT P., L'astronomie dans l'*Encyclopédie* in *Revue d'histoire des sciences*, 4, 1951.

HUME D., *Traité de la nature humaine*, Paris, Aubier, trad. Leroy, en 2 tomes, 1973.

— *Enquête sur l'entendement humain*, trad. M. Beyssade, Paris, GF, 1983.

— *Dialogues sur la religion naturelle*, trad. M. Malherbe, Paris, Vrin, 1987.

HUYGENS C., *Œuvres complètes de Christiaan Huygens*, 22 vol., La Haye, Société hollandaise des sciences, 1888-1950.

JAMMER M., *Concept of force, a study in the foundations of dynamics*, Cambridge, Harvard Univ. press, 1957.

— Le concept de force in *la Recherche*, 5, 1974.

JOUGUET E., *Lectures de mécanique ; la mécanique enseignée par les auteurs originaux*, Paris, Gauthier-Villars, 2 vol., 1908-1909 ; rééd. 1924.

KANT E., *Critique de la raison pure*, trad. A. Tremesaygues et B. Pacaud, Paris, PUF, 1944.

KINTZLER C., Présentation et commentaires de textes choisis de Rameau in *La musique raisonnée*, Paris, Stock, 1980.

— Préface des *Ecrits sur la musique* de Rousseau, Paris, Stock, 1979.

— *Jean-Philippe Rameau, splendeur et naufrage de l'esthétique du plaisir à l'âge classique*, Paris, Le sycomore, 1983.

KLEINERT A., D'Alembert et le prix de l'Académie de Berlin de 1746 in *Actes du Colloque Jean d'Alembert.*

KOYRÉ A., *Etudes d'histoire de la pensée philosophique*, Colin, 1961, Gallimard, 1971.

— *Etudes d'histoire de la pensée scientifique*, PUF, 1966, rééd. Gallimard, 1973.

— *Etudes galiléennes*, Paris, Hermann, 1966 et 1980.

— *Etudes newtoniennes*, Paris, Gallimard, 1968.

KUENTZ P., voir Chevalier J. C.

LAGRANGE J. L., *Œuvres*, Paris, Gauther-Villars, 14 vol., 1867-1892 (la correspondance de Lagrange et de d'Alembert appartient au vol. 13).

— *Mécanique analytique*, Paris, Mallet Bachelier, 2 vol., 1893.

LAGRÉE J., Spinoza dans l'Encyclopédie in *Spinoza entre Lumière et Romantisme, Cahiers de Fontenay*, n° 36 à 38, Paris, 1985.

LA HARPE J. F. de, *Le Lycée ou cours de littérature ancienne et moderne*, Paris, F. Didot, 16 vol., 1821-1822.

LAISSUS Y., Une lettre inédite de d'Alembert in *Revue d'histoire des sciences*, 7, 1954.

LANDEN J., *The residual analysis*, Londres, 1764.

LAPLACE P. S. de, *Œuvres*, Paris, Gauthier-Villars, 14 vol., 1912 (la correspondance de Laplace et de d'Alembert appartient au vol. 14).

— *Lettres inédites de Laplace à d'Alembert*, éditées par C. Henry, Rome, Imprimerie des sciences mathématiques et physiques, 1886.

LEIBNIZ G. W., *Die philosophischen Schriften von G. W. Leibniz* (*Phil*), Berlin, éd. Gerhardt, 7 vol., 1875-1890.

— *Leibnizens mathematische Schriften* (*Math*), Berlin-Halle, éd. Gerhardt, 7 vol., 1849-1863.

— *Essai de dynamique*, texte de 1698 dont la 1e partie est restée manuscrite jusqu'à sa publication dans les (*Math*) par Gerhardt.

— *Opuscules et fragments inédits de Leibniz*, publiés par L. Couturat, Paris, 1903, rééd. Hildesheim, Olms, 1961.

— *Œuvres*, Paris, Aubier Montaigne, 1972.

— *Nouveaux Essais sur l'entendement humain*, Paris, GF, 1966.

— *La réforme de la dynamique*, édition, présentation, traduction et commentaires par Michel Fichant, Paris, Vrin, 1994.

LESPINASSE J. de, *Lettres de Mademoiselle de Lespinasse*, présentées Par E. Asse, Paris, Charpentier, 1883.

— *Lettres inédites à Condorcet, à d'Alembert, à Guibert, au comte de Crillon*, établies par C. Henry, Paris, 1887.

— *Lettres* précédées d'une notice de Sainte-Beuve et suivies des autres écrits de l'auteur, Paris, éd. d'Aujourd'hui, 1978.

LÉVY J., D'Alembert et l'astronomie in *Revue XVIIIe siècle*, 16, 1984.

L'HÔPITAL Marquis Guillaume de, *Analyse des Infiniment petits pour l'intelligence des lignes courbes*, Paris, 1696.

LOCKE J., *Essai philosophique concernant l'entendement humain*, trad. R. Coste, reprod. par Vrin, Paris, 1983.

LOVEJOY A. O., *The great chain of being*, Cambridge, Mass., 1948.

MACH E., *La mécanique*, trad. E. Bertrand, Paris, Hermann, 1904, rééd. Jacques Gabay, 1987.

MAC LAURIN C., *Pièce sur les lois du choc qui a remporté le prix de l'Académie royale des sciences en 1724*, Paris, Jombert, 1727.

— *Traité des fluxions*, 2 vol., trad. Pézenas, Paris, Jombert, 1749.

MAHEU G., *La vie et l'œuvre de d'Alembert*, thèse de 3e cycle, 3 vol., dactyl., Paris, 1967.

— article d'Alembert in *Encyclopédia Universalis*, mis à jour par M. Paty.

MAIRAN J. B. Dortous de, Dissertation sur l'estimation et sur la mesure des forces motrices des corps in *Mémoires de l'Académie Royale des Sciences de Paris*, 1728.

MALEBRANCHE N., *Œuvres complètes*, 20 vol., sous la direction de A. Robinet, Paris, Vrin, 1958-1970, 2e éd. 1967-1978.

MALHESHERBES C. G. de Lamoignon de, Lettre manuscrite à Morellet du 23 janvier 1758, Bibliothèque Nationale, MS 22191, fol. 138.

MAUGRAS G., *Trois mois à la cour de Frédéric*, Paris, Calmann-Lévy, 1886.

MAUPERTUIS P. L. Moreau de, *Œuvres*, Lyon, Bruyset, 4 vol., 1756.

— Loi du repos des corps in *Mémoires de l'Académie des sciences de Paris*, 1740.

— Accord de différentes lois qui avaient jusqu'ici paru incompatibles, mémoire du 15 avril 1744 in *Mémoires de l'Académie des sciences de Paris*, 1744.

— Les lois du repos et du mouvement déduites d'un principe métaphysique in *Mémoires de l'Académie des sciences de Berlin*, 1748.

(Ces trois mémoires sont réédités dans les *Eulerii Opera Omnia*, Série II, vol. 5 in *Commentationes mechanicae*.)

— *Actes de la journée Maupertuis, Créteil, 1-12-1973*, Paris, Vrin, 1975.

MERTZ R., Les amitiés françaises de Hume in *Revue de littérature comparée*, 9, 1929.

MEYERSON E., *Identité et réalité*, Paris, Vrin, 1e éd. 1908, 5e éd. 1951.

MONTESQUIEU C. de Secondat de, *Œuvres complètes de Montesquieu publiées sous la direction de M. André Masson*, 3 vol., Paris, Nagel, 1950-1955.

— *Essai sur le goût dans les choses de la nature et de l'art*, Paris, Payot, 1993.

MOREAU J. N., *Nouveau mémoire pour servir à l'histoire des Cacouacs suivi du premier mémoire sur les Cacouacs*, Amsterdam, 1757.

MORELLET A., *Mémoires de l'Abbé*, Paris, Ladvocat, 1821 (le texte contient la lettre de Malesherbes à Morellet à propos de la démission de d'Alembert).

— *Mémoires inédits*, Paris, Ladvocat, 2 vol., 1822.

MORTIER R., La place de d'Alembert dans la littérature des Lumières in *Actes du Colloque Jean d'Alembert.*

MOUY P., *Les lois du choc d'après Malebranche*, Paris, Vrin, 1927.

— *Le développement de la physique cartésienne 1646-1712*, Paris, Vrin, 1934 ; rééd. Arno Press, 1981.

MÜLLER M., *Essai sur la philosophie de Jean d'Alembert*, Paris, Payot, 1926.

NAGEL F., voir Peiffer J.

NATTIEZ J.J., *Musicologie générale et sémiologie*, Paris, Bourgois, 1987.

NAVILLE P., *Paul Thiry d'Holbach et la philosophie scientifique au XVIIIe siècle*, Paris, Gallimard, 1967.

NEWTON I., *Principes mathématiques de la philosophie naturelle*, trad. G. E. de Breteuil, Marquise du Châtelet, Paris, 1756-1759, rééd. Paris, Blanchard, 1966 ; Jacques Gabay, 1990.

— *Les principes mathématiques de la philosophie naturelle*, trad. partielle nouvelle, postface et bibliographie de M. F. Biarnais, Paris, CDHS, 1982, rééd. Christian Bourgois, 1985.

— *Opticks ; or a Treatise of the Reflexions, Refractions, Inflexions and Colours of Light. Also Two Treatises of the Species and Magnitude of Curvilinear Figures*, Londres, 1704.

— *Traité d'Optique*, trad. R. Coste, 2e éd, Paris, 1722, rééd. Gauthier-Villars, 1955.

— *Analysis per Quantitatum series, Fluxiones ac Differentias : cum Enumeratione linearum Tertii Ordinis*, Londres, 1711.

— *La méthode des fluxions et des suites infinies*, trad. G. Buffon, Paris, 1740, rééd. Blanchard, 1966.

— *De la Gravitation* (*ou Les Fondements de la mécanique classique*) trad. du *de Gravitate* et notes de M. F. Biarnais, Paris, Belles-Lettres, 1985.

PALISSOT C., *Le Cercle suivi des Petites lettres sur de grands philosophes*, Paris, 1755, rééd. Henri Gauthier, 1889.

— *Les Philosophes*, Paris, Duchesne, 1760.

PAPPAS J., Berthier's Journal de Trévoux and the philosophes in *Studies on Voltaire*, 3, 1957.

— Rousseau and d'Alembert in *Public. Modern Lang. Assoc. America*, 55, 1957.

— *Voltaire and d'Alembert*, Indiana Univ. Humanities Series, 1962.

— Diderot, d'Alembert et l'*Encyclopédie* in *Diderot Studies*, 4, 1963.

— Science versus Poetry an eighteen century dilemma in *Thought*, winter 1970.

— La poétique de d'Alembert in *Beitrage zur Französischen Aufklärung*, Berlin, 1971.

— L'esprit de finesse contre l'esprit de géométrie : un débat entre Diderot et d'Alembert in *Studies Voltaire*, 89, 1972.

— D'Alembert et le *Fils naturel* in *Mélanges Fellows*, Genève, Droz, 1974.

— Quelques lettres inédites de d'Alembert in *Revue XVIIIe siècle*, 9, 1977.

— D'Alembert et la nouvelle aristocratie in *Revue XVIIIe siècle*, 15, 1983.

— *Inventaire provisoire de la correspondance de Jean le Rond d'Alembert*, Oxford, The Voltaire Foundation, 1984.

— Idées reçues contre évidences : problèmes pour un biographe de d'Alembert in *Actes du Colloque Jean d'Alembert.*

PASCAL B., *Œuvres complètes*, Paris, Seuil, 1963.

PATY M., *Théorie et pratique de la connaissance chez Jean d'Alembert*, thèse de 3e cycle, dactyl., Univ. Sciences humaines, Strasbourg, 1977.

— D'Alembert et l'épistémologie de la simplicité in *Cahiers Fundamenta scienta*, Strasbourg, 2, 1973.

— L'âge classique de la physique : d'Alembert (Principes, causalité, théorie physique) in *La Pensée*, 182, août 1975.

— D'Alembert et son temps in *Cahiers Fundamenta Scientia*, 69-70, 1977.

— Rapport des mathématiques et de la physique chez Jean d'Alembert in *Revue XVIIIe siècle*, 16, 1984.

— D'Alembert et la théorie physique in *Actes du Colloque Jean d'Alembert.*

— D'Alembert : science et philosophie à l'époque des Lumières in *La Recherche*, 152, 1984.

PEIFFER J., L'Ecole mathématique bâloise des Bernoulli, en collaboration avec P. Costabel, F. Nagel, P. Radelet de Grave, *Préfaces*, sept.-oct. 1988.

PROUST J., *L'Encyclopédie*, Paris, Armand Colin, 1965.

RADELET DE GRAVE P., voir Bernoulli D., Dhombres J., Peiffer J.

RAMEAU J. P., *Traité de l'harmonie réduite à ses principes naturels*, Paris, Ballard, 1722, rééd. Madrid, Arte Tritharia, 1983, rééd. 1984.

— *Génération harmonique ou traité de musique théorique et pratique*, Paris, 1737.

– *Démonstration du principe de l'harmonie*, Paris, 1750.

— *Rameau, Complete theorical writings*, Rome, edited by E. R. Jacobi, American Institute of Musicology, 6 vol., 1967-1972.

— *La musique raisonnée, textes choisis de Rameau*, Paris, Stock, 1980.

Actes du Colloque Rameau, Dijon, 21-24 septembre 1983, Paris-Genève, Champion-Slatkine, 1987.

REVUE *XVIIIe siècle*, n° 16 consacré à d'Alembert, Paris, PUF, 1984.

REYNEAU C. R., *Analyse démontrée, ou la méthode de résoudre les problèmes des mathématiques*, 2 vol., Paris, 1708 ; 2e éd. *augmentée des remarques de M. de Varignon*, 2 vol., Paris, 1736-1738.

— *La science du calcul des grandeurs en général, ou les éléments des mathématiques, par l'auteur de l'Analyse démontrée*, 2 vol., Paris, 1714, rééd. 1736.

REZLER M., The Voltaire-d'Alembert correspondance : an historical re-appraisal in *Studies on Voltaire*, 20, 1962.

— The d'Alembert question : a study in problematics in *Diderot Studies*, 6 ; 1964.

— Voltaire and the Encyclopedia : a re-examination in *Studies on Voltaire*, 30, 1964.

ROBINET A., Le groupe malebranchiste, introducteur du calcul infinitésimal en France in *Revue d'histoire des sciences*, 13, 1960.

— Dynamique et fondements métaphysiques in *Studia Leibnitiana*, Sonderheft 13, 1984.

ROGER J., *Les sciences de la vie dans la pensée française du XVIIIe siècle*, Paris, Armand Colin, 1963.

ROUSSEAU J. J., *Œuvres complètes*, Paris, la Pléiade, Gallimard, 1959.

— *Correspondance générale*, Paris, Dufour, 1924-1933.

— *Lettre à d'Alembert sur les spectacles*, Paris, Garnier,1889, rééd. Classiques Garnier, 1926.

— *Ecrits sur la musique*, Paris, Stock, 1979.

SEDAINE M. J., *Le philosophe sans le savoir*, Paris, Hérissant, 1766.

SHACKLETON R., D'Alembert et Montesquieu in *Actes du Colloque Jean d'Alembert.*

SPEZIALI P., D'Alembert et les savants de Genève in *Actes du Colloque Jean d'Alembert.*

SPINOZA B., *Œuvres*, trad. C. Appuhn, Paris, Garnier, 1964-1966.

STAROBINSKI J., Remarques sur l'*Encyclopédie* in *Revue métaphysique et morale*, 75, 1970.

TATON R., *Les origines de l'Académie Royale des Sciences*, Univ. de Paris, Palais de la Découverte, D 105.

— *Histoire du Calcul*, Paris, PUF, 1946.

— *Enseignement et diffusion des sciences en France au XVIIIe siècle*, Paris, Hermann, 1964.

— D'Alembert, Euler et l'Académie de Berlin in *Revue XVIIIe siècle*, 16, 1984.

— D'Alembert et le problème des trois corps in *Actes du Colloque Jean d'Alembert.*

TAYLOR B., *Methodus Incrementum Directa et Inversa*, Londres, 1715.

TONELLI G., La nécessité des lois de la nature au XVIIIe siècle et chez Kant en 1762 in *Revue d'histoire des sciences*, 12, 1959.

— The law of continuity in the eighteen century in *Studies on Voltaire*, 17, 1963.

— The philosophy of d'Alembert : a sceptic beyond scepticism in *Kant-Studien*, 67, 1976.

TURGOT A. R. J., *Œuvres*, publiées par Schelle, Paris, Alcan, 1913.

VARIGNON P., *Nouvelle mécanique ou Statique*, Paris, Jombert, 1725.

VERLEY J. L., Le statut des nombres complexes chez d'Alembert in *Actes du Colloque Jean d'Alembert.*

VERNIÈRE P., Introduction, bibliographie et notes in *Œuvres philosophiques* de Diderot, Paris, Garnier, 1964.

VOLTAIRE F. M. Arouet, *Œuvres complètes*, Paris, Lefèvre, 41 vol., 1817-1818.

— *Œuvres complètes – the Complete Works*, edited by MM. Besterman, Barver, Ehrard, Pomereau, Genève, Musée Voltaire ; Toronto, Univ. Toronto Press, puis Banbury, puis Oxford, 135 vol., 1968-1971.

— *Correspondance* établie par T. Besterman, Genève, 107 vol., 1953-1965, rééd. Gallimard, 1975.

— *Mélanges*, Paris, La Pléiade Gallimard, 1965.

— *Studies on Voltaire and the eighteen century*, sous la direction de T. Besterman, Genève, Institut et Musée Voltaire, Droz, 1955...

YOUSCHKEVITCH A. P., D'Alembert et l'analyse mathématique in *Actes du Colloque Jean d'Alembert.*

INDEX DES NOMS PROPRES

(pour les noms cités dans les notes, la pagination est indiquée en italiques)

TABLE DES MATIÈRES

DEUXIÈME PARTIE

LE STYLE DE LA PENSÉE SCIENTIFIQUE DE D'ALEMBERT APPLIQUÉ À LA MÉTAPHYSIQUE

Imprimerie de la Manutention à Mayenne — septembre 1994 — N° 246-94